Oda Wischmeyer

Die Kultur des Buches Jesus Sirach

Beihefte zur Zeitschrift für die neutestamentliche Wissenschaft

und die Kunde der älteren Kirche

Herausgegeben von
Erich Gräßer

Band 77

Walter de Gruyter · Berlin · New York
1995

Oda Wischmeyer

Die Kultur des Buches
Jesus Sirach

Walter de Gruyter · Berlin · New York
1995

∞ Gedruckt auf säurefreiem Papier,
das die US-ANSI-Norm über Haltbarkeit erfüllt.

Die Deutsche Bibliothek – CIP-Einheitsaufnahme

Wischmeyer, Oda:
Die Kultur des Buches Jesus Sirach / Oda Wischmeyer. – Berlin ;
New York : de Gruyter, 1995
    (Beihefte zur Zeitschrift für die neutestamentliche Wissenschaft
    und die Kunde der älteren Kirche ; Bd. 77)
    Zugl.: Heidelberg, Univ., Habil.-Schr., 1992
    ISBN 3-11-014564-2
NE: HST

ISSN 0171-6441

Printed in Germany
Druck: Werner Hildebrand, Berlin
Buchbinderische Verarbeitung: Lüderitz & Bauer-GmbH, Berlin

Vorwort

Die vorliegende Untersuchung wurde 1992 von der Theologischen Fakultät der Universität Heidelberg als Habilitationsschrift angenommen. Für die Veröffentlichung wurde sie überarbeitet und um die neue Literatur ergänzt.

Ich danke an dieser Stelle Gerd Theißen für seine geduldige Begleitung der Arbeit, Georg Christian Macholz für seine kritische Stellungnahme und Erich Gräßer für die Aufnahme der Arbeit in die Beihefte der ZNW.

Dr. David Trobisch und cand. theol. Markus Schwab haben in dankenswerter Weise die Druckvorlage erstellt.

Mein Dank gilt nicht zuletzt meinen Erlanger Kollegen, Otto Merk und Jürgen Roloff, die mich mit großer Freundlichkeit aufgenommen haben und mir die Überarbeitung des Manuskriptes erleichterten.

Vor allem aber gilt mein Dank meinem klügsten Kritiker: meinem Mann.

Erlangen, 20. August 1994

Inhaltsverzeichnis

Dem Andenken an meinen Vater
Dr. phil. Otto Schüttpelz
17.3.1903-1.8.1989

Einführung

A.

Die vorliegende Untersuchung fragt nach der Kultur in Jerusalem-Judäa zur Zeit der Ptolemäer- und frühesten Seleukidenherrschaft, wie sie dem Weisheitsbuch des Jesus ben Sira[1] zu entnehmen ist.

Vorbemerkung

Die Untersuchung zu Sirachs kultureller Welt berührt sehr heterogene Gebiete aus dem Bereich des AT, des Judentums, des NT und der griechisch-römischen Welt und umfaßt Gegenstände und Themen von der Archäologie bis zur eigentlichen Theologie. Um Anm. und Lit. in Grenzen zu halten, sind die allg. Lit.angaben so gehalten, daß einerseits die großen Themenbereiche der einzelnen Kapitel vor allem durch Lexikonartikel und neuere Standardwerke erschlossen werden, die ihrerseits in die ältere Lit. und in die Spezialit. einführen, daß andererseits Speziallit. dort genannt und u. U. ad hoc diskutiert wird, wo es der Text der Untersuchung notwendig macht. Es wird hier weder eine vollständige Sirachbibliographie noch eine erschöpfende Bibliographie zum Judentum um 200 v. Chr. gegeben. Erstere geben Sauer in JSHRZ III, 5, und (umfangreicher und aktueller) Skehan - di Lella, 93ff., letztere findet man bei Hengel, Judentum, 1988³, 580ff. 690ff., und Maier, ZdT pass.: Maier erschließt den neuesten Forschungsstand für viele Aspekte der vorliegenden Untersuchung. Einen stets aktuellen bibliographischen Leitfaden bietet JStJ. Zu abgekürzt zitierter Literatur s. Abkürzungsverzeichnis. H = hebräischer Text, G = Septuagintatext, S = syrischer Text. Skehan - di Lellas und Vattionis/Sauers Zählweise stimmen oft nicht überein. Bei stärkeren Differenzen ist die Zählung Skehan - di Lellas zusätzlich angegeben.

[1] Ausgaben: Z. Ben-Hayyim, The Book of Ben Sira, Jerusalem, 1973 (Hebr.); M. H. Segal, Sēper ben Sīrā' haššālēm, Jerusalem, 1958²; R. Smend, Die Weisheit des Jesus Sirach, hebräisch und deutsch, 1906; H. L. Strack, Die Sprüche Jesus', des Sohnes Sirachs, 1903; F. Vattioni, Ecclesiastico. Testo ebraico con apparato critico e versioni greca, latina e siriaca, Neapel 1968; Y. Yadin, The Ben Sira Scroll from Masada, Jerusalem, 1965. Qumranfragmente: M. Baillet, J. T. Milik, R. de Vaux, Les "Petites Grottes" de Qumrân, DJD 3, Oxford 1962; J. A. Sanders, The Dead Sea Psalms Scrolls, Ithaca N. Y., 1967; ders., The Psalms Scroll of Qumrân Cave 11 (11 Q Ps ª), DJD 4, Oxford 1965; vgl. dazu A. S. van der Woude, ThR 55, 1990, 302f. Griechisch: J. Ziegler, Sapientia Iesu Filii Sirach, Septuaginta 12/2, 1965. Syrisch: P. A. de Lagarde, Libri Veteris Testamenti Apocryphi Syriace, 1861; A. M. Ceriani, Translatio Syra Pescitto Veteris Testamenti, Mailand 1878. Deutsche Übersetzung: Sauer, 1981. Englische Übersetzung: Skehan - di Lella, 1987. Lit. zu den Ausgaben: Skehan - di Lella 51ff. 93f.; Sauer 484ff. Zur Kritik an den Ausgaben: Skehan - di Lella 60ff.

Der erste Teil der Einführung (A.) stellt die Quellenschrift vor und
nennt die Grundsätze des Umgangs mit dem Quellentext in der vorliegenden Studie (1.), führt in ihre Thematik ein (2.), macht mit dem allgemeinen Forschungsstand bekannt (3., 4.) und formuliert die Aufgabe
(5.).

1.

Jesus ben Sira[2] lebte um 200 v. Chr. zur Zeit des Hohenpriesters Simon
II. in Jerusalem[3] und verfaßte eine umfangreiche Schrift, in der er Lehrvorträge für die Jünglinge Israels niederlegte.

Sirach verfaßte diese Schrift auf Hebräisch. Sein Enkel übersetzte sie
zwei Generationen später in Alexandria für die dortige Diasporajuden-
schaft ins Griechische, wie er im Prolog berichtet. Diese Übersetzung
blieb uns - wenn auch nicht in der Originalfassung[4] - vollständig erhalten,
da sie in den "Strom der breitgefächerten Septuagintatraditionen"[5] geriet
und von der Alten Kirche als ΣΟΦΙΑ ΙΗΣΟΥ ΥΙΟΥ ΣΙΡΑΧ bez. als
"Ecclesiasticus" rezipiert wurde[6]. Sie zeigt z. T. erhebliche Abweichungen
vom hebräischen Text, die von kleinen terminologischen und theologischen Korrekturen über Kürzungen und Erweiterungen bis zu einer erheblichen Blattvertauschung reichen.

Durch einen glücklichen Fund aus dem Jahre 1896 in der Genizah der
Karäer-Synagoge in Kairo wurde ein Teil des hebräischen Textes
wiedergewonnen[7]. Inzwischen sind durch weitere Funde, vor allem antike hebräische Sirachtexte aus Qumran und Masada[8], ca. drei Fünftel
des hebräischen Gesamttextes bekannt. Der Vergleich der Kairoer Texte

---

[2] Zur Namensproblematik vgl. Sauer 483 (Lit.), Skehan - di Lella 3f. Während Sauer
sich nicht zwischen Simon (50,27; 51,30) und Jesus (Vorrede) entscheidet, plädiert di
Lella für "Jesus, Sohn des Eleazar, Sohn des Sirach". "Simon" 50,27c (HB) hält er für
einen Eintrag aus 50,24a (S. 557).

[3] Zu den Datierungs- und Zuordnungsfragen vgl. Sauer 489f. (Lit. und Disk.), Skehan -
di Lella 8ff., Art. Jesus Sirach (Buch), NBL 1, 338-341 (J. Marböck).

[4] Sauer 486. Griechische Ausgabe: Ziegler; vgl. dort 53-69.

[5] Sauer 486.

[6] Sauer 483f.; D. de Bruyne, Le prologue, le titre et la finale de l'Ecclésiastique, ZAW
47, 1929, 257-263. Zur syrischen Fassung und zur Diskussion um ihre Beziehung zu H
oder G vgl. Sauer 486 (Lit.).

[7] P. E. Kahle, The Cairo Geniza, Oxford 1959², 8-13. Skehan - di Lella 51ff. Vgl. auch A.
A. di Lella, A newly discovered sixth manuscript of Ben Sira from the Cairo Geniza, Bibl
69, 1988, 226-238 (Frg. F: 31,24-32,7 recto. 32,12-33,8 verso).

[8] Sauer 484-486, Skehan - di Lella 52f. Gesamtausgabe des hebr. Textes: Z. Ben-
Hayyim, The Book of Ben Sira, Jerusalem 1973.

mit den Qumran- und Masadatexten bestätigte, daß es sich bei den Kairoer Texten um den Wortlaut des originalen hebräischen Textes handelt[9].

Die Textüberlieferung des Sirachbuches stellt sich also weiterhin so dar, daß nur die griechische bzw. syrische Übersetzung einen vollständigen Text bietet. Der hebräische Text ist lückenhaft und zudem in einer kürzeren und einer längeren Form erhalten[10]. Das gilt auch für den griechischen Text[11]. Die vorliegende Studie arbeitet primär mit dem hebräischen Text. Es besteht aber kein Hinderungsgrund, für inhaltliche Fragen nicht auch den griechischen Text heranzuziehen.

Um den Text der Arbeit lesbar zu machen, ist der durchgehende Bezug auf eine Edition und auf eine deutsche Übersetzung notwendig. Die Edition von F. Vattioni eignet sich trotz gewisser Schwächen in der Wiedergabe des hebräischen Textes[12] wegen des gleichzeitigen Abdrucks eines relativ vollständigen hebräischen Textes[13] und des Abdrucks der ZieglerschenLXX-Version (ohne textkritischen Apparat) sowie der syrischen und altlateinischen Version als durchgehender Referenztext.

Leider existiert keine entsprechende deutsche Übersetzung, bei der H und G jeweils selbständig durchgehend parallel übersetzt wären. Die Übersetzung von G. Sauer, die als einziger deutscher Referenztext infrage kommt, orientiert sich zwar an H nach der Vattioniausgabe, integriert aber H in den umfangreicheren G-Text, indem sie alle Lücken im H-Text nach G auffüllt. Der so entstehende Text basiert damit nominell und in der Zählweise auf H, faktisch in der Textgestalt aber oft auf G, zumal Sauer auch späte und nur in wenigen Handschriften erwähnte G-Texte heranzieht, so daß sein Text sehr umfangreich wird. Zwar kennzeichnet Sauer die jeweilige Provenienz der Verse und Kapitel. Trotzdem entsteht ein künstlicher Text. Die zurecht kritische Position F. Hahns gegenüber dieser "Mischform" des Textes[14] läßt aber außer acht, daß schon R. Smend in seiner Übersetzung von 1906 aus praktischen Erwägungen denselben Arbeitsweg wie Sauer einschlug, allerdings bei grundsätzlicher Zurückhaltung gegenüber griechischen Überschüssen in hebräisch erhaltenen Textpartien. Smend rechtfertigte seinen Versuch folgendermaßen: "Der Versuch einer deutschen Übersetzung des ganzen

---

[9] Skehan - di Lella 54.

[10] Vgl. dazu Skehan - di Lella 55f. - Allg. ebd. 51-62.

[11] Vgl. dazu Ziegler 53-69. Ziegler macht G I und II im Text kenntlich, indem er einen Gesamttext druckt, in welchem er G II kleiner setzt.

[12] Skehan - di Lella 61.

[13] Fehlend: MS F (1982 entdeckt). Vgl. oben Anm. 7.

[14] F. Hahn, Einige notwendige Anmerkungen zu zwei Texteditionen, VuF 36, 1991, 64-69, dort S. 67.

Buches ist deshalb berechtigt, weil der vom Verfasser beabsichtigte Sinn sich auf Grund des Griechen und des Syrers wenigstens annähernd feststellen läßt."[15] Auch Skehan - di Lellas Kommentar arbeitet mit dieser Mischform. Eine Alternative zu dieser pragmatischen Textgestaltung liegt weder in deutscher noch in englischer Sprache vor.

Die deutsche Übersetzung Sauers, die daher als 2. Referenztext durchgängig zitiert wird, entfernt sich für den hebräischen Text wohl mit der Absicht der freien Nachdichtung oft weit vom Original, während die Übersetzung aus dem Griechischen überwiegend präzise ist. Wo die Abweichung Sauers von H inhaltlich gravierend wird, ist daher entweder der hebräische Text oder eine wörtliche Übersetzung hinzugefügt. Smend und Skehan - di Lella halten sich wesentlich enger an den hebräischen Text. Skehan - di Lellas Kommentar bietet nicht nur häufig eine genauere Übersetzung , sondern dokumentiert weitgehend die Textüberlieferung. Seine textkritischen Entscheidungen sind dort, wo sie sich von Sauer unterscheiden, in den Anmerkungen berücksichtigt. Auf den sehr materialreichen Kommentar wird jeweils zur Stelle hingewiesen. Seine Verszählung unterscheidet sich häufig von derjenigen Vattioni - Sauers. Skehan - di Lella bietet keinen weiteren Referenztext für die vorliegende Arbeit, bildet aber die wichtigste vorliegende Hilfe zur Textinterpretation.

Erörterungen zu Sprache und Begrifflichkeit Sirachs beziehen sich naturgemäß auf den hebräischen Text. Der griechische Text kann aber auch hier einbezogen werden, sofern er nicht zum Leittext wird. Eine Rückübersetzung ist häufig möglich. Das bedeutet zugleich, daß die Zitation eines griechischen Wortes oder Satzes dann erfolgt, wenn das hebräische Original nicht erhalten ist. Wenn ein hebräischer Terminus oder Passus zitiert wird, muß kein Hinweis auf die griechische Übersetzung erfolgen, da diese als solche nicht Thema der Arbeit ist. Der Hinweis auf den griechischen Text kann erfolgen, wenn textkritische oder sachliche Gründe vorliegen.

Die Stellenangaben folgen Sauer. Sauers integrierter Text schließt sich Vattioni an, dem zugleich die öfter von der Zählung her erheblich differierenden parallelen G-Texte zu entnehmen sind.

2.

Die Sirachschrift ist eine pädagogische Schrift, die alle Aspekte der Bildung, מוסר - παιδεία vermitteln will, die ein junger Mann in Israel um 200 v. Chr. brauchte. Sirach verfaßte diese Schrift in der Tradition und

---

[15] R. Smend, Die Weisheit des Jesus Sirach, 1906, S. V.

Gattung einer weisheitlichen Spruchsammlung und stellte sich damit in den Zusammenhang der orientalisch-israelitischen Weisheitslehrer und ihrer Schriften. In der Form verschiedener kleinerer und größerer Gattungen[16] wie Weisheitsrede, Aretalogie, Hymnus, Gebet behandelte er auf der Basis des Maschal eine ganze Welt von Themen theologischer, ethischer, historischer und pragmatischer Inhalte. Die so zwar unsystematische, aber im einzelnen wohl geformte und auf mündlichen Lehrvortrag zurückgehende Lehre hatte im Rahmen der Gattung der Weisheitsschrift eine fest umrissene Thematik: Menschliches Verhalten, psychologische Typenlehre, richtige Lebensführung, ethische Weisung, auch eigentliche Theologie, vor allem in Form der spezifischen Weisheitstheologie[17], daneben durchaus auch naturwissenschaftliche Fragen und Fragen des allgemeinen Schicksals der Welt. Damit war Sirach ein Rahmen vorgegeben, den er an bedeutsamen Stellen verlassen oder unterbieten konnte, den er aber im ganzen ausfüllte. So ist sein aretalogisch gefärbter historischer Überblick in den Kapiteln 44-50 im weisheitlichen Rahmen neu. Andererseits fehlt eine naturwissenschaftliche ebenso wie eine allgemeine philosophische Beobachtung und Reflexion[18].

Jesus Sirach steht gattungsmäßig zugleich auch den griechischen Gnomensammlungen nahe, die dann in der Zeit vom 1. Jh. v. Chr. bis zum 1. Jh. n. Chr. nachhaltig die jüdische Literatur beeinflussen sollten. Umfangreichstes Zeugnis dieser Beeinflussung ist die Pseudo-Phokylides-Sammlung[19]. Die griechische Gnomik[20] hat ein ähnliches thematisches Feld wie die hebräische: "menschliches Leben und Befinden, bes. sittliches oder lebenskluges Verhalten (Stellung des Menschen in der Gemeinschaft, ... Welt des Moralischen, transzendente Notwendigkeiten menschlichen Handelns)"[21]. Jesus Sirach selbst ist nach Form, Inhalt und ursprünglicher Sprache seines Werkes noch nicht von griechischer Gnomik beeinflußt wie die späteren griechischsprachigen Gnomologien jüdischer Verfasser. Wohl aber steht er ihnen sachlich und formal schon sehr nahe. Sonst hätte sein Enkel nicht hoffen können, mit einer bloßen

---

[16] Vgl. Skehan - di Lella 21ff.

[17] Lit. s. u. Anm. 71ff.

[18] Ausnahme: die Medizin bei Sirach. - Vgl. allg. zu Sirach als Weisheitsschrift Skehan - di Lella 31ff. Zu ägyptischen Einflüssen vgl. ebd. 46ff.

[19] P. W. van der Horst, The Sentences of Pseudo-Phocylides, Leiden 1978; JSHRZ IV, 3 (N. Walter). Dort S. 182ff. zur Datierung und Lokalisierung.

[20] Vgl. Art. Gnome, KP 2, 823-829 (W. Spoerri; Lit. und Editionen), dort Sp. 825ff. zu den Gnomologien. Vgl. weiter J. G. Gammie, The Sage in Hellenistic Royal Courts, in: The Sage, 147-153; B. Fiore, The Sage in Select Hellenistic and Roman Literature, in: The Sage, 329-342.

[21] Ebd. 823. Vgl. zum allg. Umfeld die Beiträge in Semeia 17, 1980, Gnomic Wisdom (Hg. J. D. Crossan).

Übersetzung ins Griechische ohne formale oder inhaltliche Neugestaltung des Werkes griechisch gebildete Juden Alexandrias und wohl auch Proselyten und Gottesfürchtige[22] ansprechen zu können. Daß diese Linie einen genuinen Ursprung in dem kulturellen Bemühen Sirachs selbst hat, zeigen auch gerade die jüngeren alexandrinischen Gnomologien[23].

Die Weisheitslehre Sirachs war weder reine Theologie noch bloße Einführung in verschiedene Fächer eines spezialisierenden Bildungsprogramms, sondern wollte eine bestimmte einheitliche kultivierte Lebenshaltung[24] und Lebensführung vermitteln, deren Rahmen die Religion Israels und deren Betätigungsfeld das Land Israel und die Stadt Jerusalem bildeten. Die doxologischen Elemente der Schrift zeigen, wieweit die Religion Israels als Verstehenshorizont aller Aspekte des menschlichen Lebens direkt in die Erziehung Sirachs hineingehörte. Dabei ist Sirachs Schrift zugleich Spiegel der Kultur Israels in Bildender Kunst, Musik und Literatur, wie auch Gestalterin der inneren Kultur Israels in der Formung der Bildung und der Person der jungen Männer in Israel.

Sirachs Erziehung war konservativ-traditionsbezogen. Sie steht in der Tradition altorientalischer Weisheit, die seit der Königszeit von Israel übernommen und selbständig weiterentwickelt worden war, und zwar in Richtung auf eine religiöse und theologische Aufwertung des Begriffs der Weisheit, חכמה, hin[25]. Die Weisheit rückte seit den jüngeren Teilen des Sprüchebuchs, seit Hiob und Kohälät [26] immer näher an Gott selbst heran, bis sich die ursprünglich pädagogisch-ethische Größe חכמה von einer lehrbaren und erwerbbaren Fähigkeit zu einer eigenen religiösen Größe gewandelt hatte, die mindestens die Tendenz zu einer Hypostase entwickelte[27]. Der Weisheitslehrer rückte damit in die Nähe des Priesters und des Propheten[28], da er nicht mehr nur technische Bildung im

---

[22] Vgl. dazu allg. F. Siegert, Gottesfürchtige und Sympathisanten, JStJ 4, 1973, 109-164.

[23] Vgl. Kl P 2, 825f.

[24] H. Duesberg und J. Fransen, Les scribes inspirés, Maredsons, 1966, 597-657, zeichnen diese Lebenshaltung nach, indem sie mosaikartig Textstellen aus Sirach zusammenstellen und kommentieren. D. und F. geben die synthetische Eigenart dieser Weisheitslehre sehr angemessen wieder.

[25] So auch Skehan - di Lella 75.

[26] Vgl. die Analyse bei Hengel, Judentum, 199-318; Einführung: Art. חָכַם, ThWAT 2, 1977, 920-944 (H.-P. Müller, M. Krause), dort bes. 924f., und CRINT II, 283-324 (M. Gilbert). Beachte auch die hilfreiche Kurzanalyse bei H. v. Lips, Weisheitliche Traditionen im NT, 1990, 35f. Für Sirach speziell: Skehan - di Lella 31.

[27] Sehr abwägende Einführung bei B. Lang, Frau Weisheit, 1975, 154ff. Weiteres s. u. Teil III.

[28] Vgl. dazu Stadelmann, Schriftgelehrter, 40ff., 177ff. Zum Weisheitslehrer allg. vgl. M. Bar-Ilan, Scribes and Books in the Late Second Commonwealth and Rabbinic Period,

Sinne des Lesens und Schreibens, des richtigen Benehmens und der Lebensklugheit des klassischen סופר vermittelte, sondern einen neuen Weg zu Gott wies, der im Lauf der Zeit dem Weg des Kultus immer stärker Konkurrenz machte. Die Weisheit wurde zu einer integrativen Sphäre, die Gott und den frommen Weisen verband. Der Weisheitsschüler konnte nur durch strenge persönliche Observanz ihrer teilhaftig werden. Andererseits blieb die Weisheit für die Weisheitslehrer der Sirachzeit trotz ihrer theologischen Überhöhung und Verdichtung weiterhin auch ein Ensemble lehrbarer Verhaltensformen[29], die aus den Jünglingen Israels kultivierte und fromme Israeliten machen sollte.

Daher ist die Weisheitsschrift Sirachs nicht nur eines der Hauptzeugnisse der nachexilischen theologischen Weisheit in Israel, sondern viel mehr: Spiegelbild und gleichzeitig Formungsinstrument der Erziehung, die in Israel stets eine synthetische, nie eine spezialisierende Kraft war.

3.

In der atl., jüdischen und ntl. theologischen Forschung ist seit dem Fund des hebräischen Sirachtextes vor fast 100 Jahren dem Sirachbuch immer wieder große Aufmerksamkeit gewidmet worden. Die Weisheitstheologie Sirachs mit ihrem zur Hypostase tendierenden Weisheitsbild und ihrer spezifischen Synthese von Weisheit und Tora[30] einerseits und die Stellung der Schrift im Spannungsfeld des in Jerusalem um 200 v. Chr. zunehmenden hellenistischen Einflusses[31] während des Schwebezustandes vor der Makkabäerzeit andererseits waren und sind die immer neu und detaillierter untersuchten Themen der Literatur zu Jesus Sirach. Daneben wird Sirach als Zeuge für die Entstehung des Standes der Sofe-

---

Mikra 21-38 (Lit.); J. G. Gammie, L. G. Perdue, The Sage in Israel and the Ancient Near East, Winona Lake 1990 (= The Sage).

[29] Zu erschließen aus E. G. Banckmann, Die Proverbien und die Sprüche des Jesus Sirach, ZAW 72, 1960, 33-63; und den instruktiven Ausführungen bei Duesberg, Scribes, 699ff.: "Le Ben-Sira Commentateur des Proverbes"; bes. die Liste von Themen aus den Sprüchen, die Sirach übernommen hat (S. 710). Ähnlich Middendorp, Stellung, 78ff. Sirach hat bewußt an das alte Lernmaterial Israels angeknüpft, statt es beiseitezulegen. Ältere Lit.: J. K. Gasser, Das althebräische Spruchbuch und die Sprüche Jesu Ben Sira, 1903.

[30] Dazu bes. die Analyse bei Marböck, Weisheit, 85ff. Zusammenfassend v. Lips, Weisheitstraditionen, 51ff. und Skehan - di Lella 75ff.

[31] Dazu vor allem Hengel, Judentum, 108-198. Jetzt auch M. Hengel, The interpretation of Judaism and Hellenism in the pre-Maccabean period, CHJ 2, 167-228; Lit. und Einführung in den heutigen Forschungsstand: Maier ZdT, 289ff.

rim, der Schriftgelehrten[32], für die komplizierte Geschichte frühjüdischer Weisheitstraditionen[33] und für die Frömmigkeit der Gemeinde des Zweiten Tempels im Spannungsfeld zwischen Zadokismus und Vorformen des Pharisärismus interpretiert[34].

Nun verstand Sirach, wie schon erwähnt, seine Lehrschrift sowohl nach seinem eigenen Zeugnis als auch nach der Vorrede seines Neffen nicht als Theologie im spezifischen Sinn, sondern als Schrift über παιδεία und σοφία (Prolog 11), über σοφία und παιδεία (1, 27), d. h. über חכמה und מוסר. Sirachs Erziehungsprogramm und den Inhalten der מוסר Sirachs sind aber nur wenige Gelehrte genauer nachgegangen[35], und eine Studie über die Kultur Sirachs und seiner Zeit fehlt ganz, obgleich eben der Kultivierung Israels und ihren Ergebnissen, der Kultur Jerusalems und seiner jungen Männer Sirachs mündliches und schriftliches Bemühen gewidmet war.

Die weit verbreitete Abstinenz der theologischen Forschung auf diesem theologisch scheinbar nicht relevanten Gebiet ist sachlich nicht gerechtfertigt. Sirach selbst trennt die Bereiche Kultur - Erziehung einerseits und Religion - Theologie andererseits nicht. Für sein Denken, Lehren und Leben bilden sie eine Einheit. Diese integrale oder synthetische Struktur seines Weltverständnisses gilt es herauszuarbeiten, wenn man seinem Werk gerecht werden will.

4.

Die Kultur Israels in hellenistischer vormakkabäischer Zeit im ganzen ist mehrfach untersucht worden. Sowohl die Darstellungen der Kulturgeschichte des Hellenismus als auch die Studien über die Beziehungen zwischen Judentum und hellenistischen Monarchien bringen der Kultur der Sirachzeit eine gewisse Aufmerksamkeit entgegen.

---

[32] Dazu bes. Art. סָפַר, ThWAT 5, 1986, 921-926 (H. Niehr). Weiter: J. G. Gammie, The Sage in Sirach, in: The Sage 355-372. Stadelmann, Ben Sira als Schriftgelehrter, 1980, 177ff.; R. Riesner, Jesus als Lehrer, 1988³, 153ff. Zusammenfassend v. Lips, Weisheitstraditionen, 62ff.

[33] Dazu bes. M. Küchler, Frühjüdische Weisheitstraditionen, OBO 26, Freiburg - Göttingen 1979. Zusammenfassung bei v. Lips 188f.

[34] Dazu für Sirach bes. Haspecker, Gottesfurcht; Hengel, Judentum, 307-463. Allg. Maier, ZdT 256ff. 268ff. Jetzt auch G. Stemberger, Pharisäer, Sadduzäer, Essener, SBS 144, 1991 (Lit.), 97f. zu Sirach.

[35] M. Löhr, Bildung aus dem Glauben, Diss. Bonn, 1975; weitgehend positiv aufgenomen von Stadelmann, Schriftgelehrter (Leitbild: Sirach als Volkserzieher); Hengel, Judentum, 143ff.

W. Tarn widmet in seinem erstmals 1927 erschienenen Werk "Die Kultur der hellenistischen Welt"[36] dem Thema "Der Hellenismus und die Juden" ein eigenes Kapitel[37]. Sein Urteil lautet: "Alles, was sich die Juden vom Hellenismus zueigen machten, [war] nur äußere Form; wenige aus ihren Reihen nahmen etwas von seinem Geist in sich auf"[38]. Tarn zeichnet die äußere Geschichte des Judentums in der hellenistischen Zeit in Jerusalem-Judäa und in der Diaspora nach und führt in den makkabäischen Konflikt und in die zeitgenössische jüdische Literatur ein. Ein Ausblick auf Herodes d. Gr. mit dem Urteil: "Mit Gewalt macht er aus Judäa eine recht gelunge Imitation eines hellenistischen Reiches"[39] schließt Tarns Skizze ab. Kultur ist hier als eine Mischung aus Historie und Literaturgeschichte verstanden. Leitendes Interesse ist die Hellenisierung, die sehr realistisch in ihrer geringen Reichweite charakterisiert wird. Ein Bild von Kultur im Vollsinn des Wortes wird gar nicht zu entwerfen gesucht, da Tarn davon überzeugt ist, daß es vor der Seleukidenzeit eine jüdisch-hellenistische Kultur nicht gegeben habe.

Eine Generation nach Tarns Werk erschienen im selben Jahr gleich zwei amerikanische Darstellungen zum Thema: M. Hadas "Hellenistic Culture"[40] und V. Tcherikover "Hellenistic Civilization and the Jews"[41].

Hadas schreibt allgemeine hellenistische Kulturgeschichte in ihrer ganzen Breite, die hier weder dargestellt noch kritisch beurteilt werden kann. Sein besonderer Ansatz liegt in der Integration der jüdischen Kultur in die allgemeine Darstellung. Statt die jüdische Kultur zu marginalisieren, stellt Hadas die Literatur und Denkwelt des Frühjudentums in den Zusammenhang der hellenistischen Geisteskultur[42] und öffnet dem

---

[36] W. Tarn - G. T. Griffith, Die Kultur der hellenistischen Welt, 1966[3].

[37] S. 249-282.

[38] S. 268.

[39] S. 281.

[40] M. Hadas, Hellenistische Kultur, 1981 (engl.: Hellenistic Culture. Fusion and Diffusion, New York 1959).

[41] V. Tcherikover, Hellenistic Civilization and the Jews, Philadelphia - Jerusalem, 1966.

[42] Dabei geht Hadas nicht systematisch vor. Der Kunst ist nur ein vergleichsweise kurzes Kapitel gewidmet (Kap. 17, 261-277), das allerdings wegen der Einbeziehung der jüdischen Kunst (265ff.: Grabdekoration von Marisa, Hyrkanospalast in ʿAraq al-Emir) wichtig ist. Es fehlen: Architektur, Städtebau, Städtewesen. Hadas faßt den Kulturbegriff eng im Sinne der Geisteskultur, so daß Literatur, Philosophie, Religion und einige allgemeine Leitideen die Hauptzüge des von ihm entworfenen Bildes ausmachen. "Denkformen, ... Lebenseinstellung und Ideale" will er darstellen (S. 9). Die eher praktisch-zivilisatorischen, organisatorischen und sozialen Seiten der Kultur, wie sie französische und englische Wissenschaftler darstellen (z. B. C. Préaux, Le monde hellénistique I, Paris 1978; M. Rostovtzeff, Gesellschafts- und Wirtschaftsgeschichte der Hellenistischen Welt, 3 Bde., 1955f.) bleiben bei Hadas ganz im Hintergrund.

Leser die Augen für den Umstand, daß die griechischsprachigen Juden neben den Römern entscheidende Tradenten, Erben und verwandelnde Träger der hellenistischen Kultur waren. Das farbige Bild, das Hadas von der hellenistischen Kultur entwirft, läßt er in vielfältiger Weise mitbestimmt und dokumentiert sein durch Zeugnisse jüdischer Literatur und Kunst. So erweist sich das hellenistische Judentum als bedeutender Faktor im Gesamtspektrum internationaler hellenistischer Kultur, und das umso mehr, als die hebräische Literatur die einzige im östlichen Mittelmeerraum war, die mindestens partiell griechisch wurde[43]. Aber nicht nur das hellenistische Judentum der griechischsprachigen Diaspora in Alexandria bezieht Hadas in seinen Entwurf der hellenistischen Kultur ein, sondern auch Sirach, indem er das Schriftgelehrtenideal des Weisen Sirach mit der Kanonisierung der klassischen Literatur Griechenlands in hellenistischer Zeit in Zusammenhang bringt und gleichzeitig die Bildungs- und Erziehungsidee Sirachs mit der Erziehung zum μουσικὸς ἀνήρ des Hellenismus verbindet[44]. Hadas ist der erste, der Sirachs Schrift nicht nur als historisch-theologisches Dokument liest, sondern als literarisches Werk, d. h. als Träger und Former wie als Spiegel und Kritiker der Gesamtkultur seiner Zeit bzw. seines Kulturkreises. In dieser hermeneutischen Ausgangsposition liegt das Interesse von Hadas' Buch für unsere Untersuchung.

V. Tcherikovers Monographie behandelt demgegenüber die hellenistische Kultur nur in dem Aspekt ihrer Beziehung zum Judentum. Dabei widmet er sich aber im 1. Teil der Untersuchung, die Palästina gilt, vor allem der Hellenistischen Reform und der Makkabäer-, dann der Hasmonäerzeit. Der 2. Teil der Untersuchung stellt die Diaspora dar. Dieser Teil schließt mit einer Skizze des kulturellen Klimas des Diasporajudentums[45]. Ein entsprechendes Kapitel fehlt im 1. Teil aus gutem Grund, da die einzelnen Abschnitte der Geschichte Israels der letzten drei vorchristlichen Jahrhunderte untereinander sehr unterschiedliche kulturelle Entwürfe bieten. Tcherikover entwirft aber in Kapitel 3 doch ein Bild der Kultur Jerusalems um 200 v. Chr. unter dem Titel: "Jerusalem on the eve of the Hellenistic reform"[46], das einen wichtigen Beitrag zu unserem Thema darstellt, da Tcherikover das Sirachbuch zusammen mit der Tobiadenerzählung als Quellen für die Zeit benutzt[47]. Tcherikover zeichnet das Profil eines östlichen hellenistischen Tempelstaates, wohlhabend und volkreich, dessen Spitze die Priesterschaft bildete, gefolgt von den

---

[43] Vgl. dazu die Erwägungen bei A. Momigliano, Hochkulturen im Hellenismus, 1979, 111ff.; ders. Die Juden in der Alten Welt, 1988.

[44] Hadas, S. 85f.

[45] Tcherikover, Civilization, 344ff.

[46] Ebd. 117-151.

[47] Ebd. 118.

Soferim. Den prostates Joseph, Sohn des Tobias, den dioiketes des Hohenpriesters, beschreibt Tcherikover als homo novus[48] und Typus des international orientierten hellenistischen Geschäftsmanns und Finan-
ciers[49], ebenso Josephs Lieblingssohn Hyrkanos, auch noch ein Zeitgenosse Sirachs[50], als "a characteristic personality of the Hellenistic period"[51], "symbolizing the strong, self-reliant man ... a politician, maintai-
ning an opinion and a permanent stand on questions of state, and in dif-
ferent circumstances might have become renowned as a great states-
man".

Tcherikover wendet sich dann Sirach zu unter der Perspektive: "Rich
and colorful material on the life of the period prior to the efflorescence
of Hellenism in Jerusalem is furnished by the great book of Ben Sira"[52].
Tcherikover führt Sirach als Lehrer ein, zeichnet dann sehr prononciert
seine politischen Interessen und seine Reisen, andererseits seinen akti-
ven Konservatismus und seine Priestertheologie[53]. Tcherikover
entnimmt dem Sirachbuch weiterhin Aufschlüsse über die sozialen
Verhältnisse in Israel zwischen Arm und Reich, herrschenden und
beherrschten Schichten der Bevölkerung, wobei er genau den Stand der
sozialen Spannungen der Sirachzeit kennzeichnet: "The social
antagonisms existed among the people and could not be ignored, and the
contrast between the zealots of the traditional faith and the free thinking
Hellenizers was also outstanding in public life; but the antagonisms had
not yet found their external expression in the organization of political
parties, the devising of slogans, programs of action and the like ... Ben
Sira faithfully described this period of transition"[54]. Aber dies Bild von
Sirachs kulturellem Programm und von Jerusalem - Judas Kultur zur
Zeit Sirachs gibt Tcherikover dann eigenartiger Weise nicht.

M. Hengel hat in seiner 1966 als Habilitationsschrift vorgelegten Studie "Judentum und Hellenismus"[55] sehr direkt an Tcherikover angeknüpft, bei dem er jedoch die religionsgeschichtliche Fragestellung
"vernachlässigt" findet[56]. Zudem konzentriert sich Hengel anders als
Tcherikover vorwiegend auf Palästina im Zeitraum um 300 - 150 v. Chr.

[48] Ebd. 133.

[49] Ebd. 134.

[50] Ebd. die Zeittabelle S. 130: Joseph ca. 270 - nach 220; Hyrkanos in Ägypten 205-220;
Tod des H.: 175/170 v. Chr.

[51] Ebd. 139.

[52] Ebd. 142.

[53] Ebd. 145.

[54] Ebd. 151.

[55] 1988 3. Auflage mit Lit.nachtrag, dort S. IX u. XI Rezensionen zu Hengels Buch.

[56] Hengel, Judentum, 1988, S. 6.

Hengel versteht "die hellenistische Zivilisation als säkulare Macht in Palästina"[57], die deutlich lockernde Auswirkungen auf den Lebensstil Palästinas zur Folge hatte[58] und zur Teilnahme am internationalen hellenistischen Wirtschaftsleben und in dessen Folge auch an der griechisch geprägten geistigen Kultur des Ptolemäerreiches führte. Allerdings betont Hengel: "Das Interesse an der hellenistischen Zivilisation blieb ... überwiegend auf die wohlhabende Aristokratie Jerusalems beschränkt"[59]. Hengel stellt dann sehr detailliert die Auseinandersetzung und Beeinflussung von Hellenismus und Judentum im Bereich der Kultur dar. Kulturelle Aspekte sind für ihn Spruch, Erziehung und Bildung und Literatur und Philosophie bzw. Theologie. Da Hengels Interesse primär historisch mit einer deutlichen Prononcierung der religionsgeschichtlichen Fragestellung ist[60], muß sein Bild von Kultur ähnlich wie das Tcherikovers unvollständig bleiben. Hengel unterscheidet implizit zwischen historisch und theologisch relevanten und weniger relevanten Aspekten der Kultur und bleibt damit in dem von Tcherikover vorgezeichneten Rahmen, den er nicht methodisch diskutiert, sondern nur teilweise neu ausfüllt.

Eigentümlicherweise vertritt auch K. Schubert in seiner Monographie "Die Kultur der Juden im Altertum"[61], die der Ptolemäerzeit zehn Seiten widmet[62], dieselbe verkürzte Auffassung von Kultur, allerdings gegenüber Tcherikover und Hengel unzulässig stark gekürzt. Schubert stellt mosaikartig die philosophische Auseinandersetzung zwischen Juden und Griechen und den Eindruck, den die Juden auf die Griechen machten, dar, betont die kulturelle Leistung der Septuagintaübersetzer, "die erste Übersetzung eines fremdsprachigen Werkes in die griechische Sprache"[63], und schildert die Tobiadenfamilie. Sirach wird nicht einmal erwähnt. Ein irgendwie zureichendes Bild von der Kultur Palästinas in ptolemäischer Zeit wird in dieser Kulturgeschichte am allerwenigsten gegeben.

Dasselbe gilt im Ergebnis für die zweibändige "Kulturgeschichte des Hellenismus" von C. Schneider[64]. Band 1 enthält das obligate Kapitel über "Hellenistische Kultur und Judentum"[65], da aber Schneider mit der

---

[57] Ebd. 105.

[58] Ebd. 103.

[59] Ebd. 106.

[60] Ebd. 1f.

[61] K. Schubert, Die Kultur der Juden im Altertum, 1980.

[62] S. 139-150.

[63] Ebd. 143.

[64] C. Schneider, Kulturgeschichte des Hellenismus, 2 Bde., München 1969.

[65] Ebd. 864ff.

Hellenisierung des Judentums erst seit der Seleukidenzeit rechnet[66], berichtet er über die Ptolemäerzeit nur nach den Zenonpapyri, d. h. im wirtschaftspolitischen Sinn.

Gerade die beiden letzten Werke scheinen davon auszugehen, daß es in Jerusalem um 200 v. Chr. keine nennenswerte Kultur gegeben habe. Aus Schneiders Sicht ist dies Urteil legitim, da in der Tat die Wirkung der hellenistischen Kultur auf Israel erst nach 200 v. Chr. zutage trat, allerdings schon lange vorbereitet, wie Tcherikover und Hengel deutlich gemacht haben. Schuberts Darstellung aber, die sich ja auf die jüdische, nicht auf die jüdisch-hellenistische Kultur bezieht, greift zweifellos viel zu kurz und kann nicht als Beitrag zum Thema der Kultur in Jerusalem zur Sirachzeit angesehen werden.

Wie sehr immer noch Konzeption und Darstellung eben dieses Themas schwanken oder gar fehlen, zeigt auch das Standardwerk "The Cambridge History of Judaism, Volume Two, The Hellenistic Age"[67] von 1984 bis 1989. Das Judentum zwischen 333 v. Chr. und 135 n. Chr. wird als Subjekt und Objekt der politischen und sozialen Geschichte dargestellt, als Träger einer umfangreichen Literatur in mehreren Sprachen und als Ursprungsland verschiedener religiöser Strömungen, nationaler Revolte und der Reaktionen der Griechen. Aus dem Bereich der Kultur wird nur einleitend in die Archäologie des Landes eingeführt[68]. Ähnliches gilt für das Sammelwerk "Jewish Civilisation in the Hellenistic-Roman Period", das S. Talmon 1991 herausgab. Hier umfaßt der Begriff "Zivilisation" die Bereiche Geschichte - Sozialgeschichte - Literatur.[69]

5.

Aus dem Durchgang durch die Literatur ergibt sich folgende allgemeine Aufgabenstellung:
- der Kulturbegriff muß als ganzer diskutiert und definiert werden (Einführung Teil B und TEIL III);
- ein verkürzender Kulturbegriff, der einzelne Aspekte der Kultur aus einem latenten, nicht diskutierten theologischen Vorverständnis heraus isoliert, muß vermieden werden, weil die vorherrschende Konzeption, nur bestimmte Seiten der Kultur, nämlich Sozialge-

---

[66] Ebd. 866ff.

[67] Hg. W. D. Davies und L. Finkelstein (= CHJ).

[68] M.-Ch. Halpern-Zylberstein, The archeology of Hellenistic Palestine, 1-34 (Lit. 660-662).

[69] S. Talmon (Hg.), Jewish Civilisation in the Hellenistic-Roman Period, JStPs Suppl. Ser., Sheffield 1991.

schichte, Literatur und Religion, seien theologisch relevant, mindestens Sirachs Kulturbegriff verfehlt;
- die Kultur selbst muß in ihrer ganzen Breite dargestellt werden gemäß dem integralen, synthetischen Denken Sirachs (TEIL I und II);
- das Verhältnis von Kultur und Religion muß für Sirach neu bestimmt werden (TEIL III).

B.

Im zweiten Teil der Einführung (B.) wird zunächst eine kurze Darstellung der neueren Sirachliteratur gegeben, soweit sie für unsere Fragestellung wichtig ist (1.). Es folgt die Bestimmung der Zielsetzung der vorliegenden Untersuchung (2.). Abschließend wird der in dieser Arbeit zugrundegelegte Kulturbegriff dargestellt und auf das Buch des Jesus Sirach bezogen. Daraus ergibt sich zugleich die Disposition der vorliegenden Arbeit (3.).

1.

Die Fragestellung nach Sirachs Kultur wurde noch nicht einläßlich verfolgt, davon abgesehen ist das Sirachbuch ein gut erforschtes Gelände. Der Schrift Sirachs sind in den letzten dreißig Jahren mehrere große Untersuchungen gewidmet worden, die dazu beigetragen haben, das Profil der Schrift selbst und ihre Bedeutung für das Frühjudentum und die Entstehung des Urchristentums gebührend darzustellen. J. Haspeckers[70] umfangreiche Studie über die Gottesfurcht bei Sirach wirkte bahnbrechend, weil es Haspecker gelang, die Religion Sirachs als eine lebendige und persönliche Kraft und damit als ernstzunehmende Größe sui generis darzustellen. Es folgte die sehr gründliche und zuverlässige Darstellung der Weisheit bei Sirach durch J. Marböck[71]. Marböck hat in Auseinandersetzung mit Haspecker die Weisheit als die zentrale Größe des Sirachbuches bestimmt, ihr Wesen gekennzeichnet und sie historisch eingeordnet. Kurz danach veröffentlichte O. Rickenbacher[72] seine Beiträge zu Sirachs Weisheitsperikopen, eine Untersuchung, die textkritisch wie motivgeschichtlich, lexikographisch und formgeschichtlich gleichermaßen materialreich ist. Ebenfalls materialreiche Beiträge zur Stellung Sirachs zwischen Judentum und Hellenismus lieferte gleichzeitig Th. Mid-

---

[70] J. Haspecker, Gottesfurcht bei Jesus Sirach, Rom 1967.
[71] J. Marböck, Weisheit im Wandel, 1971.
[72] O. Rickenbacher, Weisheitsperikopen bei Ben Sira, Freiburg - Göttingen 1973.

dendorp[73]. M. Löhr gab unter dem Thema "Bildung aus dem Glauben" eine Gesamtinterpretation der siracidischen Lehrreden[74]. H. Stadelmann[75] untersuchte komplementär dazu die Rolle Sirachs als Schriftgelehrter und gewann wichtige Einsichten in die Position Sirachs als eines religiösen Lehrers in den Traditionen Israels. Die Erträge dieser und anderer kleinerer Arbeiten flossen in die 1981 erschienene Neuübersetzung und Kommentierung des Sirachbuches von G. Sauer[76] in der Reihe "Jüdische Schriften aus hellenistisch-römischer Zeit" ein, die seit 1973 erscheint und die Literatur zwischen den Testamenten in einem neuen kritischen Zugriff präsentiert. Dazu kommt ein wichtiges Hilfsmittel: eine Konkordanz zu den hebräischen Sirachtexten[77]. 1987 erschien der große Kommentar von P. W. Skehan und A. A. di Lella[78], der einen umfassenden Überblick über den Stand der Forschung, eine gute Einführung in die Textüberlieferung und eine materialreiche Einzelkommentierung gibt. Di Lella betont die traditionell-konservative Grundeinstellung Sirachs und vermittelt zwischen Haspecker und Marböck, was das Gesamtthema der Schrift angeht: "The fundamental thesis of the book is the following: wisdom, which is identified with the Law, can be achieved only by one who fears God and keeps the commandments."[79]

Hinter diesen vielfältigen Bemühungen stehen vor allem vier Forschungsrichtungen, die jeweils eine deutliche Dynamik entwickelt haben: einmal der große Bereich der Weisheitsforschung[80], überwiegend getragen von der atl. Wissenschaft und für Jesus Sirach theologisch besonders in G. v. Rads Beiträgen fruchtbar geworden. Sein entscheidender Anstoß liegt darin, daß er die ältere Weisheit, die vornehmlich als Erfahrungsweisheit verstanden wurde, als immer auch religiöse Größe verstand und daher auch theologisch interpretierte. Er erkannte im weisheitlichen Bemühen den "immer neu zu vollziehende(n) Akt from-

---

[73] Th. Middendorp, Die Stellung Jesu Ben Siras zwischen Judentum und Hellenismus, Leiden 1973.

[74] M. Löhr, Bildung aus dem Glauben, Diss. Bonn 1975.

[75] H. Stadelmann, Ben Sira als Schriftgelehrter, 1980.

[76] JSHRZ III, 5: G. Sauer, Jesus Sirach (Ben Sira), 1981.

[77] D. Barthélemy - O. Rickenbacher, Konkordanz zum hebräischen Sirach. Mit syrisch-hebräischem Index, Freiburg - Göttingen 1973.

[78] P. W. Skehan, A. A. di Lella, The Wisdom of Ben Sira, The Anchor Bible 39, New York 1987.

[79] A.a.O. 75f.

[80] Vgl. H. D. Preuß, Einführung in die alttestamentliche Weisheitsliteratur, 1987; C. Westermann, Forschungsgeschichte zur Weisheitsliteratur 1950-1990, 1991; R. E. Murphy, The Tree of Life, NY 1990 (S. 185ff. kommentierte Bibliographie); The Sage pass.

mer Einordnung in eine göttliche Ordnung"[81], ohne dabei die aufkläreri-
sche, ja säkularisierende Kraft der Weisheit seit der frühen Königszeit zu
übersehen. Sirachs Weisheitsschrift interpretiert er in Aufnahme von
Haspeckers Ergebnissen als Ausdruck einer frommen gelehrten Weisheit der Spätzeit.

Daran schließt die Erforschung des hellenistisch beeinflußten Judentums an, die in besonderer Weise durch M. Hengels Werk "Judentum
und Hellenismus" repräsentiert wird, ohne das eine Beschäftigung mit
Jesus Sirach nicht mehr möglich wäre. Hengel stellt Sirach in die große
Auseinandersetzung um den Hellenismus in Jerusalem um 200 v. Chr.
hinein. Er rechnet ihn "nicht zu den eigentlichen Chasidim ..., sondern zu
jener konservativ-nationaljüdischen Richtung, die nach ihm durch die
Hasmonäer vertreten wurde und die in vielem den späteren Sadduzäern
nahekam"[82]. Dabei betont er, daß Sirach noch vor der Parteiung der
Makkabäerzeit stand und dementsprechend seine Auseinandersetzung
mit dem hellenistischen Gedankengut noch sehr polemisch und pauschal
war.

Daneben steht eine eher spezifische Erforschung frühjüdischer Weisheitstraditionen, wie sie besonders die weitgespannte Studie von M.
Küchler repräsentiert, in der Sirach einen wesentlichen Platz einnimmt.
Küchler sieht in Sirach den Protagonisten der Schriftgelehrtenbewegung
"in seinem Lehrhaus, mit seinem traditionellen Angebot an παιδεία und
seiner persönlichen Eigenschaft, der Verbindung von Tora und Weisheit", deren Umfeld Küchler als "Tora-Weisheit" dokumentiert[83].

Schließlich hat sich auch die ntl. Wissenschaft besonders seit Wilckens'
Paulusstudie über Weisheit und Torheit[84] wieder intensiv mit der
frühjüdischen Weisheit befaßt und weisheitliche Traditionen und Themen im NT untersucht. Hervorzuheben ist hier E. J. Schnabels Studie
"Law and Wisdom from Ben Sira to Paul"[85]. Er zieht eine Linie von Sirach zu Paulus. Das inzwischen stark ausdifferenzierte Feld ntl.
Weisheitstheologie, in dem besonders die Spruchüberlieferung der
Evangelien und das paränetische Gut der Briefe neben den theologischen Begriffen einer Weisheitschristologie untersucht werden, hat

---

[81] G. v. Rad, Weisheit in Israel, 1970. Zitat: S. 109f. Zur Säkularisierung: S. 84f. Zu Sirach 309-336, bes. 333f.

[82] S. o. Anm. 55. Zitat S. 274. Zu Sirach 241-275. 284-292.

[83] M. Küchler, Frühjüdische Weisheitstraditionen, Zitat S. 110. Darstellung der Tora-
Weisheit in ihrem Textfeld: 33-61.

[84] U. Wilckens, Weisheit und Torheit, 1959; ders. Art. σοφία, ThWNT 7, 465-475 und
497-529.

[85] WUNT 2, 16, 1985.

jüngst H. v. Lips[86] in einer gründlichen Untersuchung dargestellt, die den
Vorzug hat, daß auch die atl. und frühjüdische Weisheit als Basis der
Weisheit im NT zusammenfassend beschrieben wird.

Angesichts des lebhaften Interesses der Forschung an dem Feld der
atl., frühjüdischen und urchristlichen Weisheit und einer gewissen immerhin graduell erreichten communis opinio bei der historischen Beurteilung der weisheitlichen Schriften des AT und der Herausarbeitung ihrer Grundthemen und Entwicklungslinien ist es hier nicht notwendig,
eine erneute Darstellung der Forschungslage zu Jesus Sirach als einer
frühjüdischen Weisheitsschrift zu geben. Vielmehr haben die umfangreichen und detaillierten Untersuchungen der letzten Jahre die Voraussetzung einer neuen vertieften Beschäftigung mit den Inhalten des Textes
geschaffen und sind als dauernder Kommentar zu Sirach heranzuziehen.
Sie bilden die Basis für die vorliegende Untersuchung.

2.

a)

Diese Untersuchung ist der Frage nach der Kultur Sirachs gewidmet.
Die Grundlagen dieser Kultur, Frömmigkeit ("Gottesfurcht") und Pädagogik ("Weisheit", "Erziehung"), sind weitgehend in der Forschung dargestellt. Nun kann die Kultur selbst in ihren verschiedenen Aspekten re-
konstruiert werden. Eine solche Darstellung trifft die entschiedene Absicht des Sirachbuches, denn Sirach legt im Laufe seines Buches dar, wie
und worauf hin er junge Männer erzieht, und zwar in allen Lebensbereichen, nicht nur im Hinblick auf die Religion. Denn Sirach kennt keine
Unterschiede zwischen profaner und religiöser Erziehung. Er kennt nur
e i n e weisheitliche Erziehung.

---

[86] H. v. Lips, Weisheitliche Traditionen, 1989 (dort 1-8 guter Forschungsüberblick; detaillierte Bibliographie). Ein Sachverhalt bleibt festzuhalten, der bei v. Lips naturgemäß
zurücktritt. Weder die kanonischen noch die apokryphen Schriften des NT (vgl. W.
Schneemelcher, Neutestamentliche Apokryphen, 2 Bde. 1987[5] - 1989[5]) enthalten eine
weisheitliche Schrift. Auch Q und der Jakobusbrief sind keine Weisheitsschriften, sondern 'moderne', d. h. zeitgemäße literarische Werke (Vorform des Evangeliums und
Brief bzw. Epistel), die weisheitliche Elemente enthalten (vor allem die Grundform des
Spruchs). - Zur Bedeutung der Weisheit für die Gnosis- vgl. Art. Gnosis/Gnostizismus,
TRE 13, 519-550 (K. Berger - R. M. Wilson, bes. 539). K. Berger, Die Weisheitsschrift
aus der Kairoer Geniza, Tübingen 1989, hat die von ihm neu edierte jüdische Weisheitsschrift, die er um 100 n. Chr. datierte, in den Zusammenhang der frühen Gnosis ge-
stellt. Diese Datierung und Einordnung wird von H. P. Rüger bestritten: H.P. Rüger, Die
Weisheitsschrift aus der Kairoer Geniza, WUNT 53, 1991, 15: zwischen 600-12. Jh. n.
Chr. Dazu jetzt K. Berger, Neutestamentliche Texte im Lichte der Weisheitsschrift aus
der Geniza von Alt-Kairo, ANRW II, 26/1, 1992, 412-428; 2.-3. Jh. (S. 428).

Die Untersuchung geht davon aus, daß Sirach ein bedeutender Faktor im Gesamtgefüge seiner Kultur Jerusalem-Judäas nach 200 v. Chr. war. Zugleich war er als Weiser ein geübter Beobachter des Lebens seines Volkes und ist daher ein hervorragender Zeuge der Kultur, in der er lebte und die ihn genauso prägte, wie er sie beeinflußte.

Die Frage nach der Kultur Sirachs verhält sich also sowohl alternativ als auch komplementär zur vorliegenden Sirachforschung, deren Interesse vornehmlich Sirachs Theologie und seiner theologiegeschichtlichen Einordnung ins Frühjudentum galt. Das Buch Jesus Sirach wird unter dieser Fragestellung nicht primär als ein Zeugnis der Entwicklung der Religion des Zweiten Tempels gelesen, sondern als ein Dokument frühjüdischer Kultur interpretiert. Daraus ergibt sich dann aber eine neue Definition des Ortes der Religion und Theologie im kulturellen Gesamtgefüge Sirachs und seiner kulturellen Welt.

b)

Im Rahmen dieses Interpretationsradius definiert sich die Zielsetzung der vorliegenden Untersuchung nun näherhin als eine zusammengesetzte.

Den ersten Aspekt bildet die historische Rekonstruktion, die Sirach als einen wichtigen Zeugen für Israels Kultur in der Vormakkabäerzeit sieht, also zu einem Zeitpunkt, als Israels Kultur noch in traditioneller Weise aus dem Raum der Kulturen des Alten Orients heraus lebte und die eigentliche Auseinandersetzung mit den neuen Kräften der mittelmeerischen Mächte, den hellenistischen Reichen und Rom, zwar schon im Gange war, aber noch nicht in ihren Antagonismen hatte aufbrechen können. Während die Zeit seit den Makkabäeraufständen bis zur Zerstörung Jerusalems[87] (163 v. Chr. - 135 n. Chr.) eine Geschichte der Krisen und Bewahrungen und Umgestaltungen des Judentums darstellt, an deren Ausgang zwei neue Größen, das frühe Christentum und das rabbinische Judentum, stehen, bietet Sirach zum letzten Mal das homogene Bild Israels, das sich ohne wirklichen Bruch von den Vätern über die Könige bis hin zu den regierenden Hohepriestern seiner Gegenwart herleitet und in Kontinuität des Kultes wie des Staates und der Überlieferung an die Ursprünge des Volkes Israel gebunden weiß. Hier liegt die außerordentliche historische Bedeutung der Sirachschrift, die noch ganz

---

[87] Standardwerk: E. Schürer, The History of the Jewish People in the Age of Jesus Christ, 3 Bde, Edinburgh 1973-1987; CHJ; S. Safrai, Das jüdische Volk im Zeitalter des Zweiten Tempels, 1978; Hg. M. Avi-Yonah - Z. Barash, Society and Religion in the Second Temple Period, Jerusalem 1977 (World History of the Jewish People I/8) = WHJP. Neue Lit.: Maier, ZdT 141. 142f.

in der alten Geschichte Israels steht und dies bewußt und explizit thematisiert.

Einen zweiten Aspekt stellt daneben die sachliche Konstruktion dar. Sirach entwirft ein homogenes, anspruchsvolles, elitäres und pathetisches, ja geradezu messianisches[88] Bild von der Kultur seiner Zeit in Jerusalem-Judäa. Diese Konzeption ist als ein Entwurf sui generis darzustellen. Sie darf nicht ausschließlich als bloßes Durchgangsstadium oder gar Abfallprodukt jener historischen Episode der Auseinandersetzung Israels mit dem Hellenismus verstanden oder zum Mosaikstein in der Vorgeschichte entweder der Makkabäerzeit oder des Urchristentums reduziert werden.

So bilden nicht exegetische oder traditionsgeschichtliche bzw. theologiegeschichtliche Einzeluntersuchungen das Zielinteresse der vorliegenden Untersuchung, sondern Ziel ist die Darstellung der Eigenart der Kultur in Jerusalem nach 200 v. Chr., wie Sirach sie erlebte und mitgestaltete.

Trotz der diachronen Implikationen in Einzelfragen ist das Thema selbst also rein synchroner Art. Das Bild eines Kulturentwurfs einer historischen Persönlichkeit soll im Kontext seiner nationalen zeitgenössischen Kultur dargestellt werden. Die synchrone Fragestellung hat drei eng zusammenhängende methodische Konsequenzen:

1. darf die Darstellung der einzelnen kulturellen Aspekte nicht zu breit werden, damit das Profil von Sirachs Kultur nicht verschwimmt;

2. kann einzelnen historischen Fragestellungen nur so weit nachgegangen werden, wie es für die Konturierung von Sirachs Kultur notwendig ist;

3. können vor allem einzelne exegetische und besonders traditionsgeschichtliche Fragen nur soweit berücksichtigt werden, wenn sie unmittelbar zur Klärung von Sirachs Aussagen zur Kultur benötigt werden[89].

Wenn die Darstellung dieses Bildes gelingt, können durchaus weiterführende theologische oder anti- bzw. posttheologische Verstehensmöglichkeiten dieses Bildes erprobt werden[90]. Die vorlie-

---

88 Vgl. dazu unten Teil III zum Thema "Geschichte", 272ff.

89 Um die traditionsgeschichtliche Fragestellung im Bewußtsein zu halten, wird zu einzelnen Themen auf Sprüche und Weisheit Salomons Bezug genommen.

90 Theologisch: vgl. die Werke zur biblischen Hermeneutik H. Seebaß, Biblische Hermeneutik, 1974; A. H. J. Gunneweg, Vom Verstehen des AT, ATD Ergbd. 5, 1977; P. Stuhlmacher, Vom Verstehen des NT, NTD Ergbd. 6, 1979, 1986²; H. Weder, Neutestamentliche Hermeneutik, Zürich 1986; K. Berger, Hermeneutik des NT, 1988 (Lit.) und ihre Bemühungen um eine Verhältnisbestimmung zwischen AT und NT, wobei Sirach als atl. Gesetzeslehrer und seine Kultur als weisheitliche Gesetzeskultur apostrophiert wer-

gende Untersuchung verfolgt selbst diese Wege nicht weiter. Vielmehr
soll das in sich höchst eindringliche und stringente Bild der Kultur Sirachs in seinen allgemeinen anthropologischen und spezifischen religiösen Grundstrukturen deutlich akzentuiert in den Diskurs der Kulturen
und Zeiten gestellt werden, so daß der Bildungsentwurf Sirachs nicht
zum Verstummen kommt.

3.

Am Schluß der Einleitung muß die Frage beantwortet werden, auf welche Gebiete sich der heuristische Begriff der 'kulturellen Welt' des nähe-
ren beziehe. Daraus ergibt sich auch der Aufbau der Studie. Konsensfä-
hig ist ein Begriff von Kultur, der "die Gesamtheit aller derjenigen Leistungen und Orientierungen des Menschen, die seine 'bloße' Natur fort-
entwickeln und überschreiten"[91], meint. Dieser von Pufendorf und
Herder konzipierte Begriff ist "ergologisch, soziativ und temporal"[92]
strukturiert. Beispiele eines solchen Begriffsverständnisses sind Mühl-
manns und Diltheys Definitionen, Kultur im ganzen umfasse alles, "was
es an menschlich Erschaffenem auf der Erde gibt", d. h. die "geschicht-
lich-gesellschaftliche Welt"[93].

In welche Gebiete sich die Kultur ausfächert und wie diese miteinander zu einer Gesamtkultur verflochten sind, macht die Identität einer jeden Hochkultur aus und muß im einzelnen untersucht werden[94]. Zu diesem Kulturbegriff, der vom Gegensatz zur Natur lebt[95], gehören zwei
Bereiche: der Großbereich gesellschaftlicher und politischer Gestaltung
und der Großbereich der gegenständlichen und ungegenständlichen
Hervorbringungen, der materielle Kultur, Kunst, Musik, Literatur und
Bildung umfaßt. Beide Bereiche müssen auf Sirachs Zeit und Person hin
konkretisiert, strukturiert und limitiert werden. Dabei sind zwei Sicht-
weisen zu berücksichtigen, erstens die Kultur seiner Umwelt, soweit er
sie direkt oder indirekt dokumentiert, kritisiert oder spiegelt, zweitens
die spezifische Ausformung der Kultur, wie er selbst sie vertritt und
lehrt.

---

den. Posttheologisch: siehe Teil III zur Diskussion um die Verhältnisbestimmung zwischen Religion und Kultur.

[91] Art. Kultur, EPWT 2, 507-511 (O. Schwemmer), dort 507. Vgl. auch Art. Kultur I,
TRE 20, 176-187 (F. Rodi), dort 177.

[92] Art. Kultur, Kulturphilosophie, HWP 4, 1309-1324 (W. Perpeet), dort 1310.

[93] Zitiert ebd. 1318 (dort die Fundorte der Zitate).

[94] Vgl. HWP 4, 1319.

[95] Im anthropologischen Kulturentwurf A. Gehlens steht der 'Umwelt' des Tieres die
'Kulturwelt' des Menschen gegenüber, TRE 20, 178f.

Der erste Großbereich stellt sich für Sirachs Zeit als Gesamtheit der kulturtragenden Kräfte und Institutionen dar, die der Kultur, die Sirach selbst trägt, den Rahmen schaffen (Teil I: Rahmenbedingungen der Kultur). Die Eingrenzung und Differenzierung dieses Großbereiches ergibt sich aus den Lebensumständen der Zeit Sirachs. Die Familie (Kapitel I) war die erste und wichtigste Sozialform für alle Menschen. Sie bildete auch den Rahmen für die kulturellen Wirkungsmöglichkeiten der Frau. Sie stellte die Basis jeder Erziehung und Kultivierung dar. Arbeit und Beruf (Kapitel II) boten vor allem den erwachsenen Männern primäre kulturelle Wirkungsmöglichkeit. Die leitenden Kräfte der Gesellschaft (Kapitel III) sowie des Staatswesens (Kapitel IV) schufen und garantierten im engeren Sinne die Rahmenbedingungen für die Kultur Jerusalem-Judäas zu Sirachs Zeit. Das Rechtswesen (Kapitel V) stellte als juristisch-ethisches Ordnungssystem einen entscheidenden Beitrag zur allgemeinen Kultur dar.

Der zweite Großbereich umfaßt die Ergebnisse der kulturellen Arbeit (Teil II: Aspekte der Kultur Sirachs). Er läßt sich in verschiedene Teilbereiche gliedern, die von der Gestaltung der äußeren Lebensumstände (Kapitel VI Materielle Kultur) und der gegenseitigen Umgangsformen und Verhaltensweisen (Kapitel VII Sitten und Gebräuche) über die sog. höheren Kulturformen von Bildender Kunst und Musik (Kapitel VIII Kunst und Musik) und geformter Sprache und Literatur (Kapitel IX Sprache und Literatur) bis zur sog. cultura animi, dem "Streben zu einer höheren Existenzform"[96] (Kapitel X Erziehung und Bildung, Kapitel XI Seelenleitung) führen.

Sirach lebte in einem Zeitalter, das noch weit entfernt von der Verengung des Kulturbegriffs eben auf diese 'höhere Kultur' der "Künste und ... Literatur"[97] war, der unser Zeitalter kennzeichnet. Eine Einschränkung der Untersuchung auf die Themen der Kapitel VIII bis XI wäre daher nicht sachgemäß. Andererseits setzt Sirach selbst deutliche Akzente bei seiner Beurteilung der verschiedenen kulturellen Teilbereiche. Die hier gegebene Aufgliederung trägt dem Rechnung und gibt über die pragmatische und überschaubare Erfassung und Darstellung des Phänomens der Gesamtkultur in Jerusalem-Judäa zur Zeit Sirachs hinaus in der Anordnung der Kapitel die Wertschätzung Sirachs selbst wieder, so daß der Gang der Untersuchung von der Peripherie der Kultur, wie Sirach sie versteht, ins Zentrum führt, in dem er selbst kulturell gestaltend wirkt. Für ihn dominiert die Kultivierung der Person die gesamte Kultur. Diese Kultivierung erfolgt primär durch Erziehung und Seelenführung

---

[96] TRE 20, 179 über das europäische Kulturverständnis als Fortschritts- und Bildungsideal seit der Renaissance, verstärkt im deutschen Idealismus.
[97] Vgl. dazu die wichtigen Ausführungen TRE 20, 184f. über "Kultur als Teilsystem der Gesellschaft".

(Kapitel X und XI). Daher sind diese beiden "Aspekte der Kultur als innerer Kultivierung" (Teil B) von den "Aspekten der Kultur als hervorbringender Kraft" (Teil A) abgehoben (Kapitel VI - IX).

Von dieser Darstellung der Aspekte der Kultur Sirachs und ihrer internen Wertehierarchie führt dann der Weg der Untersuchung zur Darstellung der Beziehungen zwischen Religion und Kultur (Teil III) und zur Erstellung eines Gesamtbildes von Sirachs Kultur (Schluß: Sirachs fromme Kultur).

Die Vorstellung einer solchen Gesamtkultur als der "Einheit des jeweiligen eigenen unverwechselbaren individuellen Lebensstils in all ihren K(ultur)-Erscheinungen ... unter dem ergiebigen Vergleichsgesichtspunkt des raum-zeitlichen Selbstverständnisses einer Gemeinschaft"[98], d.h. eines Zustandes bzw. Idealbildes[99], entstammt der lebensphilosophischen Kulturbegründung Nietzsches, Diltheys und Bergsons und wurde von Rothacker ausgearbeitet[100].

Nun wird der Stellenwert der Psyche im Gefüge der Gesamtkultur in der empirischen Kulturanthropologie (cultural anthropology = CA) seit den zwanziger Jahren unseres Jahrhunderts stärker hervorgehoben. Die CA hat erkannt, daß "die menschliche Psyche ... der l o c u s von Kultur, auch als Verursachungsinstanz" ist[101]. In dieser Forschungsrichtung wird "das Determinierungsgefälle ... vorwiegend in der Richtung Kultur - Individuum gesehen, indem die individuelle Psyche entscheidend durch die Erfahrungen in einer sozialen Umgebung geformt wird ... Voraussetzung zu dieser Ansicht ist das Postulat einer weitgehenden F o r m b a r k e i t der menschlichen Psyche"[102]. Diese Einsichten lassen sich in eine Verbindung zu Sirachs Vorstellung von Kultur setzen. Allerdings verlegt die CA die kulturelle Prägung ins frühkindliche Alter, während Sirach erst den heranwachsenden Jungen und den Jüngling erzieht. Die Erziehung der kleinen Kinder ist den Frauen vorbehalten. Immerhin ist er sich der Bedeutung auch der Erziehung des kleinen Kindes sehr bewußt[103]. Einige weitere Grundbegriffe der CA können ebenfalls für die Analyse von Sirachs Kultur herangezogen werden: so der Begriff der 'cultural pattern', d. h. der konfigurativen Ordnungen der

---

[98] Ebd. 1322.

[99] Dazu TRE 20, 179f.

[100] Nachweise ebd. 1324 und: Archiv für Begriffsgeschichte 20, 1976, 42-99 (W. Perpeet). Zu A. Gehlens Institutions-Begriff als kultur-anthropologischem Zentralbegriff vgl. Art. Kulturanthropologie, HWP 4, 1324-1327 (Ch. Grawe), 1327. Ebf. TRE 20, 178f.

[101] Vgl. Art. Kulturanthropologie, empirische (cultural anthropology), HWP 4, 1328-1332 (W. Rudolph), 1328f.

[102] Ebd. 1329.

[103] Jes Sir 30,7-13.

Kulturen als historisch kontingenter Größen, die sich doch als sinnvoll strukturierte Gestalten interpretieren lassen, und der 'Internalisierung' als des Begriffs, der den Prozeß bezeichnet, "der die Erfahrungsbestandteile mit B e d e u t u n g bzw. S i n n (... meaning) versieht und sie dadurch zu Vorstellungen und Einstellungen (attitudes) werden läßt", so daß sich "Standards für Fühlen, Denken und Verhalten in der Form von G e w o h n h e i t e n (habits) und W e r t e n (values)" bilden[104]. Daraus entsteht eine psychologisch fundierte Definition von Kultur als "a selective experience characteristic of a group"[105], die für Sirachs Kultur wichtig sein wird. Denn Sirachs Kultur ist ja nicht "die " Kultur Israels um 200 v. Chr., sondern die Kultur einer bestimmten Gruppe in Israel um 200 v. Chr. Insofern trägt die CA dazu bei, die Vorstellung von einer "Gesamtkultur" zu korrigieren bzw. zu limitieren.

Wenn in dieser Untersuchung explizit nach der Kultur Sirachs u n d s e i n e r Z e i t in Jerusalem-Judäa gefragt wird, dann verbindet die Fragestellung den prozessualen Begriff persönlicher und kollektiver Kultivierung, wie ihn Sirachs Weisheitsschule leisten will, mit dem Kulturbegriff "im Sinne der Bezeichnung für einen I d e a l z u s t a n d sowohl des Individuums als auch ganzer Völker und Gesellschaften"[106]. Dabei wird aus dem Prozeß der Entstehung und Umgestaltung der Kultur Israels seit der Väterzeit bis zur Gegenwart eine einzige Generation herausgeschnitten, deren 'Kultur' uns durch einen einzigen Schriftsteller, Jesus Sirach, beleuchtet wird, der selbst an der Gestaltung dieser Kultur mitgewirkt hat, wie er zugleich ihr Produkt war und sie uns in der ebenso subjektiven wie gruppenspezifischen Perspektive des Weisheitslehrers Ben Sira darstellt. Damit wird Einsicht in einen 'kulturellen Augenblick' gewonnen, der sowohl transitorische wie auch überzeitliche, sog. klassische Qualitäten enthalten kann, die am Schluß der Untersuchung annäherungsweise bestimmt werden sollen.

Die Fragestellung der Untersuchung geht von der Gegebenheit kohärenter Kulturen aus, wenn sich diese auch im Laufe der Geschichte sehr unterschiedlich definiert haben und nicht ein Volk als Trägergruppe benötigen. Dabei "wird die Kohärenz einer einzelnen Kultur in der Regel auf das Fundament einer gemeinsamen S p r a c h e zurückgeführt, die den Angehörigen der sozio-kulturellen Gemeinschaft eine einheitliche 'Weltansicht' vermittelt"[107]. Für Sirach ist dies Grunddatum die hebräische Sprache. Zugleich wird die Begrenztheit dieser Definition deutlich, da die Epoche des Hellenismus zu zunehmender Zweisprachig-

---

[104] Ebd. 1330.

[105] A.a.O.

[106] Vgl. Art. Kultur I, TRE 20, 179.

[107] TRE 20, 183. Dort auch zu Humboldt und zu Whorfs und Ecos Entwürfen.

keit der Völker des hellenisierten Orients führte[108] und daraus grundsätzliche Probleme der nationalen, religiösen und stammesmäßig definierten Kulturen erwuchsen, die zu Krisen wie dem Makkabäeraufstand
führten. Sirach definiert als hebräisch schreibender Weisheitslehrer
seine Kultur, d. h. die Kultur der gebildeten Männer in Jerusalem-Judäa
um 200 v. Chr. und der nachrückenden Generation, als hebräisch nach
Sprache und Tradition wie nach künftiger Gestalt.

Dabei spielt die Tradition als Faktor bei der Identitätsbestimmung einer Kultur eine wichtige Rolle. Nicht zufällig ist Sirach als Kulturträger
und Kulturformer entscheidend an der Tradition Israels interessiert und
fügt der Weisheit das Thema der "Väter Israels" hinzu. Sirach ist ein hervorragender Vertreter jenes "kulturellen Gedächtnisses"[109], das die neue
Kulturanthropologie als wichtigen Faktor für den Aufbau von Kulturen
benennt. Dabei kommt den Schöpfern, Trägern und Vermittlern des kulturellen Gedächtnisses wesentliche Bedeutung zu: "Schreiber, Priester,
Glyptiker, Architekten, Sänger"[110], weiter Lehrer, Arzt, Richter, Groß-
kaufmann, Stadtoberhaupt etc. Diesen Kulturträgern werden wir im
Laufe der Untersuchung begegnen. Im Rahmen der israelitischen Kultur
gehört in diesen Kreis noch der Vater, da die Vater-Sohn-Beziehung ein
kulturelles Grunddatum darstellt.

Die Kohärenz von Sirachs kultureller Welt wird aber in noch höherem
Maße als durch die Sprache durch die Religion definiert. Dies ist die
kulturelle Bedeutung der Gottesfurcht als des Vorzeichens jeder Weisheit (Kap. 1 und 2). Die grundlegende Bedeutung der Religion für Sirachs Kulturverständnis geht vor allem daraus hervor, daß sein Enkel die
hebräische Sprache des Großvaters bruchlos ins Griechische nach Alexandria transferieren kann. Unter dem Vorzeichen der religiösen Überlieferung Israels (Vorrede 1-3) kann die παιδεία (29-36) des Siraciden
der späteren alexandrinischen Judenschaft weitergegeben werden. Anders als die Sprache, die ihrerseits eine bedeutende kulturelle Hervorbringung ist (Kapitel IX) und um die sich Jesus Sirach selbst mit seinem
kulturellen Gestaltungswillen bemüht, stellt die Religion einen eigenen
Bereich im Leben Jerusalem-Judäas dar. Sie fällt weder mit der Kultur
zusammen, noch ist sie ein Teilbereich letzterer. Der Beziehung dieser
beiden Größen ist Teil III gewidmet (Religion und Kultur). Denn ein
Gesamtbild von Sirachs Kultur (SCHLUSS) kann nur entworfen werden,

---

[108] Die Kunstsprache des Reichs-Aramäischen war ein Vorläufer der griechischen Ein-
heitssprache im Alten Orient.

[109] Dazu Art. Kunst und Religion II, TRE 20, 253-256 (P. Welten), dort S. 253 zum Begriff "kulturelles Gedächtnis". Lit.: J. Assmann (Hg.), Kultur und Gedächtnis, 1988; ders.,
Das kulturelle Gedächtnis, 1992.

[110] TRE 20, 253.

nachdem die Beziehungen zwischen Religion und Kultur beschrieben
worden sind.

Teil I:

Rahmenbedingungen der Kultur Sirachs

Kapitel 1: Familie

Das Spektrum menschlicher Beziehungen, wie Jesus Sirach sie kennt und lehrt, reicht über die Familie hinaus in die Bindungen und Verpflichtungen des männlichen Freundeskreises und der öffentlichen Tätigkeit in der Gemeinde. Dabei bildet die Familie[1] den primären Bezugsrahmen der Betrachtungen und Ermahnungen des Siraciden. Als Verfasser der Sprüche ist Sirach zugleich topisch pater familias. In den paränetischen Ermahnungen steht der erwachsene junge Mann im

---

[1] Lit.: Krauss, TA II, 3-53; Pedersen, Israel, 46-96; de Vaux, Lebensordnungen, 45-98; Art. Familie I (Familienrecht), RAC 7, 286-358 (J. Gaudemet); Art. Familie II (Familienleben), s. u. Haus II (Hausgemeinschaft), RAC 13, 801-905 (E. Dassmann, G. Schöllgen; reiche Lit.); S. Safrai, Home and Family, CRINT I, 2 728-792 (Lit.); Art. Familie, NBL 1, 1991, 657-659 (A. Lemaire); zur griechischen Familie R. Flacelière, Griechenland 1979[2], 81ff. (reiche Lit.-angaben); zur römischen Familie J. Carcopino, Rom, 1977, 119ff. (ebf. Lit.); B. Rawson, The Family of Ancient Rome, London - Sidney, 1986; ältere Lit.: K. F. Hermann, Lehrbuch der griechischen Privatalterthümer, 3. Aufl. v. H. Blümner, Freiburg 1881, 39-52; Hg. G. W. Botsford u. E. G. Sihler, Hellenic Civilization, New York, 1920.

Grundlegend zum antiken Familienbegriff: M. I. Finley, Die antike Wirtschaft, 1980[2], 8 (οἶκος - familia - pater familias, dort 213ff. Lit.); zum israelitischen Sippenbegriff vgl. Art. מִשְׁפָּחָה, ThWAT 5, 1986, 86-93 (H.-J. Zobel). - Zur modernen sozial-und kulturgeschichtlichen Familienforschung vgl. z. B. R. v. Dülmen, Kultur und Alltag in der Frühen Neuzeit I, 1990, dort S. 296ff. zur Lit.: v. Dülmen faßt die Fragestellungen und Ergebnisse der historischen Familienforschung, der Sozialisationsgeschichte (z. B. N. Elias, Über den Prozeß der Zivilisation, 2 Bde, 1978[6]) und der Volkskunde/Anthropologie (z. B. P. Bourdieu, Entwurf einer Theorie der Praxis auf der ethnologischen Grundlage der kabylischen Gesellschaft, 1976) zusammen.

Vordergrund[2]. Der Lehrer überblickt in der Rolle des Vaters das ganze Leben von seinem Standpunkt aus und spricht sowohl seine "Söhne" als auch andere Familienglieder als auch seinesgleichen an[3]. Beherrschend bleibt die topische Lehrsituation: der Vater belehrt den heranwachsenden Sohn. Schon von daher ist der familiäre Rahmen traditionell primär[4]. Die topische Szenerie ist die des weisen Patriarchen, der im Kreise seiner Familie lebt, über die Familie und den Kreis seiner Freunde hinaus auch in die politische Gemeinde und bis hin zum Fürsten blickt und die jungen Männer väterlich belehrt.

Ein Amt hat er nicht. Er wirkt zwar in die Öffentlichkeit hinein, tut dies aber aus seinem privaten Lehrhaus heraus. Ist von daher die Bedeutung der Familie für den Weisen Jesus Sirach als gewachsener kultureller Rahmen wichtig, da sie den Ort seiner eigenen Tätigkeit darstellt, so ist nun doch gleich zu fragen, welcher Art die Familie als Sozialordnung sei, die hier vorausgesetzt ist. Dabei wird sofort deutlich, daß Sirach die Familie insgesamt, soweit er sie zum Thema seiner Lehrvorträge macht, aus seiner spezifischen kulturellen Situation heraus behandelt. Neben die allgemeinen kulturellen Züge seiner Zeit tritt die spezifisch weisheitliche Interpretation.

Die Familie im Ganzen als primäre soziale Ordnung kommt thematisch nicht in den Blick. Die gemeinjüdische Hochschätzung der Familie ist vielmehr vorausgesetzt[5]. Behandelt werden dagegen die Beziehungen

---

2 "Mein Sohn". Diese Anrede ist zuerst topisches Synonym für 'o Mensch' usw., so z. B. 2, 1; 4, 1 u. ö. und deutet an, daß hier in jedem Fall jungen Männern Lehre der Alten vorgetragen wird. Daneben wird der 'Sohn' auch häufig direkt auf seine Jugend und seine Sohnespflichten angesprochen: z. B. 3, 12. Vgl. dazu Art. υἱός κτλ., ThWNT 8, 334-402 (P. Wülfing v. Maritz, G. Fohrer, E. Schweizer, E. Lohse, W. Schneemelcher); Art. בֵּן, ThWAT 1, 668-682 (J. Bergman, H. Ringgren, H. Haag). D.h. die jungen Männer, die Sirach lehrt, werden immer wieder an ihre Sohnespflichten erinnert und zugleich als Schüler topisch auch wie eigene Söhne des Lehrers apostrophiert.

3 3, 1 "ihr Kinder" τέκνα (vgl. 23, 7 u. ö.), daneben eigene Altersgruppen, so 32, 3: "Greis" שָׂב; 32, 7: "Jüngling" נַעַר. Ganz selten finden sich allg. Anreden wie "Fürsten" oder "Vorsteher" שָׂרֵי אֵלִי 33, 19).

4 Vgl. Sprüche 2, 1; dazu Plöger 23ff. Anders z. B. der Aristeasbrief und die Weisheit Salomos (zu 1, 1 vgl. Schmitt 19) mit ihrem herrscherlichen Rahmen oder Ps.-Phokylides, der ganz allgemein ohne Adressaten belehrt.

5 Vgl. CRINT I, 2, 748; Art. Familie, NBL 1, 1991, 657ff. (A. Lemaire). Die umfangreiche Studie von R. Bohlen, Die Ehrung der Eltern bei Ben Sira, TTS 51, 1991, untersucht die Texte Sir 3, 1-16 und 7, 27f. im Kontext von 7, 18-36 thematisch und zeitgeschichtlich. B. findet bei Sirach "keinen kämpferischen Antihellenismus" (326), wohl aber den "Primat des traditionellen jüdischen Ethos, bewußt in hebräischer Sprache vorgetragen" (377f.). Grundlage ist für Sirach das Elterngebot der Tora, das er ethisch und pädagogisch intensiviert und motiviert. Dazu übernimmt er Motive aus griechischen Gnomologien und hellenistischer Popularphilosophie. Die Unterhaltsverpflichtung des Sohnes ge-

des Vaters und des Sohnes untereinander und zu den anderen Familienmitgliedern. Der Vater ist durchaus der Herrscher in seiner Familie[6] und seiner Umgebung, wie 33, 19-24 deutlich ausspricht:

"Solange dir noch Leben beschieden ist, soll über dich niemand herrschen" (V. 21).

Der Sohn[7] vor allem wird als Konkurrent um die Herrschaft empfunden, und demgemäß fordert Jesus Sirach zu strenger Erziehung der Söhne auf:

"Nicht sollst du ihn herrschen lassen in seiner Jugend"[8].

So warnt der Siracide auch vor gewalttätigen und ungezogenen Nachkommen (16, 1-3; 22, 3). Andererseits aber ist die richtige Erziehung der Söhne eine große Aufgabe der Väter.

"Wenn du Söhne hast, erziehe sie" (7, 23; vgl. 30, 2).

Die Erziehung schon des Knaben ist streng: Verwöhnen, Spaß machen und Lachen mit dem Knaben werden als schädlich angesehen (30,7-13).

Hat ein Vater seinen Sohn richtig erzogen, so gilt von dem Vater:

"Stürbe sein Vater, so wäre es, wie wenn er nicht gestorben wäre;
denn er hinterläßt einen, der ihm gleicht.
Zeit seines Lebens blickt er ihn an und freut sich,
und bei seinem Tode ist er nicht betrübt" (30, 4-5)[9].

Dabei spricht Jesus Sirach meist vom "Sohn", nicht von den "Söhnen", wie es die Testamentenliteratur tut, die sich an den Patriarchen orientiert.

Daß die Aufgabe erfolgreicher Erziehung im Falle des Jesus Sirach selbst kein bloßer Topos war, erweist die Übersetzungs- und Herausgeberarbeit seines Enkels. Sirachs Lehre ist in der Tat von seinen Nachkommen tradiert und verarbeitet worden.

---

genüber dem Vater (3, 12a. 16; 7, 24f.) bringt B. in Zusammenhang mit dem mangelnden Anspruch auf Altersversorgung des Vaters gegenüber dem Sohn im ptolemäischen Recht (3, 37ff.).

[6] Vgl. Art. Pater familias, KP 4, 545-547 (E. Bund).

[7] D.h. der Erstgeborene: nach jüdischem Recht. Zum Sohn vgl. Art. בֵּן, ThWAT 1, 1973, 668-682 (H. Haag).

[8] 30, 11. Strenge Erziehung mit Schlägen 30, 12; auch 30, 2; vgl. Spr 19, 18, zur Problematik des Textes vgl. Plöger 224f.; vgl. auch CRINT I, 2, 770f. - Ebs. griechisch: vgl. die Beispiele bei Hermann, Lehrbuch, 168ff. Zur Erziehung vgl. einführend Art. Erziehung, NBL 1, 1991, 586f. (H. Klein).

[9] Freundlichkeit des Vaters dem Sohn gegenüber: CRINT I, 2, 771. - Zu den Inhalten der Erziehung selbst s. u. Kap X.

Ganz anders spricht der Siracide dagegen von der Tochter[10] (7, 24f.; 22, 3-6; 42, 9-14), deren Existenz hauptsächlich als Belastung und Quelle der Gefahr für Vater und Bruder verstanden wird, so in dem kleinen Katalog 42, 9-14. Hier ist viel Topisches im Spiel[11]. Denn der Siracide kennt auch die "kluge Tochter": 22, 4 (θυγάτηρ φρονίμη). Aufgabe des Vaters ist es, die Töchter zu behüten (42, 9-12) und sie mit einem klugen Mann zu vermählen: 7, 24f. Auch hier begegnet wieder die Mahnung, "nicht überschwenglich vor Freude gegen sie zu sein": 7, 24.[12]

Allgemein redet Jesus Sirach nicht einfach in alttestamentlich-patriarchalischer Weise reichem Kindersegen als einem hohen Gut das Wort[13]. Vielmehr wird er von dem Gedanken der Verantwortung für die gute Erziehung und das rechte Gedeihen der Kinder so beherrscht, daß er eindringlich vor bösen Nachkommen warnt, die dann weiter böse Nachkommen zeugen und das Geschlecht zerstören (41, 5-9; vgl. 16, 1-3). Daher findet sich bei ihm auch kaum die traditionelle Ansicht der älteren Weisheit, Unfruchtbarkeit oder mangelnder Kindersegen sei ein großes Übel[14]. Nicht mehr physische Nachkommenschaft, sondern moralische und intellektuelle Fähigkeiten der Nachkommen stellen für Jesus Sirach einen Wert dar (22, 7)[15].

Nicht unähnlich verhält es sich mit der Ehefrau[16]:

---

[10] Zu Töchtern im Judentum vgl. allg. Art. בַּת, ThWAT 1, 867-872 (H. Haag); CRINT I, 2, 752f., G. Mayer, Die jüdische Frau in der hellenistisch-römischen Antike, 1987, 43ff.; C. V. Camp, Understanding a Patriarchy, in A.-J. Levine (Hg.), Women like this, Atlanta 1991, 34ff.

[11] Vgl. dazu Skehan - di Lella 482ff. und ThWAT 1, 870f.

[12] Wörtl.: Laß dein Antlitz nicht über ihnen leuchten.

[13] So Spr 17, 6 (vgl. Plöger 201f.).

[14] Kinder allg.: de Vaux, Lebensordnungen I, 78-95; Hermann, Lehrbuch, 47ff. 161ff.; Flacelière, Griechenland, 117-162; Art. יֶלֶד, ThWAT 3, 1982, 633-639 (J. Schreiner); Art. παῖς κτλ., ThWNT 5, 636-653 (A. Oepke); Art. Kind, NBL, Lfg. 8, 1992, 427f. (F. Stendebach, B. Lang).

[15] Dazu allg. CRINT I, 2, 750. Immerhin begegnet 11, 14 der traditionelle Gedanke, Kinderlosigkeit sei Strafe für Sünde. Aber 16, 3: Radikalisierung der neuen Bewertung. So auch Sap Sal 4, vgl. JSHRZ III, 4, Anm. S. 412f. (D. Georgi); vorsichtiger urteilt Schmitt, 28f. (keine Askese gemeint).

[16] Krauss, TA II, 43ff.; CRINT I, 2, 763f.; Hermann, Lehrbuch, 42ff. 143ff.; Flacelière, Griechenland, 81ff. 95ff.; Carcopino, Rom, 119-149; J. Leipoldt, Die Frau in der antiken Welt und im Urchristentum, 1955; S. B. Pomeroy, Goddesses, Whores, Wives and Slaves, Women in Classical Antiquity, New York, 1975; C. Vatin, Recherches sur le mariage et la condition de la femme mariée à l'époque hellénistique, Paris, 1970; Mayer, Die jüdische Frau, pass.; Art. Frau III, TRE 11, 424-431 (F. Dexinger); Art. Frau, RAC 8, 197-269 (K. Thraede); Art. אִשָּׁה, אִישׁ, ThWAT 1, 238-252 (N. P. Bratsiotis); speziell: W. C. Trenchard, Ben Sira's View of Women, Chico, Ca. 1982 (Brown Judaic Studies 38). Skehan - di Lella 90ff. (Lit.); C. V. Camp, Wisdom and the Feminine in the Book of

"Gesegnet ist der, der mit einer klugen Frau zusammenlebt" (25, 8 LXX).

Das 26. Kapitel spricht ausführlich von dem Segen, den eine gute (Vers 1), tüchtige (Vers 2), anmutige und schöne (Vers 13. 17; vgl. 7, 19), verständige (Vers 13; vgl. 7, 19), schweigsame (Vers 14 LXX), schamhafte (Vers 15) und fromme (Vers 23 LXX) Frau für ihren Mann bedeutet. Besonders Schönheit wird hoch an ihr geschätzt (Vers 15-18). Noch an anderer Stelle: 36, 21-23, wiederholt Jesus Sirach diesen Gedanken und fügt das ihm wichtige ethische Moment der "lindernden Worte" מרפא לשון hinzu: Vers 23. Dabei ist besonders wichtig, daß Tugend - Güte - Verstand - Verschwiegenheit - Scham - Frömmigkeit ja durchaus auch die männlichen Haupttugenden sind, die Jesus Sirach seinen Sohn lehrt[17]. Die gute Ehefrau verhält sich und   k a n n   sich verhalten wie der Weise!

Proverbs, Sheffield 1985 (Bible and Literature 11); K. Engelken, Frauen im Alten Israel, BWANT F. 7, H. 10, 1990; L. J. Archer, Her price is beyond rubies: the Jewish woman in Graeco - Roman Palestine, JSOT Suppl. 60, Sheffield 1990; A. Levine (Hg.), "Women Like This", New Perspectives on Jewish Women in the Greco-Roman World, SBL, Early Judaism and Its Literature, Atlanta 1990, (darin bes. der Beitrag von C. V. Camp, Understanding a Patriarchy: Women in Second Century Judaism Through the Eyes of Ben Sira, 1-40); Ph. Trible, Gott und Sexualität im AT, GTB 539, 1993. - Die umfangreiche Lit. zum Thema "Frauen im antiken Judentum" verfolgt unterschiedliche Interessen. G. Mayer und L. Archer haben unabhängig voneinander hilfreiche Darstellungen der sozialen und juristischen Lage der jüdischen Frau gegeben, ihren Wirkungsbereich, ihre Tätigkeiten, die spezifischen Probleme ihrer verschiedenen Lebensalter und ihre Darstellung in der Lit. der Zeit nachgezeichnet. Archers Buch hat zwei nützliche Appendices: den hebräischen Text (mit Übersetzung) der Murabb'at-Dokumente (Eheschließungs- und Scheidungsurkunden) und Texte topischer Frauenbeschreibung aus der antiken jüdischen Lit. Die Arbeiten in dem Sammelband von Levine sowie das Buch von Trible sind der feministischen Exegese verpflichtet, die E. Schüssler Fiorenza 1983 für den Bereich des antiken Judentums forderte (vgl. Women Vorwort XI, vgl. auch Trible, Einführung von S. Schroer, 9ff.). Camp benutzt zudem in ihrer Sprachstudie das Instrumentarium der Kulturanthropologie B. J. Malinas (s. u. zu Kap. VI). Ihre Zuordnung der Sicht der Frau bei Sirach zu dem sog. Ehre-Schande-Komplex trifft die rein männerbezogene Sicht Sirachs, ebenso die Beziehung, die sie zwischen Besitz und Frau als wichtigsten Statussymbolen des Mannes herstellt (S. 38). Auch die Rolle der Töchter als der verwundbarsten Stellen des Hauses ist plausibel beschrieben (S. 34-37). Damit läßt Camp die einfache misogyne Interpretation W. C. Trenchards hinter sich (S. 167-173: 1. Sirach ist persönlich Frauen gegenüber negativ eingestellt. 2. Er bearbeitet Traditionen über Frauen in negativer Weise. 3. Der "bösen" Frau gilt sein Hauptinteresse). - Wegen der umfangreichen Lit. kann die hier vorliegende Analyse sich sehr kurz fassen. Daß und in welcher Weise Sirach patriarchalisch dachte, haben (negativ akzentuierend Trenchard) und (verstehend-interpretierend) Archer und Camp dargelegt. Ich betone die Nähe der Lobesworte über die "gute Frau" zum Lob des Weisen: dieser Aspekt wird in der Forschung zu wenig gesehen. Er ist aber ebenso ein proprium Sirachs wie seine Sündenzuweisung an die Frau.

[17] Vgl. unten Kap. X.

Kräftig kontrastiert Jesus Sirach demgegenüber das Bild der schlechten Ehefrau: sei sie nun unzüchtig (26, 9), trunksüchtig (8), leichtlebig (10), gottlos (23), lüstern (25), laut und schwatzhaft (27), verachte sie ihren Mann (26) oder sei sie insgesamt "schändlich" (24). D. h. die schlechte Ehefrau verhält sich wie der "Tor"[18]. Trotz dieser typischen Frauenpolemik gipfelt doch das Urteil des Siraciden über die gute Ehefrau in dem Satz:

"Wer eine Frau erwirbt, hat damit das Beste, was er besitzt" (36, 24).

Das meint: die Frau ist ganz im Sinne von 1. Mose 2 die beste Gehilfin des Mannes[19], natürlich aber nicht selbständiges Subjekt, sondern vornehmster Teil des Hausstandes des Mannes. Erwähnenswert bleibt in diesem Zusammenhang, daß das zweideutige Bild von der Frau als σκεῦος bei Jesus Sirach nicht begegnet[20].

Die Frau ist eo ipso Ehefrau und Hausfrau. Der Siracide spricht nur von der monogamen Ehe[21]. Über die Ehe selbst und über die Rolle, die beide Eltern bei der Erziehung der Kinder und der Führung des Hausstandes spielen, sagt Jesus Sirach gar nichts[22]. Dabei geht aus dem Lob der guten Hausfrau hervor, daß er die Ehe hoch schätzt und als selbstverständlich betrachtet. Asketische Neigungen finden sich nicht bei ihm[23].

Die Eltern treten nicht von ihren Pflichten den Kindern gegenüber in den Blick - diese sind ganz auf die Erzieherrolle des Vaters konzen-

---

[18] Hier liegt ebs. ein Laster-Katalog zugrunde wie der "guten Frau" ein Tugend-Katalog. Weitere Parr. in Kap. 25. Zur "guten" und "bösen" Frau vgl. Krauss, TA II, 47f.; Archer, 301ff. Auch dies ist im Sinne der älteren Weisheit.

[19] So auch die Anspielung auf 1 Mose 2, 18. 20 עֵזֶר im 2. Halbvers.

[20] Zur juristischen Rolle der Frau im Judentum vgl. CRINT I, 2, 763 und Mayer, Die jüdische Frau, 92; Archer, pass. Zu dem σκεῦος-Bild vgl. Art. σκεῦος, ThWNT 7, 359-368 (Ch. Maurer); der Geist der dort S. 361f. genannten Belege findet sich nicht bei Sirach, vgl. bes. 36, 22 und 23.

[21] Allg. de Vaux, Lebensordnungen I, 52-74; im Frühjudentum war die Monogamie vorherrschend: CRINT I, 2, 748f. (Ausnahmen!); Mayer, Die jüdische Frau, 57f. Ausführlich dazu: W. Plautz, Monogamie und Polygamie im AT, ZAW 75, 1963, 3-27; Art. פִּלֶגֶשׁ, ThWAT 6, 1989, 586-589 (K. Engelken). T. Kronholm, Polygami och monogami i Gamla Testamentet, Svensk exegetisk Årsbok 47, 1982, 48-92; Archer, 123-206. Allg.: Art. Ehe, RAC 4, 650-666 (A. Oepke); Art. Eheleben, ebd. 691-707 (G. Delling); Art. Ehe II, TRE 9, 311-313 (J. Scharbert, Lit.!).

[22] Dazu Art. Eltern, RAC 4, 1190-1219 (A. Lumpe, H. Karpp); Art. אָב, ThWAT 1, 1-19 (H. Ringgren); Art. Eltern/Elterngebot, NBL 1, 1991, 533f. (R. Albertz); P. A. H. de Boer, Fatherhood and motherhood in Israelite and Judean piety, Leiden 1974. - Entsprechend dem Hebr., das kein Äquivalent für Eltern hat (אבה), fehlt im gr. Sirach auch γονεῖς, das aber seit den Apokryphen belegt ist (RAC 4, 1201). Sir hat stattdessen ἐν τοῖς γεννήσασιν 3, 7 (vac. hebr. Text).

triert[24] -, sondern von der Seite des Elterngebotes, also den kindlichen Pflichten den Eltern gegenüber. 3, 1-16 schärft Jesus Sirach in vielfältiger Variation das Dekaloggebot aus 2. Mose 20, 12 par ein: wer den Vater ehrt, wird lange leben, und wer auf den Herrn hört, ehrt (מכבד) seine Mutter (Vers 6).

Das Gebot ist so grundlegend, daß Sirach hier sogar ein für ihn sonst ganz ungewöhnliches Zugeständnis macht: der Sohn soll auch d e n Vater ehren, dessen Verstand abnimmt[25] (Vers 13). Vater und Mutter stehen hier gleichberechtigt nebeneinander, und dem Sohn wird besonders die Sorge für die Mutter eingeschärft. Das allgemein in Israel anerkannte Elterngebot spielt im Sirachbuch also eine entscheidende Rolle. Die erste Ermahnung des ganzen Buches in 3, 1 heißt:

"Das Gebot des Vaters (Gen. Obj. אב משפט: besser: das Recht des Vaters) hört, ihr Kinder".

Kap. 3 gibt dann die Grundlage der ganzen Lehre für die Söhne: Elternliebe und Demut! Der Weise und Gottesfürchtige von Kap. 1 und 2 ehrt die Eltern.

Regeln für das Verhältnis zwischen Brüdern und Geschwistern allgemein fehlen. Nur die Hochschätzung des Bruders wird 7, 18 ausgesprochen. Nicht die große Familie mit ihren schwierigen innerfamiliären Beziehungen, wie sie exemplarisch die Test XII Patr. in den Verfehlungen der Brüder untereinander und der verschiedenen Frauen bzw. Mütter schildern, ist hier im Blick, sondern die eher kleine Kernfamilie: Vater - Sohn, daneben in zweiter Reihe die Mutter und am Rande Töchter. Das ungeteilte Interesse Sirachs gilt nur der moralischen Erziehung des Sohnes, nicht etwa der Erziehung der Familie im Ganzen. Auch für den Sohn ist die Familie nach der Meinung des Vaters nur soweit von Interesse, wie sie seine moralischen Fähigkeiten betrifft. Das weite und wichtige Feld der Hausverwaltung und Haushaltsführung, das gerade die Römer in einer umfangreichen Literatur dargestellt haben[26], taucht bei

---

[23] Damit vertritt Sirach die durchschnittliche jüdische Auffassung seiner Zeit (vgl. RAC 4, 655f.).

[24] Vgl. dazu bes. CRINT I, 2, 769f.: rabbinische Quellen zum Thema. Sirach erwähnt nur summarisch 7, 23. 25 die Pflicht, den Sohn zu erziehen und die Tochter zu verheiraten. Auf die Heirat als natürliches und notwendiges Ziel im Leben jeder Tochter weist 7, 25. Dazu CRINT I, 2, 753, weiter bei Mayer, Die jüdische Frau, 51ff.

[25] חסר wird hier (gegen Gesenius) besser mit "abnehmen" als mit "fehlen" übersetzt, so daß der alternde Vater gemeint ist. So auch Skehan - di Lella 156.

[26] Vgl. all. Art. בַּיִת, ThWAT 1, 629-638 (H. A. Hoffner); Art. Haus I, RAC 13, 770-801 (H. Herter, K. Hoheisel, H. Brakmann); Art. Haus II, ebd. 801-905 (E. Dassmann, G. Schöllgen). Zur οἶκος-Literatur: Art. Haustafel, ebd. 1063-1073 (P. Fiedler); bes. D. Lührmann, Neutestamentliche Haustafeln und antike Ökonomik, NTS 27, 1981, 83-97;

Sirach gar nicht auf, so notwendig eine Einführung in diesen Bereich für den Sohn auch sein könnte.

Einzig das ethische Verhalten gegenüber dem Sklaven, der nach gemeinantikem Verständnis zum "Haus" gehört, streift Sirach zweimal (7, 20f. und 33, 25-32). Analog zu den scharfen Aussagen über strenge Kindererziehung wird auch hier auf strenge Zucht gehalten[27], allerdings im Rahmen der Gesetze. Der Schutz des Einzelsklaven geschieht aus Gründen persönlichen Nutzens. Einmal findet sich eine darüber hinaus-gehende Aussage: "Einen klugen Sklaven liebe wie dich selbst, nicht sollst du ihm die Freilassung vorenthalten" 7, 21. Über den Sklavenstatus einerseits[28] und die möglichen Aufgaben der Sklaven im Hauswesen andererseits wird nichts gesagt. Wieder zeigt sich die Tendenz zu eher moralischer Grundsatzbelehrung als zu praktischer Wirtschaftsanleitung.

Damit hat Jesus Sirach den Kreis der Familie, soweit sie ihn interessiert, abgeschritten. Der pater familias aber steht neben dem Kreis der Familie im Kreise seiner Freunde, genauer: seines Freundes. Auch hier geht es von vornherein nicht so sehr um eine große Zahl als vielmehr um die e i n e individuelle Person, der gegenüber die richtige Haltung sorgfältig eingeübt werden muß. Schon Kap. 6 stellt hier die Weichen:

"Die, die du grüßt, mögen zahlreich sein,
aber der Partner deiner Beratung (בעל סודך) sei einer von tausend.
Wenn du einen Freund erwerben willst,
so erwirb ihn nach einer Prüfung (Vers 5. 6)".

Sirach betrachtet also "den Freund"[29] von vornherein als individuellen, privaten Partner des familiären Lebenskreises, nicht aber als Teil eines öffentlichen Freundeskreises[30]. Der treue Freund aber ist so wertvoll wie

---

weitere Perspektiven in dem Grundsatzartikel Haus III, TRE 14, 478-492 (K.-H. Bieritz, Chr. Kähler; reiche Lit.).

[27] Die entspr. Mahnungen bei Ps Phok 223-227 sind dem Sklaven gegenüber positiv gehalten.

[28] Lit. allg. M. I. Finley, Die Sklaverei in der Antike, 1985 (umfangreiche Bibliographie am Schluß). Zur jüdischen Sklaverei: CRINT I, 2, 750f. Zu bedenken bleibt stets der Unterschied zwischen der Behandlung jüdischer und ausländischer Sklaven. Vgl. Art. Sklave BHH 3, 1814-1815 (L. Delekat); Art. עֶבֶד, ThWAT 5, 982-1012 (H. Ringgren, U. Rüterswörden, H. Simion-Yofre); Art. עִבְרִי, ebd. 1039-1056 (D. N. Freedman, B. E. Willoughby); J. Cardellini, Die biblischen "Sklaven"-Gesetze im Lichte des keilschriftlichen Sklavenrechts, BBB 55, 1981. - Vgl. u. S. 66.

[29] Allg. Art. Freund, NBL 1, 1991, 705f. (G. Krinetzki), Lit. zum hebr. Wortfeld und dem LXX-Sprachgebrauch vgl. ThWNT 9, 1973, 152 (G. Stählin). Zu יָדִיד vgl. ThWAT 3, 1982, 474-479 (H.-J. Zobel).

[30] Diese Privatisierung begegnet allg. im Hellenismus, vgl. Art. Freundschaft, RAC 8, 418-434 (K. Treu), dort 424 auch Philo und Sirach als Zeugen jüdisch-hellenistischen Freundschaftsverständnisses genannt. Lit.: M. Paeslack, Zur Bedeutungsgeschichte der

die gute Ehefrau und der eine Sohn: ein Schatz ist er (13) und ein "Unterpfand des Lebens" חיים צרור (MS A; φάρμακον ζωῆς G)(15). Daher schließt die Freundschaft ebenso wie die Ehe Treue (9, 10: Vorzug des alten Freundes vor dem neuen) und Liebe ein (27, 17). Jesus Sirach warnt zugleich vor Vergehen gegen die Freundschaft (22, 20ff.; 27, 16-21), aber auch vor schlechten Freunden (6, 5-17; 37, 1-6). Wesen und Inhalt der Freundschaft werden nicht eigens beschrieben oder gar im Sinne Ciceros definiert, wohl aber zeigen seine Äußerungen, daß Jesus Sirach den Freund als Bundesgenossen, Helfer in Gefahr, uneigennützigen Verbündeten in widrigen Situationen und treuen Gehilfen in Not versteht[31].

Der, wenn man genau hinsieht, erstaunlich enge Kreis wichtiger menschlicher Beziehungen, in denen der Mann steht, ist damit abgeschritten. Er reicht nicht weit über die Familie hinaus, und die Familie tritt auch nur in wenigen Familienmitgliedern direkt in Erscheinung. Der Vater belehrt seinen Sohn über die richtige Beschaffenheit, die Güte und Intensität und die Verpflichtungen der Grundbeziehungen des jungen Mannes in seiner Familie und warnt ihn vor einigen grundlegenden Gefahren auf diesem Gebiet. Daher steht auch das Elterngebot am Anfang der Paränese im 3. Kapitel.

Grundgefahren im Bereich menschlicher und besonders familiärer Beziehungen sind die törichten Nachkommen, "die böse Frau" und die treulosen Freunde. Jede Grundbeziehung hat also ihre spezifische Gefahr.

Die bitteren Worte über böse, gewalttätige und unfromme Kinder in Kap. 16, 1-3 wurden schon erwähnt. Ergänzend hinzu tritt die Sorge darüber, daß der Sohn sich nicht über den Vater erhebe: daher die Mahnung zu harter Zucht 30, 13 und 33, 22.

Die Züge der "bösen" Frau[32] werden detailliert topisch in Kap. 25 und 26 aufgezählt: besonders 25, 15-26, wobei Vers 24 den grundlegenden Rückverweis auf Evas Rolle beim Sündenfall gibt[33]. Vor der "fremden

---

Wörter φιλεῖν 'lieben', φιλία 'Liebe', 'Freundschaft', φίλος 'Freund' in der LXX und im NT, Th Viat 5, 1953/5, 51-142; Art. φιλέω κτλ., ThWNT 9, 112-169 (G. Stählin), bes. 149ff., 154f. zu Sir 6, 5-16, von St. in die Nähe der Freundesaussagen der gr.-hell. Lit. gerückt. Krinetzki betont NBL 1, 705f., daß die Freunde in der Weisheit allgemein mit Vorsicht betrachtet wurden. Krinetzkis Aufsatz in BZ 23, 1979, 212-233 zu Sir 6, 5-17 ist wenig ergiebig. - Zu Ciceros großem öffentlichen Freundeskreis RAC 8, 422.

[31] Der Ratgeber (בעל סוד - σύμβουλος) kann synonym stehen, so 6, 5, er kann aber ebenso negativ als derjenige beschrieben werden, der an sich selbst denkt: 37, 7.

[32] Vgl. Trenchard, 57ff.

[33] Vgl. dazu Skehan - di Lella 347ff. mit Nachweis der Traditionen (Lit.).

Frau" (זרה אשה) wird gewarnt: 9,3.[34] Gegenüber unverheirateten
Frauen oder fremden Ehefrauen rät Sirach zu größter Zurückhaltung: 9,
8-9. Ehebruch wird scharf verurteilt: 23, 16-28. Dabei ist der kulturelle
Aspekt von Kap. 9 zu beachten: Schönheit und Anmut der Hetären sind
der Welt des Siraciden nicht unbekannt[35], und Gastmähler[36] mit verheirateten Frauen waren üblich.

Schließlich die treulosen Freunde: Schon 6, 7 erwähnt Sirach die
Freundschaft, die nicht durchhält am Tage der Not. Die Warnung wiederholt sich Kap. 12, 8ff. und 37, 1-6.

Strenge, Sorgfalt, Zurückhaltung und Behauptung väterlicher Gewalt
im eigenen Haus wie Vorsicht gegenüber der Welt außerhalb des eigenen Hauses bestimmen die Ratschläge des Siraciden. Dem entspricht die
Intensität jener Beziehungen, die der Weise pflegt. Diese erstrecken sich
vor allem auf den Sohn bzw. auf junge Männer als Schüler sowie auf wenige Freunde. Auch die Ehefrau schätzt der Siracide. Aber die Konzeption und das Verständnis der Familie leitet sich ganz aus der Position
und den Bedürfnissen des pater familias als des Weisen und des Lehrers
ab. Eine gewisse Privatisierung des Lebens in der Gesellschaft, ja ein
Rückzug aus der Öffentlichkeit, verbunden mit einer sehr persönlichen
Kultur menschlich-privater Grundbeziehungen leitet die Ratschläge und
Einsichten des Weisen Jesus Sirach.

Der Rahmen seiner Familienauffassung ist rein städtisch. Sozial gesehen gehört die Familie, von der Sirach ausgeht, einem höheren Status
zu. Die sorgfältige Erziehung des Sohnes, die eher kleine Familie, die
ökonomischen und kulturellen Bedingungen zeigen an, daß Sirach
wohlhabende städtische Familien im Blick hat, die sich eine gewisse
gesellschaftliche Autarkie leisten können. Denn Sirachs Familie lebt
durchaus exklusiv und ist weder finanziell noch sozial auf die ländliche
oder städtische Gesellschaft angewiesen. Eine kulturelle Rolle der
Familie als ganzer ist nicht im Blick. Die Familie ist ein internes System,
dessen kulturelle Bedeutung sich in der Erziehung des Sohnes durch den
Vater erschöpft. Sie ist in gemeinantikem Sinne völlig vom pater familias
dominiert. Kulturpsychologische Aspekte wie die Erziehung der jungen
Kinder oder eine Kultur der Liebe treten ganz zurück. Es geht um die
Kultur der einzelnen männlichen, erzogenen Persönlichkeit: um die
Kultur eines männlichen Individualismus und des andauernden pädago-

---

[34] Vgl. Sprüche 2, 16-19 und 7, 10-27 (Plöger 26ff., 78ff. zur "fremden Frau").

[35] Wenn hier auch weisheitliche Topik mitspricht. Zu Hetären: Skehan - di Lella 218f.;
Krauss, TA II, 51f.; Mayer, Die jüdische Frau, 85; Art. πόρνη κτλ., ThWNT 6, 6579-595
(F. Hauck, S. Schulz); H. Herter, Die Soziologie der antiken Prostitution, JbAC 3, 1960,
70-111; allg.: Flacelière, Griechenland, 105ff. (Lit.)

gisch-moralischen Trainings, verbunden mit einer elitären Freund-
schaftskultur.

---

[36] Art. Deipnonliteratur, RAC 3, 658-666 (J. Martin); Art. Essen, RAC 6, 612-635 (A.
Lumpe). Weiteres s. u. Kap. VII.

Kapitel 2: Arbeit und Beruf

Wie sieht Jesus Sirach die Arbeit? Wird die Arbeit als kultureller oder ethischer Faktor verstanden? Was lehrt er seine Schüler über die Landwirtschaft, das Handwerk, den Handel? Wie steht er zu den verschiedenen Berufen? Empfiehlt er seinen Schülern einen Beruf? Wie weit ist die Arbeit Grundlage der palästinensischen Kultur Sirachs? Wie weit versteht Sirach sie als solche? Worüber spricht Sirach in diesem Zusammenhang? Und wie spricht er darüber?

Die Beantwortung dieser Fragen erfordert eine kurze Skizze der wirtschaftlichen Verhältnisse in Palästina zu Sirachs Zeit und seiner eigenen Grundansichten zu diesem Bereich (1.). Danach werden Sirachs einzelne Aussagen zur Arbeit und zu den einzelnen Berufen zusammengestellt (2.).

1.

An dieser Stelle müssen einige Grundtatsachen des Wirtschaftslebens Palästinas zur Zeit des Siraciden knapp skizziert werden[1]. Palästina war

---

[1] Diese Gegebenheiten waren Sirach selbst so nicht bewußt: vgl. die grundsätzlichen Ausführungen von M. I. Finley, Die antike Wirtschaft, 1980[2], 11ff., darüber, daß der Antike ein einheitlicher Wirtschaftsbegriff fehlte.

Lit.: Art. Arbeit, RAC 1, 585-590 (F. Hauck); Art. Arzt, ebd. 720-725 (R. Herzog); Art. Beruf, RAC 2, 141-156 (W. Schwer); Art. Geld/Geldwirtschaft, RAC 9, 797-907 (R. Bogaert Lit.!); Art. Handel I, RAC 13, 519-561 (H.-J. Drexhage); Art. Handel II, ebd. 561-574 (ders.); Art. Arbeit I, TRE 3, 613-618 (H. D. Preuß); Art. Arbeit II, ebd. 618-622 (M. Brocke); Art. Arbeit III, ebd. 622-624 (K. H. Scheckle); Art. Geld II, TRE 12, 278-298 (M. Honecker, Lit.!); Art. מְלָאכָה, ThWAT 4, 1984, 905-911 (J. Milgrom/D. P. Wright); Art. עֲבֹדָה, ThWAT 5, 1986, 1010-1012 (H. Ringgren); Art. Arbeit, NBL 1, 1991, 151-154 (W. und L. Schottroff); Art. Geld, NBL 1, 1991, 773f. (K. Jaros); Art. Handel, NBL Lfg. 6, 1991, 28-31 (W. und L. Schottroff); Art. Handwerk, NBL Lfg. 6, 1991, 41f. (B. Lang, L. Schottroff); W. E. Heitland, Agricola, Cambridge 1921; F. M. Heichelheim, Wirtschaftsgeschichte des Altertums I, Leiden 1938; ders., Geschichte Syriens und Palästinas, Hdb Orient I, 2, 4, Leiden - Köln 1966; Dalman, AuS; M. Rostovtzeff, Gesellschafts- und Wirtschaftsgeschichte der hellenistischen Welt, 3 Bde., 1955f. (rez. Chr. Habicht, VSWG 46, 1959, 232-247); W. W. Tarn - G. T. Griffith, Hellenistic Civilization, London 1959[3], dt. 1966[3]; V. Tcherikover, Hellenistic Civilization and the Jews, New York 1970[2]; Hengel, Judentum, 61-104 (Lit.); Th. Pekáry, Die Wirtschaft der griechisch-römischen Antike, 1979; Hg. F. W. Walbank u. a., Cambridge Ancient History VII/1, The Hellenistic World, 1984[2]; C. Préaux, L'économie royale des Lagides, Brüssel 1939; dies., Le monde ein überwiegend agrarisches Land[2]. Der Wohlstand und das Auskommen der Bevölkerung hing von der Landwirtschaft ab. Das Handwerk hatte in den Städten seinen festen Platz. Der Handel hatte anders als in der Diaspora eine untergeordnete Bedeutung. Dabei drang im Zuge der Hellenisierung das städtische Leben vor[3]. Das Gros der Bevölkerung - ob Landarbeiter, Kleinbauer oder Handwerker - befand sich stets am Rande des Existenzminimums[4]. Der Hauptberuf war dementsprechend der des Bauern[5]. Das Handwerk war reich differenziert[6]. Über den Handwerkern standen einige höhere Berufe: Ärzte, Schreiber und Lehrer, letztere allerdings erst im 1. Jh. v. Chr., also nach Sirachs Zeit[7].

Wie weit reflektierte der Siracide diesen realen Bezugsrahmen der Wirtschaft? Ein Vergleich gibt eine erste grundsätzliche Antwort. A. Ben-David kann den Talmud "Kodex eines Agrarvolkes" nennen[8]. Im Sirachbuch gelten dagegen dem Landmann ganze zwei Verse: 38, 25-26. Auch weitere verstreute Hinweise wie z. B. der über die künstliche Bewässerung[9] ändern nichts an der geradezu verschwindend geringen

---

hellénistique I, Paris, 1978; Cambridge History of Judaism II, Hg. L. Finkelstein, The Hellenistic Age, 1987; E. J. Bickerman, The Jews in the Greek Age, 1988, 148ff. - Krauss, TA II pass.; J. Jeremias, Jerusalem zur Zeit Jesu, 1962[3]; A. Ben-David, Talmudische Ökonomie I, 1974 (rez. J. Jeremias, JStJ 6, 1975, 96-100); H. Kreißig, Die sozialökonomische Situation in Juda zur Achämenidenzeit, Berlin 1973; ders., Wirtschaft und Gesellschaft im Seleukidenreich: die Eigentums- und die Abhängigkeitsverhältnisse, Berlin 1978 (Schriften zur Geschichte und Kultur der Antike 16); vgl. H. G. Kippenberg, Religion und Klassenbildung im antiken Judäa, 1982[2]; H. Blümner, Technologie und Terminologie der Gewerbe und Künste bei Griechen und Römern, repr. 1969; G. Glotz, Ancient Greece at Work, 1965[2]; B. Brentjes (Hg.), Der arbeitende Mensch in den Gesellschaften und Kulturen des Orients, 1978.

[2] Bes. betont bei Bickerman, 148ff., der eine glänzend geschriebene Darstellung des Economic Life der Sirachzeit gibt. Hauptgesichtspunkte sind: Jerusalem-Judäa ist weder Sitz größerer handwerklicher Betriebe noch ein Handelszentrum bzw. Firmenzentrum. Landwirtschaft, Hausarbeit und Handwerk bestimmen die Wirtschaft. Die Ptolemäer boten den landwirtschaftlichen Erzeugnisssen einen großen Markt. Landbesitzer konnten es zu Wohlstand bringen. Zum Hintergrund der Entwicklung der Landwirtschaft in Judäa seit der Perserzeit vgl. Kippenberg, Religion, 44f.: Zunahme von Wein- und Olivenanbau.

[3] Hengel, Judentum, 104. Vgl. Kippenberg, Religion, 47ff.

[4] Ben-David, Talmudische Ökonomie (= TÖ), 291ff.

[5] Soziale und rechtliche Differenzierung, TÖ 58ff.

[6] TÖ 143ff.

[7] TÖ 289f. Wenn Sirach 51, 17 metaphorisch vom Lehrer spricht, meint er den Weisheitslehrer, d. h. nicht einen Beruf, sondern eine freie Beschäftigung. Vgl. u. Kap. X.

[8] TÖ 75.

[9] Hengel, Judentum, 90 (Sir 24, 31). Vgl. allg. TÖ 83ff.

Rolle, die die Landwirtschaft für den Siraciden spielt - in völliger Um-
kehrung ihrer wirklichen Bedeutung.

Dabei kann Sirach ganz realistisch sprechen:

"Das Wichtigste von allem Notwendigen für das Leben eines Menschen ist Wasser und Feuer und Eisen und Salz; (das Mark des Weizens,) Milch und Honig, das Blut der Traube, Öl und Kleidung" (39,
26; vgl. 29, 21)[10].

Und:

"Ackerbau und Viehzucht (wörtlich: "Vieh und Gartenpflanzung") lassen den Namen (so MS B, M hat "Person") wachsen" (40, 19).

Dabei allerdings mit Boström und Hengel von einem "Ackerbau-Ideal"
sprechen zu wollen, das als "Reaktion gegenüber dem Vordringen des
städtischen Lebens"[11] aus Sirach 20, 28a und 7, 15b hervorgehe, stellt die
Texte auf den Kopf.

Im Gegenteil: 38, 25f. ist eindeutig antibäuerlich gerichtet:

"Wie wird weise werden können der, der den Pflug führt,
und der, der sich rühmt mit dem Stab des Treibers,
wer Rinder leitet, wendet den Ochsen,
und wer seine Gedanken richtet auf den Umgang mit Vieh,
wessen Sinn es ist, zu vollenden die Mast,
und wer sein Herz darauf richtet, Furchen zu eggen?"[12]

Hier zeichnet sich bereits die spätere Haltung der Rabbinen dem am-
ha-aretz gegenüber ab, denen die Weisen gegenüberstehen, die
"nachsinn(en) über das Gesetz des Höchsten" (38, 34)[13]. Weiterhin: Auch
das Handwerk wird in dem Berufskatalog in Kapitel 38 zwar realistisch
und detailliert beschrieben, aber sozial, intellektuell und religiös ist es
dem Ackerbau nicht überlegen. Die Handwerker werden "in der Volksversammlung ... nicht befragt", "in Weisheitssprüchen sind sie nicht be-
wandert" (Vers 33), und "ihr Gebet besteht (nur!) in der Ausführung

---

[10] Zu dieser Vorstellung von den Grundgütern vgl. die Ausführungen Malinas zu den begrenzten Gütern (bzg. auf das 1. Jh. n. Chr. in Palästina): B. J. Malina, Die Welt des
Neuen Testaments, 1993, 88ff.

[11] Hengel ebd. 104 nach G. Boström, Proverbiastudien, Lund 1935, 53-102.

[12] Skehan - di Lella 445 stellt die Halbverse nach LXX um. Sauer stimmt dem zu: S. 598.

[13] Vgl. TÖ 321ff. zur Kritik der Rabbinen an der Laxheit der Landleute dem Gesetz gegenüber. Ähnlich in den Qumranschriften.

ihres Handwerks" (34)[14]. Von hier aus führt keine direkte Linie zu der sozialen Achtung des Handwerks bei den Rabbinen[15].

Für den Handel gilt ähnliches. Die Aussagen über den Handel sind undifferenziert, summarisch und distanziert, ja geradezu ablehnend. Das Phänomen des Innen- und Außenhandels, der in Palästina seit der hellenistischen Zeit zunimmt[16], wird nicht übergangen, aber anders als im Talmud gibt der Siracide nicht etwa Weisungen und Vorschriften für den kaufmännischen Bereich, sondern bleibt bei eher abwehrender Beschreibung und direkter moralisch begründeter Warnung stehen. Hier wäre eher als für den Bereich der Landwirtschaft von einer konservativen Haltung dem relativ jungen Phänomen des Handels gegenüber zu sprechen, demgegenüber das Verhalten der bisherigen Zeit verteidigt wird[17]. Den höheren Berufen, die Ben-David in moderner Terminologie als "Dienstleistungen"[18] beschreibt, widmet der Siracide immerhin längere Passagen, stets aber in eher zurückhaltendem Ton. Dem Gesamtphänomen der Arbeit und der Berufswelt steht er von vornherein eher fern - ganz im Gegensatz zum rabbinischen Judentum, dafür aber in enger Parallelität zu den Kulturträgern der hellenistisch-römischen Welt seiner Zeit ebenso wie der älteren jüdischen Weisheit.

Seine Lehren in Bezug auf die Arbeit[19] hat Jesus Sirach mehrfach formuliert. Treue Arbeit, auch die eines Tagelöhners oder Sklaven, schätzt er (7, 20). Die Arbeit ist "ein Werk ..., das von Gott zugeteilt wurde" (7, 15). Deshalb soll man sich nicht zu ihr drängen (אוץ, griech. μή μισήσης). Damit wird auf den Arbeitsbefehl der Schöpfungsgeschichte angespielt. Allerdings fehlt gerade in Kap. 17, einer großen Paraphrase des Schöpfungsberichtes, jeder Hinweis auf das Arbeitsgebot. Und auch die Aussage von 7, 15 enthält ja nicht im inhaltlichen Sinn eine positive Interpretation der Arbeit. 33, 25ff. zeigt die Einstellung des Siraciden zur körperlichen Arbeit am deutlichsten:

25 Futter und Stock und Last sind für den Esel,

---

[14] Gebet: gr. δέησις (hebr. vacat). Skehan - di Lella 446 übersetzt "concern" wie Smend S. 67 "Nachdenken". δέησις bedeutet bei Sirach aber durchgängig "Gebet". 38, 34 ist der einzige sinnneutrale Beleg.

[15] Zur realen Lage und differenzierten Beurteilung des Handwerks bei den Rabbinen vgl. TÖ 143ff. (Gewerbe), 180ff. (Beurteilung des Handwerks).

[16] Vgl. Hengel, Judentum, 61-104; TÖ 222ff.

[17] Vgl. Bickerman, The Jews, 149: Sirach "is a traditional moralist who distrusts businessmen". Er vertritt die Moral einer Agrargesellschaft. Zurückhaltung und Kritik genüber dem Handel in Sprüchen: vgl. Sprüche 3, 13-18; 8, 18f.; 11, 1; 16, 11. 16; 20, 10. 23 u. ö.; ähnlich in den Qumranschriften. Vgl. NBL Lfg. 6, 30.

[18] TÖ 265.

[19] Vgl. Krauss, TA II, bes. 249ff. und 253f., wo die differenzierte, aber fast durchweg positivere Einstellung des rabbinischen Judentums zur Arbeit dargelegt wird.

(Brot)[20] und Knechtschaft und Arbeit einen Sklaven.
26 Laß deinen Sklaven arbeiten, damit er nicht Ruhe sucht (wörtl.:
    und er wird Ruhe suchen),
    und wenn er seinen Kopf erhebt, wird er (gegen dich) treulos
    sein.[21]
27 (Joch und Band)e, Stock und Schläge![22]
28 Laß deinen Knecht arbeiten, damit er sich nicht auflehnt.
29 Denn viel Böses verursacht (Faulheit).

Dabei ist in diesem Zusammenhang wichtig, daß 1. die körperliche
Arbeit selbstverständlich dem Sklaven zugeordnet ist, der seinerseits
nicht über dem Esel steht; 2. ist auch seine Arbeit eher negativ verstanden: nicht von ihrem Wert her (wie immerhin 7, 20), sondern als
"Beschäftigung", zur Pazifizierung. Die Arbeit ist für die fleißigen Diener
da, nicht für die Gelehrten (38, 34). Positiv aber gilt: "Wer wenig
(andere) Arbeit hat, wird weise werden" (38, 24). Das ist die Quintessenz
des Berufskatalogs in Kap. 38. So stärken auch die Handwerker lediglich
"die Arbeiten dieser Welt κτίσμα αἰῶνος" (38, 34).

Die Relation zwischen Arbeit und durch sie geschaffenem Besitz bzw.
Reichtum sieht der Siracide durchaus und wertet sie positiv (10, 27).
Aber seine eigentliche Wertung spricht er in 11, 15ff. aus: den Menschen, der sich nur durch Arbeit bereichern kann, wird der Tod treffen,
bevor er zur Muße kommt. Dementsprechend ist Vers 18 (gr. Vers 20)
"in deiner Arbeit werde alt" nicht als positive Wertung der Arbeit zu verstehen, sondern konservative Mahnung, bei dem jeweils gelernten Beruf
zu bleiben und nicht dem Streben nach durch Arbeit selbst erworbenem
Reichtum zu verfallen. Damit wird natürlich legitimer Reichtum vor allem auf ererbten Grundbesitz beschränkt.

2.

Vor diesem Hintergrund lassen sich nun die einzelnen Sätze des Siraciden zur Arbeitswelt detaillierter interpretieren.

---

[20] Der Text nach Skehan - di Lella 403.

[21] Der Text ergibt einen besseren Sinn nach der Lesart von Skehan - di Lella 402. Er
übersetzt mit LXX: Let his hands be idle, and he will seek to be free. Erläuterung S. 404.

[22] Skehan - di Lella findet auch hier den besseren Text in LXX und übersetzt: "Yoke and
harness are a cure fore stubbornness; and for a refractory slave, punishment in the
stocks."

Der zahlenmäßig vorherrschende Beruf Palästinas, der des Bauern[23], begegnet nirgendwo ausdrücklich im Sirachbuch. Nur der μίσθιος, der Lohnarbeiter, wird 34, 27 (LXX 31, 27 Text nur griech. überliefert) und 37, 11[24] erwähnt. In der talmudischen Epoche gibt es Lohnarbeiter für fast jede Arbeit[25]. 34, 27 dagegen spricht eine deutlich sozialkritische Sprache: Der Lohnarbeiter steht neben dem Armen (V. 25). Entzieht man ihm seinen (täglichen) Lohn, so tötet man ihn. An diesem Punkte ist der Siracide unbestechlich realistisch, dem atl. Gesetz verpflichtet, das die Almosen für die Armen ebenso befiehlt wie Gerechtigkeit gegenüber dem Arbeiter (vgl. Kap. 35). Der Siracide empfindet, daß μίσθιος kein eigentlicher Beruf ist. Anders steht es mit dem Bauern. Die Stelle, an der Sirach die Arbeit des Bauern thematisiert (38, 25f.), gibt lediglich eine im Stil weisheitlicher Dichtung gehaltene Teilbeschreibung: Pflügen und Viehmast als dichterische partes pro toto für Ackerbau[26] und Viehzucht (42, 19). Pflügen und Ernten erwähnt der Siracide 6, 19 nur im Bildwort (metaphorisch auch 24, 26), während er 20, 28 den Landbau und die Ernte in einem Sprichwort verwendet. Eine Regel für Viehbesitz[27] gibt 7, 22. Alle spezielleren Äußerungen zum Bereich der Landwirtschaft sind entweder metaphorisch oder zufällig und vereinzelt, jedenfalls nicht thematisierend[28]. Auch die Äußerungen zur Bewässerung sind verschwindend gering und unbedeutend[29]. Diese Metaphern bezeugen lediglich den gemeinantiken Zustand, in dem die Landwirtschaft die Basis der Wirtschaft wie des Unterhalts des Einzelnen ist. Irgendein näheres Interesse oder gar eine Sinngebung dieses Bereiches fehlt. Sirach hat kein Ideal vom Landleben, so schön er seine

---

[23] Zum Problem freier Kleinbauern als eines Standes in Judäa z. Z. Sirachs vgl. Kreißig, Seleukidenreich, 73. Wichtig ist, daß K. im Spektrum seiner Darstellung der Eigentumsform als Landbesitz diesen Stand hoch schätzt, was Sirach selbst gerade nicht tut. Vgl. dazu K. 70ff., bes. 73, wo er 1 Makk 14, 12 zitiert. Dort wird das Privateigentum am Boden des jüdischen Kleineigentümers z. Z. des Simon Makkabäus als wertvoll hervorgehoben. Gerade davon ist bei Sirach nichts zu spüren. - Zur Berufswahl allg. vgl. Finley, Wirtschaft, 59f.

[24] Vgl. dazu bes. Kreißig, Seleukidenreich, 115ff.; Finley, Wirtschaft, 80f. - 37, 11 spricht nach B mg von שכיר (μίσθιος) und זרע, d.h. einem ländlichen Lohnarbeiter. LXX verwandelt dies ins städtische Milieu: συντέλεια. Zu diesem Unterschied vgl. Finley, Wirtschaft, 69ff. 80.

[25] Krauss, TA II, 105ff.; anders TÖ 65ff.: Ben-David will Lohnarbeiter lediglich als Landarbeiter verstehen.

[26] Krauss, TA II, 161ff.; TÖ 73ff.; Art. Ackerbau, BHHW 1, 1962, 22-24 (A. S. Kapelrud); Art. Ackerwirtschaft, BRL², 1977, 1-4 (K. Galling); Art. Ackerbau, NBL 1, 1991, 28f. (B. Schwank).

[27] Krauss, TA II, 111ff.; TÖ 126ff.

[28] Vgl. dazu Kap. VI.

[29] 24, 30f.; 25, 25; 39, 17 (vgl. TÖ 81ff.).

Metaphern in Kap. 24 setzt. Und er gibt seinem Sohn keine Lehren über die Landwirtschaft mit: Er erachtet dieses Thema nicht für lehrenswert. Was folgt daraus?

Das Sirachbuch ist trotz seiner für Teilbereiche geltenden Nähe zur antiken Ökonomik-Literatur selbst kein Bestandteil dieser Gattung[30]. Die Weitergabe praktischer Ratschläge im Sinne der gemeinantiken Haus- und Akkerbauliteratur hält Ben Sira nicht für wichtig, obgleich doch aus seinen zufälligen Bemerkungen deutlich hervorgeht, daß der Rahmen städtischen Lebens durchaus Landbesitz ist[31] und auch der gebildete Städter diesen Umkreis vor Augen hat. Aber sein Bezugsfeld bleibt rein städtisch. Der ländliche Bereich hat für Ben Sira weder einen ethischen noch einen kulturellen Aspekt[32], wenn auch Stadt und Land wirtschaftlich eng verbunden waren, worauf besonders Bickerman hinweist[33]. Daher hat für Sirach auch der Umstand, daß "die Familie (bêt'ab) und nicht der Clan die wirtschaftliche Grundeinheit war"[34], wie Kippenberg hervorhebt, nur von marginaler Bedeutung. Den οἶκος und die patria potestas bringt er nur im domestizierenden Sinn in seine Erziehungslehre ein: 33, 25ff. Ein allgemein ethisch oder sogar sozialethisch gestaltendes Aufgabenfeld sieht Sirach hier nicht. Das bedeutet: von seiner weisheitlichen Erziehung gehen auch keine kulturellen Impulse gestaltender oder verstehender Art auf den Bereich der Arbeit aus. Dies Gebiet bleibt für Sirach gänzlich der Sitte überlassen. In Wirklichkeit nahmen die Tobiaden und die Aristokratie Jerusalems hier gestaltenden Einfluß, wie Kippenberg ausführt[35].

---

[30] Zur Ökonomiklit. vgl. bes. Xenophon, Oikonomikos (Hg. P. Chantraine, Paris 1949); vgl. die wirtschaftsgeschichtlichen Ausführungen zur Gattung bei Finley, Wirtschaft, 7ff.: natürlich war auch die antike Ökonomikliteratur fachlich dilettantisch und primär ethisch orientiert, sie bietet aber doch thematisch unvergleichlich mehr über Landwirtschaft als das Sirachbuch. Das Bindeglied bilden zwei Faktoren: das Rahmenthema der Hausführung und der ethische Anspruch (vgl. auch D. Lührmann, Neutestamentliche Haustafeln und antike Ökonomie, NTS 27, 1981, 93-97).

[31] Vgl. 7, 22; 40, 19. Man muß sich Sirach als Besitzer eines Landgutes vorstellen, der selbst in Jerusalem wohnt. Vgl. Skehan - di Lella, 10ff.

[32] So auch in der römischen Gesellschaft: vgl. Columellas Klagen aus der röm. Kaiserzeit (Columella, Über die Landwirtschaft, Hg. K. Ahrens, 1976²). Griechische positive Einschätzung der Landarbeit: Xenophon, Oikonomikos 5, 4ff.; vgl. Flacelière, Griechenland, 171ff. Auf jeden Fall lebt Sirach als Grundbesitzer in der Stadt und ist nicht selbst mit dem Ackerbau befaßt.

[33] Vgl. Bickerman, The Jews, 148.

[34] Vgl. Kippenberg, Religion, 23-53.

[35] Vgl. a. a. O. 78-86: (1.) Die neue Steuerpolitik der Tobiaden führte zu Versklavung und Anbau neuer Produkte, die verkauft werden konnten. (2.) Die Aristokratie schuf im Laufe der Seleukidenherrschaft neue politische Ordnungen.

Sollte es mit dem Handwerk etwas anders stehen? Die beiden
Erwähnungen des Töpfers 27, 5 und 33, 10. 13 sind traditionell metaphorisch und haben für unsere Fragestellung keine Bedeutung, ebenso die
Metapher 31, 26 über das Werk des Schmiedes und 43, 4 über den
Schmelzer sowie 49, 1 die Erwähnung des Salbenmischers. Anders ist es
mit der Priamel der Berufe[36] in Kap. 38, 24 bis 39, 11. In diesem festen
thematisch-formalen Zusammenhang, der eine Priamel (38, 24-34) mit
einer Aretalogie des Weisen (39, 1-11) verbindet, werden die - als Beispiele gewählten - Handwerke des Schmiedes, des Töpfers und zuvor
verschiedener Künste (Steinschneider, Kunstweber, Maler[37]) allesamt
dem "Weisen" gegenübergestellt. Werden nach der Art der literarischen
Kleinformen der Priamel und der Aretalogie auch weniger beobachtend-
praktische als vielmehr poetisch gefaßte Züge der Handwerke und Künste beschrieben, so handelt es sich doch um eine ernste und grundlegende Auseinandersetzung mit diesem Gebiet - wenigstens aus der Sicht
des Siraciden. Und zweifellos steht dem Siraciden das Handwerk näher
als die zu Anfang (V. 25f.) beschriebene Tätigkeit des Landmannes. Die
Handwerker haben für die Stadt eine tragende Bedeutung: V. 32, nicht
mehr und nicht weniger. Vor allem aber doch: nicht mehr. V. 32-34 stellt
dem die leitende Funktion des Weisen für die Stadt gegenüber, die
allein wirkliche, d. h. bleibende Bedeutung hat[38]. Kap. 38 zeigt, daß Ben
Sira das Handwerk als eher städtisch beheimatet näher steht als der
Landbau und er das Handwerk auch sozial höher wertet. In der
grundsätzlichen Wertung wie in der praktisch-didaktischen Behandlung
steht es trotzdem gerade nicht über dem Beruf des Landmannes. D. h.
Sirach steht ganz im Rahmen griechisch-römischer Berufsethik, wie
Cicero, de officiis 1, 150-151 sie klassisch spiegelt: "Alle Handwerker
betreiben ein niedriges Gewerbe, denn eine Werkstatt kann keinen
freien Geist atmen: opificesque omnes in sordida arte versantur; nec

---

[36] Vgl. dazu allg. K. Berger, Hellenistische Gattungen im NT, in: ANRW II, 25, 2, 1984,
1031-1432. 1831-1885 (dort 1204-1208); zum Text Skehan - di Lella 449ff. (Lit.); speziell
J. Marböck, Sir. 38, 24 - 39, 11: Der schriftgelehrte Weise, in: M. Gilbert (Hg.), La
Sagesse de l'Ancien Testament, BETL 5, 1979, 293-316.

[37] Schmied: Krauss TA II, 299ff.; Töpfer: ebd. 271ff. 288ff.; Maler: 295ff. 254ff.; Weber:
ebd. I, 149-153. Zum jüdischen Handwerker vgl. Kreißig, Seleukidenreich, 74ff., zum
Schmied 77. 81, zum Töpfer 78f.; der Weber fehlt bei K. S. 79. Wichtig ist, daß K. hinter
den siracidischen Beispielen Familienbetriebe vermutet (S. 81) und diese (wie die freien
Kleinbauern) sozialökonomisch schätzt. Wieder fehlt Sirach selbst dieser Aspekt. - Vgl.
auch Jeremias, Jerusalem I, 23ff., zu den an "Tempelbau und Kultur beteiligte(n) Ge-
werbe(n)". Zu den Kunsthandwerkern vgl. Kap. VIII.

[38] Vgl. die für die Aretalogie wie Priamel typische Ewigkeits-Schlußpointe 39, 9ff. Zum
Ganzen vgl. Hadas, Hellenistische Kultur, 85f.

enim quicquam ingenuum habere potest officina."[39]. Von hier führt kein Weg zu den Rabbinen, die in der Handarbeit, besonders im Handwerk "a positive biblical commandment" sehen[40]. Dabei ist die Wertschätzung des Handwerks durch die vielfach selbst als Handwerker tätigen Rabbinen nicht allgemein. Der Auffassung, Studium ohne Handwerk führe zur Sünde, steht die andersartige, eher Jesus Sirach nahestehende Auffassung gegenüber, die weltlichen Geschäfte störten das Torastudium[41]. Sirach zeigt also nicht die Beeinflussung durch die Berufsethik des AT, wie sie ein Teil der Rabbinen im Gegensatz zur Kultur der römisch-hellenistischen Umwelt übernimmt, sondern befindet sich an diesem Punkte gerade in Übereinstimmung mit der Kultur der hellenistischen Welt. Auch dem Handwerk gewinnt er weder eine ethische noch eine soziale geschweige denn ästhetische Bedeutung ab - letzteres wieder im Einklang mit der griechisch-römischen Kultur, die zwar das Handwerk schätzt, den Künstler aber als Handwerker einstuft[42].

Auch die Äußerungen Sirachs zum Handel[43] weisen zunächst in dieselbe Richtung. 26, 29 - 27, 2 formuliert der Siracide eine deutliche Absage an den Handel mit der Begründung, der Händler könne sich kaum, ja praktisch gar nicht von Sünde freihalten. Damit einher geht die Feststellung: "Des Geldes wegen sündigten viele" (27, 1). Und so gebietet Sirach auch höchste Vorsicht beim Umgang mit dem Kaufmann: 37, 11. Hier wird ebenso pauschal über den Handel und den Charakter des Kaufmanns gesprochen wie sonst über Ackerbau und Handwerk. Anders aber sieht es im Abschnitt 42, 5 aus[44]. Dort verschiebt sich die Perspektive. Der Schüler ist als einer gedacht, der immerhin mit Finanzen zu tun hat. Er wird aufgefordert, klug, kühl, und mit gutem Gewissen in eben der Weise sein Geschäft zu betreiben, wie er das Gesetz befolgt und die Rechtsprechung handhabt. Der Text ist - im Rahmen des didaktisch-ethisch-poetischen Stils des Sirachbuches - verhältnismäßig klar, de-

---

[39] Vgl. Finley, Wirtschaft, 39f.; zum Ganzen vgl. Art. Arbeit, RAC 1, 585-590 (F. Hauck). Für die ältere griech. Zeit: A. B. Büchsenschütz, Besitz und Erwerb im griechischen Altertum, repr. 1962, 267f.; Flacelière, Griechenland, 163ff.: bes. platonisch-aristokratische Tradition, S. 164. 178ff.

[40] Art. Labor, EJ 10, 1320-1325 (M. Greenberg), Dort 1321.

[41] St-B II, 745f.; ausführlich Art. Handwerk, EJ(D) 7, 947-951 (A. Menes; M. Guttmann); Art. Crafts, EJ 5, 1040-1057 (H. H. Ben-Sasson).

[42] 9, 17. Dazu bes. Finley, Wirtschaft, 92f., vor allem im Zusammenhang mit dem Schmiedehandwerk. Weiteres s. Kap. VIII.

[43] Allgm. Krauss, TA II, 349ff.; Jeremias, Jerusalem, I, 33ff.; TÖ 183ff., bes. 218f. Ben-Davids Urteil TÖ 219, Ablehnung des Handels beginne in Israel mit den Essenern, stimmt so nicht. Sirach ist mindestens ein Wegbereiter dieser Linie.

[44] Zu den Traditionen hinter 42, 1-8 vgl. Skehan - di Lella 482.

tailliert und realistisch, ebenso auf Fälle bezogen wie rabbinische Texte aus dem Talmud zum selben Thema. Penible Genauigkeit beim Abwiegen (42, 4) ist auch ein großes Anliegen der Rabbinen[45]. In denselben Bereich erlaubter Genauigkeit gehören Schlüssel (42, 6b) an Vorratsschränken[46] und die Rechtmäßigkeit selbständiger Besitzverteilung[47], Leihen (8, 12) und Bürgschaft (8, 13). Auch die Bestimmungen über Deposita und Geschäftsbuch[48] (42, 7) haben denselben realistischen Charakter und lassen deutlich erkennen, daß der Jüngling, den Sirach belehrt, mit diesen Dingen zu tun haben wird. Die Lehre über erlaubtes Risiko beim Handel und über anständiges Geschäftsgebahren ist ganz im Sinne der Rabbinen[49]. Sirach warnt also nur vor dem Handel im Sinne eines Berufs, nicht aber im Sinne der Besitzverwaltung und steht damit erneut im Rahmen griechisch-römischer Kultur. Cicero de off 1, 150f. rechnet allerdings den anständigen Großhandel unter die für "Freie" würdigen Berufe. Aber solch Großhandel existierte zu Sirachs Zeit noch kaum in Palästina, so daß Sirach schwerlich an solche Händler gedacht hat[50]. Die Kleinhändler dagegen waren für Sirach wie für Cicero potentielle Betrüger und als solche aus dem Kreis würdiger Berufe ausgeschlossen[51].

Schließlich setzt sich der Siracide mit zwei höheren Berufen auseinander, die auch in der griechisch-römischen Welt z. T. ein gewisses Ansehen genossen: dem Arzt (10, 10 und 38, 1-15 רופא) und dem Künstler

---

[45] Vgl. TÖ 191: der Siton (Getreidegroßhändler) mußte Maße und Gewichte rein halten; 214ff. zur Marktaufsicht; Krauss, TA II, 398ff. (Gewichte); zum Epha ebd. 395; CRINT I, 2, 747; Art. Gewicht, BRL, 93-94 (H. Weippert); TÖ 201ff.

[46] Krauss, TA I, 66f. mit Anm. 167; CRINT I, 2, 743f.

[47] CRINT I, 1, 521ff. (Z. W. Falk, Jewish Privat Law: Property).

[48] Zum Text vgl. G.-W. Nebe, Sirach 42, 5c; ZAW 82, 1970, 283-285. N. versteht das Siegel bildlich, so auch Skehan - di Lella 477. Weiter liest er: "Wegen eines Or(tes) der Aufbewahrung ein Verzeichnis (wegen) Neh(men und G)eben: das Ganze in ein Schriftstück". So auch Smend, 74. Sauer 609 versteht den 1. Halbvers als Hinweis auf ein Depositum im Anschluß an den griechischen Text, so auch Skehan - di Lella 477, 479 ("of numbering every deposit"). In unserem Zusammenhang interessiert das Faktum realistischer finanzieller Anweisungen.

[49] TÖ 211ff.

[50] TÖ 190ff. Beachte Kreißig, Seleukidenreich: z. Z. des Sirach noch kein Seehandel in Israel. Vgl. allerdings Ep Arist 114: Import von Luxusgütern nach Jerusalem. Zur Zunahme des Außenhandels in ganz Palästina im 3. Jh. v. Chr. vgl. Hengel, Judentum, 85f., zu den Auswirkungen dieses hellenist. internationalen Handels auf Jerusalem/Juda vgl. ebd. 92ff., bes. wichtig der Aufstieg Jerusalems in diesem Zusammenhang, ebd. 101ff.

[51] Zur ähnlichen Beurteilung dieses Standes im älteren Griechenland vgl. Büchsenschütz, Besitz, 277ff.; Flacelière, Griechenland, 191. - Ben-David, TÖ 190, weist darauf hin, daß Sirach den ersten Beleg für den סוחר, den umherziehenden Kleinhändler, bietet (37, 11).

(9, 17 und 38, 27). 10, 10 gehört in den Rahmen des Weisheitstopos: der Mensch ist wie Gras. Damit ist der kurze Radius ärztlicher Kunst unerbittlich definiert. Aber der Arzt unterwirft sich nicht einfach, sondern begehrt dagegen auf. Und so beschäftigt sich der Siracide in Kap. 38 ausführlich mit diesem Beruf: unzweifelhaft ein Zeichen städtisch gehobener Kultur. Damit bildet Sirach die Spitze lobender Äußerungen der jüdischen Literatur der Zeit über den Arzt. Zugleich entspricht die Wertung Sirachs im wesentlichen derjenigen seiner griechisch-römischen Umwelt, da das Ärztewesen im hellenistischen Zeitalter einen starken Aufschwung nahm[52]. Aber das hohe soziale und intellektuelle Lob, das Sirach dem Arzt spendet: der Arzt ist neben dem Weisen der einzige, der ebenfalls "Weisheit" "von Gott" besitzt (מאת אל יחכם רופא) und "vom König" "Geschenke" (38, 2) empfängt, hat so doch weder in der hellenistischen Welt[53] noch im jüdischen Bereich seinesgleichen[54]. Hier ist ein Beruf - der einzige Beruf -, der dem Weisen selbst punktuell nahekommt. Man könnte vermuten, daß Sirach hier auf einen bekannten Jerusalemer Arzt anspielt, parallel zum Lob des Hohepriesters[55].

---

[52] Lit. zum Arzt: Art. Medicine, EJ 11, 1178-1185 (S. Muntner); Art. Arzt, RAC 1, 720-725 (R. Herzog); Krauss, TA I, 264ff.; TÖ 287; Art. Medizin, KP 5, 1624-1628 (J. Kollesch), dort 1627: der Arzt steht sozial nicht über den Handwerkern; Jeremias, Jerusalem II B, 177: dort wird in der späteren Zeit der Arzt kritisiert, da er sich auf der Seite der Reichen befindet; Art. Arzt, NBL 1, 1991, 178f. (M. Wolter). H. N. Koelbing, Arzt und Patient in der antiken Welt, Zürich, 1977; Hg. W. Muri, Der Arzt im Altertum, 1962[3]; Hg. G. Pfohl, Inschriften griechischer epigraphischer Quellen zur Geschichte der antiken Medizin, 1977. Vgl. auch New Docs 2, 10-25. L. P. Hogan, Healing in the Second Temple Period, NTOA 21, 1992, dort 38-48 zu Sirach: "Ben Sira portrays the ideal Jewish physician, ... nowhere else painted so vividly in all the literature of the Second Temple period as in the Wisdom of Jesus ben Sira" (48); S. S. Kottek, Medicine and Hygiene in the Works of Flavius Josephus, Leiden 1994. Zum Arzt bei Sirach vgl. den materialreichen Aufsatz von D. Lührmann: Aber auch dem Arzt gib Raum (Sir 38, 1-15), WuD 15, 1979, 55-78. Zu Kap. 38 vgl. auch Skehan - di Lella 441ff.

[53] Immerhin ehrten hellenistische Städte einzelne Ärzte und verschafften ihnen ein festes Gehalt: darauf weist Walbank, Hellenistische Welt, 27f., ebenso hin wie auf die Mobilität vieler hellenistischer Ärzte. Vgl. auch Bickerman, The Jews, 161.

[54] EJ 11, 1181 betont aber, daß die Anwesenheit eines Artes eine der zehn Bedingungen war, die eine Stadt erfüllen mußte, in der sich ein Gelehrter niederlassen konnte. Vgl. auch TÖ 287f. Vgl. auch die Hochschätzung der Medizin bei Essenern (Josephus, Bell. Iud. II, 8, 6) und Therapeuten (Philo, Vit. Cont.), vgl. Hogan 228ff. In jedem Fall ist die Hochschätzung des Arztes ein Zeichen für Sirachs Wohlstand wie für seine Beziehung zur hellenistischen Kultur, vgl. Hogan 48.

[55] Man kann von da aus durchaus erwägen, ob Sirach selbst Arzt gewesen sei (vgl. auch seine Reisen), zumal die Gesundheit ein bedeutendes Thema bei ihm ist. Antworten auf diese Frage gibt es nicht.

Apotheker bzw. Salbenmischer (38, 8 und 49, 1 רוקח) gehören ebenfalls zu den höheren, rein städtischen Berufen[56].

Demgegenüber werden die bildenden Künstler - Steinschneider, Buntweber und Maler[57] - ohne eine Heraushebung den Handwerkern zugeordnet: auch dies gemeinantik[58]. Denn das Werk, nicht der Künstler wird geehrt[59]. Kunstwerke sind ein Element städtischen Lebens für Jesus Sirach und stehen als solche neben dem Handwerk. Ihre Funktion ist, "die Stadt" "zu erbauen": 38, 32, die den Lebensraum des Weisen von Kap. 39 bildet. Das rabbinische Judentum urteilt ähnlich über die Künste im Rahmen des Handwerks[60].

Ein einziger weiblicher Beruf wird vielleicht genannt: die Amme (so metaphorisch 51, 17 nach 11 Q Ps[a])[61]. Ebenso ganz am Rande begegnen der Beruf des Soldaten unter dem Aspekt umherziehender Söldnerscharen (36, 26) und 37, 11 der Krieg (מלחמתו)[62]. Für Sirachs friedliche städtische Welt der Vormakkabäerzeit hat der Soldatenberuf anscheinend trotz der dauernden Kämpfe im syrischen Raum keine erkennbare Bedeutung.

Die Stadt[63] ist in der Tat der kulturelle Lebensraum Ben Siras. Das Land hat keine Bedeutung. Aber auch die Arbeiten, die die Stadt zum kulturellen Zentrum machen, haben für den Siraciden keinen eigenen kulturellen oder ethischen Wert. Die Stadt mit ihren Gewerben ist lediglich der Rahmen des Weisen, dessen er sich bedient, ohne ihn selbst zu schätzen. Jesus Sirach verzichtet also darauf, die Bereiche von Arbeit, Beruf und Wirtschaftsordnung als kulturelle und ethische Gestaltungsbereiche zu verstehen.

---

[56] Vgl. dazu Krauss, TA I, 233-244, bes. 241 zur Zunft der Spezereibereiter, 242 zum Salbenbereiter/Apotheker bei Jesus Sirach; TÖ 150; Jeremias, Jerusalem I, 6-8.

[57] Zur Terminologie vgl. Kap. VIII. - Bei den Rabbinen als weibisch nicht geschätzt: Krauss, TA II, 253 (Anm. 33; röm. Parallelen: Anm. 34).

[58] Krauss, TA II, 295ff.

[59] Vgl. allg. Finley, Wirtschaft, 93.

[60] Krauss, TA II, 254ff.

[61] So liest Sanders DJD IV, 1965, S. 80. 82 (11 Q Ps[a] Sirach, 216a). Sauer folgt ihm. Skehan - di Lella wählt die griechische Lesart προκοπή. Vgl. dazu u. S. 165. Vgl. Art. Amme, RAC 1, 381-385 (Th. Höpfner, Th. Klauser); Krauss, TA II, 9f.; Mayer, Die jüdische Frau, 85f. (der einzige ehrenhafte weibliche Beruf in Israel).

[62] Zum jüdischen Soldaten in der Zeit des Zweiten Tempels, vgl. Art. War and Warfare, EJ 16, 278-281 (M. Avi-Yonah; Lit.).

[63] Zur Stadt vgl. bes. H. G. Kippenberg, Die vorderasiatischen Erlösungsreligionen, stw 917, 1991, 100ff. S. 120 Typus der judäischen Stadt (Synoikismus, Rechtsgemeinschaft, Schutz gegen Versklavung).

Kapitel 3: Gesellschaft

Trotz einer gewissen Zurückhaltung gegenüber der Gesellschaft und einer relativen Abgeschlossenheit sozial höhergestellter Familien hat der Siracide doch stets die Rolle des Lehrers wie des Zöglings in der Gesellschaft vor Augen.

Er lebt in dem und unterrichtet für den Gesellschaftsverband des "Volkes Israel", dem all seine Liebe und seine Hoffnung gilt. Dabei ist das "Volk Israel" aber nicht als harmonischer Gesellschaftsverband verstanden, in dem jeder Stand oder jede Schicht[1] einen eigenen passenden Platz in Gerechtigkeit neben dem anderen findet. Vielmehr zeigt sich dieser Gesellschaftsverband von schweren Gegensätzen zerrissen und von tiefen Gräben gefurcht. Die klassischen sozialen Gegensatzindikatoren Arm - Reich, Klein - Groß, Ruhmlos - Angesehen, Gewöhnlich - Adelig, Viele/Masse - Wenige, Bedrückte - Herrschende/Mächtige[2], finden sich in Sirachs sozialer Lehre wieder und wieder. Auch die Oberschichten für sich genommen bieten kein einheitliches Bild. Denn zwischen Sirach und seiner Familie, die selbst den höheren sozialen Schichten angehören, einerseits und den "Herrschenden" andererseits scheinen soziale Welten zu liegen.

---

1 Zur Terminologie von Schicht, Stand, Klasse, Gesellschaft vgl. die brauchbaren Definitionen im WS (Art. Gesellschaft 256-258; Klasse 376-379; Schichtung, 666-668: "in soziol. Schrifttum nicht eindeutig bestimmter Begriff zur Beschreibung oder Erklärung der vertikalen Struktur einer Ges.", 666; Ständegesellschaft 728: mittelalterliches Phänomen, nur bedingt auf antike Berufsgruppen anzuwenden; vgl. 'Beruf', 76f., Begriff mit christl. Wurzel, ebf. nur bedingt für die (vorchristliche) Antike brauchbar. Zu den Unterschieden zwischen den Schichten vgl. Tcherikover, Hellenistic Civilization, bes. 151. Zsfd. Art. Gesellschaft/Gesellschaft und Christentum II, TRE 12, 759f. (H.-P. Müller).

2 Vgl. dazu G. Alföldy, Römische Sozialgeschichte, 1979², 94ff. zu Aelius Aristides, der eben diese Begriffspaare zur sozialen Analyse benutzt. A. verwendet ebd. vier Kriterien zur Zugehörigkeit zu den Oberschichten: Vermögen - Macht - Ansehen - Stand (ordo), die auch für Sirach verwendet werden können. Vgl. auch Jeremias, Jerusalem zur Zeit Jesu II A (Die sozialen Verhältnisse A. Reich und arm B. Hoch und niedrig). Vgl. den gr.-röm. Topos des Ruhmes ("exegi monumentum"): Art. Gloria, RAC 11, 196-225 (A. J. Vermeulen, Lit.); Art. כָּבוֹד, ThWAT 4, 23-40 (M. Weinfeld, dort 27 zur כָּבוֹד als menschlichem Ruhm); Art. δοκέω κτλ., ThWNT 2, 235-258 (G. Kittel, G. v. Rad; 246f. zur δόξα bei Sirach).

"Sei ängstlich bedacht auf das Ansehen, denn es wirkt weiter, mehr als auf tausend begehrenswerte Schätze. Das Gut des Lebens bleibt eine gewisse Zahl von Tagen erhalten, aber das Gut des Ansehens unzählbare Tage" (41, 12-14)[3].

Ehre, Ruhm und Ansehen, d. h. Sozialprestige der einzelnen Stände und Berufe, werden wiederholt vom Siraciden diskutiert und dargelegt. So gilt für den Weisen: חכם עם ינחל כבוד "Wer für das Volk weise ist, erwirbt Ansehen" (37, 26).

Nun ist in der Welt des Siraciden Ansehen bzw. Sozialprestige[4] nicht einfach an eine gesellschaftliche Schicht gebunden. So zieht Reichtum nicht eo ipso Ansehen nach sich: z. B. 41, 12. Vielmehr wirkt das Leitmotiv des Sozialprestiges partiell dynamisch und hebt gerade den von seiner gesellschaftlichen Herkunft her nicht eindeutig sozial eingeordneten Weisen wie auch den Arzt in den Bereich der Aristokratie und des Hofes (38, 3 und 39, 4, vgl. 33, 19, wo der Weise die Fürsten belehrt). Statische und dynamische Elemente des Gesellschaftsaufbaus finden sich nebeneinander. Dabei gilt Sirachs Hauptinteresse den Oberschichten. Hierher rekrutieren sich seine Schüler. Hier ist er selbst beheimatet. Mittel- und Unterschichten treten demgegenüber in den Hintergrund. Ehre (כבד, δόξα)[5] kommt neben den Oberschichten auch den Weisen zu, wie Sirach ausführlich in Kap. 38f. darstellt.

Sinnvollerweise soll zuerst ein Bild der Oberschichten (1.) entworfen werden, wobei zu unterscheiden ist zwischen dem Bild, wie Sirach es sieht und uns überliefert hat, und der sozialen Wirklichkeit, soweit wir sie kritisch rekonstruieren können. Dann ist nach den Interessen des Siraciden (2.) in diesem sozialen System zu fragen, schließlich nach der kulturellen Bedeutung (3.) der einzelnen Gesellschaftsschichten und ihrer je spezifischen kulturellen Welt.

---

[3] Vgl. z. B. 38 pass.; bes. 39, 4. 9ff.; 40, 19; 44, 8-15 und 48, 6: Sozialstatus der begnadeten Männer des Alten Israel; 44, 6: sozial-politischer Einfluß eines Propheten. Überhaupt steht das Lob der Väter der Vorzeit 44ff. im Zusammenhang der gr.-röm. Heldenaretalogie (dazu Hengel, Judentum, 248f.; R. T. Siebeneck, May Their Bones Return to Life! - Sirach's Praise of the Fathers, CBQ 21, 1959, 411-428). δόξα ist hier das Schlüsselwort zusammen mit ὄνομα - δύναμις - ἰσχύς - κράτεια.

[4] Dazu allg. WHJP I, 8, Hg. M. Avi-Yonah - Z. Barash, Society and Religon in the Second Temple Period, Jerusalem, 1977; N. P. Lemche, Ancient Israel, Sheffield 1988; allg. gültig bleibend: H. Zucker, Studien zur jüdischen Selbstverwaltung in der Antike, 1936; Th. Middendorp, Die Stellung Jesu Ben Siras zwischen Judentum und Hellenismus, Leiden 1973, 137ff.

[5] Das Wesen der Ehre als "Anspruch auf Wertschätzung und deren soziale Anerkennung bzw. Bestätigung" hat die Cultural Anthropology besonders deutlich für die antike Mittelmeerwelt herausgearbeitet. Vgl. einführend J. B. Malina, Die Welt des Neuen Testaments, 1993, 42ff. (Zitat S. 41).

1.

a)

Die Spitze der gesellschaftlichen Pyramide der hellenistischen Monarchien bildet der König, מֶלֶךְ, βασιλεύς[6], der durch eine tiefe Kluft von den Oberschichten und auch von den Weisen getrennt ist: 7, 4f. Sein Ansehen und sein Rang sind unangefochten. Er kann seine Umgebung allerdings durch Willkür zugrunderichten: 10, 3[7]. Entsprechend den Machtverhältnissen der hellenistischen Königszeit ist zudem die Königsherrschaft so ungefestigt (11, 5), daß besondere Vorsicht gegenüber der Welt des Königshofes geboten ist. Zwar ist ein sozialer Aufstieg zum Königsamt vorstellbar (10, 4f.; 11, 5), und die Königsherrschaft liegt theoretisch nicht außerhalb der Reichweite sogar der jüdischen Oberschichten[8], aber der Weg dorthin ist gefährlich und steht allein der Gewalt offen. Dabei bleibt die Rolle des Königs - auch des fremden - als des höchsten Geschenkgebers (38, 2) und unbestrittenen Führers gewahrt. Die Bedeutung jedoch, die im alten Israel Davids nationalem Königtum zukam (Kap. 47), ist in Sirachs Zeit für das jüdische Volk gänzlich dahingeschwunden. Jerusalem-Judäa wird von fremden, hellenistischen Königen beherrscht. Allerdings fehlt auch jede grundlegende Distanz zum Königtum der Ptolemäer und Seleukiden, wie sie wenig später dann doch gegenüber den Seleukiden aufbrechen wird. Der Wechsel zwischen Ptolemäer- und Seleukidenherrschaft schlägt sich in Sirachs

---

6 7, 4. 5; 10, 3. 10 (Sterblichkeit); 11, 5 (כסא: Königsthron); 18, 3 (Gott als König); 38, 2; 44, 3; 45, 3. 25; Kp. 47 (Davids Königtum) u. ö. - Hinzu kommen die Aussagen über den "Herrscher" bzw. "Fürsten" מוֹשֵׁל, שַׂר, שׁוֹפֵט, רֹשׁ עִיר, נָשִׂיא, נָדִיב, רֹזֵן, ἡγούμενος, κριτής, δυνάστης, κύριος (8, 8; 9, 17; 10, 1. 4. 24; 17, 17: bes. wichtig, weil hier die hellenistische Herrscher-Ideologie vertreten wird, wenn auch ausdrücklich nicht für Israel; 41, 17; 44, 4). Vgl. dazu Art. Herrschaft, RAC 14, 877-936 (P. Stockmeier); Art. Herrschaft Gottes (Reich Gottes), TRE 15, 172-244 (Ä. v. Ström, E. Zenger, L. Jacobs, A. Lindemann, R. Man, R. Beintker, Chr. Walther); Art. מֶלֶךְ usw., ThWAT 4, 926-957 (H. Ringgren, K. Seybold, H.-J. Fabry), 935-946 zum Königtum in Israel. Chr. Habicht, Gottmenschentum und griechische Städte, 1970²; Hengel, Judentum, 55ff.; O. Camponovo, Königtum, Königsherrschaft und Reich Gottes in den frühjüdischen Schriften (OBO 58), Freiburg - Göttingen 1984 (gilt nur für den theol. Begriff, 133ff. zu Sir 50-51). Speziell zum König bei Sirach: Middendorp, Stellung, 140ff (dort Stellenregister zum Begriff).

7 Hier spielen konkrete historische Erfahrungen der Diadochenzeit hinein.

8 Insofern führt von der Herrschaftsidee ein gerader Weg zu den Makkabäerkönigen. Trotz der in Israel um 200 v. Chr. bestehenden Eingliederung in eine fremde Monarchie, die den Juden nicht mehr als einzelne höhere Verwaltungsposten am Hof bieten konnte, lag die Vorstellung eines jüdischen Königs nicht außerhalb der Möglichkeiten. Hier passen, wie die historischen Kapitel des Sirachbuches zeigen, aktuelle politische und historisierend-theologische Ideen ineinander.

Werk noch nicht nieder, obwohl Sirach Zeuge dieses Wechsels war und ihn vermutlich begrüßt hat, da Simon II. die um 200 v. Chr. beginnende Seleukidenherrschaft offensichtlich schätzte. Das Königtum als Institution der Völkerwelt wird von Gott hergeleitet, Israel allerdings hat Gott zum König, ohne daß der Siracide hier schon politischen Sprengstoff sähe: Kap. 17. Eine Alternative zur Monarchie wird nirgends gesucht. Aber die hellenistische Monarchie seiner Zeit hat auch kaum reale Auswirkungen auf die Welt des Siraciden. Denn seine Welt beherrschen die sog. Oberschichten.

b)

Oberschichten können allgemein nach ihrer gesellschaftlichen und politischen Rolle oder nach ihrer Finanzkraft definiert werden[9]. So finden sich auch bei Sirach Vornehme, Mächtige und Reiche. Ihr Sozialprestige ist unterschiedlich. 41, 12 zeigt grundsätzlich, daß Reichtum und Sozialprestige nicht automatisch verbunden sind:

"Sei ängstlich bedacht auf das Ansehen, denn es wirkt weiter,
mehr als auf tausend begehrenswerte Schätze".

Ähnlich steht es mit den Mächtigen, die auffallend oft mit den Reichen zusammen gesehen werden, z. B. 5, 1; 8, 1f. Auch die Gruppe der Mächtigen, Einflußreichen, Vermögenden, genießt - nach Sirachs Schilderung - kein unbedingt hohes Sozialprestige, wenngleich an ihrem faktischen finanziellen und gesellschaftlichen Einfluß nicht zu zweifeln ist: 8, 1. Die Vornehmen dagegen werden eo ipso in der Gesellschaftspyramide hoch geschätzt: 11, 1 (נדיב); 20, 27 (μεγιστάν), wenn auch für sie dasselbe wie für das hellenistische Königtum gilt: Ihre Stellung ist im Rahmen der hellenistischen politischen und gesellschaftlichen Welt unsicher (11, 5f.). Das konservativ-aristokratische Grundverständnis der sozialen Welt bei Jesus Sirach ist also von Anfang an deutlich. Sirach sieht einen tiefen Riß innerhalb der Oberschichten zwischen dem Adel einerseits und den Gruppen, die durch Reichtum und politischen Einfluß[10] in die Oberschichten vorgestoßen sind, andererseits. Der Adel ist ohne Zweifel ebenfalls als reich und einflußreich zu denken, ohne daß dieser Umstand

---

[9] Diese funktionale Gliederung der Oberschichten legt sich nahe, da der Einstieg über die verwirrende Terminologie (s.u. Anm. 12 u. 13) zu keinem eindeutigen Ergebnis führt. Daher werden die unterschiedlichen Termini je nach Kontext den drei heuristischen Begriffen zugeordnet.

[10] Das kann zusammengehen: vgl. die Tobiadenfamilie (Hengel, Judentum, 51ff.; A. Büchler, Die Tobiaden und die Oniaden, repr. 1975; A. J. Goldstein, The Tales of the Tobiads, in: J. Neusner (Hg.), Christianity, Judaism and other Greco-Roman Cults III, Leiden 1975, 85-123; Th. C. Skeat, The Reigns of the Ptolemias, 1969²; R. S. Bagnall, The Administration of the Ptolemaic Possessions Outside Egypt, Leiden 1976).

erwähnt würde, da er dem Faktum des Adels selbst gegenüber sekundärer Natur und da der Reichtum - vornehmlich Grundbesitz[11] - ererbt ist.

Es fragt sich nun, wer im einzelnen zu den Oberschichten gehört. Wer sind die Vornehmen, die Mächtigen, die Reichen bei Sirach? LXX faßt geschickt verschiedene hebräische Bezeichnungen שׂר, אדיר, גדול, רב zu μεγιστάν zusammen[12], was ungefähr dem deutschen Begriff 'Vornehme' entspricht. Hier sind die Herrschenden als Geehrte verstanden (10, 24), die selbst Ehre weitergeben, vor allem an die Weisen. Diese Vornehmen treten meist als Gruppe auf (ἐν μέσῳ μεγιστάνων 39, 4 u. ä.). Sie sind als Rats- oder Leitungsgremium verstanden, das durchaus auf den Rat des Weisen hört (8, 8; 11,1; 23, 14; 39, 4 u. ä.), ja diese in Dienst stellt (39, 4) und - wie der König den Arzt - ruft und ehrt (38, 3). Über das Verhältnis von Reichtum und "Vornehmen" sagt der Siracide nichts. Es wird aber zweifelsohne vorausgesetzt, wie 28, 14 zeigt, wo im Vorbeigehen von den Häusern der Vornehmen gesprochen wird. Daß der Reichtum des Adels auf Grundbesitz beruht, läßt sich für das Sirachbuch nur erschließen: denn wenn der Weise ein Stadthaus und Landbesitz hat, wie aus den Ratschlägen des Sirachbuches ersichtlich ist, und wenn andererseits der Adel keine Kaufmannsgeschäfte betreibt, bleibt nur die Möglichkeit, daß seine Finanzkraft auf ererbtem Grundbesitz beruht.

Die Konturen dieser Gruppe treten schärfer hervor, wenn man sie gegen die Mächtigen und Reichen absetzt. Denn diese beiden Gruppen haben positiv wie negativ mit Geld zu tun, während Geld im Zusammenhang mit den Vornehmen nicht eigens erwähnt wird. Die Mächti-

---

[11] S. u.

[12] Middendorp, Stellung, bietet S. 140-154 eine sehr nützliche Zusammenstellung der gesamten einschlägigen Terminologie Sirachs zum Thema der Oberschichten- und Regierungsterminologie. Die Vielfalt der Bezeichnungen dieses Registers macht ganz deutlich, daß sich jede Schematisierung auf diesem Gebiet verbietet. Sirach kennt offensichtlich außer dem klassischen Titel König und Hoherpriester keine festen Titel, sondern vielmehr ein Spektrum verschiedener Funktions- und Dignitätsbegriffe, die z. T. austauschbar sind. μεγιστάν LSJ = great man, grandee, vorwiegend LXX und hellenist. Schriftsteller. Vgl. Art. גָּדֹל, ThWAT 1, 927-956 (J. Bergman, R. Mosis, H. Ringgren, 934 zu Führern in Israel); Art. אַדִּיר, ThWAT 1, 78-81 (G. W. Ahlström); zu שׂר, vgl. ThWAT 4, 937 (K. Seybold), 935ff. zur Terminologie der Regierungsämter und Art. שַׂר, ThWAT 7, 1993, 855-879 (H. Niehr). Vgl. allg. zu hohen Regierungsämtern bei Sirach: Middendorp, Stellung, 145ff. (145 zu אדון; 151ff. zu שׂר). Weitere Lit.: J. v. d. Ploeg, Les chefs du peuple d'Israel et leurs tîtres, RB 57, 1950, 40-61; ders., Les 'nobles' israelites, OTSt 9, 1951, 49-64. μεγιστάν bei Sirach: (4, 7 als Stadtbeherrscher); 8, 8 שׂרים; 10, 24 שׂר; 11, 1 נדיב; 20, 27. 28; 23, 14; 28, 14; 32, 9 שׂרים; 38, 3 נדיב; 39, 4. שׂר kann auch stärker den Aspekt des Mächtigen zum Ausdruck bringen. Vgl. dazu Anm. 13.

gen[13], die z. T. durch die griechischen Termini δυνάστης und ἡγούμενος erfaßt werden, sind explizit reich und gewalttätig[14]. Sie bilden eine Gefahr für die Schwächeren, besonders da sie das Recht beugen[15]. Der Ton in ihrer Mitte ist von Sirachs Standpunkt aus anstößig[16]. Aber auch sie sind in dieser labilen gesellschaftlichen Welt nicht vor gesellschaftlichem und finanziellem Ruin geschützt[17]. Trotzdem ist auch ihr Kreis für den Aufsteiger faszinierend, und Sirach rät ausdrücklich, sich - wenn auch mit Vorsicht und Klugheit - ihrem Kreis zu nähern[18].

Die Reichen[19] bilden ein Lieblingsthema des Sirach. Sie stehen ungleich stärker im Vordergrund seines anteilnehmenden Interesses als der

---

[13] δυνάστης: LSJ = petty chief, princelet, und ἡγούμενος: president (3. Jh. v. Chr. P Grenf 2.67.3), officials (1. Jh. n. Chr. P Oxy. 294,19). δυνάστης bei Sirach: 4, 27 מושל; 7, 6 נדיב; 8, 1 גדול; 10, 3 שר; 10, 24 מושל; 11, 6 נשא; 13, 9 נדיב; 16, 11 נשא; 41, 17 שר. ἡγούμενος bei Sirach: 9, 17 מושל; 10, 2 ראש; 10, 20; 17, 17; 30, 27; 35, 1; 39, 4; 41, 17 שר; 44, 4 נשיא; 46, 18 נציב; 49, 15 גדול.

מושל (4, 27; 7, 6; 9, 17; 10, 24; 15,10; 30, 27; 37, 18) schwankt zwischen der Bedeutung 'Richter' und 'Herr'.

[14] Mit Reichtum verbunden: 5, 1; 8, 1. 12; Kap. 13 pass.; 29, 18 (ἄνδρας δυνατούς).

[15] Kap. 13; 8, 12 (bezüglich des Leihens).

[16] 23, 14f. (hier mit μεγιστάν).

[17] Ruinöse Bürgschaft: 29, 18.

[18] Kap. 13 pass.; 23, 14 befindet sich der Weise ja in diesem Kreis! Vgl. dazu richtig Hengel, Judentum, 96f.

[19] Das hebr. Wortfeld bei Sirach umfaßt חיל , הון , עשר. חיל hat ein breites Bedeutungsspektrum, das von Stärke, Tüchtigkeit über Besitz-Reichtum bis zu Heeresmacht reicht. הון bezieht sich auf den engeren Bereich: Güter-Besitz-Reichtum. עשר, reich, der Reiche wird von LXX einheitlich mit πλοῦτος wiedergegeben und ist der primäre Bedeutungsträger für 'Reichtum, Reicher' (עשר-πλοῦτος 10, 30; 13, 2. 3; 13, 18-23; 19, 1. 18; 30, 14; 31, 1. 3). Allgemein zum Thema von Reichtum und Besitz bei Sirach: 3, 17; 5, 1; 7, 6; 8, 2; 10, 27. 30f.; 11, 14; Kap. 13; Kap. 14; 18, 25; 21, 4; 25, 2; 26, 4; 28, 10. 24f.; Kap. 29; 30, 14-16; 31, 1-8; 38, 11; 40, 13. 26; 41, 1. 12. Zum Reichtum in der hellenist. Zeit allg.: Hengel, Judentum, 67-107 (Lit.), bes. über die Auswertung der Zenonpapyri. Zu Sirach speziell a.a.O. 249ff. Weiteres bei Tcherikover, Hellenistic Civilization, 145ff. Für die spätere Zeit: J. Jeremias, Jerusalem zur Zeit Jesu II A, 1-14; Ben-David, TÖ, 313ff. (gute Sammlung für die talmudische Zeit, aber als allg. Hintergrund auch schon für die Zeit um 200 v. Chr. vorstellbar). Vgl. allg. Art. חַיִל, ThWAT 2, 902-911 (H. Eising); Art. הוֹן, ThWAT 2, 388-393 (E. Kutsch, 391f.: הון bes. Weisheitsterminus); Art. עָשַׁר, ThWAT 6, 446-452 (M. Saebø, Lit.), dort 451f. allg. zur Deutung des Reichtums in Israel; Art. πλοῦτος κτλ., ThWNT 6, 316-330 (F. Hauck, W. Kasch); Art. Erwerb, RAC 6, 436-443 (F. Hauck); Art. Armut, NBL 1, 1991, 171-174 (W. u. L. Schottroff); T. Donald, The Semantic Field of Rich and Poor in the Wisdom Literature of Hebrew and Accadian, Or Ant 3, 1964, 27-41; A. Kuschke, Arm und reich im AT mit besonderer Berücksichtigung der nachexilischen Zeit, ZAW 57, 1939, 31-57; H. A. Brongers, Rijktum en armoede in Israel, Ned ThT 29, 1975, 20-35; R. Gordis, The So-

Adel, die Herrschenden oder gar der König mit seinem Umkreis. Die
Reichen sind einer der wichtigsten Faktoren in Israels sozialem Leben,
so wie Sirach es versteht und schildert. Zu Recht beschreibt Hengel den
Reichen in Israel zu Sirachs Zeit als "eine typische Erscheinung der
frühhellenistischen Zeit"[20]. Dabei ist die Schicht der Reichen eine offene
Schicht. Denn zu Sirachs Zeit kann Reichtum durch Handel erworben
werden.[21] Auch ein Weiser kann reich sein (3, 17), ja: das Vorrecht des
Reichen, μακροθυμία und ἐλεημοσύνη walten zu lassen und Geschenke
auszuteilen (29, 8ff.), ist äußerst erstrebenswert. Kap. 14 beschreibt den
Reichtum im Sinne einer gemeinantiken aristokratisch-spendenfreudi-
gen Art durchweg positiv[22].

Vor allem gilt: Reichtum ist die Voraussetzung eines glücklichen Lebens (Kap. 14) ebenso wie der sozialen Wohltätigkeit (Kap. 29). Gerade
beim ersteren ist die Nähe zum εὐδαιμονία-Ideal der Zeit nicht zu übersehen. Ein sozial-kulturelles Ideal des "glücklichen Armen" oder gar ein
sozial-kritisches Ideal des "guten Armen" ist hier gar nicht in Sicht. Wie
erklärt sich dann die Kritik am Reichtum, die Sirach doch mit großer
Schärfe übt? Hier kann man über Hengels Analyse[23] hinauskommen,
wenn man die doppelte Stoßrichtung der Sirachkritik verfolgt. Die Kritik
trifft einmal in der Tat den neuen Typus des Großkaufmanns[24], z. a. den
Typus des "mächtigen" Reichen, d. h. des politisch und juristisch
"Herrschenden", den der Reichtum entweder korrumpiert hat (so 8, 2)
oder der von vornherein ein Ausbeuter ist (Kap. 13, 15ff.).

Wir finden also Reiche in vier verschiedenen Bereichen der Oberschicht: bei den Vornehmen, bei den Mächtigen, bei den Großkaufleu-

---

cial Background of Wisdom Literature, HUCA 18, 1943/44, 77-118; F. Horst, Das Eigentum nach dem AT, in: ders., Gottes Recht. Gesammelte Studien zum 65. Lebensjahre
hg. v. H. W. Wolff, ThB 12, 1961, 203-221.

[20] Judentum, 99. Hier werden nicht nur prophetische Topoi tradiert, sondern es wird
eine Zeiterscheinung beleuchtet. Vgl. Art. Handel I, RAC 13, 519-561 (H.-J. Drexhage).

[21] Dabei ist auch schon an Großhandel im Sinne der Tobiaden zu denken.

[22] Dazu auch Hengel, 249 mit Anm. 208, und Art. Handel II, RAC 13, 561-574 (H.-J.
Drexhage).

[23] Hengel, Judentum, 249f.: "Spannung zwischen einer von prophetischem Pathos getra-
genen »Zeitkritik« und der auf Beobachtung und Erfahrung beruhenden traditionellen -
zuweilen egoistisch erscheinenden - Weisheit". Ähnlich die Analyse in NBL 1, 171f. Hier
fehlt eine nähere sozialgeschichtliche Analyse, die fragt, wie unabhängig von Sirachs eigener Stellung im gesellschaftlichen Gefüge Israels Sirachs Bild von der Gesellschaft ist
und wie die Lage in Israel war, wenn man sie nicht mit der hochentwickelten Ethik eines
Weisheitslehrers betrachtete (s. Art. Handel II o. Anm. 22).

[24] Kennzeichen dieses Reichen ist Habsucht, vgl. dazu Art. Habsucht, RAC 13, 226-247
(K. S. Frank). Zurecht weist Frank 236 für atl. Schriften wie Jesus Sirach auf die
"Annäherung an die griech. Aussagen" hin, d. h. auf hellenist. popularphilosophische par-
allele Gedanken.

ten und bei den Weisen. Sirach beurteilt diese vier Gruppen ganz unterschiedlich, und daher ergibt sich seine scheinbar gespaltene Haltung zum
Phänomen des Reichtums. Seine Beurteilung des Reichtums ist in
Wahrheit aber einheitlich positiv, sofern der Reichtum nicht als juristisches oder soziales Druckmittel eingesetzt wird und sofern er nicht rei-
ner Geldreichtum ist, der durch Handel erworben wird. Denn hier lauern Betrug (26, 29ff.) und Korrumpierung eines frommen Lebens (31, 1-
8)[25]. Der Reichtum der Vornehmen und der Weisen dagegen ist gut,
notwendig und für Sirachs Schüler erstrebenswert. Sirach argumentiert
also nicht auf der einen Seite kritisch-prophetisch und auf der anderen
Seite affirmativ-erfahrungsweisheitlich, sondern er konstatiert den unterschiedlichen Umgang mit dem Reichtum in den verschiedenen Bereichen der Oberschichten. Ein Zeichen seiner Zeit ist die Verbindung von
Reichtum und Macht[26].

c)

Weitere konkrete Einsichten in den gesellschaftlichen Aufbau der Oberschichten der Sirachzeit lassen sich gewinnen, wenn man versucht, die
vagen Schichtenbezeichnungen des Siraciden mit den Berufs- und
Standesbezeichnungen, die sich ebenfalls bei ihm finden, zu kombinie-
ren. Dabei werden - auch schon im Vorgriff auf das folgende Kapitel -
kurz die allgemeinen verwaltungspolitischen und geschäftlichen Rahmenbedingungen Jerusalems und Judas unter der ptolemäischen Herrschaft gezeichnet, wie Zucker sie herausgearbeitet hat.

Seit der Perserzeit "ist Judäa kulturell und innerpolitisch selbständig"[27]. Unter der Ptolemäerherrschaft wird Jerusalem-Judäa als Ethnos

---

[25] Getadelt wird also nicht der Mann, der schon Reichtum hat, sondern der, der ihm erst
rastlos nachjagen muß. Sirach spricht hier aus konservativ-aristokratischer Sicht.

[26] Weitere Verstehenshilfen stellt an diesem Punkt die Cultural Anthropology zur Verfügung, wie sie z.B. B. J. Malina, Die Welt des Neuen Testaments, 1993, für die Mittelmeerwelt des 1. Jh.s n. Chr. anwendet. Wenn er die konservative Grundhaltung des Stat-
userhalts als die Haltung des ehrenhaften Mannes im Gegensatz zum habgierigen Aufsteiger mit dem Konzept der begrenzten Güter als eines Grundmerkmals vorwiegend
agrarischer Gesellschaften verbindet, läßt sich diese Interpretation auch auf die Situation
in Jerusalem-Judäa um 200 v. Chr. übertragen. Vgl. Malina 100ff.

[27] H. Zucker, Studien zur jüdischen Selbstverwaltung in der Antike, 32. Weitere allg. Lit.:
E. Stern, The Province of YEHUD, The Jerusalem Cathedra 1, 1981, 9-21; S. Laperroussaz, Le régime théocratique juif a-t-il commencé à l'époque perse, on seulement à
l'époque hellénistique? Semitica 32, 1982, 93-96; H. Jagersma, A History of Israel from
Alexander the Great to Bar Kochba, London 1985, 13ff.; Hengel, Judentum, 44ff.; S. Applebaum, Judaea in Hellenistic and Roman Times, Leiden 1988; E. J. Bickerman, The
Jews in the Greek Age, Cambridge 1989; R. S. Bagnall, The Administration of the Pto-

der Judäer verstanden. Das Gebiet ähnelt den Tempelstaaten des syrischen Raumes. Die Oberschichten haben eine doppelte historische Wurzel, nämlich eine politische und eine der Sippenordnung entstammende. Zur letzteren gehören die "Ältesten", die γερουσία (זקני יהודה) bzw. Häupter der Geschlechter ראשי האבות),[28] der eigentliche Adel, von hohem Ansehen im Volk, sich auf Grundbesitz stützend. Dieser Adel zieht seit Nehemia auch in die Stadt Jerusalem[29] und bildet dort im Laufe der Zeit den städtischen Adel. Die Begrüßung Antiochus' III. durch die Gerusie nach der Schlacht von Panion 198 v. Chr. (Jos Ant XII 3, 3) zeugt von der Bedeutung der Gerusie in Sirachs Zeit[30].

Hierhin gehört der Hohepriester, der seit dem "Ende der Perserzeit"[31] Macht und Ansehen genießt und zu Sirachs Zeit das innenpolitische Oberhaupt des Volkes ist (50, 4)[32]. Neben dem ererbten Reichtum aus

---

lemaic Possessions Outside Egypt, Leiden 1976; M. E. Stone, The Book of Enoch and Judaism in the Third Century B. C. E., CBQ 40, 1978, 479-492. Allg. E. Schürer, The History of the Jewish People; Hengel, Judentum pass.; Tcherikover, Civilization pass.; Middendorp, Stellung, 154ff. zu Sirach (genaue Auflistung der Terminologie).

[28] Schürer II, 199ff. Zur Rolle der Gerusie vgl. Art. ἐκκλησία, ThWNT 5, 502-529 (K. L. Schmidt); Art. πρέσβυς, ThWNT 6, 651-683 (G. Bornkamm); Art. συναγωγή, ThWNT 7, 798-850 (W. Schrage); Art. Sanhedrin, EJ 14, 1971, 836-839 (H. Mantel); Art. συνέδριον, ThWNT 7, 858-869 (E. Lohse); Art. קהל, ThWAT 6, 1204-1222 (F.-L. Hossfeld, E.-M. Kindl, H.-J. Fabry). Für Sirach wird die politische Bedeutung betont (קהל = politische Versammlung) im Sinne einer gewissen Hellenisierung: "der ʿam (δῆμος) versammelt sich im qahal (ἐκκλησία)" (1219); A. Causse, Du groupe ethnique à la communauté religieuse, 1937; L. Rost, Die Vorstufen von Kirche und Synagoge im AT, 1938; S. B. Hoenig, The Great Sanhedrin, 1953; H. Mantel, Studies in the History of the Sanhedrin, 1961; Hengel, Judentum, 48ff.; Kippenberg, Die vorderasiatischen Erlösungsreligionen, stw 917, 1991, 179ff. Speziell zur Terminologie bei Sirach: Middendorp, Stellung, 154ff. - Älteste bei Sirach: זקן 32, 9 (inmitten von Ä. erhebe dich nicht, par. mit שרים); πλῆθος πρεσβυτέρων 6, 34; 7, 14 (dort für hebr. עדת שרים); πρεσβύτεροι 25, 4 (Rat der Ä.); שב 8, 9 (Erzählungen der Alten). Middendorp, 155 urteilt: "Die Gerusie war nach Sir 6, 34 und Sir 7, 14 eine lebendige, öffentliche Institution." Ob sie mit der βουλὴ λαοῦ von 38, 32 zusammenfiel, läßt M. zurecht offen. Gegenüber M. bleibt freilich festzuhalten, daß Sirach auffallend selten und undeutlich über die Gerusie spricht. Immerhin scheint sicher zu sein, daß Sirach einen Ältestenrat gekannt hat, der aus vornehmen Juden bestand. Ob Sirach selbst der Gerusie angehört habe (so Kippenberg, Erlösungsreligionen, 192), scheint fraglich.

[29] Zucker 28. Vgl. S. 35 über den Zerfall der Geschlechter, d. h. die Verselbständigung der Adelsfamilien.

[30] Vgl. dazu auch Kippenberg, Religion 82ff.: Der Erlaß Antiochus' III. (Antiq XII 142-144) über die Regierung des Jerusalemer Ethnos stärkte die Aristokratie durch Zuweisung politischer Funktionen und Befreiung von Abgaben (S. 84).

[31] Zucker 30.

[32] הכהן 50, 1. Militärisch: 50, 4; Bauten: 50, 1-3; religiös: 50, 5-21. Zum Hohenpriester und seinem politischen und finanziellen Einfluß vgl. Schürer, History II, 227ff.; Bicker-

dem ländlichen Grundbesitzt ist gerade für den Hohenpriester und seine
Familie die Steuerpacht eine enorme Finanzquelle, die zugleich auch
politischen Einfluß mit sich bringt, wie die Episode bei Josephus (Ant.
XII 169) zeigt[33]. Bestandteil dieses Adels sind weiterhin die Priester der
vorderen Ordnungen, die seit nachexilischer Zeit bis hin zu den Makka-
bäern "in politischer und sozialer Hinsicht ... die ersten" waren[34], und
zwar sowohl wegen ihrer religiösen und politischen Stellung als auch wegen der "gewaltigen Mittel, über welche sie geboten"[35].

Die zweite Wurzel der jüdischen Oberschichten nachexilischer Zeit ist
politisch bestimmt. Von den königlichen Beamten der vorexilischen Zeit
(שׂרים Fürsten, Oberbeamte)[36] führt eine funktionelle Linie zu dem
Statthalter[37] und den "Obersten bei Nehemia"[38]. Wirtschaftlich und ethnisch gesehen gehören die Beamten der nachexilischen Zeit der gleichen
Schicht wie die "Ältesten" an: "Die Sarim sind durchwegs Juden, vermutlich Grundbesitzer"[39].

---

man, The Jews 140ff. Bei Sirach: Middendorp, Stellung 167ff. Zu Simon II.: Jagersma,
History 39.

Allg.: de Vaux, Lebensordnungen II, 177-247; Art. Priests and Priesthood, EJ 13, 1069-
1091 (M. Haran); Art. High Priests EJ 8, 470-474 (J. Gafni); Art. כֹּהֵן, ThWAT 4, 1984,
62-79 (J. Bergman, H. Ringgren, W. Dommershausen); Art. Hoherpriester, NBL Lfg. 7,
1992, 181-183 (W. Zwickel); J. W. Bailey, The Usage in the Post Restoration Period of
Terms Descriptive of the Priest and Highpriest, JBL 70, 1951, 217-225; A. Bentzen, Zur
Geschichte der Sadokiden, ZAW 51, 1933, 173-176; A. Cody, A History of Old Testament Priesthood, Rom 1969; H.-J. Kraus, Gottesdienst in Israel, 1962². - Gerusie und
Hoherpriester: vgl. die Überlegung bei Middendorp, Stellung, 154 u. Anm. 2, Simon sei
zu Sirachs Zeit Haupt der Gerusie gewesen. Zurecht weist Bickerman, 143, darauf hin,
daß z. Zt. Sirachs der Hohepriester noch nicht politisches Staatsoberhaupt war - das war
die Gerusie -, wie eine verkürzende communis opinio annimmt (z.B. Schürer 1, 139: "The
High Priest ... was ... head of the State", vgl. Jagersma, History 13: "In speaking of Judaea, at his period we are talking of an area limited to Jerusalem and its immediate sur-
roundings and governed by a high priest"). Daß für Sirach Simon II. aber faktisch Staatsoberhaupt ist, steht außer Frage.

[33] Dazu Zucker 31. Allg. Art. Geschichte Israels, TRE 12, 698-740 (S. Herrmann), dort
728-730 ein kurzer, präziser Überblick; Hengel, Judentum, 96. Für die atl. Zeit Jeremias,
Jerusalem II A, S. 11ff.; Art. כֹּהֵן, ThWAT 4, 76: wachsender politischer Einfluß in früh-
hellenistischer Zeit.

[34] Schürer, II, 1964 repr., 279.

[35] A.a.O. Ausführlich Jeremias, Jerusalem, II B, 2-87.

[36] Art. שַׂר, ThWAT 7, 1993, 855-879 (H. Niehr); Art. Beamte, NBL 1, 1991, 252-254 (K.
Rütersworden); Zucker 8.

[37] Ebd. 19.

[38] Ebd. 21.

[39] A.a.O. Vgl. S. 25.Ebs. Middendorp, Stellung 160. 151ff. gibt M. einen Überblick über
den Terminus שׂר bei Sirach. Auffallend ist die uneinheitliche Übersetzung ins Griechi-

Zucker sieht das Verhältnis zwischen Hohenpriester und Gerusie einerseits und dem Statthalter und den Obersten andererseits antagonistisch[40], ein Bild, das durch Jesus Sirach bestätigt wird, wenn man die Differenzierung der Oberschichten bei Sirach betrachtet.

d)

In dies Bild sind nun weitere Detailangaben einzutragen, die wir dem Sirachbuch entnehmen können.

Der Statthalter fehlt gemäß dem Umstand, daß Jerusalem mit Juda unter den Ptolemäern keine eigene Provinz mehr bildete, "sondern in Syrien beziehungsweise Koilesyrien einbegriffen wird"[41]. Ebensowenig werden militärische Befehlshaber erwähnt[42]. Hohe Beamte begegnen kaum direkt: so 10, 2 עִיר שַׂר רֹאשׁ, ἡγούμενος πόλεως.

Unterbeamte, λειτουργοί, werden nur in 10, 2 erwähnt. Zucker rechnet für die ptolemäische Zeit gar nicht mehr mit solchen Beamten[43]. Jesus Sirach bestätigt also ganz Zuckers Bild, daß es in Jerusalem und Juda keine ptolemäischen Beamten gegeben habe[44]. Das Verwaltungsband zwischen Alexandrien und Jerusalem war einzig die Steuergeneralpacht in der Hand des Hohenpriesters bzw. seit dem Ende des 3. Jh.s in der Hand der Tobiaden.

Wer aber sind dann die Mächtigen des Siraciden? Die Vermutung liegt nahe, daß es sich bei den Mächtigen um Mitglieder aus der weiteren Verwandtschaft des Hohenpriesters handelt wie z. B. Joseph, den Tobiaden[45]. Wie verzweigt die Bürokratie in Jerusalem im einzelnen

---

sche. 7, 14 (πρεσβύτερος); 8, 8 (μεγιστάν); 10, 3 (δυνάστης); 35, 9 (γέρων); 41, 17 (δυνάστης); 44, 4 (ἡγούμενος).

[40] Zucker 29.

[41] Zucker 30.

[42] Zucker 32 nimmt für 200 v. Chr. eine militärische Besatzung in Jerusalem an. Der Titel ἡγεμών begegnet nicht bei Sirach (dazu Zucker 30), wohl aber die etwas unschärfere Partizipialform ἡγούμενος (z. B. 9, 17 מוֹשֵׁל; 10, 2 רֹאשׁ; 41, 17 נָשִׂיא; 44, 4 שַׂר), die aber nirgends auf einen militärischen Rang hinweist. - Vgl. auch Middendorp, Stellung 152.

[43] Zucker 30ff.; Middendorp, Stellung 152, urteilt ähnlich: "Doch war die Beamtenschaft wohl weitgehend aus Einheimischen zusammengesetzt und ihre Ämter waren den Schülern Ben Siras zugänglich".

[44] Dies gilt in Weiterführung der Tendenz schon der späteren Perserherrschaft: Zucker 29.

[45] Jos Antiqu XII 180ff. (beachte 184 die Verbindung von Geld aus den Steuereinnahmen und politischem Machtgewinn: δύναμις). Zu der Episode in unserem Zusammenhang Zucker 30ff., Hengel, Judentum, 51ff. und Kippenberg, Religion 80ff.

war, schildert Schürer für den Einzug der Tempelabgaben[46]. Ähnlich hat man sich den Einzug der Steuern finanztechnisch vorzustellen. Diese Analogie aber führt zu einer weiteren Vermutung: daß nämlich auch die höhere Priesterschaft, soweit sie in Jerusalem mit Verwaltungsaufgaben betraut war[47], unter Sirachs Mächtige fällt. Die Priesterschaft wurde von Antiochus III. finanziell und statusmäßig bevorzugt. Sie wurde durchaus zum Bestandteil der Führungsschicht[48]. Dafür spricht indirekt der sonst kaum zu erklärende Umstand, daß der Priesterstand (כהן, ἱερεύς) im Sirachbuch nur an einer Stelle thematisiert wird: 7, 29. 31 (und 50, 16 für "Aarons Söhne", die Priester). Hier wird in herkömmlicher Weise zur Hochhaltung und auch zur Unterhaltspflicht gegenüber den Priestern aufgerufen. Über weitere Leitungsfunktionen der Priester in Stadt und Land erfahren wir nichts[49]. Dies Schweigen ließe sich durch eine distanzierte Haltung Sirachs zu dieser Gruppe der Oberschicht erklären, nicht allerdings zu dem Hohenpriester Simon in Kap. 50 und zu Aaron, dem ersten Hohenpriester (Kap. 45). Die Distanz könnte lediglich den Verwaltungsfunktionen dieser Priestergruppe gelten, da Sirach das Priestertum von seiner Kultusfunktion her sieht.

Die Reichen des Sirachbuches sind z. T., wie schon dargestellt, unter den Großkaufleuten hellenistischen Typs zu suchen. Zum anderen Teil rekrutieren sie sich aus der obersten Schicht der priesterlichen Familien.

---

[46] Schürer II, 257ff.

[47] Dazu detailliert Schürer II, 237ff.; und allg. M. Stern, Aspects of Jewish Society. The Priesthood and other Classes, CRINT I, 2, 561-630, dort 580ff. Für die ntl. Zeit zieht Jeremias, Jerusalem II B, 2-87, diese Linie aus. Zu Sirach: Stadelmann, Schriftgelehrter, 55ff.

[48] Dies betont bes. Bickerman, The Jews, 140ff.

[49] Ein etwas anderes Bild zeichnet Stern, CRINT I, 2, 561ff. Stern betont, Sirach lobe den Priesterstand in auffallender Weise (562). Das gilt vor allem für den Hohenpriester Kap. 45. 50. Leitungsaufgaben schreibt Sirach nur dem Hohenpriester zu (Kap. 50). Hengel, Judentum, 244, betont das kultische Verständnis der Priesterschaft bei Sirach. Stadelmann, Schriftgelehrter, 62ff., zieht diese Linie stark aus (zum politischen Aspekt bes. 164 in Bestätigung von Middendorp, Stellung, 174). Bickerman, The Jews in the Greek Age, 142, betont zurecht, daß erst die Sirachzeit der Rolle des Hohenpriesters solche Bedeutung beimißt. - Deutlich ist, daß Sirachs Interesse dem kultischen Aspekt des Priesteramtes gilt. Gesellschaftspolitisch äußert er sich nur Kap. 50 bezüglich des Hohenpriesters zu diesem Amt. Das paßt zu dem Gesamtbild, das Maier, ZdT 146-148, von Jerusalem-Judäa um 200 v. Chr. zeichnet: Hoherpriester mit der "politischen Repräsentanz der Tempelprovinz", eine schwache Gerusie und die prostasia des Tobiaden Joseph (S. 147). - S. M. Olyan, Ben Sira's relationship to the priesthood, HThR 80, 1987, 261-286, betont Sirachs Nähe zum Priesterstand (7, 29-31). Dabei gehört Sirach zur Partei der Aaroniten (45, 6-24. 25). Auf unsere Fragestellung geht Olyan nicht ein.

Die enge Verquickung von Kaufmannsreichtum, Steuereinnahmen und politischer Macht findet im Tobiaden Joseph selbst ihr bestes Beispiel[50].

Zu den Vornehmen schließlich gehört der von Zucker beschriebene alte Landadel, der seit Nehemia auch in Jerusalem ansässig wurde und seine Güter verwalten ließ. Diese Schicht stellt die Ältesten, die bei Sirach begegnen. Andererseits gehören die oberen Priesterordnungen, die teilweise selbst größeren Landbesitz haben, natürlich dem "jüdischen Adel" an, wie Josephus denn die jüdische Aristokratie geradezu mit dieser Schicht identifiziert[51].

Die Vornehmen lassen sich also als die Ältesten identifizieren, die Mächtigen als der reiche Priesteradel. Darüber steht der Hohepriester. Diese verschiedenen Strata der Oberschichten sind ineinander verwoben und teilen sich den Reichtum mit den neureichen Großkaufleuten.

2.

Wo ist innerhalb dieser in sich sehr differenzierten Oberschichten der Platz der Weisen? Diese Frage zu stellen, bedeutet zugleich, nach den Interessen und der Stellung des Siraciden zu fragen, der auf jeden Fall selbst zu den Weisen gehört.

Der Aufstieg der Weisen in der Zeit des Zweiten Tempels ist gut bekannt[52]. Sie sind ähnlich wie die Reichen eine soziale Aufsteigergruppe, die im Laufe des 2. und 1. Jh. v. Chr. das traditionelle Gefüge der jüdischen Gesellschaft tief verändern sollte[53]. Sirach lebt noch vor dieser Zeit. Der Einbruch der Weisen in die Oberschichten erfolgt zu seiner Zeit vorsichtig, überlegt und mit dem erklärten Ziel möglichst weitgehender Aufnahme in die - theoretisch kritisierten - Oberschichten, nicht mit dem Ziel ihrer Transformation. Sirach fordert nicht etwa die Weisen auf, gemeinsam mit den (Neu-) Reichen die aristokratischen Fundamente der jüdischen Gesellschaft zu sprengen, sondern er sieht die Wei-

---

[50] Vgl. Rostovtzeff, in: Walbank (Hg.), CAH VII/1, 160. Ebenso Stern, CRINT I, 2, 587. 600ff., und Tcherikover, Hellenistic Civilization, 126ff.

[51] Vgl. Stern, CRINT I, 2, 580 (Anm. 3). S. Safrai, Das jüdische Volk im Zeitalter des Zweiten Tempels, 1978, 62, meint, die 'Fürsten' mit dem Dreimännergremium identifizieren zu können, das öfter als Leitungsgruppe der jüdischen Stadt belegt ist. Aus Sirach selbst lassen sich keine präzisen Zuordnungen entnehmen.

[52] Vgl. Stern, CRINT I, 2, 619ff.; E. E. Urbach, The Sages, 2 Bde., Jerusalem 1975; Bickerman, The Jews, 161-176; Hengel, Judentum, 202ff.; A. Lemaire, The Sage in School and Temple, in: The Sage, 165ff; J. G. Gammie, The Sage in Sirach, ebd. 355-372.

[53] Vgl. Stern, CRINT I, 2, 620; Kippenberg, Religion und Klassenbildung im antiken Judäa, 1982², 82-86; ders., Die vorderasiatischen Erlösungsreligionen, stw 917, 1991, 192ff., bes. 193f.

sen auf der Seite der finanziell-konservativen Grundbesitzer gegen die finanziell fortschrittlichen reichen Großkaufleute stehen. In den Kapiteln 38 und 39 entwirft Sirach sein Bild des Weisen[54]. Der Weise lebt in gelehrter Muße (38, 24), nicht aber in politischer Zurückgezogenheit. Er ist politischer Ratgeber[55]. Er unternimmt Auslandsreisen[56]. Hengel setzt daher sicher zu Recht schon bei Sirach Griechisch-Kenntnisse voraus. Zugleich ist der Weise Theologe und Gesetzeslehrer, ebenfalls mit öffentlicher Resonanz: 39, 10.

Dieser Weise ist ein neuer Typ einer öffentlichen Person, aber ganz an die politische Oberschicht angebunden, wie die Gegenüberstellung des Weisen und der Handwerke in Kap. 38 unmißverständlich zeigt[57]. Der Weise kann durchaus selbst reich sein (3, 17), aber auch arme Weise kennt der Siracide (11, 1). Das Wichtigste ist die Ehre, d. h. die gesellschaftliche Anerkennung des Weisen, wobei allerdings der reiche Weise mehr geehrt wird als der arme Weise (10, 30f.). Der Weise ist eine politische und religiöse Führerpersönlichkeit und damit ein genuiner Konkurrent des Priesters.

An diesem Punkt stellt sich die Frage, ob - wie die jüdische Forschung neuerdings annimmt - Sirach selbst aus einer oberen Priesterordnung stammte[58] oder aber aus einer niedrigeren Priesterordnung oder aus dem Levitenstand - so Hengel[59]. Eindeutige Kriterien gibt es hier nicht. Zudem gehören zur Gruppe der Weisen auch zahlreiche Priester, wie

---

[54] Dazu Hadas, Hellenistische Kultur, 85f.; Hengel, Judentum, 242ff.; Stern 619ff.; Bickerman, The Jews, 161ff.

[55] So richtig Hengel, Judentum, 245f. Ähnlich Middendorp, Stellung 157f.

[56] Wohl nicht nur zu Gesandtschaftszwecken wie z. B. Philo, sondern wohl auch wirkliche Studienreisen (34, 9-13). Dazu Marböck, Weisheit, 161f.; Hengel, Judentum, 243f.; Middendorp, Stellung, 170ff.; zu Gesandtschaftsreisen: Art. Gesandtschaft, RAC 10, 653-685 (J. F. Matthews).

[57] Vgl. dazu Middendorp, Stellung, 157f. Hengels Analyse S. 96f. wird der gesellschaftlichen Stellung Sirachs demgegenüber nicht ganz gerecht. Sirach steht den Oberschichten nicht "gegenüber", sondern er strebt in sie hinein bzw. ist schon ihr Mitglied.

[58] So Stern, 591 u. ö. (ebenso Gammie, The Sage in Sirach, in: The Sage 364f.: Sirach stammt aus einer Priesterfamilie). Vgl. bes. 597, wo Stern auf das Fehlen des Levitentums bei Sirach hinweist. Dieser Umstand ist bei Hengel, Judentum, 96f. nicht genügend bedacht, wo H. Sirach den Kreisen des Levitentums oder der niederen Priesterschaft zuweisen will. Andererseits spricht die durchgehende Distanz Sirachs zu den leitenden Bereichen der Oberschichten gegen Stern. Sirach scheint doch nicht zu den führenden Teilen der Oberschichten zu gehören und daher auch nicht zur Hakkoz-Ordnung. Sicherheit ist aber in dieser Frage nicht zu erlangen. - Auch Skehan - di Lella rücken Sirach selbst nicht in die Nähe der Priesterschaft: S. 207f. zu 7, 29ff. Ähnlich Gammie, The Sage, 365: er sieht Sirach zwar in der Nähe des Priestertums, schlägt aber vor, ihn als Laienjuristen zu verstehen (gegen Mack, Wisdom and the Hebrew Epic 104ff.).

[59] Hengel, Judentum, 96f.

Stern zu Recht betont[60]. Sirachs eigenes Interesse jedenfalls gilt so ausschließlich den Weisen, daß es nur schwer denkbar erscheint, er sei zur gleichen Zeit Priester gewesen, gerade wenn man seine hohe Achtung vor dem Priester im allgemeinen und seine Verehrung für Simon in Betracht zieht. Auffallend ist seine geradezu schwärmerische Verehrung für Aaron. Sollte er nicht eher der finanziell mäßig begüterten, landbesitzenden frommen Laienaristokratie angehören, die in Jerusalem lebte? Der Umstand, daß man hier zu keinem eindeutigen Urteil kommen kann, bezeugt eines: der neue, intellektuell wie gesellschaftlich dynamische Stand des Weisen schiebt sich in die alten Oberschichten hinein und versteht sich als Kulturträger ersten Ranges[61]. Priestertum oder Ältestenmitgliedschaft reichen nicht mehr aus. Sirach erstrebt ungleich Höheres: Gottes Weisheit in ihrer Fülle zu erkennen, zu lehren und dafür die Früchte der Anerkennung bei Gott und den Menschen zu ernten[62]. Daher wird eine Interpretation Sirachs vom priesterlichen Stand[63] oder vom Laienstand her seinem Anliegen letztlich nicht gerecht. Denn er bringt ein neues Element in die Oberschichten hinein, woraus auch immer sich dies Element herkunftsmäßig speisen mag[64].

Dabei versteht sich der Weise Sirach so ausschließlich als Kulturträger und Lehrer seines Volkes, daß zunächst die Frage aufzuwerfen ist: wie sieht er seine eigene kulturelle Stellung und Mission?

Der Weise beherrscht und lehrt alle Gebiete des öffentlichen wie des privaten Lebens im Inland und im Ausland. Er lehrt daher im politischen, juristischen und häuslichen Kreis. Er ist Religions- und Sittenlehrer, er lehrt öffentliche und private Ethik. Da er seine Lehre direkt von Gottes Weisheit empfängt, ist er eine unanfechtbare Autorität und eine notwendige Stütze der Regierenden wie der Juden. Dabei ist er selbst völlig unabhängig - selbst bei persönlicher Armut schützt ihn seine Weisheit - und - trotz seines Strebens in die Oberschicht hinein - sowohl der Unterschicht als auch den Oberschichten gegenüber grundsätzlich kritisch. Dabei ist der Weise kein gesellschaftlich-politischer Fortschrittsträger, sondern ein interner Kritiker, d. h. ein Fachmann, der jeweils im Einzelnen seine Erfahrung und seinen Sachverstand einsetzt.

---

[60] Stern 620.

[61] Dazu bes. Kippenberg, Erlösungsreligionen 191ff., dort 192f. zu Sirach.

[62] Diese Steigerung akzentuiert Gammie, The Sage, 368ff. bes. deutlich.

[63] Theologisch ganz zadokitisch-sadduzäisch interpretiert Sauer Jesus Sirach: S. 492.

[64] Vgl. Hengel, Judentum, 242f., unter Verweis auf Schlatter, Geschichte, 97.

Zugleich ist er so etwas wie ein kulturelles Nadelöhr[65], das jeder passieren muß, der Bildung erwerben will. Neben den religiösen, politischen, gesellschaftlichen und finanziell leitenden Kräften der Gesellschaft bildet sich also hier eine neue unabhängige Leitungsgröße, die das Leben der Juden in Jerusalem von dem Bilde einer Gesamtkultur her leiten will. Das Lehrhaus (51, 23) des privaten Weisen soll das neue kulturelle Zentrum werden.

3.

Wie steht es nun mit der kulturellen Bedeutung der traditionellen Oberschicht und der neuen Reichen? Sirachs Hinweise auf ihre Bedeutung als Kulturträger sind nicht allzu zahlreich.

Der König ist selbstverständlich Träger des herrschaftlichen Zeremoniells und der Welt der Ehre im weitesten Sinne[66] und insofern auch entscheidender Kulturträger, ohne daß aber der Siracide diesen Aspekt eigens sähe. Die ptolemäischen und seleukidischen Höfe sind zu weit entfernt. Außerdem sind die negativen Erfahrungen mit den Diadochenherrschern als Kulturzerstörern übermächtig (10, 3). Interessant ist die Aretalogie Davids und Salomos: in diesem konservativen und ganz traditionell-topischen Rückblick entfaltet sich Sirachs eigentliches Bild vom Königshof als dem Mittelpunkt von Kultur und Religion. Die Welt des Aristeasbriefes mit ihren lebendigen Schilderungen der königlichen Kultur des alexandrinischen Königshofes liegt Jesus Sirach dagegen fern[67]. Sein Enkel erst wird sie kennenlernen.

Anders steht es mit dem Hohenpriester. Er ist de facto Herrscher Jerusalems und Judäas und als solcher auch Vermittler der Kultur. In Kapitel 50 entfaltet Sirach wie schon in Kapitel 45 eine aktuelle sakrale Ästhetik, die als kulturelle Norm eine bedeutende Ergänzung zu der ethischen Seite seiner παιδεία bildet[68]. Zugleich ist der Hohepriester der Bauherr ersten Ranges und mehr noch: zentrale Integrationsfigur des ganzen Volkes (50, 19).

---

[65] Das nähert den Weisen dem heutigen Intellektuellen, nicht dem Gelehrten. Vgl. Bikkerman, The Jews, 166: "Ben Sira's sage, like a Greek philosopher, is an intellectual". - Zu den Grenzen dieser Art des Intellektuellen Teil III.

[66] Z. B. 7, 4: die Welt des Hofes lockt, auch wenn sie gefährlich ist. Vgl. 11, 5; 40, 3f. 38, 2: der König als Schenkender. 44, 3: Königsmacht allg. (dazu Middendorp, Stellung 143ff.).

[67] Bedauerlicherweise gehen Einleitungen zum Aristeasbrief wie die N. Meisners, JSHRZ II, 1, 35-87, auf derartige Perspektiven, die dem Vf. offensichtlich sehr wichtig waren, nicht ein.

[68] Vgl. dazu unten Teil III.

Schönheit - Ruhm - Ordnung (Kap. 45) - väterliche Sorge für das ganze Volk (Kap. 50): der Hohepriester bildet zugleich Maßstab und höchste Vollendung jüdischer Kultur, wie Sirach sie sieht. Er steht also als Integrations- und Repräsentationsfigur weit über dem Weisen. Dennoch finden sich nirgends Hinweise, daß Jesus Sirach für seine eigene Person diesen Aspekt der Kultur vermitteln und tragen wollte.

Die Fürsten und Herrscher[69] haben eine kulturelle Hauptaufgabe: die Bedingungen für bewohnbare Städte zu schaffen (10, 3). Eine bevölkerte Stadt (16, 4) und der Bau einer Stadt (38, 32; 40, 19): das sind kulturelle Großtaten, die denen obliegen, die das Volk regieren. Hier schlagen kulturelle Leitideen der hellenistischen Zeit durch[70].

Die Reichen[71] können ebenfalls wichtige kulturelle Aufgaben wahrnehmen, und zwar sowohl im Hinblick auf ihre eigene Lebensgestaltung als auch in sozialer Hinsicht. Kap. 14 entwirft eine kulturell gerichtete Ethik des Wohlstandes, die zweigipfelig ist:
"Tue *dir* Gutes an" (Vers 11) und:
"Tue Gutes dem Freund" (Vers 13).
"Gib dem Bruder und gib und verwöhne dich selbst" (Vers 16).
Eigener aristokratischer Lebensstil[72] und karitatives Handeln sind Sache des Reichen. Und sein kulturell anspruchsvolles Leben stehe mit seiner Religion im Einklang: "Und eine jede Sache, die schön ist zu tun, die tue vor Gott" (V. 16)[73]. Die karitativen Möglichkeiten des Reichtums schildert Kap. 29 ausführlich. Auch die Grenze des Wohltuns gibt Sirach realistisch an: "Nimm dich des Nächsten nach deinem Vermögen an (ἀντιλαβοῦ); aber achte auf dich, daß du nicht fallest" (Vers 20). Vor Verarmung wird in diesem Zusammenhang ausdrücklich gewarnt (22ff.), mehr noch aber vor der Vertreibung aufgrund eines finanziellen Zusammenbruchs. Auch hier rät Sirach also zur Verteidigung der bestehenden gesellschaftlichen Verhältnisse. Die Wirklichkeit der hellenistischen Staatenwelt mit ihrer politisch-sozialen Dynamik und Instabilität ist ihm bekannt. Aber er sieht sie nicht als Chance für die potentiellen Aufsteigerschichten, sondern warnt die Oberschichten vor den Ursachen des Abstiegs. Sein persönliches Ziel ist Erhalten, nicht Verändern.

---

[69] Herrscher sind hier nicht nur Könige, sondern auch "Herrscher der Stadt" (dazu Middendorp, Stellung, 148f., bes. zu 4, 7).

[70] Städtegründungen seit Alexander d. Gr. Vgl. dazu unten Kap. VI.

[71] Zur Kultur der Reichen z. Z. Jesu vgl. Jeremias, Jerusalem II A, 6-10 ("Luxus").

[72] So z. B. bei Gastmählern (vgl. zu den Gastmählern bei Sirach Marböck, Weisheit, 162ff.) und allg. beim Luxus (s. u. Kap. VII).

[73] Zur Überlieferung des Verses vgl. Sauer, 540: nur MS A. Skehan - di Lella entscheidet sich gegen diese Lesart (S. 257).

Wie steht es mit der kulturellen Bedeutung der höheren Berufe, der Handwerker, der Bauern und der Sklaven?[74] Hören wir von dem kulturellen Beitrag des weiteren Kreises der Tempelbediensteten, der Leviten und der Schreiber, der Kaufleute mit ihren internationalen Handelsbeziehungen, der mannigfaltigen Handwerker, der Kultivierungsarbeiten des Bauernstandes und den vielen kulturellen Funktionen, die Sklaven in den antiken Familien innehatten? Eine Durchsicht der Antworten, die Sirach auf diese Fragen gibt, beleuchtet zugleich seine eigene Auffassung von Kultur schärfer.

Da alle diese Gruppen und Berufe nicht im Mittelpunkt des Interesses des Siraciden stehen, sind seine Äußerungen zu diesem Gebiet spärlich. Aber dennoch läßt sich ein Bild gewinnen. Sirach lebte in einer Sklavengesellschaft und stellte diese Gesellschaftsordnung nicht infrage[75]. Aber gemäß seinen eigenen Interessen differenzierte er zwischen Arbeitssklaven und gebildeten Sklaven. Religiösen Einspruch gegen die Sklaverei, wie Kippenberg sie im Umkreis der jüdischen Religionsgemeinschaft seit Nehemia darstellt, finden wir bei Sirach nicht, da Sirach nicht mit dem Problem versklavter Israeliten zu tun hat[76]. Die Einrichtung des gebildeten Sklaven[77] kann also auch in Palästina nicht unbekannt gewesen sein. Zweimal erwähnt der Siracide ausdrücklich den klugen Haussklaven, der im Kreise der Weisen raten kann (10, 25) und den der Weise "lieben soll wie sich selbst" (7, 21), mehr noch, den er freilassen soll (ebd.). Letzteres ist besonders interessant angesichts der bedeutenden kulturellen Rolle, die die liberti schon zur Zeit der römischen Republik spielten[78]. In der spezifischen Verbindung von Bejahung des Sklaventums als nicht hinterfragter Einrichtung einerseits und einzelnen humanitären Aussagen andererseits steht der Siracide gleichwertig neben den griechischen und römischen Moralschriftstellern seit dem 4. Jh. v. Chr.[79]. Wie der Anteil der Sklaven an der Feldarbeit, dem Handwerk und den höheren Berufen bis hin zum Arzt in Palästina war, geht aus Sirachs Werk nicht hervor.

---

[74] Vgl. dazu Kap. I und II.

[75] Am einfachsten und deutlichsten bei Bickerman, The Jews, 158ff., dargelegt.

[76] Dazu Bickerman, The Jews, 158.

[77] Vgl. dazu Skehan - di Lella, 205. Allg. E. E. Urbach, The Laws regarding slavery as a source for the Social History of the Period of the Second Temple, the Mishnah and Talmud, in: Papers of the Institute of Jewish Studies London 1, 1964, 1-94; Hengel, Judentum, 79f. Weitere Lit. s. o. S. 33 Anm. 28.

[78] Kurze Einführung: Art. Freigelassene, KP 2, 612 (F. M. Heichelheim; Lit.); weiter dazu M. I. Finley, Die Sklaverei in der Antike, 115ff.

[79] Vgl. Finley, Sklaverei, 144ff.; weiter P. Milani, La schiavitù nell pensiero politico: dai Greci al Basso Medio Evo, Mailand 1972.

Grundsätzlich ist mit ihrer Beteiligung an all diesen Gruppen zu rechnen, ohne daß man hier berufsspezifische Aussagen machen könnte[80].

Die mangelnde Schätzung des Bauernberufes wurde schon erwähnt (38, 25f.). Dennoch hat der Siracide eine Vorstellung von der kulturellen Grundbedeutung der Tätigkeit des Landmanns. Kap. 24, 13-17 bereitet in seiner reichen Metaphorik das Bild einer geradezu vollkommen bestellten Kulturlandschaft aus, das auf der landwirtschaftlichen Arbeit beruht.

Stärker akzentuiert Sirach die kulturelle Bedeutung des Handwerks. Kap. 38, 24ff. schließt Landwirt und Handwerker zusammen und betont ihre kulturelle Bedeutung, wenn er sie auch gegenüber den Weisen in ihrer sozial und politisch eng begrenzten Einflußnahme darstellt.

Ein kleines Spektrum der bildenden Künste findet sich hier: Künstler[81], Gemmenschneider, Buntweber, Maler (gr.: ζωγραφία)[82]. Es folgen die halbkünstlerischen Handwerke des Töpfers und des Schmiedes. Sie sind es, die die Stadt erbauen: V. 32 - die Stadt, die den Rahmen für das Leben des Weisen darstellt. Insofern wird ihre kulturelle Bedeutung ganz im Sinne der griechisch-römischen Antike gewürdigt. Der Begriff des Schmuckes wie derjenige der Vollendung (V. 28) ist ein gemeinantikes Ideal. Kap. 38 zeigt, daß die kulturellen Ideale des Siraciden trotz Kap. 39 nicht nur intellektueller Art sind, sondern daß er in gemeinantiker Weise die Schönheit der Kunstwerke zu schätzen weiß, wenn ihm auch ihre untergeordnete gesellschaftliche Bedeutung stets bewußt ist. Daher genießen die Kunsthandwerker bei ihm eine durchaus erhöhte Wertschätzung.

Die kulturelle Bedeutung des Arztes und des Apothekers (Kap. 38) ist schließlich nicht hoch genug einzuschätzen. Zu den kulturellen Leistungen der Stadt gehört für den Siraciden das Arztwesen. Hier ist es das "Und" bzw. "Auch", das tragende kulturelle Bedeutung hat. "*Und auch dem Arzt gib Raum ... auch* er ist nötig" (V. 12). Neben die rein religiöse Bekämpfung der Krankheit tritt hier die medizinische Bekämpfung unter dem Leitsatz: "um Leben zu erhalten" (V. 14). Eine religiös eingebettete, zugleich aber selbständige Wissenschaft hat sich etabliert von eigenem gesellschaftlichen Rang, durchaus mit einer säkularen Komponente, die

---

[80] Zu dem Verhältnis zwischen Ärzten und Sklaven und der Frage, wieweit Sklaven selbst in den Arztberuf Eingang finden konnten, vgl. Finley, Sklaverei, 126ff.

[81] Architekt und Baumeister (vgl. u. Kap. VIII).

[82] Hier fehlt der Bildhauer der gr.-hellenist. Welt.

ihre Verteidigung durch den Siraciden notwendig macht. Das Ideal des gesunden Leibes teilt Sirach mit seiner hellenistischen Umgebung[83].

Schließlich ist nach der kulturellen Bedeutung der Frau zu fragen[84]. Hier ist der Siracide gegenüber der Älteren Weisheit eigentümlich farblos, trotzdem aber nicht unergiebig. Auch im Sinne der Älteren Weisheit schätzt Sirach die Frau positiv wie negativ als die entscheidende Grundlage der Familie und des Hauswesens ein, wie aus Kap. 26 hervorgeht. Dabei denkt Sirach aber hier wie auch sonst nicht anschaulich ökonomisch, sondern unanschaulich psychologisch. Glück (V. 1), Wohlergehen (V. 3), Zufriedenheit (V. 4), Heiterkeit (V. 4 - 36, 22): das bringt die gute Frau in die Familie ein.

So lesen wir auch in Kap. 36, 21ff. von der Schönheit (vgl. 26, 16ff.), der Güte und Milde (V. 23) und dem Frieden und der Ruhe (V. 25f.), die eine gute Frau dem Mann schenkt. Die Frau bringt also neben dem ästhetischen Moment vor allem ein seelisches Klima mit sich, sie verbreitet psychische Kultur[85]. Dazu gehört auch ihre Frömmigkeit (26, 23), Klugheit[86] und Zurückhaltung (26, 15. 24). Andere Züge der Frau wie Mannhaftigkeit (28, 15)[87] und Anteilgabe an ihrem Besitz (22, 4)[88] treten demgegenüber ganz zurück.

Diese psychische Kultur ist es gerade, um die sich der Vater der heranwachsenden Jungfrau bemühen muß[89]. Dabei gilt aber, daß die Erziehung der heranwachsenden Tochter schwieriger und lästiger als die des heranwachsenden Sohnes ist. Denn die Sünde steckt seit Eva in der Frau (25, 24), und ihre erotische Schönheit ist in der Wurzel gefahrbringend, so daß nur strengste Erziehung eine solche psychische Kultur der Frau entwickeln kann, wie sie der Siracide von einer guten Frau erwartet. Kap. 25 schildert ausführlich das Gegenbild einer kulturell nicht entwickelten Frau, deren seelische Unerzogenheit dem Ehemann das Leben schwermacht.

An diesem Punkt befindet Sirach sich in einem pädagogischen Dilemma. Einerseits sieht er die Notwendigkeit der Frauenerziehung, die

---

[83] S. o. S. 47. Dazu Marböck, Weisheit, 154ff. Allg. Art. Gesundheit, RAC 10, 902-945 (F. Kudlien; Lit. zur Hygiaia; K. rückt 931 Sirach ebenfalls in die Nähe des griechischen Gesundheitsverständnisses); Art. ὑγιής, ThWNT 8, 308-313 (U. Luck).

[84] Vgl. W. C. Trenchard, Ben Sira's View of Women, Chico Ca., 1982.

[85] Dieser wichtige Aspekt tritt bei der Analyse von C. V. Camp, Understanding a Patriarchy, in: A.-J. Levine (Hg.), "Women Like This", SBL Early Judaism 1, Atlanta 1991, 1-40, ganz zurück.

[86] Die kluge Frau: 7, 19; 22, 4; 25, 8; 26, 13 (vgl. zum Text Sauer 569); 40, 23.

[87] Vgl. die Heldenmutter im 4. Makk. oder Judith.

[88] Der Siracide schätzt aber nicht eine Ehe, in der die Frau den Mann unterhält: 25, 22.

allein dem Mann und dem ganzen Hauswesen dasjenige psycho-kulturelle Niveau ermöglicht, in dem ein Mann wie Sirach leben kann, auf der anderen Seite halten ihn konservative Vorstellungen von der Minderwertigkeit der Frau davon ab, seine Pädagogik an jungen Mädchen konsequent durchzuführen[90].

Schließlich sei nach einer möglichen kulturellen Funktion der Armen, der Witwen und Waisen gefragt. 34, 21 - 35, 20 gibt eine zwar indirekte, aber sehr bedeutsame Antwort auf diese Frage. Das Gebet dieser Gruppen am unteren Ende der sozialen Pyramide dringt zu Gott und weckt seine Vergeltung gegenüber sozialer Gleichgültigkeit oder offenem Unrecht aller der Gruppen und Schichten, die über den Leidenden stehen. Damit erwecken die Armen die guten Taten der Wohlhabenden und fordern sie zur "Kultur des Opfers" heraus[91]. Diese untersten Gruppen der Gesellschaft sind aber selbst nicht in der Lage, aktiv kulturgestaltend zu wirken.

Zusammenfassend muß betont werden, daß Sirach zwar die antagonistischen Kräfte der Gesellschaft seines Volkes mit aller Schärfe sieht. Andererseits ist er ein Vertreter der gemeinantiken Ständeauffassung und ordnet ebenso in gemeinantiker Weise und in einer im Rahmen des zeitgenössischen Judentums souveränen Freiheit den einzelnen gesellschaftlichen Gruppen kulturelle Aufgaben zu, so daß sich durchaus ein Gesamtbild einer reichen kulturellen gesellschaftlichen Welt Jerusalems und Judäas um 200 v. Chr. ergibt.

---

[89] Vgl. oben zur Erziehung der Töchter(Kap. I).

[90] Weiteres in Kap. X.

[91] Vgl. Teil III.

Kapitel 4: Politik und Staat

Aussagen zu diesem Bereich lassen sich aus dem Sirachbuch nur erschließen. Denn Sirach ist am Staat als solchem gar nicht interessiert. Man könnte seinem Buch nicht einmal entnehmen, welche Art des Staatswesens zu seiner Zeit und in seinem Lande herrscht.[1] Auch entwickelt er keine ideale Staatsform wie die griechischen Staatstheoretiker[2].

Trotzdem bildet das Staatswesen praktisch immer den Rahmen seiner Ermahnungen, und sein Ideal, der Weise, ist immer in Beziehung zum Staat, d. h. den staatstragenden Kräften, gesehen.

Zwei Grundeinsichten des Siraciden zur Welt der Politik bilden den Rahmen, in dem sich sein politisches Denken entfaltet. Die erste Einsicht ist zutiefst negativ und spiegelt eine realistische Einschätzung der Verhältnisse in den hellenistischen Königreichen ebenso wie die uralte Einsicht in die leidvolle Geschichte Israels im Alten Orient: "Irdische

---

[1] Allg. Darstellung der Zeit in der Cambridge Ancient History VII, 1, Hg. F. W. Walbank u. a., The Hellenistic World, 1984[2].; P. Klose, Die völkerrechtliche Ordnung der hellenistischen Staatenwelt in der Zeit von 280-168 v. Chr., 1972; E. Will, Histoire politique du monde hellénistique, 2 Bde., Nancy 1979-1982[2]. Zum Hellenismus im Vorderen Orient vgl. den Sammelband Hellenism in the East, Hg. A. Kuhrt und S. Sherwin-White, London 1987, dort bes. F. Millar, The Problem of Hellenistic Syria, 110-133 (Lit.). - CRINT I, 1.2; WHJP I, 6-8; S. Safrai, Das jüdische Volk im Zeitalter des Zweiten Tempels, 1978; H. Jagersma, A History of Israel from Alexander the Great to Bar Kochba, London 1985; CHJ II; weitere Lit.: Maier, ZdT 37ff. 141ff. 146. H. G. Kippenberg, Die vorderasiatischen Erlösungsreligionen im Zusammenhang mit der antiken Stadtherrschaft, stw 917, 1991.

[2] Einführung in die praktischen Perspektiven bei F. Gschnitzer (Hg.), Zur griechischen Staatskunde, 1969; Einführung in die theoretische Diskussion: Art. Staatstheorie, LAW 2875-2880 (E. Mensching); Art. Aristoteles, EPWT 1, 167-176 (P. Janich, K. Lorenz, Lit. zur 'Politik'); T. A. Sinclair, A History of Greek Political Thought, 1968; E. Mayer, Einführung in die antike Staatskunde, 1968; Chr. Meier, Entstehung des Begriffs »Demokratie«, 1970; R. Maurer, Platons »Staat« und die Demokratie, 1970; spezieller: F. Dvornik, Early Christian and Byzantine Political Philosophy I, Washington 1966 (bes. 205-277. 350ff. 357ff.). - Zu Sirachs "Verhältnis zu Volk und Obrigkeit" vgl. das gleichnamige Kap. V bei Middendorp, Stellung, 137ff. M. gibt eine ausführliche und zutreffende Darstellung aller Aussagen Sirachs zu Regierung und Beamtenschaft Jerusalem-Judäas. Er notiert abgewogen Nähe und Unterschiede von griechischer Polis und Sirachs Gemeinwesen (S. 161). Die Entwicklung Jerusalems zu einer hellenistischen Polis schreitet nach M. zu Sirachs Zeit trotz Sirachs konservativer Haltung rasch fort. Seine eigene Weisheitslehre ist dabei nach M. ein progressiver Faktor (S. 162).

Macht (מלכות) wandert von einem Volk zum anderen aufgrund von Gewalttat und Übermut" 10, 8. Wie nahe Sirach hier griechischem Denken ist, zeigt die glatte Übersetzung: ἀδικία für חמס und ὕβρις für גאוה - griechische Schlüsselworte[3]. Die zweite Einsicht ist positiv und zeigt das schon genannte Wirken des guten Herrschers (שר): er schafft den Rahmen für bewohnbare Städte (10, 3). Die Stadt ist die Einheit, in der sich das politische Denken Sirachs abspielt - wieder in struktureller Beziehung zum Griechentum seiner Zeit[4].

König, Fürsten, Herrscher, Obere, Beamte, Richter: diese politischen Begriffe liegen für den Siraciden nahe beieinander[5]. Das bedeutet: hier differenziert er nicht immer, wohl weniger aus mangelnder Sachkenntnis als vielmehr aus mangelndem Interesse. Denn die Welt der Staatsverwaltung ist nicht direkt seine Welt. Wohl aber setzt er als Weiser den Trägern der Staatsverwaltung Aufgaben, indem die Staatsträger auf die Weisen hören sollen: 33, 19; 37, 23; 39, 4ff. usw.[6]. Die Weisen aber belehren die Herrschenden nicht über die Theorien der besten Staatsführung, sondern über ihre innenpolitischen und kulturellen Aufgaben im Rahmen der Stadt Jerusalem[7], so wie es Sirach

---

3 Vgl. Art. חָמָס, ThWAT 2, 1977, 1050-1061 (H. Haag); Art. ἄδικος, ThWNT 1, 150-163 (G. Schrenk) und Art. גָּאָה, ThWAT 1, 1973, 878-884 (D. Kellermann); Art. ὕβρις, ThWNT 8, 295-307 (G. Bertram).

4 Art. עִיר, ThWAT 6, 56-74 (E. Otto, Lit.); Art. Stadt, LAW 2881-2900 (C. Krause); A. Heuß, Stadt und Herrscher des Hellenismus, 1937; V. Ehrenberg, Der Staat der Griechen II, 1965²; A. H. M. Jones, The Cities of the Eastern Roman Provinces, Oxford 1971² (= CERP); ders., The Greek City from Alexander to Justinian, Oxford 1940; spezieller: Schürer II, 95-222, V. Tcherikover, Die hellenistischen Städtegründungen von Alexander dem Gr. bis auf die Römerzeit, Ph S 19, 1, 1927, 1-216; ders. Was Jerusalem a Polis? IEJ 14, 1964, 61-78; Chr. Habicht, Gottmenschentum und griechische Städte, Zet. 14, 1970². A. Kasher, Jews and Hellenistic Cities in Eretz-Israel, Te St An Ju 21, 1990, 14-54. עיר/πόλις bei Sirach: 7, 7; 9, 7. 13; 10, 2. 3; 16, 4; 23, 21; 24, 11; 26, 5; 28, 14; 31, 24; 36, 13 hebr. קריה. 26; 38, 32; 40, 19; 42, 11; 46, 2; 48, 17; 49, 6; 50, 4; 51, 12. Aspekte der Stadt: bewohnbar (10, 3); bevölkert (16, 4); allg. Städtebau (38, 32 Rolle der Handwerker; 40, 19); Stadtbefestigung (48, 17; 50, 4); Stadtvernichtung (28, 14); Stadt als Richtplatz (23, 21); Gerüchte - Stadtgespräche (26, 5; 42, 11); Jerusalem als heilige Stadt und Wohnsitz Gottes (24, 11; 36, 13; 49, 6). - Zur Vorgeschichte der Bildung der Stadtgemeinde Jerusalem z.Zt. der Perserherrschaft vgl. Kippenberg, Erlösungsreligionen, 119ff. 183ff. zur Hellenisierung Jerusalems durch die Anerkennung des Gesetzes des Mose als patrioi nomoi durch Antiochus III. um 200 v. Chr.

5 Vgl. Kap. III.

6 Adressaten: 33, 19: משלי קהל; שרי עם רב; 37, 23: Weise erzeigen sich für ihr Volk als weise; 39, 4: über den Weisen: ἀνὰ μέσον μεγιστάνων ὑπερετήσει καὶ ἔναντι ἡγουμένων ὀφθήσεται. Vgl. bes. die Liste 10, 1-3. 24 (שופט, ראש עיר מלך שר).

7 Zu David vgl. Art. David II, TRE 8, 384-387 (C. Thoma); zu Hiskia Art. Hiskia, TRE 15, 398-404 (S. Herrmann); zu Salomo Art. Σολομών, ThWNT 7, 459-465 (E. Lohse).

selbst exemplarisch in den Kapiteln über die "berühmten Männer" tut[8]. David, Salomo und Hiskia stellen den Spiegel des Idealherrschers dar. David (47, 2ff.) schuf Israel die Rahmenbedingungen seiner religiösen Kultur mit Musik und schönen Festen (47, 8-10). Salomo fügte die Bautätigkeit (47, 13), Weisheit (14ff.), Frieden (16) und Reichtum (18) hinzu. Hiskia mehrte die öffentliche Bautätigkeit mit Stadtbefestigung und Zisternenbau (48, 17). Der Bau des Zweiten Tempels (49, 12f.) führte diese Linie nach dem Exil fort, und der Hohepriester Simon (50, 1-4) faßt zu Sirachs Lebzeiten alle diese Linien staatlicher Innen- und Kulturpolitik zusammen, wenn er die Stadt befestigt, Zisternen anlegt und die Schönheit der religiösen Feste verkörpert. Die großen öffentlichen Aufgaben stellen also den kulturellen Auftrag der Herrscher dar, die sich damit direkt an das Vorbild halten, das Gott selbst als der eigentliche Erbauer von Stadt und Tempel gibt: 51, 12g, wie er ja auch in seiner heiligen Stadt Jerusalem wohnt (36, 13). Faktisch ist für Sirach Politik Stadtpolitik[9]. Der Rahmen der internationalen Politik bleibt schemenhaft. Dabei ist die Stadt aber nicht altgriechische Polis, sondern Tempelstadt vorderorientalischer Prägung[10]. Hier spielt sich Israels gesellschaftliches und kulturelles Leben ab.

Nun gehört zur politischen Kultur ein weiterer Aspekt: derjenige des Herrscherverhaltens einerseits und des Verhaltens des Volkes andererseits. Hier sind die Aussagen des Siraciden über die Rolle des Volkes, der Volksversammlung, der Stadtbewohner, des Rates und der Gemeinde heranzuziehen.

Israel ist Gottes geliebtes Volk, das Volk Israel[11] wird nicht zugrunde gehen (37, 25 ישראל עם; 17, 17 ἔθνος Ισραηλ). Ratgeber für Israel zu

---

[8] Vgl. dazu unten S. 274ff.

[9] Ähnlich urteilt Middendorp, 161f. Die Unterschiede, die M. zwischen Jerusalem und der griechischen Polis aufführt (Anwesenheit königlicher Beamter, Gesetz des Mose und Autonomie des Hohepriesters, fehlende Handelsvorteile, Fehlen von Gymnasien und Ephebeion, Klassenunterschiede), sind unterschiedlich zu bewerten. Das Gesetz des Mose als patrios nomos ist eher Polis-Merkmal als das Gegenteil. Dennoch bleibt das kritische Urteil von E. Otto, ThWAT 6, 74 auch für Sirach im Recht, wenn Otto bezüglich der LXX schreibt: "Die Entpolitisierung des Polis-Gedankens ... ist ... als Ausdruck ... der geringen politischen Wirksamkeit des Polis-Gedankens nicht nur in Judäa, sondern auch im ptolemäischen Kernland Ägypten zu deuten." Auch Sirachs Stadtbegriff ist letztlich kulturell, nicht politisch gefüllt.

[10] Vgl. auch M. Stern, in: H. H. Ben-Sasson (Hg.), Geschichte des jüdischen Volkes I, 238.

[11] Vgl. Art. עַם, ThWAT 6, 1989, 177-194 (E. Lipinski); Art. יִשְׂרָאֵל, ThWAT 3, 1982, 986-1012 (H.-J. Zobel); Art. Israel II, TRE 16, 1987, 379-383 (C. Thoma). עם, λαός begegnet sehr häufig bei Sirach. Vgl. dazu Middendorp, Stellung, 167: "עם bezeichnet oft das Volk der Juden im Sinne einer politischen Körperschaft entsprechend dem Demos griechischer Städte." Das Volk ist Gottes Volk und als solches klar von den גוים (ἔθνη)

sein bedeutet höchsten Ruhm (37, 23-26). Deshalb soll auch der Weise von den Gemeindevorstehern gehört werden (33, 19), während die Handwerker, da sie weder politisch noch juristisch gebildet sind, in der Gemeinde (βουλὴ λαοῦ) und in der Volksversammlung (ἐκκλησία) nicht befragt werden (38, 32f.). Die Gemeinde[12] hat hohen Wert, denn sie ist das Abbild der himmlichen ἐκκλησία ὑψίστου, d. h. Gottes (24, 1 und 2). Daher ist dem Siraciden Aufruhr verhaßt (16, 4ff.). Schon jeder Auflauf, ja die Menge selbst, ist ihm bedenklich oder gar verhaßt (z. B. 26, 5 διαβολὴ πόλεως und ἐκκλησία ὄχλου). Hier wird die Gefahr einer Ochlokratie in der Polis im Sinne von Polybios beschworen.[13] Die Gemeinde ist der juristische (7, 7; 23, 24), moralische (41, 18) und gesellschaftliche (4, 7; 31,11) Rahmen für das Leben des Einzelnen. Diese hervorragende öffentliche Bedeutung der Gemeinde verpflichtet zur Solidarität, zu hohem Respekt vor den Ältesten (32, 9 זְקַן; 25, 4f. πρεσβύτερος) und zu einer allgemeinen Kultur der Rationalität, Besonnenheit und Abgewogenheit des Urteils, weiterhin der Unterordnung unter die aristokratischen Versammlungsleiter. Respekt, Disziplin, Solidarität: darin erschöpft sich nun aber für Sirach der politisch wertvolle psychologisch-kulturelle Beitrag des Volkes (עַם) im Ganzen.

Andererseits sind das Stadtoberhaupt[14], der König oder die "Fürsten"[15] das Vorbild und der Garant einer Stadt, so daß sich eine Reihe von Gott (10, 5) über die Fürsten bis zum Volk ergibt[16]. Klugheit, Verständigkeit, Rechtlichkeit sind die erzieherisch wirksamen Faktoren guter Führer (10, 1-3). In der Person des Hohenpriesters (Kap. 45 und 50) verbinden sich diese Leitungsqualitäten derart, daß er zugleich Maßstab und Inbegriff religiöser, ästhetischer, öffentlicher und juristischer Kultur ist.

Sirach versteht von seinem eigenen Erziehungsauftrag her das Staatswesen und die Aufgaben seiner Leiter nicht politisch, sondern ethisch. Eine eigentlich politische Kultur im Sinne der hellenistischen Monar-

---

unterschieden: z. B. 10, 8; 50, 25. Das Volk Israel hat durchaus eine politische Bedeutung: 41, 18 man soll sich schämen מֵעֵדָה וְעַם עַל פֶּשַׁע.

[12] קהל übs. mit ἐκκλησία, עדה übs. mit συναγωγή (πλῆθος, λαοί). Vgl. dazu Middendorp, Stellung, 158ff. Dabei bezeichnet קהל eher die Ratsversammlung als Vertretung des Volkes, עדה weniger spezifisch auch andere Versammlungen. Vgl. Art. קָהָל, ThWAT 6, 1204-1222 (F.-L. Hossfeld, E.-M. Kindl, H.-J. Fabry; 1219 zu Sirach); Art. καλέω κτλ., ἐκκλησία, ThWNT 3, 502-539 (K. L. Schmidt); W. Schrage, 'Ekklesia' und 'Synagoge', ZThK 60, 1963, 178-202; K. Berger, Volksversammlung und Gemeinde Gottes, ZThK 73, 1976, 167-207.

[13] Polybios Hist VI, 3ff. - Auch an diesem Punkt ist auffallend, wie nahe die übersetzende Terminologie des Enkels öfter griechischen philosophischen Begriffen kommt.

[14] Dazu Habicht, Gottmenschentum (o. Anm. 4).

[15] Dazu S. Safrai, Das jüdische Volk in Zeitalter des Zweiten Tempels, 62.

[16] Vgl. dazu B. J. Malina, Die Welt des Neuen Testaments, 1993, 108, der das vertikale Staatsgefüge der mediterranen Welt des 1. Jh.s n. Chr. darstellt.

chie[17] oder der hellenistischen πόλις[18] gibt es bei Sirach nicht. Gerade die innenpolitischen Aufgaben der πόλις und die Bedeutung der Versammlung des Volkes von Jerusalem[19] treten für Sirach ganz hinter der Person des Hohenpriesters zurück. Eine Theorie der Macht und der verschiedenen Formen der Machtverteilung innerhalb des Staatswesens sowie Anweisungen zur Bürokratie des Verwaltungswesens finden sich bei Sirach nicht.

Die Rolle des Weisen in dieser so sehr spezifisch verstandenen öffentlichen Kultur ist die eines Mahners und Ratgebers. Die Kultur des Rates reicht also weit über die individuelle Erziehungsarbeit des Weisen hinaus und stellt ihn ins Zentrum des Staatswesens, so wie er es versteht. Diese Kultur des Rates bildet den eigentlichen Beitrag des Denkers Jesus Sirach zur öffentlichen Kultur[20]. Sirach denkt weder über eine allgemeine politische Kultur der Stadt noch etwa über eine politische Kultur der ländlichen Bevölkerung nach.

Damit bleibt Sirach äußerlich in konservativer Manier dem vorexilischen Weisen als dem Ratgeber verbunden. In Wirklichkeit aber verändert und verselbständigt sich die von ihm gepflegte und gelebte Ratskultur, da sie nicht mehr auf eine klar definierte politische Leitungsinstitution bezogen ist. Der politische Platz bleibt weitgehend unbesetzt. Hier entsteht ein Vakuum, in das im 2. und 1. Jh. v. Chr. neue Kräfte eindringen werden[21].

---

[17] E. R. Goodenough, The political philosophy of Hellenistic kingship, YCS 1, 1928, 55-102; L. Cerfaux - J. Tondrian, Le culte des souverains, 1957; F. Taeger, Charisma I, 1957; K. W. Weevel, Könige und Königtum im Urteil des Polybius, Diss. Köln 1963.

[18] Vgl. dazu auch C. Préaux, Le monde hellénistique I, Paris 1978.

[19] Vgl. Ben-Sasson, Geschichte, 231-248 (M. Stern).

[20] Vgl. dazu unten: Kap. X.

[21] Vgl. dazu z.B. die Darstellung bei Kippenberg, Erlösungsreligionen, 255ff. (zu den Essenern) und 297ff. (zu den ersten Christen).

Kapitel 5: Recht

Der Stand der Richter[1] genießt seit dem Alten Israel hohes Ansehen. Als Esra die Heimkehr der Juden nach Jerusalem organisiert, setzt er auch "Richter für das ganze Volk ein" (Esra 7, 25)[2]. Er selbst ist "Schreiber", d. h. auch Rechtskundiger, und Priester. Bald schiebt sich neben den Stand der Laienrichter und den klassischen Stand der Gesetzeskundigen, nämlich die Priester, ein neuer Typus, der Schriftgelehrte (γραμματεύς)[3], der sowohl das Recht studiert als auch selbst Priester werden kann. Laienrichter wie Priester treten dann im Lauf der Jahrhunderte in den Hintergrund. Die Entwicklung im Recht führt zu der hochdifferenzierten Rechtskultur des talmudischen Judentums. Im Talmud selbst nehmen juristische Themen einen bedeutenden Platz ein[4].

An welchem Platz in dieser Entwicklung steht der Siracide? Welche Rolle spielen das juristische Denken und das richterliche Handeln für den Weisen? Was trägt er selbst zu diesem Thema bei? Welche Bedeutung mißt er dem Recht in seinem Bild der jüdischen Kultur zu? Und welche kulturelle Funktion hat das Recht in Sirachs kulturellem Umfeld?

---

[1] H. Zucker, Studien zur jüdischen Selbstverwaltung in der Antike, 1936, 7ff. H. Niehr, Rechtsprechung in Israel, SBS 130, 1987, 94ff.: Richter in Israel seit Josia.

[2] Ebd. 20f. - Allg. dazu: Art. Esra/Esraschriften, TRE 10, 374-386 (M. Saebø); A. H. J. Gunneweg, Esra, 1985 (KAT 19/1); ders., Nehemia, 1987 (KAT 19/2); H. G. M. Williamson, Ezra and Nehemiah, Sheffield 1987; J. Becker, Esra - Nehemia, 1990 (NEBAT 25).Zu den Rechtsverhältnissen unter und nach Esra Niehr, 101ff.: Bedeutung der Priester als Richter in den ersten Jhh. des Zweiten Tempels.

[3] Zucker, Selbstverwaltung, 39; V. Tcherikover, Hellenistic Civilization and the Jews, New York 1970[2], 124f. (bes. Betonung der Ablösung der Priester als Schriftverständige durch die Schriftgelehrten); G. Stemberger, Das klassische Judentum, 1979, 69ff.; Hengel, Judentum, 143ff. Bes. wichtig ist der Beitrag von E. Bickerman, The Jews in the Greek Age, Cambridge/Mass., 1988, "Scribes and Sages", 161-176. B. entwirft ein deutliches Bild von der Abfolge: Priester - Gesetzeskundiger - Sofer (in beiden Teilen tätig) / νομικός / γραμματεύς (Gegensatz: Rabbi). Er akzentuiert das Selbstverständnis Sirachs als eines Intellektuellen (166). Der Sofer rückt hier an den philosophos heran. B. hat sicher auch Recht, wenn er Sirachs Identifikation von Tora und Weisheit als den Beginn der Toraerziehung in Israel versteht (S. 169f.). Er betont selbst, daß hiermit eine lange Entwicklung einsetzte, die zu den Rabbinen führte. Zu Sirachs eigener Zeit war diese Entwicklung noch gar nicht abzusehen (S. 174). Und auf keinen Fall trat Sirach selbst schon als Rechtslehrer auf. Er blieb Weisheitslehrer.

[4] Mischna IV Neziqin, bes. IV, 4 Sanhedrin, Hg. S. Krauß, Die Mischna, Sanhedrin. Makkot, 1933 (bes. Einleitung, 19-22: Das Synedrion als geschichtliche Erscheinung).

In zwei Schritten sollen diese Fragen geklärt werden. Erstens fragen wir nach dem Bild, das das Buch Jesus Sirach vom Rechtswesen seiner Zeit zeichnet (1.). Zweitens werden die juristischen Themen untersucht, die Sirach berührt (2.).

1.

Über die Tätigkeit der Richter und der Gerichte[5] handelt Sirach immer nur im Vorübergehen. Der eigentliche Träger der Justiz ist der Richter (שפט), der mit den "Großen" und "Mächtigen" zusammen genannt wird (10, 24 ושופט מושל [נדיב]), d. h. den Oberschichten angehört. Dies gilt allerdings vielleicht nur für die Richter der hohen Gerichte in Jerusalem, nicht so sehr für die lokalen Richter. Der Richter steht für Sirach rangmäßig neben dem Stadtoberhaupt, dem Fürsten oder dem König (10, 1. 2 ראש עיר, מלך, שר), ohne daß dies eine politisch-verwaltungsbezogene Aussage wäre. Ihrem sozialen Rang entsprechend werden die Richter "geehrt נכבדו" (10, 24). Auch der "Richterstuhl δίφρος δικαστοῦ" (38, 33) wird geschätzt wie die anderen leitenden Ämter der Gemeinde. Die Begründung für den hohen gesellschaftlichen Rang der Richter liegt in der fraglos anerkannten zentralen Bedeutung des Rechts für die Volksgemeinschaft. Gerade der Weise, und d.h. auch jenes Publikum, das der Siracide anspricht, ist zum "Tun des Gesetzes" verpflichtet (19, 20; 33, 2 und öfter). Gott ist der erste und höchste Gesetzgeber (17, 12), die Lebensgestaltung Israels ist an Gottes Gesetze gebunden (17,

---

[5] Dazu allg. de Vaux Lebensordnungen I, 230-263; bes. Z. W. Falk, Introduction to Jewish Law of the Second Commonwealth I, Leiden 1972; II, Leiden 1978; weiter: Art. Gerichtsbarkeit, RAC 10, 360-492 (G. Thür, P. E. Pieler); Art. συνέδριον, ThWNT 7, 858-869 (E. Lohse); Art. Bet Din and Judges, EJ 4, 719-724 (H. H. Cohn); Art. Law and Morality, EJ 10, 1480-1484 (S. Berman); R. Marcus, Law in the Apocrypha, 1927; S. B. Hoenig, The Great Sanhedrin, Philadelphia 1953; J. D. M. Derrett, Law in the NT, London 1970; S. Safrai, Jewish Self-Government, CRINT I, 1, 377-419; Z. W. Falk, H. J. Wolff, Private Law, ebd., 504-560; B. S. Jackson, The Concept of Religious Law in Judaism, ANRW II, 19, 1, 33-52; J. Blenkinsopp, Wisdom and Law in the Old Testament, Oxford 1983; E. J. Schnabel, Law and Wisdom from Ben Sira to Paul, 1983 (16-92 zu Sirach; Sch. versteht das Gesetz von vornherein theologisch, nicht juridisch; für Sirach betont auch die ethische und didaktische Dimension des Gesetzes, S. 89; so auch J. Thomas, Der jüdische Phokylides, NTOA 23, 1992, 48f.: Unterschied zwischen Sirach und PsPhok, der direkt Torarecht lehrt). Zum Richter bei Sirach (שופט) vgl. Middendorp, Stellung, 150f. (an der niedrigen Gerichtsbarkeit waren die Weisen, d.h. Sirachs Schüler, beteiligt; "die höhere Gerichtsbarkeit lag wohl bei dem נשיא, wahrscheinlich war dies der Hohepriester ex officio", assistiert von einem königlichen Beamten ...; Ehebruch wurde nach der Tora durch den קהל gerichtet, S. 160f., Zitat S. 161). - Allg. Hintergrund: D. Patrick, Old Testament Law, Atlanta 1985; H. Niehr, Rechtsprechung in Israel, SBSt 130, 1987 (Lit.).

14). Die Tora[6] ist die Grundlage des gesamten Rechtsdenkens des Siraciden. Die Einhaltung des Rechtes ist nicht allein die Pflicht des Weisen.
Jeder Jude ist dazu verpflichtet. Wer das Gesetz übertritt, soll sich vor
der Gemeinschaft schämen (41, 18 מעדה ועם על פשע). Das Gesetz
stellt den sozialen Grundkonsens dar.

Wenn man aber von hier aus eine breite Rechtsdiskussion im Sinne
der Schriftgelehrsamkeit bei Jesus Sirach sucht, geht man fast gänzlich
leer aus. Zwar wird der Weise einmal סופר genannt (38, 24 LXX:
γραμματεύς) genannt, aber die LXX-Übersetzung γραμματεύς[7] meint
bei Sirach noch nicht den Stand der "Schriftgelehrsamkeit" makkabäi-
scher und römischer Zeit[8]. Der "Weise" hält eine gewisse Distanz zum
praktischen Rechtsgeschehen seiner Umgebung, die bemerkenswert ist.
Zwar soll er sich um das Recht kümmern (4, 9) und hat mit Richtern zu
tun, so daß er vor Gemeinschaft mit ungerecht Richtenden gewarnt wird
(4, 27). Er soll auch "bis zum Tode für die Gerechtigkeit streiten" (4, 28)
und sich selbst von juridischer Schuld freihalten (7, 7). Aber doch bleibt
die Welt des Richters eine dem Weisen letztlich verschlossene Welt, auf
die er oft keinen Einfluß hat (8, 14) und die er daher mit Skepsis betrachtet[9]. Falls Sirach 7, 6 mit LXX "Richter" statt "Herrscher" zu lesen
wäre[10], müßte man die Distanz Sirachs zum Richterstand noch deutlicher hervorheben. Der Weise steht jedenfalls dem öffentlichen Amt

---

[6] Vgl. die große Einführung von F. Crüsemann, Die Tora 1992. Wichtig ist hier C.s
Hinweis auf die thematische Breite der Tora, die auch "moralisch-ethische Normen"
umfaßt, "wie sie etwa in weisheitlichen Sentenzensammlungen zu finden sind" (S. 18).
D.h. das israelitische Recht hat eine Öffnung hin zu moralischen Fragestellungen weisheitlicher Prägung.

[7] γραμματεύς auch Sir 10, 5 (dort hebr. מחוקק). Gammie betont die Bedeutung dieses
Abschnittes für Sirachs Verständnis des Schreibers, der zugleich Richter sei (Gammie in:
The Sage, 366ff.). Aber der Text 10, 1-5 spricht nur von vergleichbaren Leitungs-
funktionen von Richtern, Stadtoberhäuptern, König, Prinzen und Schreiber, nicht von
Identifikationen. M. E. rückt G. Sirach zu nahe an die Richter heran.

[8] Schürer II, 373f. versteht den סופר, γραμματεύς Sir 38, 24 schon als den selbständigen Stand des Schriftgelehrten späterer Zeit. Bei Sirach ist aber der σοφός (39, 1) gemeint, der auch einmal "Schreiber" genannt werden kann. Vgl. dazu die grundsätzlichen
Bemerkungen zum Umgang mit griech. Vokabeln im Zusammenhang mit jüd. Einrichtungen von V. Tcherikover, Was Jerusalem a Polis? IEJ 14, 1964, 61-78, bes. S. 74. -
Zu den Soferim des Zweiten Tempels vgl. allg. den Art. Soferim, EJ 15, 79-81 (Y. D. Gi-
lat): hier wird die Diskussion um die Soferim kurz zusammengefaßt: a) Gesetzeslehrer in
allg. Weise, b) Gründer der Großen Synagoge (ahistorisch); Sir 39, 1-11 wird als Zeugnis
für "the honorable status of the scribe" verstanden (80), wobei es sich um den Weisen
handelt: "The designation scribes is equivalent to sages and elders" (ebd.).

[9] Vgl. die entsprechende Haltung Jesu Luk 12, 14; dazu Derrett, Law, 159 Anm. 4. Leider geht D. nicht weiter auf diese wichtige Linie ein.

[10] So Falk, Introduction, 90; vgl. Sauer 522: H^A hat מושל, fehlt in H^C. LXX übersetzt
κριτής. Skehan - di Lella liest ebenfalls 'Richter'.

des Richters ebenso vorsichtig distanziert gegenüber wie den politischen Amtsträgern. Wichtig ist die negative Reihe in Kap. 8, wo der Richter Vers 14 neben dem Mächtigen, dem Reichen, dem Spötter, dem Frevler, dem Tollkühnen, dem Jähzornigen, schließlich auch dem Toren und dem Fremden steht.

So fällt auch die grundsätzliche Rechtfertigung der Strafjustiz: Schäme dich nicht "der Rechtsprechung, die den Bösen aburteilt" (42, 2) eher schwach aus[11], und die beiden Grundsätze der siracidischen Rechtskultur: auf Rache zu verzichten und dem Nächsten sein Unrecht zu vergeben (28, 1. 2), fallen in den Bereich der Ethik, nicht der Justiz. Der Kern der siracidischen Rechtskultur ist rein ethisch geprägt. Nicht konkrete Verhaltensformen in bestimmten Rechtsfällen interessieren den Siraciden und schon gar nicht juristisch differenzierende und nach Umständen urteilende Tora auslegung. Der Siracide ist im Gegenteil an generellen menschlichen Haltungen und ethischen Grundstimmungen wie der Vergebung interessiert.

2.

Umso aufschlußreicher könnte das Gefüge derjenigen juristischen Themen sein, denen er einige Aufmerksamkeit widmet. Es sind dies die klassischen jüdischen Themen des Ehebruchs (23, 22ff.), des Schwörens (23, 11 und öfter), der Scheidung (z. B. 25, 25-26), der Bürgschaft bzw. des Leihens (8, 12f.), weiter des Sklavenrechts (z. B. 7, 21 und öfter), rechtliche Belange des Kaufmanns (26, 29 - 27, 2), Erbschaft (42, 3), Elterngebot - Recht der Mutter (3, 2) und Blutschuld (8, 16)[12].

Diese Themen zeigen, daß der Weise nicht in einer realitätsfernen Welt zuhause ist. Die Welt des Rechts, sowohl positiv als Gesetzesbefolgung wie negativ als Strafverfolgung verstanden, bildet trotz aller intellektuell-ethischen Distanz den realen Rahmen des Lebens in der Gemeinschaft wie des Lebens vor Gott: jener beiden Pole jüdischen

---

[11] Vgl. die vergleichsweise unbedeutende Rolle, die Mose neben Aaron spielt: 45, 5 und 45, 17. Dazu Tcherikover, Civilization, 145.

[12] Vgl. allg. zu diesen Themen bei Sirach Tcherikover, Civilization, 149, der hier zurecht "the new free spirit which had begun to move among the Jews, and the broad horizons which are opening before the private initiative of active men" an diesen Punkten diagnostiziert. - Die einzelnen Themen:

Depositrecht Talmud IV 2, III; Handelsrecht IV 2, IV-V; IV 3, III-V (Falk, Law II, 184ff.); Ehebruch III, 5 (Falk II, 293f.); Prügelstrafe IV, 5 (Falk II, 157ff.); Schwören IV, 6 (Falk I, 129ff.); Bürgschaft und Leihen (Falk II, 217ff., Lit. Anm. 5); Sklavenrecht (Falk II, 263ff.); Scheidung (Falk II, 307ff.); Erbschaft (Falk II, 332ff.).

Rechts[13]. Es ist nun zu fragen, wie Sirach die einzelnen Themen des Rechts behandelt.

Ehebruch[14] wird im Dekalog als grundlegender Rechtsverstoß gekennzeichnet[15], der die Todesstrafe nach sich zieht. Die Mischna hat als Todesart die Strafe des Erdrosselns dafür festgesetzt[16], nachdem die ältere Strafe der Steinigung[17] abgekommen war. Nun setzt zwar Sirach den Tod der Ehebrecherin voraus[18]. An der Urteilsfindung und der Art der Strafe ist er aber gänzlich uninteressiert. Ihm geht es nur um die ethisch-pädagogischen Implikationen eines solchen Rechtsfalls: ihre Kinder haben ein trauriges Los (23, 24-26). Darauf deutlich hinzuweisen, ist für Sirach eine pädagogische Pflicht, denn ein solcher trauriger Rechtsfall hilft zur "Erkenntnis der Furcht des Herrn" (23, 27): jenem Ziel, das Sirach das höchste von allen ist (vgl. Kap. 1). Ein Dekaloggebot, das leicht die Möglichkeit zu einer präzisen juristischen Aussage gab (so z. B. Jubiläen 30, 8 und Joh 8, 5), bietet Sirach die Gelegenheit zu ethisch-pädagogisch-religiöser Belehrung[19].

In den Dekalogbereich gehört auch der *Schwur*[20]. Wenn Sirach wiederholt von dem Schwören warnt (bes. 23, 11ff.), so befindet er sich im Zusammenhang einer ethischen Toraauslegung, für die wieder Philo das

---

[13] Vgl. Falk II, 154.

[14] Vgl. Art. Ehebruch, NBL 1, 1991, 479-481 (E. S. Gerstenberger); Art. Ehebruch, RAC 5, 666-677 (G. Delling)

[15] Dazu Philo, De decalogo 121-131. Allg. Art. Dekalog I, TRE 8, 408-413 (L. Perlitt); Art. Dekalog II, ebd., 413-415 (J. Magenet); Art. Dekalog, NBL 1, 1991, 400-405 (F. L. Hossfeld, K. Berger).

[16] Vgl. Str-B II, 519f.

[17] Dazu bes. J. Blinzler, Die Strafe für Ehebruch in Bibel und Halacha, NTS 4, 1957/58, 32-47 (Lit.).

[18] Dies unterscheidet ihn grundsätzlich von der ebenfalls ethisch argumentierenden Ehebrecherin-Perikope Joh 7, 35 - 8, 11.

[19] Vgl. Philos Auslegung, dem ebenfalls an dem Schicksal der Kinder einer Ehebrecherin gelegen ist. Philos Auslegetendenz legt aber das Hauptgewicht auf die psychologischen Aspekte. - Die Tendenz Sirachs ist so eindeutig nichtjuristisch, daß Falks Inanspruchnahme von Sir 23, 24ff. für das "Recht" des Zweiten Tempels (Falk II, 293f.) zu bestreiten ist. Sir 23, 24ff. ist keine Rechtsquelle. - Joh 8 geht in eine andere Richtung als Sir und Philo: das Recht wird durch die Vergebung außer Kraft gesetzt. - Zu den Dekaloggeboten gehört auch das Elterngebot (vgl. dazu die breiten Ausführungen Philo Decal 106ff.), das Sirach ganz an den Anfang seiner Ermahnungen stellt, gleichsam als ethische Grundlage: 3, 1ff. Sirach entnimmt dem Gebot keine juristischen Aspekte, vielmehr ist es für ihn das pädagogische Grundgebot, auf dem seine ganze Erziehungsarbeit aufruht.

[20] Quellen: Str-B I, 321ff.; weiteres bei K. Berger, Die Gesetzesauslegung Jesu I, 1972 (Material); G. Strecker, Die Bergpredigt, 1984, 80-84 (Lit.) und bei der Auslegung der Antithesen der Bergpredigt, bes. bei U. Luz, Das Evangelium nach Matthäus 1, 1985 (EKK I, 1), 260ff. zu Ehebruch, Ehescheidung und Schwören.

deutlichste Beispiel bietet (Decal 82ff.)[21]. Jesus fordert dann in der Bergpredigt dasjenige, was Philo nur wünscht: den völligen Verzicht auf den Schwur[22]. Allerdings finden wir auch hier bei Sirach kein juristisches Verständnis des Schwures oder Eides wie in der Mischna[23]. Vielmehr gehört er für Sirach zur nachträglich sog. "Zucht des Mundes"[24], also wieder nicht in den gerichtlichen, sondern in den ethisch-pädagogischen Bereich.

Die *Ehescheidung*[25] empfiehlt Sirach im Sinne allgemeiner jüdischer Tora-Auslegung 25, 25f., wenn eine Frau "schlecht" ist und sich vom Manne nicht leiten läßt. Sirach benutzt hier eine juristische Möglichkeit zur Formulierung einer knappen ethischen Sentenz. G 248 fügt noch den Scheidungsbrief hinzu.

Mit den Gebieten des *Leihens bzw. der Bürgschaft*, dem Handelsrecht, Erbschaftsrecht und Sklavenrecht äußert Sirach sich nun aber auch zu eher technischen juristischen Themen. Das depositum[26] soll gezählt werden (42, 7), dem Mächtigen soll man nicht leihen (8, 12), im Sinne der älteren Weisheit (Spr 6, 1 u. ö.) auch nicht für ihn Bürgschaft leisten (8, 13).

Die beiden letzten Sätze zeigen deutlich die schon oben genannte Skepsis gegenüber den Gerichten seiner Zeit. Er rechnet nicht damit, daß der Ärmere gegen den Reicheren einen Prozeß gewinnen könnte, und spricht deutlich aus, daß er die Richter nicht für objektiv hält (8, 14). Deshalb gibt er seinerseits für diese Gebiete Klugheitsregeln, um juristische Verwicklungen zu vermeiden.

Dieselbe grundsätzliche Skepsis läßt Sirach auch auf dem Gebiet des *Handelsrechts* walten. Er geht davon aus, daß hier Gesetzesverstöße unvermeidlich sind (26, 25 bis 27, 2), und macht sich ganz im Gegensatz zur Mischna erst gar nicht die Mühe, hier in Einzelheiten zu gehen[27].

---

[21] Material bei Falk, Law I, 131.

[22] Philo Decal 84, Mt 5, 34.

[23] Dazu bes. Str-B I, 321 mit den entsprechenden Strafen.

[24] Viele LXX-Hss haben vor 23, 7 einen griechischen Zwischentitel: παιδεια στοματος. Vgl. Skehan - di Lella, 322f. Die aus V. 7a abgeleitete sekundäre Überschrift trifft Sirachs Intention.

[25] Vgl. dazu Str-B I, 303ff.; Art. Ehescheidung, NBL 1, 1991, 483ff. (W. Kirchschläger); Art. Ehescheidung, RAC 4, 707-719 (G. Delling); Art. Ehe/Eherecht/Ehescheidung II, TRE 9, 311-313 (J. Scharbert); Strecker, Bergpredigt, 75-80 (Lit.). Weitere Lit. bei J. D. M. Derrett, Law in the NT, 370 Anm. 3.

[26] Zum Text vgl. oben Seite 46 Anm. 48. - Vgl. auch Art. Depositum, RAC 3, 778-784 (J. Ranft); Falk, Law II, 217, Anm. 5. Bürge: de Vaux, Lebensordnungen I, 278f.; Art. Bürge, BHH I, 289f. (L. Delekat); Art. עָרַב, ThWAT 6, 1989, 349-355 (E. Lipinski).

[27] Einzige Ausnahme: 42, 4. Vgl. zum jüdischen Handelsrecht TÖ I, 198ff.

Realismus zeigt er beim Thema des *Vermögens und der Erbschaft*[28]. Allgemein schätzt Sirach die Bedeutung des Erbes hoch ein (9, 6). Die Verteilung des Erbes soll gerecht sein (42, 3). Dies wird besonders eingeschärft. Wenn Sirach sagt: "Du sollst keine Rücksicht nehmen" 42, 1, dann setzt er für diesen Bereich ebenso wie für die gesamte Rechtssprechung, den Bereich der Finanzen und des Kaufes seine eigentlichen ethischen Maximen des Mitleids und der Demut außer Kraft. In der Welt des Rechts und des Geldes gelten also andere Gesetze als die ethischen Regeln Sirachs. Er rechtet nicht deswegen, sondern erkennt diesen Umstand an, ohne sich um eine theoretische oder praktische Vermittlung zwischen beiden Bereichen zu bemühen[29].

Sirachs Äußerungen zum Sklavenrecht[30] bleiben ganz im Rahmen der Zeit: der jüdische wie der nichtjüdische Sklave konnte freigelassen werden, was auch in der Tat öfter vorkam[31]. Wieder ist eine juristische Möglichkeit in eine ethische Regel umgeformt.

Sirach selbst gibt also nirgendwo eine eigentliche Rechtsbelehrung, da diese nicht seine Aufgabe ist, aber er gibt einige ethische Sondermahnungen, die für diesen Bereich seiner Meinung nach passend sind. Dadurch aber, daß er das Recht im 42. Kapitel neben Finanzen, Erbe und Handel stellt, zeigt er, daß er noch keine eigentliche Rechtskultur im späteren talmudischen Sinne kennt. Das Recht ist für ihn ein notwendiger Teil des äußeren Lebens, den der Weise möglichst meidet, sich ihm gegenüber aber, wenn er mit ihm in Berührung kommt, so klug und realistisch wie möglich verhält, ohne auf den Gedanken zu kommen, es selbst mitzugestalten.

Zusammenfassend ergibt sich, daß wir von einer "Rechtskultur" im eigentlichen Sinne im Denken Jesus Sirachs noch nicht sprechen können. Er gibt uns auch keine Hinweise darauf, daß es zu seiner Zeit in Israel eine solche Größe gegeben habe. Ob Sirach diesen Bereich, der mindestens im statu nascendi vorhanden sein mußte, ausblendete oder gar nicht wahrnahm, läßt sich nicht entscheiden. Hier gilt das Gleiche wie

---

[28] Vgl. 9, 6; 22, 4. 23; 42, 3. Krauss, TA II, 53; CRINT I, 1, 518ff.; Art. Erbe/Erben, NBL 1, 1991, 555-558 (E. Bons, R. Kampling); Art. יָרַשׁ, ThWAT 3, 1982, 953-985 (N. Lohfink).

[29] Insofern muß auch hier Falks Methode kritisiert werden, der Sirach als Rechtsquelle zitiert. Im strengen Sinn begegnet im Sirachbuch kein einziger Rechtssatz. Der grundsätzliche Unterschied zur Mischna darf nicht verwischt werden.

[30] Juristisch: Str-B IV, 2, 698-744. CRINT I, 1, 509ff.; TÖ I, 69ff. Spezielles: E. E. Urbach, The Laws Regarding Slavery as a Source for Social History of the Period of the Second Temple, the Mischna and Talmud, in: Papers of the Institute of Jewish Studies London 1, 1964, 1-94; S. Zeitlin, Slavery during the Second Commonwealth and the Tannaitic Period, JQR 53, 1962/3, 185-218.

[31] Vgl. die ausführlichen Belege bei Str-B IV, 2, 698-744.

für die politische Großlage, für die Entstehung der Synagoge und der Schulen: Sirachs konservative Weltsicht nimmt diese "modernen" Tendenzen nicht wahr, da er traditionell denkt. In Bezug auf das Recht heißt dies: Sirach sieht keine eigentliche geistige, pädagogische, moralische oder theologische Ordnungs- und Weisungskraft im Recht, seinen Vorschriften und seinem Vollzug. Das Recht und seine Handhabung bilden zwar den gottgewollten und staatlich garantierten Rahmen des Lebens in Israel. Aber weisende und ordnende Kraft geht von der *ethischen* Lehre der Weisen aus. Die Weisen lesen das Gesetz des Herrn, aber sie legen es nicht juristisch, sondern ethisch aus. Der Bereich der juristischen Gesetzesauslegung ist den Weisen ebenso fremd wie die Politik und für ihre Zöglinge unerheblich.

Eine Verbindung zwischen dem Gesetz als Quelle ethischer Reflexion und Weisung einerseits und dem Gesetz als Quelle juristischer Norm und Arbeit andererseits, die Sirach ja hätte leisten können, stellt er noch nicht her. Von Sirach führt kein Weg zur talmudischen Kultur des Judentums[32], dagegen bildet sein Gesetzesverständnis eher einen Ansatz für Jesu Rechtsverständnis, der jede eigentlich richterliche Tätigkeit schroff abweist[33]. Auch der Stand des Rabbi, wie er bald nach Sirachs Zeit aufgekommen sein muß, zeichnet sich bei Sirach nirgends ab. Die Richter bei Sirach sind vor allem die alten jüdischen Laienrichter "im Tor", die zur Regierung jeder Stadt gehörten. In Bezug auf den Umgang mit der Tora verhält sich Sirach also konservativ. Er formuliert Wertmaßstäbe und Leitbilder aus der Erfahrungswirklichkeit heraus, nicht als Auslegung der Tora. Damit bewegt er sich ganz und gar im Zusammenhang jenes weisheitlichen Ordnungsverständnisses in Israel, das G. v. Rad in seiner Entstehung und Entwicklung dargestellt hat[34].

---

[32] Hier ist m. E. eine Korrektur an Bickermans Sirachverständnis notwendig (s. o. Anm. 3).

[33] Luk 12, 14. Paulus verbindet die jüdisch-talmudische Linie mit der Linie Jesu: 1 Kor 6, 1-11.

[34] Vgl. G. v. Rad, Weisheit in Israel, 1970, 102-130.

Teil II:

Aspekte der Kultur Sirachs

A

Aspekte der Kultur als hervorbringender Kraft

Kapitel 6: Materielle Kultur

Einen ersten Aspekt der kulturellen Hervorbringungen, der für den Zeitraum der klassischen Antike und des antiken Judentums im vorigen
Jahrhundert und zu Beginn unseres Jahrhunderts intensiv untersucht und
unter den verschiedensten wissenschaftlichen Begriffen dargestellt worden ist und für den seit einiger Zeit die neue französische Geschichts-,
Sozialgeschichts- und Kulturwissenschaft besonders für den Zeitraum
des Mittelalters reiche Beiträge liefert, bildet der "materielle Kultur"
oder "Sachkultur" genannte Bereich[1]. Die Spannweite dieses eher un-

---

[1] So z. B. F. Braudel in seinem großen Werk: Sozialgeschichte des 15.-18. Jahrhunderts
I, Der Alltag, Paris 1985. B. definiert auf S. 13. 16. 21 mehrmals "materielle Kultur" oder
"materielles Leben", wobei er allerdings im Rahmen seiner Fragestellung m. K. vor allem
als Wirtschaftsbegriff definiert. - Eine andere, primär archäologisch geprägte Bedeutung
des Begriffs verwendet E. Stern in seinem Buch: Material Culture of the Land of the Bible in the Persian Period 538-332 B. C., Warminster 1982. M. K. ist hier in enger Begrenzung fast identisch mit "archäologischen Überresten". Daher verwendet Stern auch in
seinem Beitrag zu CHJ I, 88-114 wieder die traditionelle Bezeichnung "The archeology of

scharfen heuristischen Begriffs umfaßt vieles von demjenigen, was
Krauss in seiner "Talmudischen Archäologie", Dalman in "Arbeit und
Sitte in Palästina", Blümner in den "Privatalterthümern", Friedländer in
der "Sittengeschichte der Römer", Marquardt (und Blanck) im
"Privatleben der Griechen und Römer", und die beiden Lexikonwerke
"Biblisch-Historisches Handwörterbuch" und "Biblisches Reallexikon" für
die uns interessierende Zeit und politisch-kulturelle Welt gesammelt ha-
ben[2]. Die französische Reihe "La vie quotidienne" versucht seit einigen
Jahrzehnten, die Aspekte dieses kulturellen Sektors mit denjenigen der
Familie, des Staates bzw. der Öffentlichkeit und der Religion zusammen
im Sinne eines in besonderer Weise am täglichen Leben orientierten
Gesamtbildes der Kultur verschiedener antiker Herrschaftsgebilde und -
bereiche darzustellen[3]. Für dies Unternehmen wäre ein Begriff wie
"Lebenskultur" angemessen[4]. Dieser kulturelle Bereich, der im folgenden

Persian Palestine". Ergänzend zu Stern: U. Rappaport, The Material Culture of the Jews
in the Hellenistic-Roman Period, in: S. Talmon (Hg.), Jewish Civilization in the Hellenistic-Roman Period, JStPs Suppl. Ser. 10, 1991, 44-49. - Zur Einführung in die Geschichte
des Begriffs: J.-M. Pesez, Histoire de la culture matérielle, in: La nouvelle histoire, Hg. J.
Le Goff u. a. Paris 1978, 98ff. - Der Begriff "Sachkultur" wird z. B. von J. Bumke in seinem zweibändigen Werk: Höfische Kultur, 1986, Bd. 1, S. 137 verwendet,
"Alltagsgeschichte" verwendet H.-W. Goetz, Leben im Mittelalter, 1986[2], 13ff. 29ff. Goetz
gibt in seiner Einleitung (13-19) und im 1. Kap. "Mensch, Natur, Kultur: Bedingungen
des Alltagslebens im Mittelalter" (20-33) eine gute Einführung ins Thema (mit Lit. in
Anm.). Der Begriff "Lebensformen" von A. Borst, Lebensformen im Mittelalter, 1979,
bes. S. 9-26, greift dagegen weiter aus und umfaßt unter dem ciceronianischen Begriff
"condicio humana" die natur- und geschichts- sowie gesellschaftsbedingten Lebensbedingungen und -strukturen einer bestimmten Epoche. "Lebensformen" kommt damit dem
Kulturbegriff sehr nahe, bes. dessen intern-psychischer Seite.

[2] S. Krauss, Talmudische Archäologie, 3 Bde., repr. 1966 (1910) = TA; G. Dalman, Arbeit und Sitte in Palästina, repr. 1964 (1942) = AuS; H. Blümner, Lehrbuch der grie-
chischen Privatalterthümer, 1882[3] (K. F. Hermann); J. Marquardt, Das Privatleben der
Römer, 2 Bde., repr. 1964 (1886[2]); L. Friedländer, Darstellungen aus der Sittenge-
schichte Roms, 4 Bde., repr. 1979[10] (1922); H. Blanck, Einführung in das Privatleben der
Griechen und Römer, 1976 (Lit.); M. Noth, Die Welt des AT, 1962[4], 1-164 = WAT; de
Vaux, Lebensordnungen, pass.; Pedersen, Israel, pass.; H. Daniel-Rops, Die Umwelt
Jesu, 1980. Lexika: RAC, BHH und BRL, seit 1991 auch NBL. Spezialarbeiten: R. H.
Kennett, Ancient Hebrew Social Life and Custom as indicated in Law, Narrative and
Metaphor, London 1931, repr. 1980.

[3] Im Rahmen dieser Untersuchung wichtig: R. Flacelière, Griechenland, 1979[2]; J. Carcopino, Rom, 1977. Ähnlich, wenn auch im 1. Teil stärker ideengeschichtlich bestimmt:
W. Kroll, Die Kultur der ciceronianischen Zeit, repr. 1963[2] (1933). Die große Kulturgeschichte C. Schneiders für unseren Zeitraum, Kulturgeschichte des Hellenismus, 2 Bde.,
1969, widmet diesem Bereich einen vergleichsweise schmalen Raum: Bd. 2, S. 3-221. Vgl.
dazu o. die Einführung.

[4] Etwa in dem Sinne des 5. Kapitels von J. Burckhardts Werk: Die Kultur der Renaissance in Italien, 1925[16], "Die Geselligkeit und die Feste", in dem B. u. a. "die äußere Er-

für Jesus Sirach dargestellt werden soll, muß also im Vergleich mit den genannten Werken erschlossen werden, wobei die Angabe der leitenden Fragestellungen vorangestellt sei:

1. Mit welcher Umwelt setzt sich der Siracide auseinander?

Hier ist zwischen der natürlichen Umwelt, die für den Menschen gleichzeitig Lebensgrundlage, Herausforderung, Bedrohung und Quelle der Freude ist, und der kultivierten Umwelt, die Ergebnis seiner Arbeit und seines verfeinernden und organisierenden Gestaltungswillens ist, zu unterscheiden. Beide Bereiche sind für die Kultur relevant.

2. Des weiteren ist danach zu fragen, wie die Formung der Umwelt im einzelnen aussieht.

Sirachs Aussagen über Nahrung, Kleidung, Werkzeuge und Medizin sind hier darzustellen. Für diesen Bereich gibt der Siracide uns selbst eine Art Zusammenfassung in dem Satz 39, 26:

"Das Wichtigste und vor allem Notwendige für das Leben eines Menschen ist Wasser und Feuer und Eisen und Salz;
das Mark des Weizens, Milch und Honig,
das Blut der Traube, Öl und Kleidung".

Von hierher legt sich ein Begriff wie "Lebenskultur" nahe (ראש אדם לחיי צר[ך כל], ἀρχὴ πάσης χρείας εἰς ζωὴν ἀνθρώπου). Dasselbe gilt für den anderen Satz 29, 21:

"Die Grundlage des Lebens (ἀρχὴ ζωῆς) ist Wasser und Brot und Kleidung und Wohnung, um das zu verhüllen, was man nicht zeigt".

Hier wird die Lebenskultur mit der Kultur der Scham verbunden, die für Sirachs Psychologie eine wichtige Rolle spielt.

3. Die dritte Frage muß heißen: Wie weit reicht die Verfeinerung?

Hierhin gehören Sirachs Äußerungen zum Benehmen in Familie und Gemeinschaft und im Umgang mit den Dingen. Zu diesem Bereich gehören herkömmlich die "Sitten und Gebräuche", ferner das Spiel und die Unterhaltung. Hinzu kommen: die Einteilung der Zeit und der Umgang mit der Zeit, die Planung des Tages, einer längeren Zeitspanne, schließlich der vom Menschen gestaltete Ablauf des ganzen Lebens.

4. Daraus erwächst die letzte Frage: Wie weit reicht die Verfeinerung für Einzelne?

Diese Frage gilt dem Luxus.

---

scheinung und Umgebung des Menschen und die Sitte des täglichen Lebens" beschreibt (S. 344.).

Damit ist notwendig der Bereich der materiellen Kultur und der "Sittengeschichte" abgeschritten[5]. Denn hier stehen wir an der Schwelle der sog. höheren kulturellen Erscheinungen, die wir Kunst, Musik, Literatur und Bildung nennen.

Die beiden ersten Fragenkomplexe beziehen sich auf die materielle Kultur im engeren Sinne (Kapitel VI). Die beiden weiteren Fragen werden im Kapitel über "Sitten und Gebräuche" (Kapitel VII) behandelt. Beide Kapitel gehören eng zusammen.

1.

Im ersten Teil des Kapitels wird die Welt beschrieben, die den Siraciden und seine Zeitgenossen umgibt und die sie teilweise selbst gestaltend beeinflussen können (1.). Die natürliche Umwelt (a. b.) bildet den allgemeinen Rahmen der Lebensbedingungen. Sie wird durch die Landwirtschaft zu einem erheblichen Teil geformt. Die häusliche Kultur und Wohnkultur reicht von ganz einfachen Formen bis zur ausgeprägten Gestaltung (c.) Die Landesgestalt wird theologisch interpretiert und kulturell durch Reisen erschlossen (d.)

Der zweite Teil führt in Nahrung, Kleidung, Werkzeuge und Geräte und in den Bereich von Krankheit und Gesundheit ein (2.).

a)

Wie sieht und erlebt der Siracide seine natürliche Umwelt? Die Hauptmerkmale der natürlichen Geographie seines Landes erwähnt Sirach vereinzelt: Berge[6], Wüste[7], Oase[8], Fruchtland und Wiese[9], Fluß und

---

[5] Es ist deutlich, daß hier der Bereich der materiellen oder Sachkultur weiter gefaßt ist als derjenige der archäologisch faßbaren Hinterlassenschaft oder des "wirtschaftlichen Unterbaus" (Braudel, Sozialgeschichte I, 16). Die Begrenztheit dieser beiden Fragestellungen ergibt sich aus dem jeweiligen Forschungsinteresse der wirtschaftlich orientierten Sozialgeschichte bzw. der Archäologie. Unsere Fragestellung ist in diesem Kapitel kulturgeschichtlich im Sinne J. Burckhardts und muß daher die materielle Kultur in den Zusammenhang der Lebenskultur stellen.

[6] 50, 8. 12 Libanon; 24, 13 Libanon und Hermon; 43, 4. 16 (הר) u. ö. Art. Berg, BHH I, 217 (H. Baltensweiler); Art. הַר, ThWAT 2, 459-483 (S. Talmon); Art. Berg/Gebirge, NBL 1, 1991, 271f. (B. Schwank). Zum ganzen Bereich der Landesnatur von Israel vgl. O. Keel, M. Küchler, Ch. Uehlinger, Orte und Landschaften der Bibel, Bd. 1, 1984, 25-53. 182-205.

[7] 13, 18 (מדבר), 45, 18 (hier historisch-topisch).

Strom[10], Sturzbach und Bäche[11], Quellen[12], Teiche und Seen[13]. Das Meer
mit seinen Inseln begegnet in der Beschreibung der ἔργα κυρίου 39, 16f.
und der Schöpfungsbeschreibung 43, 23f. So zeichnet auch 16, 16f.
ein großes Panorama der Gotteswelt: Himmel - Urflut - Erde - Berge[14]; desgleichen in 24, 3-6: Himmel - Meer - Erde im Rahmen der Selbstvor-
stellung der Weisheit. Sirach hebt an dieser Stelle die unvorstellbare
Ausdehnung des Meeres hervor, die ihn als Binnenländer entsetzt[15].

In Sirachs Bemerkungen zum Wetter finden wir keine der Beobachtung entstammenden und der Formulierung von Regeln verpflichteten
Sätze, sondern lediglich metaphorische Erwähnung von Hitze[16], Mond[17],
Sturm[18] usw. Das bedeutet aber nicht, daß dem Siraciden Land und Wetter gleichgültig wären. Im Gegenteil: Das ganze Kapitel 43 ist diesem
Thema gewidmet, aber unter theologischem, genauer gesagt: schöp-
fungstheologischem Aspekt. Mit den Mitteln religiöser Ästhetik wird
hier ein Panorama von Gottes Schöpfung entworfen, dessen Zielaussage
in Vers 27 liegt: הכל הוא. Die Himmelskörper: Sonne (שמש Vers 2[19], so
auch 42, 16 u. ö.), Mond (ירח Vers 6) und Sterne (כוכב Vers 9)[20] und
das Firmament (רקיע, στερέωμα, topisch seit Gen 1, 6; Vers 8), weiter

---

[8] 39, 23 (משקה, wasserreiche Gegend, LXX ὕδατα, von Sauer, 601 und Skehan - di
Lella, 459 auf Sodom und Gomorra bezogen: die Verwüstung der Oase).

[9] Wiese: 43, 21 (צמח, χλόη, Beet, zum Text vgl. Sauer 613).

[10] Häufig erwähnt; wichtig die Aufzählung 24, 25-27 im Rahmen einer weisheitlich-meta-
phorischen Rede, die ihren Höhepunkt in V. 31 erreicht (genannt sind: Pison, Tigris, Euphrat, Jordan, Nil, Gichon; vgl. dazu Rickenbacher, Weisheitsperikopen, 128. 168f.; Skehan - di Lella 376f.); vgl. 39, 22; 40, 13f.

[11] 40, 13f.

[12] 21, 13 (πηγὴ ζωῆς, vgl. zur Topik Sauer 557 Anm.); 43, 20 (מקור, vgl. 10,13). Vgl.
Art. Quelle, BHH III, 1535f. (G. Sauer).

[13] 43, 20.

[14] Zur Topik dieses Bildes vgl. Skehan - di Lella, 275. - Zum Himmel vgl. C. Houtman,
Der Himmel im Alten Testament, Leiden, 1993 (dort auch S. 26ff. zu 'Himmel und
Erde').

[15] Öfter, auch 24, 6. 31 (θάλασσα, met.); 50, 3 (המון, met.); vgl. allg. Rickenbacher,
Weisheitsperikopen, 109f.

[16] Zum Wetter allg. Keel usw., Orte und Landschaften der Bibel I, 38ff. Hitze: 14, 27
(חרב).

[17] 27, 11; 50, 6 ירח. Vollmond: 39, 12 (διχομηνία). Wechselhaft wie der Mond: 27, 11.
Art. Mond, BHH II, 1235f. (A. Strobel, Lit.), Art. יָרֵחַ, ThWAT 3, 939-947 (R. E. Clements).

[18] 39, 28 (πνεύματα, erg. רוחות). Art. Wind, BHH III, 2175 (H. W. Hertzberg).

[19] Art. Sonne, BHH III, 1821f. (A. Strobel).

[20] Art. Stern, BHH III, 1865 (M. A. Beek); Art. כּוֹכָב, ThWAT 4, 1984, 79-91 (R. E.
Clements).

die Phänomene der Atmosphäre: Regenbogen, Blitz, Nebel, Wolken[21], Hagel[22], Donner, Wind und Sturm, Schnee, Reif, Eisblumen, Eis, Dürre und Hitze, Tau und Regen[23] werden zusammen mit Erde, Bergen, Meer und Inseln als Werk Gottes (Vers 2 und 25f.) gefeiert. Anderswo tritt auch die Morgenfrühe hinzu: 24, 32 (ὄρθρος).

Insofern muß die Frage nach dem Verhältnis des Siraciden zu seiner natürlichen Umwelt modifiziert werden. Denn eine "natürliche" Umwelt im neuzeitlichen Sinn gibt es für ihn gar nicht. Für ihn ist die "natürliche" Umwelt Werk Gottes und als solche schön (Vers 1 und öfter) und herrlich (Vers 11), zuerst einmal Gegenstand größter Bewunderung und großen Jubels (Vers 28f. נ[גד]לה δοξάζοντες[24]), nicht aber Gegenstand der Erklärung und Erforschung (Vers 28!). Auf der anderen Seite sind die Naturphänomene Träger göttlichen Zorns, so der Sturm und der Hagel[25], die Hitze[26], schließlich das Erdbeben[27].

Jesus Sirach steht hier ganz im Zusammenhang des biblischen Naturverständnisses[28], wobei allerdings sein Standort innerhalb der Geschichte der alttestamentlich-jüdischen Schöpfungstheologie noch näher zu bestimmen ist[29]. Sirach fehlt das systematisierende Interesse des Jubiläenbuches[30] ebenso wie der pädagogische Aufruf "Beobachtet" im Henochbuch[31] oder naturkundliche Detailkenntnisse vielleicht griechi-

---

[21] 24, 4 ἐν στύλῳ νεφέλης nach Ex 13, 21 עמוד. Art. Wolke, BHH III, 2181 (H. W. Hertzberg).

[22] ברד, auch 32, 10.

[23] 1, 19 ἐξομβρέω = wie Regen ausgießen u. ö. Art. Regen, BHH III, 1568-1571 (H. W. Hertzberg).

[24] Zum hebr. Text s. Sauer 614 Anm.

[25] 39, 28f.

[26] חרב 14, 27; 43, 3.

[27] 22, 16 (συσσεισμός).

[28] Dazu O. H. Steck, Welt und Umwelt, 1978, bes. die Grundlegung S. 49-53 und 116ff. Weiteres bei S. Herner, Die Natur im Alten Testament, 1941 - Eine Zusammenschau der Rede von der Schöpfung in der hymnisch-weisheitlichen Tradition bis zu Kohälät gibt H. D. Preuß, Theologie des AT I, 259-265 (Lit. S. 259).

[29] Dazu A. Schmitt, Interpretation der Genesis aus hellenistischem Geist, ZAW 86, 1974, 137-163; O. H. Steck, Die Aufnahme von Genesis 1 in Jubiläen 2 und 4. Esra 6, JStJ 8, 1977, 154-182; H.-F. Weiss, Untersuchungen zur Kosmologie des hellenistischen und palästinensischen Judentums, TU 97, 1966.

[30] Jub 2.

[31] Äth Hen 2-5: hier liegt durchaus eine Aufforderung zur Naturbeobachtung - wenn auch zum Lobe Gottes -vor.

schen Ursprunges, deren Splitter wir noch in Jubiläen 21, 12 und öfter fassen können[32].

Nur ganz vereinzelt finden sich - immer in paränetischem Zusammenhang - dann doch direkte Naturbeobachtungen, z. B. 22, 18: "Steinchen, die auf einer Anhöhe liegen, werden vor einem Winde nicht Bestand haben"[33]. Oder: "Auch die Blüte welkt beim Reifen der Traube"[34]. Wasser (מים) ist in Israel von entscheidender Bedeutung. Hier ist der Siracide ganz realistisch: 29, 21 und 39, 26. Metaphorische wie nichtmetaphorische Erwähnung des Wassers ist dementsprechend häufig[35].

Sirach steht damit eher der poetischen Erfahrung und Gestaltung des 104. Psalms nahe, der Gottes Schöpfung mit den Mitteln des religiösen Metaphernschatzes besingt, der diesem Thema topisch zugeordnet ist[36]. Im übrigen deutet nichts darauf hin, daß der natürliche Lebensraum ein wichtiges Thema für Sirachs Weisheitslehre gewesen wäre. Sein Leben spielt sich nicht in der freien Natur ab, und die natürliche Umwelt als Herausforderung zur Kultivierung ist in seiner Zeit schon lange in den Hintergrund getreten. Seine Erfahrung ist diejenige von Israel als von einem bereits vollständig kultivierten Agrarland aus der Sicht des Städters: Israel als Garten bzw. als großes Landgut.

b)

Wir finden daher auch keine direkten Angaben über wilde Tiere außer topischer Erwähnung von Otter (39, 30 פתן), Schlange (21, 2 und 30, 12 ὄφις, פתן), Wolf (11, 28 und 13, 16 זאב), Bär (דב, 25, 16; 47, 3), Gazelle (δορκάς 27, 20), Wildesel und Löwe (13, 17f.) in metaphorisch-

---

[32] Zu Jub 21, 12 vgl. K. Berger, Das Buch der Jubiläen, JSHRZ II, 3, 1981, 431f. Anm. 12.

[33] Beachte die textkritische Diskussion bei Sauer 560, 18a (Lit.).

[34] 51, 15.

[35] Vgl. Barthélemy Konkordanz s. v. מים. Weiter: 21, 14 (m.), rissige Zisterne; 24, 30 (m.) Wassergraben-Wasserleitung; 25, 25 falscher Leitungsweg für das Wasser; 39, 17 (m.) Gottes Herrschaft über das Wasser (zum Text vgl. Sauer 601: Ergänzungen aus LXX ἐν λόγῳ αὐτοῦ ἔστη ὡς θημονιὰ ὕδωρ, sehr ausführliche Diskussion bei Skehan - di Lella 456f.); 48, 17 Hiskias Wasserleitung; 50, 3 Simons große Zisterne (ἀποδοχεῖον ὑδάτων, מקוה), vgl. S. 95 Anm. 83. Zum Wasser bei Sirach: Rickenbacher, Weisheitsperikopen, 109f. 168f. Vgl. auch die häufige Erwähnung des Feuers und seiner Beschaffenheit. Vgl. Art. Feuer, NBL 1, 1991, 669-671 (W. Zwickel).

[36] Beachte die Übertragung der Metaphorik auf die Hohenpriester Kap. 50, 6. 7: Stern, Mond, Sonne, Regenbogen.

moralischem Zusammenhang[37]. Tiere und Vögel begegnen als Teil der Schöpfung in 17, 4[38]. Die Bienen (דברה) lobt der Siracide ausdrücklich (11, 3)[39]. Der Skorpion (עקרב, σκορπίος) begegnet 26, 7 und 39, 30. Heuschrecken werden in metaphorischem Zusammenhang 43, 17 erwähnt (ארבה), Vögel desgleichen öfter, so 22, 20; 27, 9. 19; 11, 27f. (Skehan - di Lella 11, 30); Nestbau metaphorisch 14, 26 (קן).

Pflanzenwuchs[40] begegnet ebenso nur nebenbei (3, 9 נטע und 3, 28 metaphorisch; 6, 2 met., Skehan - di Lella V. 3). Wilde Blumen werden dagegen einmal ausdrücklich in einem weisheitlichen Satz gepriesen: "Schönheit und Anmut erfreuen das Auge, mehr als beide aber die Blumen des Feldes" צמחי שדה (40, 22)[41]. Hier tritt eine weisheitlich-bukolische Ästhetik zutage, deren Wurzel im Ideal der Einfachheit liegt. Weitere Naturbeobachtungen wie das Sprießen des Laubes (14, 18 פרח עלה) bleiben im Metaphorischen, d. h. ohne Eigenbedeutung. Ganz im Metaphorischen religiöser Ästhetik bewegen sich auch die im Rahmen einer traditionellen Weisheitstopik in Kap. 24, 13ff. aufgezählten Bäume und Sträucher: Zeder (50, 12 ארז), Zypresse (κυπάρισσος 24, 13)[42], Palme (φοῖνιξ 24, 14)[43], Rosenstrauch[44], Ölbaum (50, 10 זית)[45], Platane, Terebinthe, Weinstock (ἄμπελος 24, 13-17)[46], weiter die Weide am Bach 50, 12 ערבה: ebenfalls eine religiös-ästhetische Metapher. Hierhin

---

[37] Vgl. bes. die topische Erwähnung von Löwen und Drachen 25, 16 und "den mächtigen Tieren der Urflut" 43, 25. Löwe ארי/אריה 13, 18, λέων öfter.

[38] Zu den Tieren vgl. allg. Art. Tier, BHH III, 1984-1987 (M.-L. Henry); J. Löw, Fauna und Mineralien der Juden, repr. 1969,; F. S. Bodenheimer, Animal and Man in Bible Lands, 2 Bde, Leiden 1960, 1972; R. Pinney, The Animals in the Bible, Philadelphia 1964; Keel - Küchler - Uehlinger, Orte und Landschaften der Bibel I, 100-174.

[39] Vgl. Keel usw., Orte, 169.

[40] Zur Flora allg. Art. Baum, BHH I, 206f. (M. A. Beek); Art. Pflanze, BHH III, 1441f. (M.-L. Henry); Art. Baum- und Gartenkultur, BRL 32-34 (K. Galling); Art. עֵץ, ThWAT 6, 1989, 284-297 (H. Ringgren, K. Nielsen); J. Löw, Die Flora der Juden, 4 Bde, repr. 1967; Dalman, AuS (Bd. I-IV zur Flora im Zusammenhang mit den Jahreszeiten und menschlichen Tätigkeiten); Keel, Orte, 54-99; M. Zohary, Plants of the Bible, Jerusalem 1982 = Pflanzen der Bibel 1983; zu Sirach: Rickenbacher, Weisheitsperikopen, 162ff.

[41] Vgl. Mt 6, 28ff.; Skehan - di Lella, 472.

[42] Vgl. Art. Zypresse, BHH III, 2254ff. (B. Reicke), dort Diskussion der Terminologie mit Lit.

[43] Vgl. Art. Dattelpalme, BHH I, 323f. (J. Feliks).

[44] Zur Rose שושן, ῥόδος 50,8 vgl. Art. Rose, BHH III, 1622 (J. Feliks): im AT eher Lilie, in LXX als Rose übersetzt (so auch Skehan - di Lella, 549). Vgl. Sir 24, 14 (zum Vokabular vgl. Sauer 564 Anm.) ; 39, 13.

[45] Vgl. Art. Ölbaum, BHH II, 1337-1339 (E. Segelbert).

[46] Vgl. Art. Wein, BHH III, 2149f. (G. Fohrer); Rickenbacher, Weisheitsperikopen, 162ff.; Keel, Orte, 76f.

gehört auch die weisheitlich-idyllische Gartenmetaphorik[47] (24, 30f.).
Auf den Hohenpriester wird dieselbe Metaphorik angewandt: Blüte, Lilie an Wasserbächen, Sproß, Pflanze des Libanon, grünender Ölbaum
voller Früchte (50, 8 und 10). Die Topik der Bewässung und Fruchtbarkeit ist fest mit der Weisheitslehre verbunden. Immerhin scheint hier die
Technik der Gartenbewässerung mittels Kanälen durch die Metaphorik
hindurch[48]. Dieselbe Topik beherrscht 39, 12-14, wo die Bachrose und
die Lilie genannt werden. Insgesamt urteilt Löw: "Nur bei Sirach auftre-
tende Pflanzen sind Rose, Königslilie, Oleander, Schwadengras, Aspala-
thus und Weihrauchstaude (Sirach 50, 8) ... Sonst nennt Sirach Platane
(24, 14), Terebinthe, Zeder und Zypresse; Granatapfel, Ölbaum, Palme
und Weinstock und deren Blüten und Frucht; Gras gr. chlōe und Wei-
zenmehl"[49].

Auch die Grundfaktoren agrarischer Kultivierung des Lebensraumes,
Akkerbau und Viehzucht[50] und landwirtschaftliches Leben, begegnen,
wie schon dargestellt, nur selten und werden nicht eigens thematisiert.
Trotzdem lassen sich aus den verstreuten - oft auch metaphorischen -
Hinweisen Mosaiksteinchen eines Bildes von der Kulturlandschaft Israels zu Sirachs Zeit zusammensetzen. Ackerbau und Viehzucht (wörtl.:
Vieh und Gartenpflanzung) als Grundlage landwirtschaftlichen Lebens
(40, 19), daneben Weinbau[51] sind dem Siraciden ebenso vertraut wie
persönlich nebensächlich und gesellschaftlich unbedeutend. Von bäuerlichen Tätigkeiten nennt Sirach eggen und pflügen (38, 25f.), Getreide
werfen (5, 9 m.), Viehmast (38, 26), Saat (7, 3 m.) und Ernte (6, 3. 19 m.;
20, 28: hoher Erntehaufen; 24, 28; 37, 11), Tierhaltung, Vieh allgemein
(7, 22), besonders Ochsen und Stiere (38, 25), Rinder (38, 25), Esel (33,
25), Pferde (30, 8; 33, 6), Lämmer (13, 16), Böckchen (47, 3), Hunde (13,
17), weiter Baumpflege (27, 6) und Weinlese (24, 27 m.; 33, 16f. m.). Der
Hirt mit seiner Herde wird 18, 13 metaphorisch erwähnt. In der dichterischen Sprache des Abschnitts 38, 25f. spricht Sirach vom Pflug, vom Stab
des Treibers, dem Leiten und Wenden der Zugtiere und dem Eggen als
den verschiedenen Tätigkeiten beim Säen. 40, 19 steht die schon erwähnte Sentenz: "Viehzucht und Ackerbau lassen den Namen wachsen".
Auch die typischen landwirtschaftlichen Nutzbäume Dattelpalme und

---

[47] 40, 19: נטע. Vgl. Art. Garten, BHH I, 513f. (M. A. Beek); Kennett, Ancient Hebrew
Social Life, 81f.

[48] Vgl. dazu Hengel, Judentum, S. 90. Zur Bewässerung auch 25, 25.

[49] J. Löw, Die Flora der Juden IV, 58.

[50] Art. Ackerbau, BHH I, 22-24 (A. S. Kapelrud); Art. Viehzucht, BHH III, 2108f.
(ders.).

[51] Art. Wein, BHH III, 2149f. (G. Fohrer); Art. Weinberg, ebd., 2150f. (ders.). Vgl. 36,
25: Weinberg mit Mauer (Skehan - di Lella V. 30).

Ölbaum werden öfter in metaphorischem Zusammenhang genannt (z. B. 24, 14).

In den Bereich der natürlichen Gegebenheiten gehören schließlich auch die Metalle[52] im Rohzustand. Sirach erwähnt Gold (זהב z. B. 47, 18)[53], Silber (כסף z. B. 47, 18)[54], Kupfergestein (נחושת 12, 10)[55], Eisen (ברזל 22, 15; 39, 26; 47, 18; 48, 17)[56] und Blei (עפרת 47, 18; 22, 14)[57]. Zinn fehlt[58]. Diese vereinzelten, alle metaphorisch gesetzten Bemerkungen werfen auch ein Licht auf die Lage des Bergbaus in Palästina[59], dessen Bedeutung insgesamt gering war. Die traditionelle Hochschätzung vor allem des Goldes wird aber hier schon deutlich[60].

Zusammenfassend läßt sich feststellen: der Siracide steht als antiker Grundbesitzer trotz seines städtischen Lebens seiner natürlichen Umwelt wie auch der Welt der Landwirtschaft grundsätzliche nahe. Er kennt "Natur" und Landwirtschaft, aber beides ist nicht Gegenstand seines Interesses, sondern dient ihm vielmehr als geradezu unerschöpfliche Quelle überwiegend topischer religiös-literarischer Metaphorik, losgelöst von seiner eigentlichen Realität.

c)

Das Haus (בית)[61] ist für den Siraciden der gute Lebensraum. So wird die Weisheit selbst "ihr ganzes Haus ... anfüllen mit begehrenswerten Gütern und die Vorratskammern mit ihren Erzeugnissen" (1, 17 οἶκος)[62]. Der Siracide denkt dabei an ein stattliches Haus mit Nebengebäuden - ob

---

[52] Art. Metalle, BHH II, 1206-1208 (G. Sauer; Lit.); Art. Metall und Metallbearbeitung, BRL, 219-224 (M. Weippert, Lit.).

[53] Vgl. Barthélemy, Konkordanz, s. v. Art. Gold, BHH I, 582f. (W. Frerichs).

[54] Vgl. Barthélemy, s. v. Art. Silber, BHH III, 1793f. (ders.).

[55] Vgl. a. a. O. Art. Kupfer, BHH II, 1032f. (R. J. Forbes).

[56] Vgl. a. a. O. Art. Eisen, BHH I, 382-384 (ders.).

[57] Vgl. a. a. O. Art. Blei, BHH I, 256 (ders.).

[58] Auch ein Hinweis auf Glas fehlt.

[59] Art. Bergbau, BHH I, 217-220 (R. J. Forbes und H. Bardtke); Art. Bergbau, BRL 42-44 (M. Weippert, Lit.).

[60] Vgl. unten bei "Luxus": S. 116ff.

[61] Art. Haus, BHH II, 658-661 (R. Knieriem; B. Reicke); Art. Haus, BRL 138-141 (H. Rösel, Lit.); Art. Haus, NBL 1, 1991, 53-57 (V. Fritz); Art. בַּיִת, ThWAT 1, 629-638 (H. A. Hoffner); HAV 2, 60ff. Vgl. Barthélemy, Konkordanz, s. v.

[62] Vgl. 14, 23f.

ländlich oder städtisch, ist der Metapher nicht zu entnehmen. "Ruhiges Wohnen in ihrem Besitz" ist das Privileg bedeutender Männer (44, 6)[63].

Der Hausbau ist erstrebenswert, aber Vorsicht ist geboten: baue nicht mit fremden Geldern (21, 8). Am besten ist ein Erbbesitz κληρονομία (24, 11 met.), allerdings erst nach dem Tode des Vaters (33, 24). Die Gefahr, daß ein Haus vernichtet werde, - sei es durch Brand oder durch finanziellen Ruin -, besteht immer, und der Siracide warnt nachdrücklich vor solchem Unglück (21, 4. 18 met.; 27, 3). Der pater familias hat Macht über die ganze Großfamilie (33, 20ff.)[64]. Eigenartiger- und bezeichnenderweise verliert Sirach kein Wort über die Aufgabe der Frau als der Hausfrau im spezifischen Sinne. Außerdem wird hier wieder jegliches Fehlen eines Einflusses aus dem Bereich der Ökonomik - Literaturgattung deutlich[65]. Weiter zeigt sich, daß Sirach ein rein männliches Publikum anspricht.

Sirach erwähnt einfache und gute Häuser (29, 22ff.)[66]. Große Häuser sind Schauplatz großer Einladungen und Gastmähler (29, 26f.; 31, 12ff.). Einfache Häuser haben unverputzte Balkendecken (29, 22 σκέπη δοκῶν). Es gibt Fachwerkhäuser, die den Erdbeben gut standhalten (22,16)[67]. Das Haus kann verputzt sein (22, 17 τοῖχος ξυστός). Weiter erwähnt Sirach Fenster (14, 23; 42, 11) und Türen (14, 23; 21, 23f.; 28, 25b met.), Türschwellen (6, 35[68]), Schlösser (μοχλός Pflock 28, 25b met.) und Schlüssel (מפתח 42, 6)[69]. In den Wohnungen (14, 27)[70] herrschen angenehmer Schatten und Kühle (ebd.). Die antike Einrichtung ist allgemein karg. Sirach erwähnt Tisch (שלחן 37, 4 u. ö.), Lager (משכב[71] 40, 5 u. ö.), Schränke (indirekt 42, 6) und den Pflock an der Wand (27, 2), an dem man z. B. Kleider aufhängte. Es wird mit Holz geheizt (8, 3 met.). Feuer (אש) bzw. Glut wird öfter erwähnt: 28, 12 u. ö. Zum Haus können Vorratskammern gehören (ἀποδοχεῖα 1, 17). Das Wasser wird

---

63 שקט = ruhen. Zum Motiv des Wohnens vgl. Rickenbacher, Weisheitsperikopen, 83ff.

64 Vgl. dazu Kap. I. Vgl auch ThWAT 1, 636.

65 S. o. S. 32.

66 Zu den Einzelheiten des Hauses vgl. Noth, WAT, 1962⁴, 139f.; Daniel-Rops, Umwelt Jesu 214-223; zum Leben im Haus vgl. auch Art. Haus I, RAC 13, 770-801 (H. Herter, K. Hoheisel, H. Brakmann), dort 785 zum israelitischen Haus; Weiteres ebd. Art. Haus II, 801-905 (E. Dassmann, G. Schöllgen), dort bes. 851ff.

67 Fachwerkhäuser oder Balkendecken?

68 Textkritik z. St. vgl. Sauer, 521 Anm. Ebenso Skehan - di Lella 192 (V. 36).

69 Zum Text vgl. Sauer 609 Anm. Text nach M. So auch Skehan - di Lella 479.

70 Zum Text vgl Skehan - di Lella 263.

71 LXX ἐπὶ κοίτης.

in Zisternen aufgefangen, die nicht rissig werden dürfen (21, 14 met.)[72]. Im Haus kann ein Schatz vergraben sein (29, 10)[73].

Bei den vielen Detail-Erwähnungen läßt uns Sirach über eines im ungewissen: wieweit meint er das einfache Haus, das sich seit der Eisenzeit in Palästina kaum mehr verändert hat[74], oder wieweit meint er auch das größere hellenistische Haus in Palästina[75]? Es läßt sich auch nicht ausmachen, welchen Haustypus Sirach selbst bewohnte, wenngleich der Gedanke des "Lehrhauses" (51, 29) auf ein größeres Haus hinweisen könnte[76].

Vom Hausrat[77] erwähnt Sirach über die Möbel hinaus häufig das so wichtige Tongeschirr, den tönernen Topf (פרור 13, 2), aber auch den metallenen Kessel (סיר 13, 2), das Sieb (κόσκινον 27, 4)[78] und das Siegel (חותם) zum Versiegeln von Schränken oder Gefäßen (42, 6 u. ö.) und am Geldbeutel (32, 5 u. ö.)[79]. Zerbrochene Tongefäße werden geleimt (22, 9)[80].

---

[72] Zum Text Sauer, 557 Anm. Ebs. Skehan - di Lella 305. Dazu Noth, WAT, 141. Allg. Art. Wasserversorgung, BRL 358-360 (U. Müller).

[73] Dazu vgl. Art. Gold, BHH I, 582f. (W. Frerichs): "G. in Form von Klumpen, Juwelen und Münzen war oft der einzige Familienschatz, wovon ein Teil zur Mitgift der Braut gehörte. Dieser Familienschatz wurde aus Sicherheitsgründen entweder mitgeführt oder vergraben" (583). Vgl. weiter unten S. 116 ff.

[74] BHH II, 659 (R. Knieriem).

[75] Ebd. Sp. 660f. (B. Reicke). - Daß bei Sirach nichts auf das hellenistische Haus hinweist, das er ja jedenfalls kannte, mag auch darin begründet sein, daß seine Metaphorik traditionell geprägt ist und von daher wohl eher das alte einfache israelitische Haus meint.

[76] Vgl. u. S. 177ff.

[77] Noth, WAT, 145-149. Art. Möbel, BRL 228-232 (H. Weippert); Art. Keramik, ebd. 168-185 (ders.).

[78] Wohl das Kornsieb, vgl. Kennett, Ancient Hebrew Social Life and Custom, 33. Allg. Art. Sieb, BRL 298f. (D. Kellermann).

[79] Vgl. zum Siegel den Art. σφραγίς, ThWNT 7, 939-954 (Fitzer-Schneider) und Art. Siegel und Stempel, BRL 299-307 (P. Welten); E. Stern, Material Culture of the Bible, 155ff. (Abb.). Das Siegel wird bei Sirach sehr häufig erwähnt, teils im eigentlichen Sinn, teils metaphersich als "bes. wertvoll". Der Beruf des Siegelschneiders begegnet im Berufskatalog 38, 27. Hier handelt es sich um Siegelringe und Gemmen, während 42, 6 der Wachsabdruck des Siegelrings gemeint ist. Zur Unterscheidung vgl. PRE II, 2, 2361, zum Vorgang des Versiegelns ebd. 2375. Weiteres s. Kap. VIII. - Eigenartigerweise fehlt ein Hinweis auf Lampen, die zum notwendigen Inventar des Hauses gehörten. Dieser Umstand ist rein zufällig und zeigt die methodischen Grenzen, die einer systematischen Erfassung des Themas bei Sirach gezogen sind.

[80] Darauf deutet doch wohl: συγκόλλῶν ὄστρακον.

Städtebau[81] und Stadtbefestigung zieren den König und den Hohenpriester: 48, 17 (Hiskia); 50, 4 (Simon). Der gute Herrscher baut "bewohnbare Städte" (עיר נושבת 10, 3). Das hellenistische Herrscherideal des Städtegründers hat Sirach hier deutlich beeinflußt[82]. Eine Stadt muß mit Mauern befestigt sein (קיר 50, 2 u. ö.). Sie hat Stadttore[83] (דלת 49, 13: Nehemia), die verriegelt werden können. Große Städte wie Jerusalem brauchen Wasserleitungen und große Wasserreservoire (48, 17; 50,3)[84]. Der Tempel in Jerusalem ist der bedeutendste Bau Israels (47, 13; 50, 1ff.). Stadtzerstörung ist ein großes Übel (z. B. 49, 6. 13).

d)

Die Wohnkultur, wie Sirach sie versteht, hat ihren Ruhepunkt in der Stadt, besonders in Jerusalem, greift aber zugleich weit über die Heimatstadt in die geographische und politische Welt des Vorderen Orients aus. Das Zentrum der Welt des Siraciden bildet Jerusalem[85]: 24, 1-12. Hier ist Gottes Weisheit "fest eingesetzt" (ἐστηρίχθην 24, 10). Hier ist ihre ἐξουσία (24, 11). Um Jerusalem herum gruppieren sich die Landschaften und Städte Israels, das das "Erbe" der Weisheit Gottes ist (24, 8). Der Zion bildet die Mitte Jerusalems (24, 10; 36, 14)[86].

Konkrete Landesgeographie treibt der Siracide nirgendwo. Der Libanon und der Hermon, die beiden Gebirgszüge im Norden Palästinas[87], die Küstenebene[88], Engedi[89] und Jericho[90], zwei Oasenstädte am Toten

[81] Vgl. Art. Stadt, BHH III, 1846-1848 (R. Kippenberg); Art. Stadtanlage, BRL 313-317 (H. Weippert); V. Fritz, Die Stadt im alten Israel, 1990; zur Stadt-Metaphorik bei Sirach vgl. Rickenbacher, Weisheitsperikopen, 161f. - Die Lit. zur antiken Stadt allg. ist umfangreich, vgl. F. Kolb, Die Stadt im Altertum, 1984 (Lit.).

[82] Kolb, Stadt, 121ff. (n. Anm. 30). Vgl. dazu allg. Art. Gründer, RAC 12, 1983, 1107-1171 (T. J. Cornell, W. Speyer).

[83] Vgl. Art. Tor, BHH III, 2009f. (L. Delekat); Art. Tor, BRL 346-348 (U. Müller).

[84] Zum Text vgl. Sauer 630 Anm. Wie Sauer auch Skehan - di Lella 549.

[85] Art. Jerusalem, BHH II, 820-850 (H. Kosmala); Art. Jerusalem, BRL 157-165 (H. Donner); Art. Jerusalem I, TRE 16, 590-609 (P. Welten); Art. ירושלם, ThWAT 3, 930-939 (M. Tsevat); Art. Jerusalem, NBL, Lfg. 7, 294-314 (M. Küchler); Rickenbacher, Weisheitsperikopen, 159ff.

[86] Dazu jetzt O. H. Steck, Zion als Gelände und Gestalt, ZThK 86, 1989, 261-281, bes. Anm. 1 (Lit.). Allg. Art. ציון, ThWAT 6, 994-1028 (E. Otto); dort 1024 zur nachexilischen Zionstheologie.

[87] Tert. comp. im weisheitlichen Metaphernzusammenhang: Waldreichtum des Libanon und Wasserreichtum des Hermon, dazu Art. Hermon, BHH II, 695 (K.-H. Bernhardt), Art. Libanon, BHH II 1080f. (S. Mittmann).

[88] Dazu Sauer, 564 Anm. 14f.

Meer, werden im Rahmen weisheitlicher Metaphorik 24, 11ff. als Teile Israels erwähnt. Eine weisheitlich geprägte Liste wichtiger Flüsse liegt 24, 25-28 vor: Pison - Tigris - Euphrat - Jordan - Gichon[91] und Nil. Zu der weisheitlichen Genesisrezeption tritt hier der Nil als ein weiterer Fruchtbarkeit erzeugender Strom (tert. comp. zur Weisheit selbst) und der Jordan als Israels bekanntester Fluß. Diese Angaben und Listen haben keinen geographischen Zweck, sie dienen vielmehr ganz der weisheitlichen Metapher "Fülle an Wasser - Fülle an Weisheit" (vgl. 24, 29-31). Bei dem zweiten Katalog ist die Nähe zum paradiesischen locus amoenus besonders deutlich[92].

Zur eigentlichen Geographie äußert Sirach sich an keiner Stelle. Ihre Inhalte sind nicht Bestandteil seiner Lehre[93]. Dennoch ist er sicher selbst weit gereist[94]. 39, 4 und 34, 9-13 zeichnet das Ideal des πεπλανημένος und πολύπειρος (34, 9 = LXX 31, 9). Der Weise reist ins Ausland, um dort Weisheit für die Fragen der Politik und der Religion zu erwerben. Welcher Art die Auslandserfahrungen des Weisen waren, teilt Sirach nicht mit. Sie sind jedenfalls nicht Bestandteil seiner schriftlich niedergelegten Weisheit.

Die Beschwerden solcher Reisen schildert Sirach deutlich[95]: sie reichen von Durst (26, 12) und schlechten Straßen[96] über stürmische Seefahrt (33, 2 met.)[97] bis in Todesgefahr (ἕως θανάτου ἐκινδύνευσα 34, 13 = LXX 31, 13)[98]. Die Abrechnung mit den Reisegefährten darf nicht

---

[89] Engedi war wegen "seiner Erzeugnisse" (Palme, Henna, Balsam) z. Z. Sirachs ein berühmter Ort (Art. Engedi, BHH I, 409, J. T. Milik).

[90] Jericho war in atl. Zeit eher unbedeutend (Art. Jericho, BHH II, 816-819, J. Bright) und hat auch in Sirachs Zeit keine bes. Bedeutung gehabt; ausführlicher im Artikel Jericho, BRL 152-157 (H. u. M. Weippert).

[91] Zu Gichon vgl. Skehan - di Lella 336. Sk. betont die Eigenständigkeit des Gichon.

[92] Vgl. dieselbe Metapher im selben Zusammenhang bei Salomo 47, 14; ebf. 39, 22 als Metapher für Gottes Wirken.

[93] Anders im Alten Ägypten: Art. Schule, BHH III, 1739-1744 (C. Colpe - L. Rost, B. Reicke), dort 1740: Geographie als Fach des Unterrichts in Ägypten, ähnlich wie Sirach dgg. in der hellenistischen Schule: vgl. ebd. 1742.

[94] Art. Reise, BHH III, 1583 (W. Bieder). Zu Sirach: Middendorp, Stellung 170ff.; Marböck, Weisheit, 160.

[95] 21, 16 ἐν ὁδῷ φορτίον.

[96] דרך 32, 20 u. ö. Dagegen "ebener Weg" ebenfalls öfter (s. Barthélemy Konkordanz); Wegpfahl πάσσαλος, Pflock 26, 12; Mistfladen auf dem Weg 22, 2. Straßen: Art. Straße, BHH III, 1880-1882 (B. Reicke, C. Colpe); Art. Weg, ebd. 2146f. (C. Colpe). Allg. Art. Handel und Verkehr, BRL 134-138 (K. Galling); de Vaux Lebensordnungen I, 224-279.

[97] Zum Text vgl. Sauer 585 Anm.

[98] Vgl. Paulus: 2 Kor 11, 25.

vergessen werden (42, 3)[99]. Sirach erwähnt also die typisch antiken Reisearten: Wandern und Seefahrt. Straßen und Schiffswege sind von entscheidender Bedeutung. Man fuhr auf Ochsengespannen (26, 7), die ihre Tücken haben konnten. Rad[100] und Achse (τροχός, ἄξων 33, 5 = LXX 36, 5) sind wichtige Bestandteile des Wagens. Auch der Reiter zu Pferde ist dem Siraciden vertraut (33, 6 = LXX 36, 6)[101]. Einsame Straßen waren gefährlich (8, 16).

An dieser Stelle sei eine kurze methodische Reflexion eingeschoben. Denn gerade an diesem Punkt wird deutlich, wie weit für einen Weisen wie den Siraciden Lebenswirklichkeit, "Umwelt" im neuzeitlichen Sinne, und Lebenserfahrung, eigenes Verständnis der Außenwelt, auseinanderklaffen. Methodisch gewendet, bedeutet dieser Umstand: auch bei einem oberflächlich betrachtet "objektiven", "sachlichen" Gebiet wie der sog. "materiellen Kultur" darf der hermeneutische Verstehensschritt nicht vergessen werden. Die "Außenwelt", die dem Siraciden begegnet und die die moderne Wissenschaft seinem Werk gleichsam abfragt, ist uns nur in Form einer literarisch-theologisch gestalteten "Innenwelt" zuhanden, deren eigene Gesetze in doppelter Hinsicht beachtet sein wollen. Einmal muß der jeweils erfragte Sachverhalt materieller Kultur aus verschiedensten metaphorischen und theologischen Zusammenhängen herausgearbeitet werden. Zum anderen muß der Stellenwert, den der Sachverhalt für das Lebensgefühl des Autors hatte, beschrieben werden. So genügt es nicht, dem Werke Sirachs den Sachverhalt zu entnehmen: der ספר seiner Zeit machte internationale Reisen. Vielmehr muß diesem Sachverhalt hinzugefügt werden: die Reisen, die ein ספר wie Jesus Sirach machte, änderten weder etwas an seinem theologisch-geographischen Weltmodell, dessen Mittelpunkt Jerusalem und dessen Lenker der Gott Israels war, noch an seiner Auffassung von חכמה, deren Inhalt Belehrung aus dem φόβος θεοῦ heraus blieb. Eine Interpretation, die von dem Faktum internationaler Reisen aus etwa auf eine Horizonterweiterung der Weisheit Sirachs schließen wollte, würde daher fehlgehen.

---

[99] Zum Text vgl. Sauer 608 Anm. Ebenso Skehan - di Lella 395.

[100] Art. Rad, BHH III, 2127-2130 (J. Wiesner).

[101] Art. Pferd, BHH III, 1438-1439 (M.-L. Henry); Art. Pferd und Streitwagen, BRL 250-255 (H. Weippert); J. Wiesner, Fahren und Reiten, Archaeologia Homerica I/F, 1968.

2.

Die grundlegende Bedeutung der Nahrung[102] für das Leben der Menschen hat der Siracide in der klassischen Sentenz 39, 26 formuliert. Er nennt dort neben Feuer, Eisen und Kleidung folgende Lebensmittel: חתה, πυρός Weizen, חלב Milch, דבש Honig, מים Wasser, דם ענב "Traubenblut", Wein, יצהר Öl, מלח Salz. Hunger dagegen ist ein Teil des Gottesgerichtes: 39, 29[103]. Hunger ist auch Strafe für die Sünder: 40, 9. Konkrete Angaben über Hungersnöte fehlen[104]. Der Mensch ißt alles mögliche (36, 18 = 36,23 LXX), um den Hunger zu sättigen. Vor "Fressern und Säufern" (18, 33) dagen warnt Jesus Sirach, weil sie sich finanziell ruinieren und würdelos sind (die trunksüchtige Frau 26, 8)[105]. Mäßigkeit ist Ausdruck der Klugheit (31, 18).

Brot[106] und Wasser sind die vornehmsten Nahrungsmittel: לחם, מים 15, 3[107] und 29, 21. Honig[108] begegnet öfter, allerdings nicht in seiner Bedeutung als Nahrungsmittel, sondern als Metapher - ein Zeichen seiner Hochschätzung (49, 1). Das öfter erwähnte Öl dient nicht nur als Nahrungs-, sondern auch als Beleuchtungs-, Schönheits- und Opfermittel[109]. Sirach erwähnt keine Fleischnahrung. Dies ist nicht grundsätzlich zu verstehen, entspricht aber den Prioritäten des Essens in Israel. Eine gewisse Stilisierung zum Einfachen hin ist deutlich. Nicht Askese, wohl aber Bescheidenheit lehrt der Siracide. Über die Frage der Speisegesetze spricht er nicht.

---

[102] Lit.: Art. Getränke, BHH I, 562f. (G. Sauer); Art. Speise, BHH III, 1826-1827 (B. Reicke); A. C. Bouquet, Everyday life in NT times, 1954, 69-79; E. W. Heaton, Everday life in OT times, 1956, 81-115; Kennett, Ancient Hebrew Life and Custom, 33ff.

[103] Zum Text vgl. Skehan - di Lella, 457.

[104] Art. Hungersnot, BHH II, 753f. (J. N. Sevenster).

[105] Zu Kap. 31ff. s. u. Kap. VII, S. 106ff.

[106] Art. Brot: BHH I, 274 (J. Rogge); Art. Backen, BRL, 29f. (M. Kellermann); Art. Brot, RAC II, 611-620 (Th. Klauser, J. Haußleiter, A. Stuiber); Daniel-Rops, Umwelt Jesu, 197-202.

[107] In weish.-paränetischer Metaphorik, die stets einen hohen Eigenwert des Vergleichsgegenstandes voraussetzt.

[108] Art. Honig, BHH II, 747 (L. H. Silberman); die Frage, ob es sich um Bienenhonig oder um Honigsirup handelte, kann hier offenbleiben (s. Lit. a.a.O.).

[109] Art. Öl, BHH II, 1336f. (E. Segelberg); Art. Öl und Ölbereitung, BRL, 238-240 (D. Kellermann).

Zur einfachen Kleidung בגד[110] äußert Sirach sich lapidar an den schon bekannten Stellen 29, 21 und 39, 26. Interessant ist die realistische Verbindung von Kleidung und sozialer Stellung 40, 3f.:

"Von dem angefangen, der auf den Throne in der Höhe sitzt,
bis zu dem, der sich kleidet mit Staub und Asche,
von dem angefangen, der einen Kopfbund[111] und ein Diadem trägt,
bis zu dem, der ein Gewand aus Fell trägt"[112].

19, 30 faßt diese Beobachtung kürzer: "Die Kleidung ($\sigma\tau o\lambda\iota\sigma\mu\acute{o}\varsigma$) eines Mannes ... tu(t) kund, was es mit ihm auf sich hat".

Sirach kennt also keine Einheitskleidung, sondern sozial abgestufte Kleidung vom Luxus-Kleid bis zu den Lumpen der Armen. Das fußlange Gewand $\pi o\delta\acute{\eta}\rho\eta\varsigma$ (27, 8), metaphorisch gebraucht, gilt dem Siraciden als Wert[113]. Dies wird besonders in Kapitel 6, 29-31 deutlich, wo goldene Gewänder und Ehrengewänder in dem metaphorisch hochwertigen Zusammenhang der Weisheit genannt werden. Hier wird wieder Sirachs Nähe zur gesellschaftlichen Elite deutlich. Einen asketischen Kleiderrigorismus kennt er nicht.

Neben Nahrung und Kleidung nennt Sirach 39, 26 auch das Eisen als lebensnotwendig. Welche Werkzeuge begegnen bei Sirach? Kapitel 38, 28ff. schildert einige wesentliche Werkzeuge[114]: Amboß ($\ddot{\alpha}\kappa\mu\omega\nu$), Schmelzofen ($\kappa\acute{\alpha}\mu\iota\nu o\varsigma$) und Hammer ($\sigma\varphi\tilde{\upsilon}\rho\alpha$) des Schmiedes, der nach einem Modell arbeitet ($\dot{o}\mu o\acute{\iota}\omega\mu\alpha$, Abbild 38, 28), Töpferscheibe und Brennofen des Töpfers ($\tau\rho o\chi\acute{o}\varsigma$ 38, 29f.). Anderswo begegnen Waage, Gewichte ($\zeta\acute{\upsilon}\gamma o\varsigma$, $\sigma\tau\alpha\theta\mu\acute{o}\varsigma$ 28, 25; 42, 4)[115] und Geschäftsbuch (42, 7)[116]. Bei den öfter genannten Fallen ($\pi\alpha\gamma\acute{\iota}\varsigma$ 27, 26. 29 u. ö.) und Fangnetzen

---

[110] Art. Kleidung, BHH II, 962-965 (G. Fohrer); Art. Kopfbedeckung, ebd. 985f. (ders.); Dalman, AuS V, 199-356; Kopfbund: Dalman, AuS V 258; Art. Kranz-Krone, BHH II, 999f. (C. Meister); CRINT I, 2, 797f. (S. Safrai, Religion in Everyday Life, 793-833); Daniel-Rops, Umwelt Jesu, 209-214; Art. Kleidung, BRL 185-188 (H. Weippert); Kennett, Ancient Hebrew Life and Custom, 45f.; antike Kleidung allg.: Art. Kleidung, LAW 1533-1538 (F. Eckstein, Lit.). - 42, 13 erwähnt Sirach den Mottenfraß: vgl. Dalman V, 212.

[111] Ebs. 11, 5.

[112] Zum Text vgl. Skehan - di Lella 465. Über die schlechte Kleidung der Verarmten auch 11, 4. Zum Gewand aus Ziegenhaar vgl. Dalman AuS V, 210.

[113] Zum Gewand des Hohenpriesters vgl. unten Teil III, S. 261ff.

[114] Vgl. Art. Handwerkszeug, BHH II, 644f. (A. S. Kapelrud); Art. Leder und Lederbearbeitung, BRL 203-204 (H. Weippert); Art. Metall und Metallbearbeitung, BRL 219-224 (M. Weippert); Art. Stein und Steinbearbeitung, ebd. 317-321 (H. Weippert); Art. Holzbearbeitung, ebd. 147-149 (K. Galling, H. Weippert); Art. Keramik, ebd. 168-185 (U. Müller); Art. Töpferscheibe, ebd. 345f. (ders.).

[115] Art. Maße, BRL 204-206 (G. Schmitt); Art. Gewicht, ebd. 93f. (H. Weippert).

[116] Beachte die schwierige Lesart: Sauer 609 Anm. 7a; Sauers Übersetzung nach M; ebenso Skehan - di Lella 479.

(27, 20 u. ö.) muß offen bleiben, ob es sich nur um bäuerliche Werkzeuge handelt oder ob auch Fischernetze gemeint sind[117].

Waffen[118] erwähnt Sirach häufig, vorwiegend aber in traditioneller Metaphorik: Schwert[119], Schild und Lanze (ἀσπίς, δόρυ 29, 13), Pfeil (βέλος 19, 12), Kriegstrompete (σάλπιγξ 26, 27). Fesseln für Gefangene, Handschellen, Joch und Bande, Rute, Stock und Peitsche für den Sklaven seien hier ebenfalls genannt[120].

Daß Jesus Sirach dem Arztberuf eine besondere Bedeutung beimißt, wurde schon deutlich. Dementsprechend häufig äußert er sich auch zu Details der medizinischen Kunst. Starke Sonne verursacht Augenentzündungen (43, 4), Augenreiben läßt das Auge tränen (22, 19). Wunden werden verbunden (27, 21; 30, 7). Ein Schlag verursacht eine Wunde (27, 25). Beim Festmahl soll man vorsichtig sein (31, 20). Wenn man durch Speisen "beschwert" wurde, soll man sie ausspeien (31, 21). So bewirkt auch Wein Fröhlichkeit, im Übermaß aber Kopfschmerzen (31, 29).

Völlerei führt zur Übelkeit (37, 30), ja zum Tode (37, 31)[121], Träume sind gefährlich und nichtig[122]. Schwere Krankheit und seelische Belastungen führen zu Schlafstörungen (31, 1-4). Sie werden von Sirach zu den Krankheiten gezählt. Pest ist eine furchtbare Seuche (39, 29; 40, 9 דבר). Schlangengift ist besonders gefährlich (25, 15[123]). Gesundheit ist der höchste Reichtum (30, 16), wobei Sirach interessanterweise zwischen Gesundheit des Leibes und der Seele unterscheidet (30, 15)[124]. Ständige Krankheit[125] ist schlimmer als der Tod (30, 17). Deshalb gilt auch: Lieber arm und gesund als reich und krank (30, 14)[126]. Im 38. Kapitel[127] äußert sich Sirach thematisch belehrend über diesen Gegenstand, der ihm besonders am Herzen liegt: hier kommt er auf die Arznei zu sprechen. Es

---

[117] Art. Falle, BHH I, 464 (G. Fohrer); Art. Netz, ebd. III, 1302 (C. Edlund).

[118] Art. Dolch und Schwert, BRL 57-62 (H. Weippert); de Vaux Lebensordnungen II, 48f. (Waffen); Art. Waffen, BHH III, 2124-2127 (G. Fohrer); zum Militärwesen vgl. Hengel, Judentum, 21-32 (Lit.); Kennett, Ancient Hebrew Life and Custom, 57ff.

[119] חרב, ῥομφαία 21, 3; 22, 21; 26, 28; 28, 18 μάχαιρα; 39, 30; 40, 9.

[120] 21, 19; 23, 2. 10; 28, 19f.

[121] Hier werden Grundregeln hellenistischer Diätetik mitgeteilt.

[122] 34, 1-8; 40, 5ff. Zum Traum bei Sirach s. u. Kap. XI.

[123] Zum Text vgl. Sauer 567 Anm. Ebs. Skehan - di Lella 346.

[124] Zu dieser Differenzierung vgl. die griechische Vorstellungen (Kudlien, RAC 10, Art. Gesundheit, 907ff.). Zum Text vgl. Sauer 578 Anm.

[125] Art. Krankheit, BHH III, 997-999 (K. Karner); H. W. Wolff, Anthropologie des AT, 1977³, 211-220.

[126] Dazu RAC 10, 931: Kudlien sieht dort griechischen Einfluß bei Sirach.

[127] Dazu bes. D. Lührmann, Aber auch dem Arzt gib Raum (Sir 38, 1-15), WuD 15, 1979, 55-78, und: Marböck, Weisheit, 154-160. - S. o. Kap. II.

handelt sich um "Kräuter, Wurzeln, Rinden, Blätter ..., v. a. aber das pflanzliche Öl", das der Arzt "zur Schmerzlinderung nutzt"[128]. Bei der Kultivierung der Umwelt tritt die Deutung der Medizin durch Sirach besonders hervor und weist eindeutig auf hellenistische Einflüsse in Jerusalem um 200 v. Chr. hin[129]. Dabei muß betont werden, daß sich für Sirach nicht etwa ein Bruch, sondern gerade eine Verbindung zwischen jüdisch-religiöser und hellenistischer Medizin ergibt[130].

---

[128] Lührmann, a.a.O. 61f. Ebd. 71 zu dem Umstand, daß der hellenistische Art sein eigener Apotheker bzw. Salbenmischer ist (vgl. dazu auch Kennett, Ancient Hebrew Social Life, 88f.).

[129] S. o. Kap. II, S. 46f. - Die schon angeschnittene Frage, ob Sirach selbst Arzt gewesen sein könnte - hier sind auch die Auslandsreisen zu bedenken - erhält auch von hierher eine gewisse Wahrscheinlichkeit, ohne daß man an diesem Punkt zu einem Urteil kommen könnte.

[130] So richtig Marböck, Weisheit, 160.

Kapitel 7: Sitten und Gebräuche

Während Sirach offensichtlich die bisher behandelten Aspekte materieller Kultur nur im Vorübergehen und in zufälliger, oft lediglich metaphorischer Weise erwähnt, treten wir nun mit der Frage nach den Sitten und Gebräuchen in Familie und Gemeinschaft in einen Bereich ein, der mindestens teilweise Gegenstand seiner eigenen Lehrtätigkeit ist. Damit erhalten wir - wie schon vorher bei der Medizin - breiteres eigenes Material Sirachs und stoßen weiter in die Schichten der kulturellen Welt vor, die er erlebt und mitgestalten will, zugleich weiter in den Bereich dessen, was in unserer Zeit Kultur genannt wird[1].

"Sitten[2] und Gebräuche" sind ein heuristischer Begriff, den im einzelnen zu differenzieren nicht immer gelingt. Die Definition von Sitte als "bas. richtige(r) Form der sozialen Norm, die in ihrem Geltungsanspruch und der damit verbundenen Durchsetzbarkeit über Brauch und soziale Gewohnheit hinausgeht"[3], ordnet den Brauch der Sitte derart unter, daß der Brauch "als von der Sitte gefordertes, sozial bestimmtes, bei gewissen Anlässen geübtes traditionelles Verhalten" sei[4].

Der umfangreichen Literatur zu Sitten und Gebräuchen der griechisch-römischen Antike und des antiken Judentums[5] lassen sich folgende für das Sirachbuch wichtige Stichworte zu diesem Gebiet entnehmen[6]:

(1.) Gesten und Gebärden, Umfangsformen, Einladungen, Besuche, Tischsitten und Trinksitten, Geschenke, Gastfreundschaft, Verhalten gegenüber Fremden und Bettlern, Körperpflege, Spiele, Vergnügungen, (2.) Unterhaltung, Aufzucht der Kinder bis zum Erwachsensein, Tage-

---

[1] Vgl. dazu oben in der Einführung. - Sachlich und methodisch liegt aber kein tieferer Einschnitt zwischen "materieller Kultur" einerseits und "Sitten und Gebräuchen" andererseits.

[2] Zum Begriff "Sitte" vgl. die ausgezeichnete Einführung bei Krauss, TA III, 2f. Die hohe Bedeutung, die die Rabbinen den menschlichen Anstandsregeln zubilligen, findet sich ebenso bei Sirach. Vgl. Art. Minhag, EJ 12, 4-31; Art. Brauchtum, BHH I, 270f. (G. Fohrer); Art. Sitte, BHH III, 1811f. (B. Reicke).

[3] Meyers Enzyklopädisches Lexikon 21, 1977, 776. - Ähnlich der umfangreiche Art. Sitte, RGG³ VI, 53-59 (W. Trillhaas; G. Holtz, O. E. Straßer), bes. 53.

[4] Meyers EL 4, 1972, 643f.

[5] Vgl. S. 84 Anm. 2.

seinteilung, Hochzeit, Tod und Bestattung, Riten, Ablauf des täglichen Lebens, Feste und Jahreslauf[7].

Für alle diese Bereiche des menschlichen Lebens gibt es überindividuelle Regeln, die mehr oder weniger verbindlich als Brauch, Sitte oder Ritus[8] formend das Leben des Einzelnen bestimmen.

Obgleich Sitte und Brauch ihrem Wesen nach vorliterarisch sind, sind sie doch seit alters immer wieder Gegenstand einer gelehrten oder philosophierenden Literatur geworden. Auch Sirach tritt für einige Aspekte der jüdischen Sitten und Gebräuche[9] seiner Zeit als Lehrer auf, so für Gesten und Gebärden, Umgangsformen, Aufzucht der Kinder, Bestattung, Geschenke, Gastfreundschaft, dort speziell für Tisch- und Trinksitten, schließlich für die Zeiteinteilung.

Der Bereich des Luxus (3.) schließt diesen Teil der Kultur ab.

1.

Gesten und Gebärden[10] sind wie in vielen Kulturen auch bei den Mittelmeervölkern und im Orient verbreitete Möglichkeiten, ohne Sprache Sachverhalte, Gedanken und Gefühle mitzuteilen. Das Gebiet der Gestik und Gebärdensprache ist für unseren Zeit- und Kulturraum nur mangelhaft untersucht[11], wovon auch der unbefriedigende Artikel im RAC zeugt[12]. Dabei sind Gesten nach Köttings treffender Definition "die bewußten, zielgerichteten Bewegungen der Glieder des Körpers, die eine Ausdrucksabsicht verfolgen", während "Gebärden eine 'unmittelba-

---

6 Zu den folgenden Themen sind jeweils Krauss TA, Dalman AuS, Str-B sowie Blümner, Friedländer und Marquardt (S. 84 Anm. 2) zu vergleichen.

7 Die Kleidung und einige Aspekte des Familienlebens, die auch der Sitte unterliegen, sind schon in Kap. I und Kap. VI behandelt worden.

8 Ritus ist ein bes. für religiöse Bräuche benutzter Terminus: "ursprüngl. Bezeichnung für einen Handlungsablauf, der mit religiöser Zielsetzung ... in seinen Bestandteilen genau festgesetzten Regeln folgt" (Meyers EL 20, 1977, 206). Die kulturanthropologischen Aspekte des Begriffs bleiben hier außer acht (vgl. dazu Art. Ritus, RGG[3] V, 1127f., W. E. Mühlmann).

9 Zu atl. jüdischen Sitten vgl. weiter R. H. Kennett, Ancient Hebrew Social Life and Custom as indicated in Law narrative and metaphor, London, 1931, (repr. 1980); R. Patai, Studies in Biblical and Jewish Folklore, 1960.

10 Lit.: Art. Geste u. Gebärde, RAC 10, 895-902 (B. Kötting); Art. Hand, BHH II, 631f. (G. Fohrer); Art. Gebärden, KP 2, 707f.; Art. Auge, RAC 1, 957-969 (P. Wilpert). C. Sittl, Die Gebärden der Griechen und Römer, Neudruck 1970; G. Neumann, Gesten und Gebärden in der griechischen Kunst, 1965.

11 KP 2, 708. So fehlen diese Stichworte z. B. in NBL.

12 RAC 10, 895-902.

re' Körpersprache (sind), durch die der Gemütszustand kundgetan wird"[13]. Bei Sirach spielt weiter die Mimik eine wichtige Rolle. Für die die Einsicht, an der ihm viel liegt, gilt:

"Am Aussehen (ὄρασις) wird ein Mann erkannt,
und an dem Ausdruck des Angesichts (ἀπάντησις προσώπου, persönliche Begegnung) wird erkannt ein Verständiger" (19, 29).

Daher teilt Sirach so viele Beobachtungen gerade zur Mimik mit. Trügerisches Lächeln zeichnet den Mächtigen aus, der mit dem Armen spielt (13, 6. 11). Das Lachen, das die Zähne sehen läßt (γέλως ὀδόντων), offenbart den Charakter eines Mannes (19, 30). Kluges Lächeln zeichnet den Weisen aus, lautes Lachen den Toren (21, 20[14]). Ein zufriedener Mensch hat in jeder Lebenslage ein heiteres Gesicht. Bei verhaßten Dingen ist das Angesicht furchtsam (26, 4. 5). Eine böse Frau entstellt und verfinstert das Angesicht ihres Mannes (25, 16. 23)[15]. Und hochmütige, freche Blicke verraten die unzüchtige Frau (26, 9). Eine fremde Frau soll man nicht anblicken (41, 21). "Wer mit dem Auge zwinkert, baut Böses auf" (27, 22). Dagegen spiegelt ein leuchtendes Gesicht ein gutes Herz (13, 26). Insgesamt gilt 13, 24: "Das Herz eines Menschen verändert sein Angesicht, sowohl zum Guten als auch zum Bösen." Daneben nennt Sirach eigentliche Gesten und Gebärden: das Kopfschütteln und Winken des Feindes in feindlicher Absicht (12, 18; 13, 7)[16], weiterhin den geheuchelten Trauergestus[17] (19, 26f.). Feinde darf man nicht neben sich stehen, schon gar nicht zu seiner Rechten sitzen lassen (12, 12)[18]. Aber zu dem Einflußreichen soll man nahe herantreten (13, 9)[19]. Das "Hintreten" vor Fürsten ist ein Privileg der Ärzte und Weisen (38, 3; 39, 4). Die Richter sitzen auf dem Richtstuhl (38, 33)[20], desgleichen die Herrscher auf dem Thron (11, 5); die Freunde der Herrscher

---

[13] Ebd. 896. Vgl. die ähnliche Definition bei Neumann, Gesten, S. 1.

[14] Zur richtigen Anordnung der VV. vgl. Skehan - di Lella, 307f.

[15] H V. 16, Sauer V. 17.

[16] Vgl. weiter Sauer 537 Anm. und Skehan - di Lella, 248. So auch rabbinisch als "Zeichen des Spottes und des Hohns", Krauss TA III, 8. Vgl. Mt 27, 39, dazu Str-B I, 1039.

[17] Vgl. allg. Krauss TA II, 54-82, wo weder dieser Zug noch speziell das Gebücktgehen erwähnt werden. Vgl. Art. Heuchelei, RAC 14, 1205-1231 (U. Wilckens, A. Kehl, K. Hoheisel). Zum griech. Text vgl. Sauer 553 Anm.: lies πορευόμενος (Ziegler 214).

[18] Hier handelt es sich um Zustandsgebärden, vgl. G. Neumann, Gesten, S. 106.

[19] Das ist letzten Endes der Sinn von 13, 9. Denn man soll ja nur fernbleiben, damit man herangezogen wird.

[20] So ex negativo zu erschließen.

haben einen Ehrenplatz (כבד מושב 7, 4). Schließlich ist der Handkuß
ein Mittel, sich den Mächtigen geneigt zu machen (29, 5)[21].

Zu den eigentlichen Gesten gehören Grußbewegungen[22]. Sirach lehrt
den Weisen die Verbeugung vor dem Stadtoberhaupt (4, 7)[23], aber
ebenso die Erwiderung des Grußes (שלום) des Elenden (4, 8)[24]. Er empfiehlt den freundlichen Gruß für viele (6, 5) und warnt ausdrücklich davor, einen Gruß unerwidert zu lassen (41, 20)[25]. Der Gruß ist für Sirach
eine wichtige Umgangsform.[26]

Besondere Umgangsformen gelten für das Zusammensein mit Frauen:
9, 1-9. Man soll nicht mit einer Dirne sprechen, keine Saitenspielerinnen
beim Gastmahl haben, keine fremde Frau ansehen[27] und nicht mit anderen Ehefrauen beim Gastmahl zusammentreffen[28]. Hier ist also äußerste
Vorsicht zum Schutz der Ehe die Regel für den Weisen.

Sirach vertritt auf diesem Gebiet eine Kultur der Höflichkeit. Vorsicht, Rücksicht, Geben und Annehmen von Ehre sollen den gesellschaftlichen Umgang prägen. Die in Schichten gegliederte Gesellschaft
erfordert strenge Beobachtung der Rangfolge. Korrektheit nach oben,
Großzügigkeit nach unten: das ist die Leitlinie für gesellschaftlichen
Umgang in einer vom Begriff der Ehre geprägten Gesellschaft[29].

Die Geselligkeit ist das Exerzierfeld des höflichen Umgangs miteinander. Hier ist das richtige Ehrenehmen und Ehregeben besonders wichtig.
Die Geselligkeit spielt in der Antike eine große Rolle[30]. Auch Sirach äußert sich häufig zu diesem Thema. Einladungen sollen sorgfältig überlegt
werden: "Nicht jeden beliebigen Menschen bringe ins Haus" (11, 27 =
11, 29 LXX), vor der Einladung eines Fremden wird gewarnt (11, 32 =

---

[21] RAC 10, 898: Gebärde der Bitte, des Hilfesuchenden. Str-B I, 995f. Auch rabbinisch
belegt: Krauss TA III 9 (als Freundschaftszeichen).

[22] Neumann, Gesten, 41ff. zum Gruß der Griechen; Art. Gruß, BHH I, 613f. (G. Fitzer);
Str-B I, 380-385; Krauss TA III, 14ff.; Art. Grußformen, RAC 12, 1204-1232 (H. Zillia-
cus, Lit.); Art. Gruß, NBL 1, 1991, 956-958 (K. Engelken).

[23] Verbeugung als Ausdruck der Ehrerbietigkeit Krauss TA III 16. Zum Text: mit Sauer
S. 514 u. a. עוד in עיר korrigiert.

[24] Immerhin grüßt der Elende zuerst, vgl. Str-B I 38f.

[25] Über den speziellen Gestus gegenüber dem Niedrigerstellten schweigt er.

[26] Vgl. allg. Art. Höflichkeit, RAC 15, 930-986 (J. F. Procopé).

[27] Vgl. die weiteren jüdischen Belege zu dieser Vorsichtsregel bei Str-B I, 298ff. (zu Mt
5, 28).

[28] So auch die griech. Sitte im Gegensatz zur römischen.

[29] Vgl. die Einführung in die Kultur von Ehre und Scham bei B. J. Malina, Die Welt des
Neuen Testaments, 1993, 40-67. Vgl. zu diesem Thema weiter Kap. XI.

11, 34 LXX)[31]. Dementsprechend sorgfältig soll man auch mit seinen eigenen Besuchen umgehen. Das Besuchswesen soll nicht in erster Linie der Abwechslung und dem Vergnügen dienen, sondern der weisen Unterhaltung weniger Gleichgesinnter (9, 15). Es findet unter Männern statt. Auch der Jüngling soll vornehmlich die Weisen, vor allem die Alten besuchen (6, 34).

Beim Eintreten in ein Haus sind dem ἄνθρωπος πολύπειρος Zurückhaltung und Anstand geboten: 21, 22f. Horchen an der Tür ist schmachvoll (21, 24).

Die Bedeutung des Mahles im Judentum ist groß[32]. Das Mahl ist besonderer Ausdruck der Gemeinschaft. Daher gesellen sich neben der Familie besonders die Freunde zu Mahlzeiten. 6, 9 warnt vor bloßen "Tischfreunden". Entsprechend wird 9, 9 vor der Tischgemeinschaft mit anderen Ehefrauen gewarnt. Das Essen soll nicht in gierige und rücksichtslose Nahrungsaufnahme ausarten: 23, 6 und 41, 19[33]. Dem entspricht der Umstand, daß Jesus Sirach dem Gastmahl als dem wichtigsten Mahl eine eigene Lehre widmet, deren Umfang beachtlich ist: 31, 12 - 32, 13[34]. Zweifellos liegt eines jener - nicht zahlreichen - Themen vor, die Sirach neben den traditionell weisheitlichen Themen der Gottesfurcht, der Weisheit, des Weisen und der Schöpfung für lehrenswert hält[35]. Länger ist nur das selbständige Stück über die Männer der Vorzeit: 44-50. Die Überschrift lautet: מוסר לחם וייך יחדו.

---

[30] Friedländer, Sittengeschichte 239-264; Blümner, Privatalterthümer, 385-419; Krauss TA III, 1-75.

[31] Anders in der rabbinischen Tradition: Str-B II 206f.; Krauss TA III 25. Zur allg. Beliebtheit des gegenseitigen Besuches Kraus a.a.O. 24f.

[32] Art. Essen, RAC 6, 612-635 (A. Lumpe); Art. Mahl, Mahlzeit, BHH II, 1124-1126 (A. B. du Toit); Str-B IV/2, 611-639; Dalman, AuS I, 2, 607ff.; VI, 64ff.; VII, 213ff.; Krauss, TA III, 26-63; Kennett, Ancient Hebrew Social Life, 43ff.; Marböck, Weisheit, 162-164, zu Sirachs Bankettanweisungen. Mit Hengel, Judentum, 103. 270, sieht M. hier hellenistischen Einfluß bei Sirach. Ebenso kommentiert Skehan - di Lella, 388ff. im Zusammenhang mit dem hellenistischen Symposium. Ebs. Kieweler, Ben Sira, 178ff.

[33] Die inhaltlich argumentierende Textkritik Sauer, 608 Anm. 19c, muß nicht zutreffen. Der hebr. Text wird durch LXX gestützt: ἀπὸ πήξεως ἀγκῶνος ἐπ' ἄρτοις. So folgt auch Skehan - di Lella 476 dem Text. Andererseits paßt der Vorschlag von G. Kuhn, Beiträge zur Erklärung des Buches Jesus Sira, ZAW 48, 1930, 100-121, S. 113 "Schäme dich, dem Wankenden zu entziehen den Stützpfeiler des Brotes" gut in den Parallelismus 19 c/d.

[34] Skehan - di Lella, 388ff. unterscheidet: 1. Maßhalten im Essen (31, 12-21), 2. Segen und Mißbrauch des Weins (31, 22-31), 3. richtiges Benehmen beim Gastmahl (32, 1-13).

[35] Ebenfalls eigene thematische Abschnitte gelten dem Vater (3, 1-16), dem Reichen (13), der Verschwiegenheit ("Zucht des Mundes" 23, 7-15), der Weisheit (24), der Frau (26, 1-27), der Barmherzigkeit (29), den Kindern (30, 1-13), der Medizin (38), den Berufen (38, 24 - 39, 11) und der Scham (41, 14 - 42, 8).

Hengel hat hier außer in den Symposiumregeln im allgemeinen auch einen speziellen "Einfluß griechischer Sitte"[36] in den medizinischen Vorschriften gesehen und auf die Arzt-Perikope als Parallele hingewiesen. Sirach steht mit dem Abschnitt "Lehre über Brot und Wein gleichzeitig" tatsächlich in der Nähe zu den Lehrschriften hellenistischer Ärzte[37], was seine diätischen Vorschriften und Mahnungen betrifft: 31, 12. 19-21. 29. Besonders die medizinisch argumentierende Mahnung zur Mäßigkeit und die ebenfalls therapeutisch begründete Regel zum Ausspeien gehört hierher. Wie schon beim Thema der Medizin verbindet der Siracide auch hier ethische und medizinische Argumente. Auch seine pädagogisch-ethischen Ermahnungen stehen im Rahmen hellenistischer Kultur. Schneider weist darauf hin, daß zur hellenistischen Eßkultur auch "neue Tischsitten" gehörten[38]. Sirach warnt dementsprechend vor dreistem Zugreifen und Schlürfen und fordert dazu auf, das Mahl rechtzeitig - ja, als erster - zu beenden (31, 17). E. Vogt hat zusätzlich klargestellt, daß Sirach in 31, 12-14 den Rat gibt, die Hand nicht nach dem Bissen in der großen Tischschüssel auszustrecken, auf den schon ein bedeutender Mann sein Auge geworfen hat[39]. Es ist deutlich, daß bei dem Mahl, an das Sirach denkt, noch mit der Hand und nicht schon mit dem Löffel gegessen wurde[40].

Die gute Erziehung - מוסר, παιδεία - ist Ideal des Siraciden (31, 17). Das gilt auch für die Regeln, die er für das sich an das Mahl anschließende Gelage aufstellt. Dies מׁשׁתה, συμπόσιον[41] (31, 31), so wie Sirach sie schildert, zeigt die enge historische und sachliche Verbindung, die zu Sirachs Zeit an bestimmten Punkten in Jerusalem zwischen Hellenismus und israelitischer Kultur bestand. Die Sitte, zwischen Mahl und anschließendem Weintrinken (31, 25ff.) zu scheiden, ist griechisch, aber auch in rabbinischer Zeit üblich[42]. Der Symposiarch (ἡγούμενος 35, 1 LXX) wird gewählt. Zur Unterhaltung dienen Lieder und Sprüche (32, 4ff.). Das altgriechische σκόλιον, das Trinklied, ist in hellenistischer Zeit abgekommen[43]. Interessant ist, daß die letzten literarischen Belege

---

[36] Hengel, Judentum, 270.

[37] Vgl. C. Schneider, Kulturgeschichte des Hellenismus II, 43. Zur hellenistischen Deipnonlit. vgl. den gleichnamigen Art. RAC 2, 658-666 (J. Martin).

[38] Schneider a.a.O. 43. - Vgl. die Bedeutung der Tischsitten am hellenistischen Hof Ep. Arist 182.

[39] E. Vogt, Die Bankettschüssel und der Rat von Sir 31, 14, Bib 48, 1967, 72-74.

[40] Vgl. Schneider a.a.O. (s. Anm. 37) und BHH II, 1124f. Allg. Krauss, TA III, 26-63, bes. 59f.

[41] Str-B IV, 2, 634 zum Weintrinken.

[42] Daremberg-Saglio IV, 2, 1579-1581.

[43] Art. Skolion, KP 5, 234f. (R. Keydell).

für das σκόλιον aus dem 3. Jh. v. Chr. aus Elephantine stammen[44]. Hier reiht sich die Kultur Sirachs in Jerusalem ein, wobei auch im Alten Israel Wein und Trinklieder zum Gelage gehören[45]. Beispiele solcher Lieder haben sich in der Sammlung "Lied der Lieder Salomos", dem Hohen Lied, erhalten, die wohl ebenfalls im 3. Jh. v. Chr. ihre Endgestalt erhielten[46]. 32, 3-11 zeigen, daß der Weise seine παιδεία auch und gerade in Bescheidenheit und im richtigen Gefühl für das Passende erprobt. Beim Gelage verzichtet er auf weisheitliche Lehre. Nur kurze Sentenzen, so wie sie literarisch fingiert im Aristeasbrief begegnen, soll der Weise - sei er Greis oder Jüngling - vortragen. Den Hauptraum soll der Gesang einnehmen. Der Realismus Sirachs ist im Vergleich mit der ausufernden Symposienliteratur Xenophons und Plutarchs sehr bemerkenswert[47]. Die medizinische Beobachtung und Warnung wie auch ein psychologischer Rat finden sich beim Gelage ebenso wie vorher beim Mahl (31, 27-31). Es fehlt dagegen die Belehrung über das Tischgebet, das doch für die Rabbinen entscheidende Bedeutung erlangen sollte[48].

Das Mahl und das Gelage versteht Sirach als Gabe Gottes des Schöpfers (32, 13), als Zeit und Gelegenheit zu Freude, Entspannung, Erhöhung des Lebensgefühls[49]. Die Aufgabe des Weisen ist hier Anwendung und Erprobung der παιδεία, nicht Lehre oder Frömmigkeit. Das Mahl ist nicht ein pädagogisch oder religiös verstandener Akt[50], sondern ein gesellschaftliches Ereignis.

Die Bedeutung, die Sirach den Tischsitten einräumt, verweist auf die Bedeutung, die das Gastmahl für ihn hat. Wir werfen hier einen Blick auf einen Bereich seines Lebens, der von der Weisheit nur mittelbar, d. h. durch die παιδεία, geformt und bestimmt ist. Geselligkeit, Freude, Musik, Essen und Trinken (in Maßen) möglichst mit Höhergestellten: dazu sollen Sirachs Schüler Zutritt erhalten, indem sie sich richtig benehmen. Die Weisheit selbst soll in diesem Bereich zurücktreten: 32, 3f. Auch der Weise braucht und genießt Erholung und Entspannung. Daß Belehrung über dies "weltliche Thema" Aufgabe des Weisen sei, ist seit

---

[44] Ebd. 235.

[45] Eißfeldt, Einleitung, 119; Art. Hoheslied, NBL, Lfg. 7, 1992, 183-191 (O. Keel).

[46] Eißfeldt, Einleitung, 654-664.

[47] Art. Symposion-Literatur, KP 5, 450f. (H. Gärtner); Art. Deipnonliteratur, RAC 3, 658-666 (J. Martin).

[48] Str-B IV, 2, 611-639.

[49] Vgl. die hochwertige Metaphorik 32, 5f. aus dem Bereich des Schmucks.

[50] So dagegen außer bei einigen Teilen der Jesusüberlieferung und den Rabbinen auch im Islam, vgl. H. Kindermann, Über die guten Sitten beim Essen und Trinken, Leiden 1964 (Einleitung S. XIIIff.).

dem Alten Ägypten[51] fester Bestandteil altorientalischer Weisheit. Auch in die hellenistische Symposienliteratur fand diese Thematik Eingang: so in Plutarchs Quaestiones convivales[52].

Geschenke auszuteilen, ist eine verbreitete Sitte[53]. Stuibers Urteil über die erhöhte Bedeutung der Gaben im hellenistischen Judentum läßt sich auch bei Sirach belegen[54]. Der Reiche kann Geschenke austeilen (3, 17[55]) und soll damit nicht geizen (10, 27), weder hinterher darüber nachdenken noch über die Höhe der Gabe schimpfen (41, 19[56]). Zum Hausspiegel des klugen und erfolgreichen Mannes, der weise und fromm ist (7, 18-36), gehört es, ein Geschenk zu geben, "jedem, der da lebt" (V. 33). Daß diese Geschenke teilweise Almosen, zum anderen Teil aber Gaben im Sinne der griechisch-hellenistischen Freigebigkeit und Gegenseitigkeit im Schenken sind[57], geht aus 7, 10 (צדקה, ἐλεημοσύνη). 33 hervor. Eine Gabe muß richtig plaziert und dosiert sein. Dann kann sie große Gegengaben bewirken, sonst kann sie vertan sein. Da ist auch die Gefahr der Bestechung nicht weit. Und Sirach hatte sicher Mühe, seinen Zöglingen beizubringen, wie sie einerseits reicher Geschenke von bedeutenden Männern teilhaftig werden könnten, ohne daß sie andererseits bestochen würden. So haben jüdische wie hellenistische Große zu Sirachs Zeit mit Gaben die Kritik der Weisen zum Schweigen bringen wollen (und wohl auch können). Daher vergleicht Sirach 20, 29 die Geschenke an die Weisen mit der Blendung. Nicht nur der Reiche, sondern auch der wohlhabende Weise selbst soll schenken, denn "Gutes zu tun" gehört nach Kap. 12, 1ff. zur Klugheit des Weisen. Die Klugheit gebietet, nur dem Guten (V. 7), dem Gerechten (V. 2) zu schenken, vor allem aber dem Freund und Bruder (14, 13. 16).

Neben den Geschenken stehen die Almosen, von vornherein als Gabe an Arme und Bedürftige definiert[58]. Auch hier fordert Sirach zu Umsicht

---

[51] W. Baumgartner, Israelitische und altorientalische Weisheit, 1933, 12; vgl. A. Erman - H. Ranke, La civilisation égyptienne, Paris 1976, 222.

[52] W. v. Christ, Geschichte der griechischen Literatur II, 1, 1959[6], HAW VII, II 1, 502 mit Anm. 4 zu den Quellen Plutarchs. Die Gattung des hellenistischen Lehrgedichts dagegen wendet sich rein wissenschaftlichen Themen zu (ebd. 162ff.).

[53] Vgl. 3, 17; 10, 27. So auch in der talmudischen Lit.: Krauss, TA III 17ff.; Art. Gabe, Geschenk, BHH I, 507 (O. Hanssen); Art. Geschenk, RAC 10, 685-703 (A. Stuiber); Art. Gabe, NBL 1, 1991, 719-720 (W. Werner).

[54] RAC 10, 689.

[55] Zum Text vgl. Sauer 512: nach MS C, so auch Skehan - di Lella 158.

[56] Zum Text vgl. Skehan - di Lella 479.

[57] RAC 10, 690f.

[58] Gabe an Arme: 4, 3ff. (4, 4 nach LXX: Halbvers b fehlt im hebr. Text); 7, 32. - Vgl. dazu EJ 5, 338-353; Str-B IV, 1, 536-558; Art. Almosen, RAC 1, 301-307 (H. Bolkestein, W. Schwer); Krauss, TA III, 63-74; Art. Almosen, NBL 1, 1991, 78-79 (K. Berger).

und Feingefühl auf (18, 15). Das Wort soll die Gabe begleiten. Sirach will von der religiösen Pflicht, dem Armen Almosen zu geben, nichts abmarkten: 4, 3ff. In dem religiösen Pflichtenkatalog 7, 27-36[59] begegnet die uneingeschränkte Aufforderung zur Unterstützung der Armen: V. 32. 33 "Gib ein Geschenk (מתן) jedem, der da lebt"[60]. 29, 9 beruft Sirach sich ausdrücklich auf das Gebot (χάριν ἐντολῆς) der Armenunterstützung[61]. Beim Vergleich von Sirachs Aussagen zu Geschenken einerseits und Almosen andererseits lassen sich deutlich unterschiedliche Einflüsse erkennen: auf der einen Seite hellenistische Schenkfreude, gezügelt und regiert durch den vorsichtigen Verstand des Weisen, andererseits die religiöse Verpflichtung zum Almosen, die dem Judentum entstammt[62].

Die allgemeinere Gastfreundschaft[63] auch gegenüber den Fremden[64] (זר) gehört mit den Almosen zu den zahlreichen Liebeswerken, die das Judentum neben den Tora-Geboten kennt und schätzt[65]. Das Alte Israel stellt die Fremden oft neben Arme, Witwen und Waisen[66]. Sirach nennt realistisch die inneren Grenzen, die dieser Form der Liebestätigkeit gezogen werden mußten[67]. Denn wohl geht Sirach davon aus, daß man Fremde aufnehmen müsse. Vor allem gilt dies für Fremde, die gottesfürchtig sind. Sie können durchaus Ansehen erlangen (10, 22). Aber er warnt sowohl die Gastgeber als auch die Fremden. Ein Fremdling gilt ihm als gefährlich, jedenfalls als suspekt. Man soll sich in seiner Gegen-

---

[59] Ursprünglich 29-36, in LXX tritt das Elterngebot des Dekalogs an die Spitze.

[60] Die Verpflichtung gegenüber jedem Menschen, auch dem Heiden, betonen auch die Rabbinen: Krauss, TA III, 65 Anm. 443.

[61] Dtn 15, 7-11. - Kap. 29 ist ganz der Barmherzigkeit gewidmet.

[62] Hierzu vor allem H. Bolkestein, Wohltätigkeit und Armenpflege im vorchristlichen Altertum, Utrecht 1939, bes. 34-66, 401-417. B. weist darüber hinaus noch rückwärts auf die Wurzeln im Alten Orient hin. So auch grundsätzlich O. Hiltbrunner, Art. Gastfreundschaft, RAC 8, 1066.

[63] Dazu Art. Gastfreiheit, BHH I, 514 (R. Gyllenberg); Str-B IV, 565-572; Krauss, TA III, 24f. (nur gegenüber Bekannten); EJ 8, 1030-1033; Art. Gastfreundschaft, RAC 8, 1061-1123 (O. Hiltbrunner, D. Gorce, H. Wehr, Lit.); Art. Gastfreundschaft, NBL 1, 1991, 730 (J. Schreiner).

[64] גר nur 10, 22. Art. Fremder, BHH I, 498f. (B. Reicke); Art. ξένος κτλ., ThWNT 5, 1-36 (G. Stählin); Art. Fremder, RAC 8, 306-347 (E. Fascher, Lit.); Art. Fremder, NBL 1, 1991, 701-703 (B. Lang/R. Kampling); Ch. van Houten, The Alien in Israelite Law, JSOT Suppl. Ser. 107, Sheffield 1991; Ch. Bultmann, Der Fremde im antiken Juda, 1992; R. Feldmeier, Die Christen als Fremde, WUNT 64, 1992, 1-22. - Anders als beim Almosen gilt die Gastfreundschaft im Judentum nicht dem Nicht-Israeliten.

[65] Str-B IV, 559. Hochschätzung der Gastfreundschaft in der gr.-hellenist. Welt: RAC 8, 1083-1086.

[66] Vgl. RAC 8, 311.

[67] Dazu auch Hiltbrunner, RAC 8, 1068.

wart hüten (8, 18). Man soll aufpassen, daß ein Fremder einen nicht seiner eigenen Umgebung emtfremde (11, 32[68]). Andererseits gilt ebenso, daß das Leben als Fremdling bitter bleibt: 29, 22-28 und 40, 28-30. Eigener Haushalt und Rechtssicherheit fehlen ihm[69]. Kapitel 29 zeugt von der Unsicherheit des Lebens in der hellenistischen Welt: Bürgschaft hat schon mächtige und reiche Männer ins Elend getrieben[70]. Solche Fremdlinge sind zum Umherwandern bei Gastfreunden gezwungen und werden dort bald als lästig empfunden. Sirach wird vielleicht nicht zuerst an Volksgenossen, sondern eher an Griechen denken, die die wirtschaftlichen und rechtlichen Folgen der hellenistischen Expansion negativ am eigenen Leibe zu spüren bekamen. Allerdings konnten auch schon wohlhabende Juden in diese Entwicklung hineingezogen worden sein. Sirach selbst betrachtet solch ein Schicksal als Katastrophe. Sein Lebensideal kennt keine Vorstellung eines wandernden, besitzlosen Weisen. Vielmehr ist sein Weiser wenigstens bescheiden wohlhabend, von Bildungsreisen abgesehen zuhause und vor allem Herr seines eigenen Hauses. Er ist Gastgeber und Gastfreund, nicht aber Fremdling. Hier zeigen sich die pragmatischen Grenzen von Sirachs Ethik deutlich.

Dasselbe trifft für Sirachs Haltung dem Bettler gegenüber zu, der oft mit dem Fremden identisch ist: der Weise gibt, aber er bettelt nicht. D. h. auch, er traut der Wohltätigkeit nicht zu viel zu. Diese bleibt notwendig immer nur Behelf für die Unterschicht. Denen aber gehört der Weise niemals an - auch dank der מוסר παιδεία, die er durch seine Lehrer erhält. Denn Betteln ist kein Leben (40, 29).

Die Äußerungen und Lehren Sirachs für den Bereich der höheren Kultur, der sich um das Mahl gruppiert, zeigen besonders deutlich die tiefe und fraglos vorausgesetzte Verwurzelung Sirachs in der Stadt und im städtischen Hauswesen mit seinem gesicherten, mehr oder weniger wohlhabenden Lebensstandard[71]. Bedürftigkeit nimmt dem Menschen die Ehre (10, 26 כבד, δόξα). Und eine ungesicherte Existenzform ist ihm

---

[68] Zum Text vgl. H. P. Rüger, Text und Textform im hebräischen Sirach, BZAW 112, 1970, S. 18.

[69] Zur Rechtslage der Flüchtlinge und Fremden in der hellenistischen Welt bes. C. Préaux, Les étrangers à l'époque hellénistique, Rec Soc Bodin 9, 1958, 141-193. Speziell Feldmeier, Die Christen, 1-22.

[70] Zur Bürgschaft in der Antike vgl. M. Finley, Studies in Land and Credit in Ancient Athens, 500-200 B C, New Brunswik, 1951; Th. Pringsheim, The Greek Law of Sale, Weimar 1950; Art. Bürge, BHH I, 289f. (L. Delekat); de Vaux, Lebensordnungen I, 278f.

[71] Insofern ist C. Schneiders Urteil zuzustimmen: "Dazwischen stehen Anweisungen, die dem kleinbürgerlichen Großstadtleben popular-epikuräischer Gesittung entnommen sind, etwa das Lob des guten Weines und des Kitharaspieles beim Zechen" (Kulturgeschichte des Hellenismus I, 888). Es handelt sich in diesem Bereich um gesel-

zwar bekannt, und als Gegenstand der Ermahnung an den wohlhabenden Weisheitsschüler thematisiert er sie auch, aber sie gehört nicht zu seiner Welt. Sie bildet vielmehr deren äußeren Rand und zeigt die in hellenistischer Zeit bestehenden Gefährdungen des städtischen Bürgertums an.

In das Umfeld des Mahles und der Gastfreundschaft gehört auch der weitere gesellige Bereich der Unterhaltung und des Spiels[72]. Eigentliche innere Freude vermitteln für Sirach selbst die Gottesfurcht und die Weisheit (1, 11 u. ö.). Aber daneben kennt Sirach doch auch das breite Spektrum weltlicher Freude, zu der er in dichterischer pars pro toto-Rede "Wein und Rauschtrank", "Flöte und Harfe", "Schönheit und Anmut" zählt (40, 20-22). Den Wein (יַיִן) als Freudenbringer, freilich in Maßen und mit Bedacht genossen, schätzt Sirach überhaupt (31, 25-31). Auch die Anmut der Ehefrau rühmt er (26, 13ff.). Und Musik, Lied und angemessene Rede unterstützen die Freude beim Gelage (32, 2ff.; 49, 1 met.). "Prächtiges Essen" (29, 22 ἐδέσματα λαμπρά und 31 pass.) weiß er zu schätzen. Andererseits warnt er, wie schon erwähnt, sehr vor Mißbrauch: 18, 33; 23, 6 und 37, 29ff. warnt er vor Fressen, Saufen und jedem übermäßigen Genuß. Auch das Ansehen schöner Frauen (9, 8), das Gastmahl mit anderen Ehefrauen (9, 9), Zeitvertreib mit Saitenspielerinnen (9, 4), vor allem die Dirne (9, 3) verbietet er dem Jüngling. Andererseits rät Sirach: "Tue dir Gutes an" (14, 11) und:

"Nicht sollst du dir versagen das Glück eines Tages,
und an dem dir bestimmten Teil der Freude gehe nicht vorüber" (14, 14).[73]

Damit ist der Rahmen, in dem Sirach Unterhaltung und Freude zulassen will und kann, abgesteckt. Unterhaltung und Freude in Gesellschaft gibt es nur im Kreise der Männer. Mäßigkeit in jedem Genuß ist notwendig. Eigentliches Spiel[74] und Tanz[75] begegnen bei Sirach nicht. Ebenfalls fehlen Hinweise auf Sport und Theater, die ja erst im Zuge der Hellenisierungspolitik Antiochos IV. Epiphanes in Jerusalem Fuß faßten. An diesem Punkte bedarf es noch keiner Warnung.

Charakteristisch für Art und Grenzen der Unterhaltung bei Sirach ist schließlich die ungemein restriktive Sicht kindlichen Spaßes 30, 9f.:

---

lige Formen des Stadtlebens. Wieweit dies Leben "kleinbürgerlich" sei, muß dahingestellt bleiben. Diese Kategorie ist der Sozialgeschichte der späten Neuzeit entlehnt.

[72] Vgl. Art. Spiel, BHH III, 1832-1835 (B. Reicke, Lit.); Krauss, TA III, 102-121; C. Schneider, Kulturgeschichte des Hellenismus II, 183-207.

[73] Zum 2. Halbvers vgl. Sauer 540 nach Rüger, Text, 19f.

[74] Für die Rabbinen s. Krauss a.a.O.

[75] Ebd. 99f.: Tanz als Unterhaltung auch der Rabbinen (S. 100); Art. Tanz, BHH III, 1931-1932 (G. Wallis, Lit.).

"Verwöhne ein Kind, so wird es dich erschrecken;
mache Späße (σύμπαιξον) mit ihm, so wird es dich betrüben.
Lache nicht mit ihm, damit du nicht mit ihm trauern müssest"[76].
Unterhaltung bleibt für Sirach stets mit der festgefügten und abgesicherten Welt des erwachsenen Weisen verbunden[77], in deren heilsame, durchaus Raum zu angenehmem Leben bietende Grenzen der Weise die Jünglinge geleiten will.

Ein recht bedeutender Teil jüdischer Kultur, das Waschen und Baden sowie die weitere Körperpflege[78] begegnet eigentümlicherweise so gut wie gar nicht. Nur 34, 30 zeigt im Vorbeigehen, daß Sirach selbstverständlich die alttestamentlichen Reinheitssitten kannte. Das Fehlen dieses Themas ist schwer verständlich angesichts der hohen Meinung, die Sirach von ärztlicher Kunst, Medizin und gesundem Leben hat.

2.

Der bewußte, gestaltende Umgang des Menschen mit der Zeit gehört zu jeder Kultur. Der Ablauf des Tages wie der Ablauf größerer und großer Zeitabschnitte bis hin zum Ablauf eines gesamten Menschenlebens wird geordnet und Regeln unterworfen. Dazu bildet sich eine Vielfalt örtlich und zeitlich bedingter Sitten und Gebräuche hinsichtlich der Zeiteinteilung aus[79]. Die Strukturierung der Zeit wird sowohl mit der Welt der Gestirne als auch mit göttlicher Planung in Verbindung gebracht. Belehrung über die rechte Zeiteinteilung wie über das rechte Zeitverständnis ist daher schon ein Thema der alten israelitischen Weisheit[80], besonders dann das Thema der Weisheitsschrift Kohälät, die nicht sehr viel älter als Sirach sein dürfte[81].

So ist auch für Sirach die "rechte Zeit" ein Gegenstand seiner Lehre: "Inmitten von Unständigen gib acht auf die rechte Zeit συντήρησον

---

[76] Vgl. Krauss, TA III, 108ff.

[77] Volksbelustigungen werden bei Sirach dementsprechend nicht erwähnt. Ausnahme: der Schlangenbeschwörer 12, 13 (חֹובֵר).

[78] Vgl. die umfangreiche Darstellung bei Krauss, TA I, 208-252; Art. Reinigung, BHH III, 1581f. (B. Reicke); Art. Waschung, ebd. 2137f. (W. Bunte); Art. Bad und Baden, BRL, 30-32 (H. Weippert); neue Lit. bes. archäologischer Herkunft bei R. Reich, The Hot Bath-House (balneum), the Miqweh and the Jewish Community in the Second Temple Period, JJS 39, 1988, 102-107 (Makkabäer- und herodianische Zeit).

[79] Allg.: Krauss, TA II, 416-434; Dalman, AuS I 2.

[80] Grundlegende Darstellung bei G. v. Rad, Weisheit in Israel, 1970, 182-188, 337-363.

[81] Koh 3, 1-15. Zur Datierung vgl. Art. Koheletbuch, TRE 19, 345-356 (D. Michel): wohl im 3. Jh. v. Chr.

καιρόv" (27, 12)[82]. Zurechtweisung, Rat, Wort: all das hat Erfolg nur zu dem Zeitpunkt, an dem der andere Mensch aufnahmefähig ist. Während nun die Fähigkeit, solchen rechten Zeitpunkt zu finden, jedem einzelnen überlassen bleiben muß, gibt es andere Aspekte der Zeit, die überindividuell sind.

43, 1-8 beschreibt Sirach die "Werke Gottes אל מעשי" (42, 15), zu denen der Tag mit seiner Einteilung durch Sonne und Mond in Morgen - Mittag - Nacht gehört. Ebenso hat Gott durch den Lauf des Mondes[83] die Monate, die Feste und andere festgelegte Zeiten geordnet: 43, 7-8[84]. Sirach ist damit ein deutlicher Zeuge für den lunaren jüdischen Kalender aus der Zeit des Zweiten Tempels[85].

Immer behält Sirach die für den Menschen wesentlichste Zeitspanne, die Dauer des eigenen Lebens, im Auge:

"Eine gewisse Zahl von Tagen und eine bestimmte Frist (καιρός) gab er [Gott] ihnen [den Menschen]" (17, 2)[86].

Das menschliche Leben reicht von der Jugend bis ins Greisenalter (6, 18). Die Lebensperspektiven des Weisen richtet sich auf das Ende seiner Tage (1, 13)[87]. Richtige Lebensweise verlängert das Leben (37, 31).

Zur konkreten kulturellen Strukturierung des Jahres durch Feste und des menschlichen Lebens durch den Lebensaltern zugeordnete Riten äußert sich Sirach kaum. Kindheit (30, 12), Jugend und Alter (25, 3-6 u. ö.) bleiben topische Lebensalterbestimmungen[88]. Sirach erklärt oder differenziert hier nicht. Die Trauer über die Toten soll kurz bemessen sein: zwischen zwei und sieben Tagen schlägt Sirach vor: 38, 16-23 und 22, 11ff.[89]. Der Generationenwechsel wird ebenfalls nur allgemein er-

---

[82] Sinn wohl hier: die rechte Zeit, sich zurückzuziehen. - Ebs. 1, 23f.; 4, 20; 18, 22-26; 20, 1-7; 32, 4.

[83] 43,7: Nach HB^mg וב: auf Mond bezogen, so auch G (vgl. Sauer 612, vgl. Skehan - di Lella, 489). - Zum Mondjahr vgl. Art. Jahr, BHH II, 792-795 (W. Rordorf); Art. Zeitrechnung, BHH III, 2211-2228 (A. Jepsen, A. Strobel); Art. Kalender und Zeitrechnung, BRL 165-168 (M. Weippert; Lit.); Art. Kalender, NBL 1, 1991, 429-432 (K. Jaros).

[84] Ebs. 33, 7-9 und 47, 10 (über David als Stifter der Feste).

[85] Vgl. M. D. Herr, The Calendar, CRINT I, 2, 834-864 (Lit.), dort 839. - Gründliche Darstellungen: E. Mahler, Handbuch der jüdischen Chronologie, 1967 repr.; J. Finegan, Handbook of Biblical Chronology, 1964.

[86] Vgl. dazu 18, 9a; 37, 25; 40, 1; 41, 13.

[87] Zum Ende des Lebens als bedeutsamen Zeitpunkt vgl. 11, 25f.; 33, 24; 41, 1-4. Zum Text vgl. Skehan - di Lella, 241. Dort auch zu vergleichbaren Äußerungen zum gemeinantiken Topos "respice finem" aus dem griechischen Bereich.

[88] Dazu Wolff, Anthropologie des Alten Testaments, 127-210.

[89] Vgl. Art. Trauer, Trauerbräuche, BHH III, 2021-2023 (E. Oßwald; Lit.); Krauss, TA II, 54-82. Siebentägige Trauer: ebd. S. 69. Die zweitägige Trauer scheint eher Sirachs ei-

wähnt (14, 18). Die israelitischen Feste werden auffallenderweise nicht im einzelnen genannt[90]. Priesterliche Elemente fehlen hier ganz. Immerhin wird David als Ordner der Feste und Festzeiten besonders gelobt: 47, 10. Auch die Jahreszeiten werden nur sehr pauschal genannt[91]. Es ist deutlich, daß Sirach für diesen Bereich des Lebens keine besonderen Weisungen geben will[92].

Über das eigene Leben hinaus blickt der Weise zurück in die Geschichte des Volkes Israel (Kap. 44-49) und weiter zurück bis in das Schöpfungswerk hinein (42, 15 - 43, 33). Hier in der Schöpfungsbelehrung liegt ein ureigener Bereich weisheitlicher Lehre, die Sirach nun in ganz neuer Form mit einem Geschichtsrückblick verbindet. Während das Leben des Volkes Israel "Tage ohne Zahl" währt (37, 25)[93], vernichtet die Ewigkeit die Bedeutung jeder Zeitdauer (18, 10). Die Weisheit selbst hat überzeitliche Qualität (1, 1[94] und 24, 9). Hier und nicht im Geschehen der Zeit ist der Weise letztlich verankert. Seine Lehre reicht demgemäß weit über den Tag hinaus: er hinterläßt sie εἰς γενεὰς αἰώνων (24, 33).

Dieser Überblick über die Aussagen Sirachs zur Zeit hilft sein eigenes Profil als Weisheitslehrer zu konturieren. Die Zeit ist für ihn ein ethisches Problem, ja eine pädagogische Aufgabe und Herausforderung (6, 18[95]). Der Weise strebt nach rechtem Umgang mit der Zeit. Das verdeutlicht besonders Kapitel 18. Sirach kennt eine Zeit der Sünde (V. 21) und der Strafe Gottes im Leben des Einzelnen (V. 24). Diese äußert sich in Krankheit und Armut. Der Weise stellt sich auf solche Zeiten ein. Er

---

gener, sehr zurückgenommener Form der Totenklage zu entsprechen. Weitere Stellen: 22, 6 (keine Musik, übertragen gebraucht); 46, 12 (Begräbnisstätte; zum Text Sauer 622: V. 12a LXX und V. 12 hebr. Text zu einem Vers verbunden). Lit.: R. Hachlili u. A. Killebrew, Jewish Funary Customs During the Second Temple Period, PEQ 115, 1983, 109-139.

[90] Nur allg. werden die Festtage des Jahres 33, 9 (= 36, 8 LXX) und 47, 10 genannt. - Vgl. dazu die Debatte darüber, ob 50, 5-21 eine Beschreibung des Jom Kippur enthalte (so die ältere Forschung). Dazu F. O' Fearghail, Sir 50, 5-21: Yom Kippur or the Daily Whole-Offering?, Biblica 59, 1978, 301-316 (Lit.). F. weist überzeugend nach, daß es sich um die tägliche Aufgabe des priesterlichen Ganzopfers handelt. Es fehlt jeder (notwendige) explizite Hinweis auf den Versöhnungstag. Zum Versöhnungstag s. BHH III, 2098 (L. Rost).

[91] Kap. 43 entwirft ein Bild von der Schöpfung, das zwar Phänomene des Winters (V. 17-20) wie des Sommers (V. 21) nennt, sie aber nicht den Jahreszeiten zuordnet.

[92] Das gilt auch für die kurz erwähnten rituellen Aspekte des Waschens nach der Verunreinigung durch die Berührung von Toten (34, 30).

[93] Skehan - di Lella halten diesen Vers mit Segal für eine Erweiterung von V. 31 (Sk. - di L., 435).

[94] Zum griech. εἰς τὸν αἰῶνα vgl. Sauer 507 (Lit.); ausführlich Skehan - di Lella, 138.

[95] Nach dem griech. Text.

erkennt die verschiedenen Phasen seines Lebens, versucht sie zu steuern und ihnen gerecht zu werden. Nicht aber gehören in die Lehre des Weisen, wie Sirach ihn zeichnet, die folgenden Bereiche: Kalender- und Festberechnungen[96], spekulative Zeiteinteilungen apokalyptischer Art[97], überhaupt jede apokalyptisch verstandene Dynamik der Zeit, ebensowenig die eigentlich historische Arbeit. Denn auch die große Geschichte Israels der Kapitel 44-49 wird zwar in chronologischer Ordnung, aber doch gleichsam ahistorisch erzählt[98].

Sirach gibt nicht einmal Ratschläge für die kluge Gestaltung des Tagesablaufes oder größerer Zeiteinheiten, wie z. B. des Jahres. Die Zeit verliert für ihn ihren überindividuell gestalteten Charakter und wird zum Feld differenzierter persönlichster Ausführung und Bewältigung. Daher läßt sich fast gar nichts für die kulturgeschichtliche Frage des Umgangs mit Zeit im Jerusalem Jesus Sirachs gewinnen. Der private und durchaus individuelle Charakter des Sirachschen Lehrhauses wird an dieser Stelle ebenso deutlich wie seine Stellung vor den historisch-religiösen Zeitfragen der makkabäischen Epoche. Sirach ist beim Thema Zeit ganz "Weiser", nicht Fachgelehrter astronomischer Kunst, sei diese nun kalendarisch oder apokalyptisch ausgerichtet, und auch nicht moralischer Fachmann für die richtige Lebenseinteilung.

3.

In besonderer Weise verdichtet sich das kulturelle Bemühen des Menschen im Phänomen des Luxus[99], der sich auf den Schmuck, die Klei-

---

[96] Diese liegen später beim Sanhedrin (Finegan, Handbook of Chronology, 40), zu Sirachs Zeit wohl dementsprechend bei der Tempelpriesterschaft. Vgl. J. le Moyne, Les Sadducéens, S. 68 mit Anm. 4-6: Mondkalender bei Sirach, Verbindung zum pharisäischen Kalender (!).

[97] Diese tauchen bald nach Sirachs Zeit in Israel auf: im Jubiläumbuch (dazu K. Berger, Das Buch der Jubiläen, JSHRZ II, 3, S. 299) und bei Daniel und in den Tiervisionen des Äthiopischen Henoch (vgl. Art. Apokalyptik/Apokalypsen III, TRE 3, 212-218, K. Müller).

[98] Vgl. 2, 10 "Blickt auf frühere Geschlechter und seht: Wer vertraute auf den Herrn und wurde zuschanden?". Die Geschichte Israels wird hier als Beispielsammlung frommer Menschen verstanden, deren Bedeutung im religiös-ethischen Paradigma liegt. Weiteres dazu in Teil III.

[99] Die römischen Luxusgesetze (dazu PRE 4, A 1, 901-908, B. Kübler) zeigen die Hauptrichtungen römischer Luxusentfaltung an: Bestattungen, Schmuck, Kleider, Mahlzeiten, Wagen. Zum jüdischen Luxus in römischer Zeit: A. Ben David, TÖ, 313ff. Detailliert: A. Schalit, König Herodes, 1969, 370ff. Weiterführend: H. van Oyen, Der Christ und der Luxus, 1960.

dung, die Tafel, die Wohnung, die Bedienung und schließlich auch auf die Bestattung erstrecken kann.

Die Hochschätzung von Metall und Edelsteinen ist gemeinantik. Sie entspricht der vorherrschenden Wirtschaftsform[100]. Geld wird in Form kleinerer oder größerer Schätze aufbewahrt[101]. Dabei können Gold und Silber "Geld, Schatz" bedeuten (z. B. 14, 3; 29, 10; 40, 25) oder aber als Schmuck betrachtet werden. Gold (זהב)[102], Silber (כסף)[103], Perlen (פנינים)[104], Korallen (פנינים)[105], Schmuck allgemein[106] begegnen bei Sirach oft in metaphorischer Rede[107]. 50, 9 spricht in metaphorischem Zusammenhang von einem Gefäß von getriebenem Gold, mit Edelsteinen besetzt. Von Edelsteinen werden besonders Smaragd (ספיר, ברקת)[108] bzw. Saphir (ספיר)[109], Granat (נפך)[110] und Rubin (אודם)[111] genannt. Siegelringe und kunstfertige Siegel (חותם)[112], Ketten (רביד)[113], Spangen (χλιδών)[114], Stirnreif und Diadem (עטרה)[115] schätzt Sirach, wie

---

[100] Vgl. Art. Geld, BHH I, 540f. (B. Reicke); Art. Geld, BRL 88ff. (H. Weippert); Art. Geld, NBL 1, 1991, 773f. (K. Jaros); F. M. Heichelheim, An Ancient Economic History I, 1958².

[101] S. o. S. 95. - 1, 25 (m.); 3, 4 (m.); 29, 10; 40, 18; 41, 12. 14 u. ö. Vgl. Art. Schatz, BHH III, 1686 (H. Ljungman). Allg. zum Folgenden: K. H. Singer, Die Metalle Gold, Silber, Bronze, Kupfer und Eisen im Alten Testament und ihre Symbolik, Würzburg 1980; Art. Metall und Metallbearbeitung, BRL, 219-224 (M. Weippert). Zum Schmuck vgl. den grundlegenden Art. Schmuck, BRL 282-289 (H. Weippert); ebs. Art. Edelstein, BRL, 64-66 (H. Weippert). Vgl. weiterhin die jew. Art. im ThWAT.

[102] 7, 18 (m.); 8, 2; 14, 3; 31, 6; 32, 5f. (Schmuck); 40, 25 (+ Silber); 47, 18 (+ Silber); 50, 9 (Gefäß, m.). Art. Gold, RAC 11, 895-930 (H.-J. Horn), dort ausführlich zum AT 913ff. (Lit.).

[103] 29, 10 (ἀργύριον); sonst mit Gold zusammen genannt.

[104] 31, 6; vgl. Art. Perle, BHH III, 1422f. (W. W. Frerichs).

[105] Begriff austauschbar. 7, 19; 30, 15 (m.); vgl. Art. Koralle, BHH II, 986f. (W. Frerichs).

[106] 6, 29ff. (vgl. Skehan - di Lella, 194 zur Tradition dieser Metaphorik); 21, 21 (κόσμος m., mit Spange χλιδών); 32, 6 (m., Kette רביד).

[107] Positive Bedeutung bes. in der Weisheitsmetaphorik: vgl. Rickenbacher, Weisheitsperikopen, 210f.; zur weltlichen Metaphorik vgl. bes. 32, 5f. Vgl. weiter Löw, Fauna und Mineralien der Juden, 129-282; Art. Edelsteine, RAC 4, 505-552 (A. Hermann, Lit.).

[108] 32, 6 (m.).

[109] 32, 6 (m.).

[110] 32, 6 (m.); 43, 19.

[111] 32, 5 m.

[112] σφραγίς 17, 22; 22, 27; חותם 32, 5; 45, 11; 49, 11 u. ö. (vgl. Art. Siegel und Stempel, BRL, 299-307 (P. Welten).

[113] S. o. Anm. 106.

[114] Ebd.

die positive Bedeutung dieser Schmuckstücke in seiner Metaphorik zeigt. Die dem traditionellen weisheitlichen Metaphernschatz entnommene Wendung "goldene Säulen auf silberner Basis" (26, 18) ist ein Spiegel orientalischer wie hellenistischer Luxusbauten[116].

Reiche Kleidung erwähnt Sirach ebenfalls häufig[117], besonders in Form von Ehrengewändern[118]. Goldstickerei[119] und Purpurverzierung[120] zeichnen diese Prunkgewänder aus. Dabei handelt es sich um Gewänder für Männer. Den Höhepunkt bildet die Beschreibung des Priesterge-wandes[121]. Über luxuriöse Kleidung für Frauen schweigt Sirach[122]. Das-selbe gilt für die Schönheitspflege. Dagegen erwähnt er gern Gewürze[123], Weihrauch[124] und Öl[125], das der Schönheitspflege dienen konnte.

Auffallend ist seine Zurückhaltung bei der Beschreibung einer "großen Tafel גדול שלחן" (31, 12), der Wohnung, der Bedienung und der Be-stattung. Es ist deutlich, daß sich sein Interesse nicht auf diese Bereiche erstreckt. Auch Kritik, wie sie seit den Propheten am Luxus der Reichen üblich und von den Kirchenvätern im großen Stil weitergeführt worden ist, fehlt bei Sirach. Er fordert wohl dazu auf, die schlechte Kleidung des Armen nicht zu verspotten (11, 4), unterläßt aber Kritik an der Kleidung des Reichen. Der Weise ist nicht Sozialkritiker, sondern Sozialethiker. Allgemein setzt Selbstbeherrschung und überlegene Sparsamkeit dem Luxusstreben enge Grenzen: 18, 33. Dementsprechend drückt am besten der eingangs zitierte Satz 29, 21 Sirachs realistisch distanziertes Verhält-nis zum Luxus aus:

---

[115] 6, 31 (m.) u. o. Vgl. Art. Kranz, Krone, BHH II, 999f. (C. Meister); allg. K. Baus, Der Kranz in Antike und Christentum, 1940. Weiter: Art. Herrschaftszeichen, RAC 14, 937-966 (M. Restle), zu Diadem und Thron im röm. Bereich.

[116] Vgl. bes. Krauss, TA I, 52ff. - Vgl. unten S. 132.

[117] 6, 29-31 (m.); 27, 8 (m.). Vgl. Art. Kleidung, BRL, 185-188 (H. Weippert); Art. Klei-dung, BHH II, 962-965 (G. Fohrer); Dalman, AuS V, 199-362; S. Bertman, Tasseled Garments in the Ancient East Mediterranean, BA 24, 1964, 119-128.

[118] 6, 31 (m.).

[119] 6, 29.

[120] 6, 30.

[121] Kap. 45 (Aaron); Art. Priesterkleidung, BHH III, 1491ff., W. Eiss, B. Reicke (Lit.); Art. Priesterkleidung, BRL 256-257 (K. Galling, Lit.).

[122] Bes. auffallend 26, 13ff.(Lob der schönen Frau).

[123] 24, 15 (κιννάμωμον = Zimt) u. ö.; Art. Gewürz, RAC 10, 1172-1209 (A. Lallemand, B. Dittmann, Lit.), dort 1190ff. ausführlich zu AT und Judentum.

[124] 39, 14; 49, 1; 50, 9. Art. Räucherwerk, BHH III, 1555ff. (G. Sauer, Lit.).

[125] 39, 26. Art. Schönheitspflege, BHH III, 1710 (G. Fohrer); Art. Öl, BHH II, 1336f. (E. Segelberg); Art. Salbe, BHH III, 1646 (E. Segelberg, Lit.); Art. Salbe und Salbgefäße, BRL, 260-264 (P. Welten, Lit.).

"Die Grundlage des Lebens ist Wasser und Brot und Kleidung und Wohnung ...".

Andererseits kritisiert Sirach das "prächtige Essen" (29, 22) nicht etwa, sondern weist einfach darauf hin, daß es nicht jedem zur Verfügung steht. Über die Bedienung durch Haussklaven äußert er sich nicht eigens, ebensowenig über besonderen Aufwand bei Bestattungen, deren Bedeutung er aus psychologischen und rationalen Gründen überdies insgesamt nicht übertrieben sehen möchte[126].

Sirach lebt deutlich nicht in einer von Luxus geprägten Umgebung. Immerhin steht er gerade dem Schmuck als einem der sichtbarsten Phänomene des Luxus freundlich gegenüber. Luxuskritik im eigentlichen Sinne übt er nicht.

---

[126] Vgl. 7, 34; 19, 26; 22, 6 (keine Musik!); 22, 11f.; 38, 16ff. - Zu den jüdischen Begräbnissitten zu Sirachs Zeit s. o. S. 114 Anm. 89.

Kapitel 8: Kunst und Musik

Kunst und Musik gehören im modernen Europa ins Zentrum der höheren Kultur.[1] Sirachs Einstellung zu diesen kulturellen Bereichen ist die antike, die diese Künste allgemein in den gehobenen handwerklichen Bereich bzw. in die Welt der angenehmen geselligen Unterhaltung rückt[2]. Zunächst wird die Bildende Kunst dargestellt (1.), dann die Musik (2.).

1.

a)

Es ist immer noch ein eher mühsames Unterfangen, von der alttestamentlichen Literatur her einen Zugang zu dem Bereich der nichtliterarischen Kunst in Israel zu finden. Architektur, Plastik, Malerei, Kleinkunst, Kunsthandwerk: für alle diese Bereiche gilt, daß die mit immensem Aufwand betriebene und publizierte Grabungs- und Dokumentationsarbeit[3] ein relatives Eigenleben neben der Exegese und Theologie des AT führt und führen muß.

Die traditionelle Einstellung der alttestamentlichen Wissenschaft gerade zur Kunst Israels spiegelt exemplarisch der Artikel "Kunst" im BHH: "Das Hirtenvolk der Israeliten nimmt aufgrund seiner religiösen Einstellung der bildenden Kunst gegenüber eine ablehnende Haltung ein. Doch sollen die Innenwände des Tempels mit Relief-Schnitzereien

---

[1] Vgl. dazu Art. Kultur I, TRE 20, 177-187 (F. Rodi), bes. 184f.

[2] Vgl. dazu Art. Kunst und Religion II.,III., TRE 20, 253-256 (P. Welten), 256-261 (H. Künzl).

[3] EAEHL 1-4; HAV II 1.2 (H. Weippert; H.-P. Kuhnen); zum archäologisch-kunsthistorischen Rahmen vgl. D. Schlumberger, Der hellenisierte Orient (Kunst der Welt), 1969; A. Kempinski - M. Avi-Yonah, Archaeologia Mundi, Syrien - Palästina 2, Genf 1978. Von dem dreibändigen Handbuch: O. Keel - M. Küchler - Ch. Uehlinger, Orte und Landschaften der Bibel, sind erst zwei Bände erschienen (Bd. 2 Der Süden, 1982; Bd. 1 Geographisch-geschichtliche Landeskunde, 1984). Beachtung verdienen die Stadtartikel des BHH, des BRL und des NBL. - Literatur speziell zur hellenistischen Zeit Palästinas auch bei V. Fritz, Einführung in die biblische Archäologie, 1985, 222ff.; der neueste Stand im HAV II, 2, 21-87 (1990). Einführung in die Münzen: Y. Meshorer, Ancient Jewish Coinage I, NY. 1982; Das Heilige Land, Katalog der Sonderausstellung 1993/94 der staatlichen Münzsammlung München, 1993.

geschmückt gewesen sein. Elfenbeinschnitzereien aus Samarien, Megiddo u. a. zeigen Interesse für wohl importierte Kunstgewerbearbeiten"[4]. Diese karge Notiz in einem sehr umfangreichen Artikel über die Kunst des Alten Orients schließt Israel fast aus dem Kreis der Kunstnationen der orientalischen Antike aus. Ein derartiges Urteil spricht dann auch der Artikel des BHH "Kultur" deutlich aus: "Überhaupt werden auf dem Gebiet der Kunst von Israel und dem Judentum kaum selbständige Beiträge geliefert".

Dies gilt dem Verfasser als "Zeichen der Einfachheit der bäuerlichen Gesellschaft, die Israel war und blieb"[5].

Diese Linie ziehen Wissenschaftler wie S. Safrai auch für die Zeit des Zweiten Tempels und den Einfluß der hellenistischen Kunst aus: "In Judäa und seiner Hauptstadt Jerusalem wurden keine Griechenstädte gegründet, die ja das wichtigste Instrument bildeten, um griechische Kunst zu infiltrieren und zu verbreiten"[6].

Ist diese Aussage auch auf jeden Fall zu allgemein[7], so bleibt doch das gewichtige Urteil A. H. M. Jones': "The Ptolemies carried out very little colonization in their half of Syria"[8]. Und das Standardwerk von Martin Hengel untersucht unter dem Überbegriff "Kultur" wohl in eigenen Kapiteln Sprache, Erziehung und Bildung, Literatur und Philosophie, nicht aber Architektur und Kunst. Immerhin ist es aber auch gerade Hengel, der alle hellenistischen Spuren in Palästina auswertet und so

---

4 Art. Kunst, BHH 2, 1027-1032 (H. Kayser), Erscheinungsjahr: 1964.

5 Art. Kultur, ebd. 1023-1026 (M. A. Beek, B. Reicke).

6 S. Safrai, Das jüdische Volk im Zeitalter des Zweiten Tempels, 1978, 36.

7 Vgl. die ptolemäische Stadtgründung von Philotheria/Beth-Yerah am Südende des Sees Genezareth: Hengel, Judentum, 25 mit Anm. 70 (Lit.); jetzt HVA 2, 45.

8 Jones, CERP 240. Auch Hengels neue Diskussion der bei Jones a.a.O., genannten Städte (H. 25f.) bestätigt dieses Urteil, weil H. auch zurecht betont, die Ansiedlung nordgriechischer Söldner dort habe immerhin eine Basis zur "Vermischung mit der einheimischen, semitischen Bevölkerung" geschaffen. Im ganzen bleibt Jones' Einschätzung der Hellenisierung gültig, erst mit Antiochus Epiphanes "the urbanization of Syria received a marked impetus" (S. 247). Hier ordnet J. auch die Bestrebungen der Hellenisten ein, um für Jerusalem durch den Bau eines Gymnasiums "the status of a city under the style of Antioch" zu erlangen (S. 251) und an den Freiheiten der hellenistischen Polis Anteil zu erhalten. Ein genaues Bild der frühhellenistischen Bautätigkeit in Palästina gibt jetzt P. Kuhnen (HAV 2, 43ff.), der Jones' Urteil bestätigt (S. 60): Befestigungen in Samaria, Ptolemais-Akko, Dor, Philotheria - Beth Yerah, Gaza, Marisa-Tell Sandaḥanna, Sichem - Tell Balāṭa; Tempel in Tel Dor und Marisa; Monumentalbau Qaṣr el-Abd in ʿIraq al-Emīr (S. 57f.: jüdischer Tempel oder Herrschaftssitz, was K. aber in Frage stellt). Zu den hellenistischen Poleis vgl. ebd. S. 60ff. Allg. Diskussion bei F. Millar, The Problem of Hellenistic Syria, in: A. Kuhrt, S. Sherwin-White (Hg.), Hellenism in the East, London 1987, 110-133, bes. 114 zu frühhellenistischen Städtegründungen: "There were none ... in Idumaea or Judea."

bedeutende hellenistisch-syrische Kunstwerke wie den Alexander-Sarkophag[9] aus Sidon und die Wandmalerei der Metropole von Marisa[10] würdigt. Diese Kunstwerke sind für M. Hengel allerdings nicht Ausdruck palästinensischer oder gar frühjüdischer Bildender Kunst, sondern Zeugnisse der "wirtschaftliche(n) und kulturelle(n) Vermittlertätigkeit der Phönizier in Palästina während der persischen Epoche und noch weit bis in die hellenistische Zeit hinein"[11]. Die Compendia Rerum Judaicarum haben diese Linie dann schon weiter ausgezogen. G. Foerster weist auf Tẹl Anāfā und Qaṣr el-Abd hin[12]. Qaṣr el-Abd ('Iraq al-Emîr) ist als Sitz des Tobiadenonkels Hyrkanos besonders interessant. Hyrkanos war noch ein Zeitgenosse Jesus Sirachs und war mit dem Hohenpriester verwandt. Seine Bautätigkeit in einem orientalisch-hellenistischen Mischstil muß Sirach nicht unbekannt geblieben sein[13]. Insgesamt kann dieser Kunstwille den Juden der Nachbarschaft dieser Städte bekannt geworden sein und gehörte auf jeden Fall im weiteren Sinne zur optischen Umwelt eines Mannes wie Jesus Sirach, gerade wenn man seine Reisetätigkeit bedenkt. Man wird daher Jesus Sirach also kaum eine gewisse Bekanntschaft mit der Kunst des Hellenismus absprechen dürfen. Wie auch anderswo erweist sich auch hier M. Hadas als wichtiger, wenn allerdings oft zu allgemein urteilender Interpret, wenn er schon 1959 die Bedeutung Marisas für den Einfluß des Hellenismus auch auf Israel selbst hervorhob[14]. Aber auch die Jesus Sirach auf jeden Fall vertraute vorhellenistische Kunst des syrisch-palästinensischen Raumes läßt sich nicht länger als quantité négligeable behandeln. Das gilt für die Architektur, Skulptur und Keramik ebenso wie für die verschiedenen Formen der Malerei. Eine vorläufige Summe dieses Bereichs zieht die Neuauflage des Biblischen Reallexikons, die die Ansicht des BHH zu Kunst und Kultur Israels einem überholten Forschungsstand zuweist. Noch präziser für die hellenistische Zeit ist der neue Band des Handbuchs der Archäologie Vorderasiens über die helle-nistisch - römische Archäologie in Palästina von H.-P. Kuhnen. Kuhnen unterscheidet zwischen den Monumenten der öffentlichen Kunst, die

[9] M. Bieber, The Sculpture of the Hellenistic Age, 1961, 272ff. (Lit.); Hengel, Judentum, 65 A. 240 unter Verweis auf Hadas, Hellenistische Kultur, 264, der der hellenistischen Kunst im Orient ein eigenes Kapitel widmet.

[10] Hengel, Judentum, 66, 115. 116 mit Anm. 31: dort Lit. und Datierungsvorschläge. Jetzt HVA 2, 73f.

[11] Hengel, Judentum, 65.

[12] CRINT 1, 2, G. Förster, Art und Architecture in Palestine, 971-1006, dort 973f. Vgl. EAEHL II, 527ff. ('Iraq al-Emîr) und I, 65ff. zu Tẹl Anāfā. HVA 2, 57f. zu Qaṣr el-Abd, ebd. 61 zu Tẹl Anāfā und den anderen Wohnbauten in den hell. Poleis.

[13] Dazu bes. Hengel, Judentum 496-503 (Lit.).

[14] Hadas, Hellenistische Kunst, 265ff., zog allerdings noch die Möglichkeit in Erwägung, die Nekropole könne Juden gehört haben. Vgl. jetzt EAEHL III, 782ff., Maresha.

griechisch, später römisch geprägt wurde, und dem altorientalischen Erbe, das im privaten Bereich vor allem des einfachen Volkes weiterlebte.[15].

Neben den umfangreichen archäologischen Grabungsergebnissen in Israel haben in den letzten Jahren die Studien über altisraelitische Bildkunst diesen Bereich der altisraelitischen Kultur in gebührender Weise erhellt[16], so daß auch hier stärker das genuine Verhältnis Israels zur Kunst hervortritt. "Eindeutig ist, daß Israel dem Alten Testament zufolge ... selbst Bilder hatte und im Verlauf der Zeit auch Kunstwerke fast jeden Genres herzustellen vermochte. Dabei sind vom Götterbild, Kultbild über mehr dekorative Kunst bis hin zum persönlichen Schmuck, der Kleidung und den Siegeln Bilder aller Funktionen bezeugt", faßt Sylvia Schroer die neuen Forschungen zur Kunst Israels zusammen[17]. Sie spezifiziert: "Kunst wurde sicherlich nicht im allgemeinen problematischer (sc. seit dem 8. Jh.), sondern höchstens die Existenz von Kultbildern. Israel importierte Kunst und hat selbst Kunsthandwerk verschiedener Art hervorgebracht"[18]. Schließlich gilt generell: "In der vorexilisch-exilischen Zeit gibt es in Israel längst jedes Kunsthandwerk ... Die eisenzeitlichen Handwerks- und Kunstprodukte aus Palästina sind im Vergleich zu MB- und SB-zeitlicher Ware bisweilen von geringer künstlerischer Qualität und Aussagekraft. Das israelitische Kunsthandwerk ist im großen und ganzen wohl auch über die Grenzen hinaus nicht zu besonderer Bedeutung gelangt. Ein beachtliches Niveau hat es aber in der Miniaturkunst erreicht. In Israel hat es seit frühester Zeit Kunst gegeben"[19].

P. Welten kann daher in seinem TRE-Artikel "Kunst und Religion II. Altes Testament"[20] ein neues Fazit ziehen, das den älteren, in BHH niedergelegten, Erkenntnisstand korrigiert. Die Kultur Israels und des frü-

---

[15] HAV II, 2, 19. Zu Keramik und Münzen vgl. ebd., 81-87. Hier war der hell. Einfluß früh und deutlich. Zu den Münzen in Judäa S. 84f.: "Die für den lokalen Bedarf in Jüdäa bestimmten Yəhūd-Emissionen überdauerten den Untergang des Perserreiches um einige Jahrzehnte, um in ihrer Endphase mit Bild und Insignien des Ptolemaios I. zu erscheinen".

[16] Hier sind bes. die Anstöße und Arbeiten O. Keels zu nennen: O. Keel, Die Welt der altorientalischen Bildersymbolik und das AT, Zürich 1984⁴; ders. mit S. Schroer, Studien zu den Stempelsiegeln aus Palästina/Israel, Bd. 1, 1985; S. Schroer, In Israel gab es Bilder, OBO74 1987 (Lit.); weitere Einzelaspekte wurden von O. Keel, M. Küchler u. a. in der Reihe Orbis Biblicus et Orientalis (OBO) abgehandelt. Vgl. jetzt den zusammenfassenden Art. Götterbild, NBL 1, 1991, 871-892 (C. Uehlinger).

[17] Schroer, In Israel gab es Bilder, 11.

[18] Ebd. 15.

[19] Ebd. 430f.

[20] TRE 20, 253-256.

hen Judentums waren eng miteinander verbunden: in Literatur, Gottesdienst, Kultgeräten und -gebräuchen, vor allem in dem wichtigsten Bauwerk Israels: dem Tempel und seiner Ausstattung. Daneben stehen Stadtanlagen, Architektur, Keramik, Kleinkunst und Musik, die aber gerade für die frühe Zeit des Zweiten Tempels nur ungenügend dokumentiert sind. Die Bilderfrage einerseits und die Frage nach hellenistischen Einflüssen in der Kultur Jerusalem-Judäas andererseits sind Spezialprobleme, deren Bearbeitung nicht das Gesamtbild israelitisch-frühjüdischer Kultur dominieren darf.

b)

Was spiegelt sich nun von Israels Kunst und von der hellenistischen Kunst in Syrien-Palästina im Buche Jesus Sirach? Sirachs direkte und indirekte Aussagen zur Kunst sind in ihrer Kargheit sicher erst einmal ein Ausdruck der in jedem Fall und unbestritten sekundären Bedeutung der Kunst im Gesamtgefüge der israelitischen Kultur. Dennoch ist eine Befragung dieser Aussagen notwendig, und sie bleibt nicht ergebnislos[21].

Beginnen wir mit der Architektur. Wie schon dargestellt, schätzt Jesus Sirach die bewohnbare und bevölkerte Stadt (10, 3; 40, 19)[22], keineswegs das bäuerliche Dorf. Der Herrscher, der eine Stadt bevölkern will, braucht Verstand[23] (16, 4). Der Kontext siracidischer Kultur ist nicht ländlich, sondern städtisch. Bei der Stadterbauung (38, 32) helfen die Handwerker, Bautätigkeit allgemein (48, 17; 50, 1-3) ist dagegen Königs- und Hohepriesteraufgabe. König Salomo baut mit Gottes Hilfe den Tempel (47, 13)[24]. Serubbabel, Josua und Nehemia werden besonders gelobt als Erbauer des Zweiten Tempels, der Sirach natürlich näher steht als Salomos Tempel: 49, 11-13. Noch mehr lobt er die Bautätigkeit seines Zeitgenossen Simon: 50, 1-4. Wie hoch Sirach die Architektur schätzt, zeigt wieder die Metaphernsprache: 51, 12g baut Jahwe selbst Stadt und Tempel - natürlich Jerusalem (24, 11). Die Würde des Bauens offenbaren auch die Metaphern "das Haus οἶκος der Weisheit" (1, 17) und der "Thron θρόνος" Gottes (1, 8).

---

[21] Welten geht in seinem TRE-Artikel auf die wichtigen Ausführungen Sirachs, die sein Bild stützen und verdeutlichen können, nicht ein. Hier ist eine Forschungslücke zu schließen.

[22] Vgl. Art. Stadtanlage, BRL 313-317 (H. Weippert) zur vorexilischen Stadtanlage in Israel. W. weist ausdrücklich auf die Wiederbelebung der Stadtkultur durch den hell. Einfluß hin (31b). Vorsichtiges Urteil bei Kuhnen, HVA 2, 68.

[23] So mit Rüger, Text 84: H^B2 liest ‎‫נ]בנ[ך‬, so griech. συνετός.

[24] Art. Tempel, BRL 333-342 (A. Kuschke). Weitere Lit.: TRE 16, 605. Monogr.: T. A. Busink, Der Tempel von Jerusalem, 2 Bde., Leiden 1970. 1980.

Wie greulich für Sirach Verwüstungen von Städten und Häusern sind, wurde schon erwähnt. Diese Zerstörungen gipfeln in Jerusalems Verwüstung durch das "fremde Volk" (49, 5f.). Die Weisheit ist dem Erbauen zugeordnet, die Torheit und Bosheit der Zerstörung von Bauwerken. Sirach hat also durchaus Kenntnis von Bauwerken und Verständnis und Wertschätzung für die Architektur. Jerusalem[25] ist zu seiner Zeit eine schon wieder aufgebaute Stadt mit neu befestigtem Tempel und Tempelmauer, neuer Wasserversorgung und neuer Stadtbefestigung (50, 1-4). Wieweit Simons Bautätigkeit dem Zweiten Tempel und der Stadt schon hellenistische Züge verliehen haben könnte, bleibt ungewiß.

Sicher ist aber nun bei alledem doch, daß Sirach nicht die Bautätigkeit an dern Herrschern von Salomo bis zu Simon II. am höchsten schätzt, sondern andere Bereiche ihrer kulturellen Tätigkeit. Salomo dem Tempelerbauer gelten die zwei Eröffnungszeilen der Salomo-Perikope (47, 13-23). Wenn diese allgemein gehaltenen Zeilen durch ihre Stellung auch Gewicht und Bedeutung einer Überschrift erlangen, indem sie Salomo zuerst als "Tempelerbauer"charakterisieren und einführen, so gelten doch die folgenden vier Verse (14-17) jener Eigenschaft Salomos, die Sirach deutlich höher als seine Bautätigkeit einschätzt: seiner Weisheit. Hier wird Sirachs Beschreibung detailliert: "Mit Lied (שׁיר), Spruch (משׁל), Rätsel (חידה) und Spottgedicht (מליצה)" (Vers 17) setzte Salomo die Welt in Erstaunen. Hier formuliert Sirach als Sachkenner. Und er läßt Salomos Ruhm eben in dieser Weisheit gründen. Damit steht Sirach in der breiten Tradition der weisheitlichen Salomo-Rezeption, der die pseudepigraphen Salomoschriften entstammen.

Das Lob Simons II. umfaßt 21 Verse (50, 1-21). Auch hier bildet die Bautätigkeit Simons gleichsam die Überschrift über sein Lob: Simon, der Tempel- und Stadtbefestiger. Der Vergleich mit Salomo bestätigt, daß "Städtebauer" ein notwendiges und traditionelles Herscherepitheton ist, dem Sirach den entsprechenden Wert beimißt, wobei die Nähe zum hellenistischen Städtegründer schon erwähnt wurde. Zugleich aber zeigt dies Simon-Lob, daß auch hier Sirach selbst eine ganz andere Seite Simons bewundert: sein Priestersein, dem er die Zeilen 5-21 widmet und das er in weisheitlicher Sprache beschreibt.

Für die hohe Wertschätzung des Priestertums Simons ist die weisheitliche Metaphorik der Verse 6-12 besonders wichtig. Die der Weisheit zugeordneten Metaphernbereiche: Himmel - fruchtbare Pflanzenwelt -

---

[25] Art. Jerusalem, BRL 157-165 (H. Donner), dort werden aber S. 162 Sirachs Angaben 50, 1-4 auf Simon Makkabäus bezogen (142-135 v. Chr.); EAEHL II, 599ff. (M. Avi Yonah); Art. Jerusalem, TRE 16, 590-635 (P. Welten; Lit. 602ff., 596f. gute Darstellung der "dunklen Zeit" zwischen Nehemia und Herodes d. Gr.); Art. Jerusalem, NBL, Lfg. 7, 1992, 294-314 (M. Küchler).

Gold und Edelsteine werden hier auf den Hohenpriester übertragen, der damit an Bedeutung neben die Weisheit selbst rückt. Salomo wie Simon - König wie Hoherpriester - erhalten von Sirach die zusätzliche Würde von Weisheitsträgern. Hier, nicht in ihrem Beitrag zum Bauwesen, sieht er ihre eigentliche und überragende Bedeutung, und eben dieser Bereich der Weisheit, nicht der der Architektur charakterisiert für ihn die kulturelle Bedeutung dieser hervorragenden Männer. Durch die strukturelle Parallele zu Salomo ist Simon zugleich in hohem Maße aufgewertet. Für die Bedeutung der Architektur bleibt aber wichtig, daß diese hervorragenden Weisheitslehrer Israels zugleich Bauten in Auftrag gaben.

Sirachs Äußerungen zur bildenden Kunst und zum Kunsthandwerk sind äußerst knapp, aber sehr aufschlußreich und durchaus nicht unbedeutend. Der Handwerkerkatalog 38, 27-30 (der hebräische Text bricht nach V. 27a ab) bietet die wichtigste Überlegung Sirachs zur Kunst. Nach einer eindeutig negativen Erwähnung des Bauern (V. 25f.) nennt Sirach folgende Handwerksberufe:

1. τέκτων καὶ ἀρχιτέκτων,
2. οἱ γλύφοντες γλύμματα σφραγίδων,
3. diejenigen, die die Kunst verstehen ἀλλοιῶσαι ποικιλίαν,
4. denjenigen, der seine Kunst auf ὁμοιῶσαι ζωγραφίαν richtet (27).

Weiter nennt Sirach den χαλκεύς (28) und den κεραμεύς (29). Derartige Kataloge kennt schon die altägyptische Weisheit. Während sie dort der Berufssatire dienen, tritt dies Motiv bei Sirach sehr zurück, wie Rickenbacher herausarbeitet[26]. Im Alten Testament begegnen Handwerks- bzw. Handwerkerkataloge vorwiegend in zwei Zusammenhängen: einmal negativ im Bereich der Götzenbilderpolemik, z. B. Jer 10, 1-16 und Jes 40, 19f.; 41, 6f.; 44, 9-20[27]; zum anderen positiv in den Exoduskapiteln, die die künstlerische Ausstattung der Stiftshütte beschreiben (Ex 31 und 35). Bezaleel (Ex 31, 2 und 35, 30) ist der heilige Handwerker, der aus dem göttlichen Geist (רוח אלהים בחכמה 31, 3) heraus alle zum Heiligtum erforderlichen Handwerke ausübt[28].

---

[26] Vgl. ausführlich Rickenbacher, Weisheitsperikopen, 186-192, mit dem Vergleich zwischen der Lehre des Cheti und Jesus Sirach (mit Lit. disk.). Vgl. allg. zu dieser Perikope J. Marböck, Sir. 38, 24 - 39, 11: Der schriftgelehrte Weise, in: M. Gilbert (Hg.), La Sagesse de l' Ancien Testament, BETL 51, Gembloux - Löwen 1979, 293-316.

[27] Dazu bes. Schroer, In Israel gab es Bilder, 196ff.

[28] Vgl. M. Noth, Das zweite Buch Mose, ATD 5, 1959, 196f.: die Bezaleel-Tradition u. U. nachexilisch.

Im weisheitlichen Zusammenhang begegnen sachlich beobachtende Handwerkerausführungen: so in Hiob 28[29] und in einem verwandten Splitter Baruch 3, 18[30]. Bei Sirach nun herrscht diese sachliche Auseinandersetzung des Weisen mit dem jeweiligen Handwerkerberuf vor. Sicher ist anders als in Exodus die Tendenz negativ, und gerade Hadas hebt dies zu Recht hervor und wertet sie zutreffend als Teil des siracidischen Erziehungsprogramms, das im gesamthellenistischen Rahmen besonders die literarische Bildung schätzt[31]. Er sieht gerade in dieser Tendenz hellenistischen Einfluß bestätigt. Einen von Weisheit erfüllten heiligen Handwerker kennt Sirach nicht mehr. Trotzdem erkennt Sirach den Kunsthandwerkern "Klugheit in ihrem Werk"[32] zu: ἕκαστος ἐν τῷ ἔργῳ αὐτοῦ σοφίζεται (V. 31). Sie sind notwendig für das bedeutende Werk des Städtebaus und in den Städten ansässig (V. 32), allerdings fehlen ihnen wichtige Bürgerrechte: in der βουλὴ λαοῦ haben sie keine Bedeutung (V. 32), ebensowenig in der ἐκκλησία (V. 33). Das Richteramt können sie nicht ausüben (V. 33)[33], und ihre Religion ist rein praktischer Art (V. 34).

Sirach schreibt also keineswegs ein Lob des Handwerkers und Künstlers, aber ebensowenig eine Satire auf die praktischen Berufe. Vom leitenden, d. h. religiös - politisch - juristischen Bereich, sind diese Berufe ausgeschlossen[34]. Trotzdem haben sie ihren eigenen, klar definierten Wert: die Teilhabe am Städtebau im weitesten Sinne, und daraus ergibt sich ihre Bedeutung für den αἰὼν (V. 34), für "diese Welt", die durchaus eigene religiöse Qualität hat: καὶ ἡ δέησις αὐτῶν ἐν ἐργασίᾳ τέχνης (V. 34). In diesem Zusammenhang erhöht sich die positive Bedeutung der einzelnen Handwerke und Kunsthandwerke, die Sirach nennt, und

---

[29] Zu Hiob 28, 1-11 (Bergwerksarbeit) vgl. BRL, Art. Bergbau, 42-44 (M. Weippert). Vgl. die Rolle des weisheitlichen Künstlers Hiram beim Salomonischen Tempelbau: 1 Kön 7, 13 (vgl. M. Noth, Könige, BKAT IX, 1, 1968, 147: sekundärer Passus).

[30] Vgl. dazu Küchler, Weisheitstraditionen, 39f.

[31] Hadas, Hellenistische Kultur, 85ff.

[32] Sauers Übersetzung "Weisheit" ist im Kontext nicht geschickt (S. 598).

[33] Zu πολίτης als dem gr. Vollbürger vgl. Art. πολίτης κτλ., ThWNT 6, 513-535 (H. Strathmann), dort 517 und 525f. zur Entpolitisierung des Begriffs in LXX. Im Hebräischen ist der Vollbürger eher als Volksgenosse verstanden: עמית (עם) oder עֵר. Vgl. die Art. עַם, ThWAT 6, 177-194 (E. Lipiński), und רֵעַ, ThWAT 7, 545-555 (D. Kellermann). Allg. dazu L. Köhler, Die hebräische Rechtsgemeinde, Zürich 1931, bes. 5f. (Unterschied zwischen Vollbürger und dem "Rest der Bewohner" S. 5). Wenn K. S. 21 die nachexilische Situation scharf von der vorexilischen trennt und sie lediglich als "Gerichtsbarkeit einer Religionsgemeinschaft, die ... Gast im eigenen Lande ist", versteht (S. 21), so formuliert er doch wohl überscharf. Sirach selbst sieht sich und seine Mitvollbürger deutlich in der Kontinuität der vorexilischen Rechtsgemeinde. Ähnlich wie Köhler urteilt N. P. Lemche, Ancient Israel, Sheffield 1988.

[34] Zu diesem Bereich s. o. Kap. II-V.

bildet einen wichtigen Beleg für die Rolle, die die Kunst für Sirach und seine Welt spielte. Denn er nennt nicht nur einfach die Arbeit der Grundhandwerke, Schmied und Töpfer[35], sondern weist ausdrücklich auf ihr künstlerisches Ziel hin: der Schmied καρδίαν αὐτοῦ δώσει εἰς συντέλειαν ἔργων, καὶ ἡ ἀγρυπνία αὐτοῦ κοσμῆσαι ἐπὶ συντελείας (28). Ebenso der Töpfer: καὶ ἐναρίθμιος[36] πᾶσα ἡ ἐργασία αὐτοῦ (29). Dies Ziel wird ganz im Sinne griechischer Ästhetik mit Vollendung, Schmuck und Zahlenharmonie bestimmt.

Vers 27 nennt fünf weitere Handwerker: Zimmermann und Baumeister, Buntweber und Maler und Siegelschneider.

(חרשׁ, τέκτων) ist ein Arbeiter in Stein, Holz und Metall oder ganz allgemein ein Handwerker. ἀρχιτέκτων ist der griechische Beruf des Architekten, den LXX öfter nennt[37]. Im Hebräischen gibt es keinen besonderen Ausdruck für den Architekten, er ist ebenfalls חרשׁ[38]. Das Aramäische führt das Fremdwort ארכיטקטו֗ן ein[39], woraus hervorgeht, daß der Maurerberuf seit der hellenistischen Zeit in Israel ausdifferenziert wurde. Der Architektenberuf bürgerte sich als selbständige Größe ein. Der Buntweber (hebr. רקם z. B. Ex 26, 36 ποικιλτής) - hier poetisch umständlich als der, dessen Aufgabe es ist, ποικιλία (Buntgewebe) von unterschiedlichem Aussehen herzustellen (ἀλλοιῶσαι), bezeichnet, - ist durchaus ein Kunsthandwerker[40]. ποικιλία (רקמה), das Buntgewirkte, meint feine Stoffe wie ägyptischen Byssos (z. B. Ez 27, 7)[41]. Außer um Gewänder kann es sich dabei auch um Teppiche und Vorhänge

---

[35] Zum Schmied vgl. Art. Schmied, BHH 3, 1704f. (A. S. Kapelrud), Art. Metall und Metallbearbeitung, BRL 219ff. (M. Weippert); zum Töpfer: Art. Töpfer, BHH 3, 2007f. (B. Reicke), Art. Keramik, BRL 168-185 (U. Müller), Art. Töpferscheibe, ebd. 345f. (ders.). Zur Keramik auch Schroer, In Israel gab es Bilder, 387f. (Terminologie und Lit.), zur Schmiedearbeit ebd. 310ff. (Terminologie). Bei Sirach ist lediglich der Eisenschmied gemeint. Vgl. auch Schroer 336ff. zum "Modell": ὁμοίωμα σκεύους V. 28 meint dasselbe. Allg. zu Handwerk und Kunsthandwerk in Israel: Krauss TA II, 266ff.

[36] LSJ: "in the number, making up the number", Rehkopf, Septuagintavokabular, 101: "eine Zahl vollmachend, bestimmt". Die Bedeutung bei Sirach ist schwer zu bestimmen, entweder: "die Anzahl der Tongefäße muß stimmen" oder "wohlproportioniert muß die ganze Produktion sein". Die letztere Möglichkeit legt sich im Zusammenhang mit πᾶσα ἡ ἐργασία näher.

[37] In LXX noch Jes 3, 3 und 2 Makk 2, 29, vgl. Ex 31, 4; 35, 32. 35; 37, 21. Ex 31, 4. 5 LXX nennen ebenfalls im Handwerkskatalog des Bezaleel nebeneinander Architektur und Zimmermannsarbeit: ἀρχιτεκτονῆσαι und τὰ ἔργα τὰ τεκτονικά. Zu den antiken Architekten vgl. G. Downey, Byzantine Architects, Byzantion 18, 1948, 99ff.

[38] Vgl. Art. חָרָשׁ, ThWAT III, 234-238 (V. Hamp).

[39] S. Krauss, Griechische und lateinische Lehnwörter in Talmud, Midrasch und Targum II, 1964 repr., S. 130f.; vgl. ders. TA I, 20f.

[40] Krauss TA I, 153f.; Art. Weben und Weberei, BRL 359ff. (K. Galling).

handeln, die auch ihren Platz im Heiligtum haben konnten[42]. Wie weit die Hersteller dieser Webewerke als Künstler verstanden wurden, zeigt Ex 35, wo Bazaleels und Oholiabs künstlerischer Sinn gerühmt wird. Beide arbeiten für die Stiftshütte und verbinden Goldschmiedekunst, Steinschneidekunst, Buntweber- und -wirkerkunst und allgemeine Zimmermanns-, Schmiede- und Steinmetzkunst (Ex 35, 30-35)[43].

οἱ γλύφοντες γλύμματα σφραγίδων sind die Siegelschneider, eine Berufsgruppe, die auch Ex 28, 11 u. ö. bezeugt ist[44]. Den Siegeln wird in jüngster Zeit in der Forschung besonderes Interesse entgegengebracht. Die Bedeutung der Siegel (חותם/σφραγίς) als Bildträger wird betont, ein Katalog der in Israel gefundenen Siegel ist in Angriff genommen[45]. Beim Beruf des Siegelgraveurs handelt es sich von vornherein um ein Kunsthandwerk. Der Graveur bearbeitet "mit Bohrer, Schleifrad und Stichel Halbedelsteine"[46]. Die Siegel tragen Bilder oder bloß Inschriften[47]. Siegel begegnen bei Sirach fünfmal in metaphorischer, viermal in eigentlicher Bedeutung. 17, 22 und 49, 11 dient das Siegel bzw. der Siegelring[48] (49, 11) als positiver Vergleich. 32, 5 nennt metaphorisch das Siegel am Beutel[49] (כיס) von Gold (זהב), von Septuaginta zu σφραγὶς ἄνθρακος ("Siegel aus Edelstein" an einem Goldschmuck LXX 35, 5) verändert. Der hebräische Text meint hier das Besitzzeichen, der Septuaginta-Text denkt an in Edelstein eingravierte Schmuck-Siegel[50]. 32, 6 ergänzt die Metapher durch eine weitere: ein Saphir-Siegel (נפך

---

[41] Vgl. auch Schroer, In Israel gab es Bilder, 394ff.

[42] Ebd. 396f.

[43] Anders als bei Sirach sind in diesem späten Exodustext, dessen LXX-Übersetzung zudem erheblich vom MT differiert, Weisheit und Handwerk direkt verbunden: eine Sir entgegengesetzte Auffassung. MT 35, 35: חשב, חרש, רקם in LXX keine Handwerker-, sondern Handwerksbezeichnungen und Stoffvokabeln. LXX nennt aber πᾶν ἔργον ἀρχιτεκτονίας ποικιλίας neben den Webkünsten.

[44] Vgl. Art. Siegel und Stempel, BRL 299-307 (P. Welten) und Art. Siegel, BHH 3, 1786-1790 (G. Sauer); HAV II, 1, 674ff. Einen guten Einblick gibt Schroer, In Israel gab es Bilder, 404ff. (Lit.).

[45] O. Keel, Bildträger aus Palästina/Israel und die besondere Bedeutung der Miniaturkunst, in: O. Keel, S. Schroer, Studien zu den Stempelsiegeln aus Palästina/Israel, Bd. 1, 1985, 7-47 (dort 39-42).

[46] BRL 299. Vgl. Ex 28, 11; Schroer, Israel, 409f.

[47] Schroer, Israel, 405: die Tendenz geht im Laufe der Geschichte Israels zum bildlosen Siegel hin.

[48] Dazu Schroer 400.

[49] Zum Versiegeln von Beuteln vgl. W. Boocks, Siegel und Siegeln im Alten Ägypten, Kölner Forschungen zu Kunst und Altertum 4, 1982, 14-21; Schroer 406 (Hinweis auf Hiob 14, 17; Sir fehlt).

וספיר) in Goldfassung[51]. 22, 27 betont metaphorisch einen anderen
Aspekt des Siegels:
"Wer gibt auf meinen Mund eine Wache
und auf meine Lippen σφραγῖδα πανοῦργον?"
"σφραγὶς πανοῦργος" kann mit "raffiniertes, tückisches" Siegel über-
setzt werden[52]. Gemeint ist die perfekte Schließfunktion. Von bildlichen
Darstellungen auf den Siegeln schweigt Sirach in seiner metaphorischen
Rede, deutlich aber wird die hohe Wertschätzung der Siegel, die als
Kunstwerke neben Gold und Edelsteinen stehen.

Im eigentlichen Sinne wird das Siegel 38, 27; 42, 6; 45, 11. 12 genannt.
38, 27 verweist explizit auf die Gravuren von Halbedelsteinsiegeln:
γλύμματα γλύφειν. 42, 6 geht es um den Verschluß von Haushalts- und
Wertgegenständen. Wichtiger für unsere Frage ist 45, 10-12: die Beschreibung der priesterlichen Kleidung Aarons (nach Ex 28 und 39). Die
Brusttasche (חשׁן/λογεῖον) soll mit kunstvoll gravierten Edelsteinen
verziert sein, in die die Namen der zwölf Stämme graviert waren: also
Halbedelsteine, als Inschriften- bzw. Namenssiegel (חותם) geschnitten[53].
Hier sind Darstellungen ausgeschlossen. Im nächsten Glied der Aufzählung der hohepriesterlichen Kleidung schildert Sirach den ציץ, das
Golddiadem, das der Hohepriester nach Ex 28, 36; 39, 30 vorn am Kopfbund trug. Der hebräische Text bietet nur קדשׁ ... וציץ, der griechische Text übersetzt: ἐκτύπωμα σφραγῖδος ἁγιάσματος, "die Relief-
darstellung des Siegels der Heiligkeit", das ist das wörtliche Septuaginta-
Zitat von Ex 28, 36 (ἐκτύπωμα σφραγῖδος). Das goldene Stirndiadem
Aarons soll also "in Siegelschneiderarbeit, d. h. gepunzt oder ziseliert"[54],
mit der Aufschrift geschmückt werden קדשׁ ליהוה, auch hier Schrift,
nicht Bild als Schmuck des Siegels.

Nirgends also begegnet das Siegel bei Sirach als Bildträger, dagegen
nennt er es zweimal an exponierter Stelle als Namensträger. Dies Ergebnis wird man angesichts der zahlreichen bildlich gravierten Fund-
stücke nicht überbewerten[55], andererseits erweist die Hochschätzung der
mit Namen gravierten oder gepunzten Bestandteile der Kleidung des

---

[50] ἄνθραξ = "a precious stone of dark-red colour, including the carbuncle, ruby and gar-
net" (LSJ 141).

[51] Dazu Schroer 410ff. nach Art. Edelstein, BRL 64-66 (H. Weippert).

[52] Skehan - di Lella: "all-purpose seal", bzw. "seal of shrewdness" (322).

[53] Dazu Art. Priesterkleidung, BRL 256f. (K. Galling); Art. Priesterkleidung, BHH 3,
1491f. (W. Eiss); weiter: Art. Edelstein, BRL 64-66 (weitere Lit.). Schroer, Israel, 410.

[54] Schroer 411f.

[55] Insofern ist es auch keine Korrektur von Schroers sehr positiver Wertung der Siegel-
nachrichten des AT als Nachrichten über potentielle Bildträger insgesamt. Nur die Si-
rachstellen, die sie häufig zitiert, tragen zu dieser Frage nichts bei.

Hohepriesters, daß Sirach den weniger am Bild als vielmehr an der Kunstschrift und dem kostbaren Material interessierten israelitischen Geschmack teilte. Denn das Gewand des Hohepriesters stellt zweifellos seit vorexilischer Zeit einen ästhetischen Richtwert ersten Ranges für Israel dar, es wird in nachexilischer Zeit noch vervollkommnet und ist für Sirach selbst einmalig an Schönheit und Heiligkeit (45, 13)[56].

Nach den Siegelschneidern und Buntwebern nennt Sirach nun auch explizit die Maler: καρδίαν αὐτοῦ δώσει εἰς ὁμοιῶσαι ζωγραφίαν (38, 27). ζωγραφία ist die Malerei, der ζωγράφος "one who paints from life or from nature"[57]. Das Substantiv ist hapax legomenon in Septuaginta, das Verb begegnet viermal[58].

Drei dieser Belege sind für Sirach 38, 27 interessant. 2 Makk 2, 29 spricht metaphorisch in einem ausgeführten Vergleich vom ἀρχιτέκτων, der das Haus insgesamt entwirft, während der Maler die Ausschmückung besorgt (τῷ δὲ ἐγκαίεν καὶ ζωγραφεῖν ἐπιχειροῦντι τὰ ἐπιτήδεια πρὸς διακόσμησιν ἐξεταστέον). Hier ist an hellenistische Wandmalerei zu denken.

4 Makk 17, 7 bezieht sich ebenfalls metaphorisch auf ein der εὐσέβεια der frommen Mutter gewidmetes Gemälde oder aber speziell auf ein ihr gewidmetes Grabgemälde (ἐπιτάφιον V. 8 weist in diese Richtung), wie sie in hellenistischen Gräbern üblich waren. Marisa vertritt diesen Typus der freskengeschmückten Katakombe in Palästina[59]. Ez 23, 14-16 schildert ausführlich eine Wandreliefmalerei, die babylonische Soldaten zeigt[60]. Septuaginta übersetzt מחקה (Ritzzeichnung)[61] mit ζωγράφειν, d. h. Fresko. Bei Sirach wird man dann weniger an Reminiszenzen neubabylonischer Kriegerreliefs mit dem Thema belagerter Städte[62] denken, sondern hellenistische Wand- und vielleicht auch speziell Grabfresken mit ζωγράφειν verbinden[63].

Sir 38, 27-29 vermittelt insgesamt den Eindruck, daß Sirach den Bauhandwerkern und Kunsthandwerkern wie den Künstlern bedeutenden

---

[56] Vgl. dazu Teil III.

[57] LSJ 758.

[58] Jes 49, 16 (met.: "Skizze"); Ez 23, 14; 2 Makk 2, 29; 4 Makk 17, 7.

[59] Vgl. Art. Grab, BRL 122-129 (A. Kuschke), bes. 128 zur hell. Zeit (Lit.); HVA II, 2, 69-81.

[60] Ausführliche neue Diskussion dieses Passus bei Schroer, Israel, 180-189. In der Farbgebung der Malereien in Kuntilet ʿAǧrūd vgl. jetzt auch HVA II, 1, 671f.

[61] Disk. dieses Term. bei Schroer a.a.O.

[62] Diesen Hintergrund arbeitet Schroer, 187ff., für Ez 23, 14-16 heraus. Kieweler, Ben Sira, geht nicht auf die Stelle ein.

[63] Sir 38, 27 fehlt bei Schroer.

Wert beimißt und gerade an den eigentlichen Kunsthandwerken und den künstlerischen Aspekten der einfachen Handwerke Anteil nimmt. Die Handwerker stehen über dem Hauptberuf Israels: dem Bauern (V. 25) - allerdings auch deutlich unter dem γραμματεύς, dem wichtigsten Beruf, den Sirach kennt. Die Auswahl der Kunsthandwerker von Vers 27 kann sich ebenso auf den Tempelbereich wie auch auf den Bereich gehobener profaner Stadtkultur in Sirachs Umgebung beziehen. Beide Bereiche kennt und schätzt Sirach.

Eine weitere metaphorische Anspielung Sirachs auf Kunstwerke sei abschließend erwähnt:

"Goldene Säulen auf silberner Basis,
so sind liebliche Beine auf wohlgestalteten Fersen" (26, 18).

S. Schroer ordnet diesen Satz zu Recht den zahlreichen Beispielen von Beschreibungsliedern im Alten Testament zu[64]. Ihre für die Verfasser des Danielbuches geäußerte Vermutung, diese Schriftsteller hätten Götterbilder und Monumentalstatuen aus der hellenistischen Kultur gekannt[65], kann man durchaus auch auf Sirach beziehen, wenn auch die Topik des Vergleichs zur Vorsicht mahnt.

Jesus Sirachs kulturelle Welt kennt und schätzt Baukunst und Kunsthandwerk. Sirach steht damit in der Tradition des Alten Israel, das die heiligen Künstler für den Bau und die Ausstattung des Zeltheiligtums bzw. des Tempels ebenso kannte und schätzte wie die aus- und inländischen Künstler, die den Königspalast und später die Häuser der Oberschicht Israels bauten und ausstatteten[66] und Jerusalem ausbauten. Wieweit Sirach nun neue, spezifisch hellenistische Kunstwerke kannte und sein eigener Kunstsinn davon beeinflußt war, läßt sich kaum beurteilen. Lediglich die Tatsache der Erwähnung von Malern einerseits und der Kunsthandwerkerkatalog mit seiner verhältnismäßig positiven Tendenz andererseits könnten bereits hellenistischen Einfluß spiegeln.

2.

Musik hat in Israel zu jeder Zeit eine Rolle gespielt und gehört zu den genuinen Ausdrucksformen von Israels kulturellem Leben in privater wie in öffentlicher Hinsicht. Dem entspricht die Forschung: neben den

---

[64] Schroer 226ff. (Lit. und altorientalische Parr.). S. 229 Anm. 281 weist Schr. außerdem auf die Beschreibung des Hohenpriesters Simon in Kap. 50 hin, die auch dem Schema der Beschreibungslieder folgt. S. u. Teil III.

[65] Schroer 238.

[66] Vgl. die Prophetenkritik seit Amos.

umfangreichen Darstellungen der Musik des Alten Orients[67] liegt die
große Studie "Musik in Alt-Israel" von A. Sendrey vor[68], in der auch Sirachs Werk durchweg Beachtung findet. Israel pflegte Vokal- und In-
strumentalmusik, vor allem aber das Lied mit Instrumentalbegleitung.
Eißfeldts Darstellung der Liedgattungen[69] gibt einen Einblick in die
Breite der altisraelitischen Liedwelt und ihre sozialen und individuellen
Anlässe. Vieles davon finden wir auch bei Jesus Sirach.

Im Tempel erklang seit Davids Zeit die Melodie (קול) des שיר[70], die
die Israeliten auch zur Zeit Simons II. begeisterte (50, 18). שיר, das
Lied, der Gesang, wurde zugleich seit Salomo gepflegt, und Sirach selbst
steht in Salomos Tradition: 51,29 nennt er sein eigenes Werk שיר, αἴνεσις. So fordert Sirach 39, 15 seine Schüler auf, Gott zu loben (שי[ר]
[בש]ירות נבל וכל מיני, ἐξομολογήσασθε ἐν αἰνέσει αὐτοῦ). Er
denkt dabei an einen weisheitlichen Schöpfungshymnus (V. 16)[71].

שיר ist aber auch das Trinklied, dem Sirach ausdrücklich seinen eigenen Platz zubilligt: "Verweigere den Gesang (שיר) nicht"! (32, 3) Die
Schüler Sirachs und alle Weisen, auch die πρεσβύτεροι, sollen sich nicht
weise gebärden, sondern selbst beim Trinkgelage singen: 32, 3. 5.

מזמור(ψαλμός) ist das Lied, "sofern es für musikalische Begleitung
bestimmt ist"[72], nicht nur das religiöse Lied[73]. 32, 4. 6 ist מזמור das
Trinklied, gleichbedeutung mit שיר in V. 5. Es geht jeweils um das von
Instrumenten begleitete weltliche Lied, von klugen Männern vorgetragen, das Sirach ebenso schätzt wie die Weisheitslieder. Die reiche Metaphorik aus der Welt der Edelmetalle, des Schmuckes und der Edelsteine,
die sonst der Weisheitsrede gilt, ist hier auf das weltliche Lied mit Instrumentalbegleitung bezogen. Der Weise ist der feinerzogene Mann, ja

---

[67] Bes. M. Wegner, Die Musikinstrumente des Alten Orients, Orbis Antiquus 2, 1950; H.
Besseler und M. Schneider (Hg.), Musikgeschichte in Bildern II, Musik des Altertums,
Lfg. 1, Aegypten, Leipzig 1961; W. Stauder, Die Musik der Sumerer, Babylonier und As-
syrer, in: H. Hickmann, W. Stauder, Orientalische Musik, HO I, Ergbd. IV, 1970, 171-
243. Weitere Lit.: Art. Musikinstrumente, BRL 234-236 (H. P. Rüger); Art. Gesang,
BHH I, 554f. (G. Wallis); Art. Musik, BHH II, 1258-1262 (G. Wallis).

[68] A. Sendrey, Musik in Alt-Israel, Leipzig o. J. (1970); H. Seidel, Musik in Altisrael,
1989 (= Überarbeitung von ders., Der Beitrag des AT zu einer Musikgeschichte Altisraels, Leipzig 1970).

[69] Eißfeldt, Einleitung, 117-170 (Lit.).

[70] Ebd. 117. Bei Sirach: 32, 3. 5; 38, 25; 39, 15; 40, 21; 47, 9. 15, 17; 50, 18; 51, 29.

[71] Vgl. 15, 9. 10 (dort תהלה αἶνος); 17, 27f.

[72] Gesenius WB 411. Vgl. Art. זמר, ThWAT II, 603-612 (Ch. Barth). Sir: 32, 4. 6; 44, 5;
47, 9; 49, 1.

[73] Sendrey, Musik, 71, will מזמור vor allem als religiöses Lied verstehen. Sir 49, 1. 2
wertet er als Ausnahme, übersieht aber 44, 5 (allg. Weisheitslieder) und vor allem 32, 4.
6.

durchaus der μουσικὸς ἀνήρ[74], in weltlicher wie weisheitlicher und geistlicher Dichtung und Musik gleich gebildet und gewandt. Hier kommen höfische Tugenden ins Spiel, Traditionen des Alten Israel, die auch für die nachexilische Zeit kulturelle Bedeutung behalten: der Gebildete ist wie die Könige David, Salomo und auch Josia, auf den Klagelieder gesungen wurden, wie 2 Chron 35, 25 überliefert[75]. Es ist daher möglich, daß die Musikmetapher 49, 1, Josias Name und Andenken seien כמזמור beim Weingelage, darauf anspielt.

Andererseits ist es die Aufgabe der Spruchdichter, diese Lieder nach ihrem Metrum (חוק) zu erforschen (44, 5). Dabei scheint es sich um Weisheitssprüche zu handeln (44, 4). Ebenso können diese Lieder aber die von David angeordneten Kultlieder sein, die er vor dem Altar zur Harfe (נבל)[76] singen ließ: 47, 9. שיר und מזמור sind hier bedeutungsgleich (47, 9a. b). Die Harfe ist bei Sirach "weltliches" (40, 21) wie ebenso "geistliches" Instrument (39, 15; 47, 9), die Flöte (חליל)[77] dient der weltlichen Liedbegleitung: 40, 21. Saitenspielerinnen (מנגינת) verschönern das Gelage, Sirach warnt aber 9, 4 vor diesen sich den griechischen Hetären annähernden Musikantinnen und Tänzerinnen[78]. A. Hermann weist darauf hin, daß Sirach hier ein Zeugnis seiner "hellenistischen Umwelt"[79] gibt. Hermann bezieht sich aber auf den griechischen Text: μετὰ ψαλλούσης μὴ ἐνδελέχιζε (ausdauernd verweilen), wenn er meint, Sirach warne nur vor längerem Verweilen bei der Saitenspielerin. Die Bedeutung des hebräischen Verbs דמך[80] ist nicht geklärt, so daß die Nuance, die Hermann vermutet, erst für den Enkel Sirachs gelten kann.

---

[74] Dazu H.-I. Marrou, MOYCIKOC ANHP, Rom 1964. Marrou arbeitet den Typos des feinerzogenen Römers an Grabmonumenten der Kaiserzeit heraus. Dieser Typos läßt sich in anderen Kulturen in abgewandelter Form finden.

[75] Dazu Sendrey, Musik, 401, der aber den Akzent zu sehr von den Liedern, die auf Josia gedichtet wurden, auf Josia als Dichter und Musiker selbst verlegt.

[76] Harfe: s. BRL 234f., BHH II, 647f. Sir.: 39, 15; 40, 21; 47, 9.

[77] 40, 21 חליל (αὔλος). BRL 235: Flöte oder Doppeloboe.

[78] Dazu Sendrey, Musik, 447f. 500. Allg. zu den Hetären und ihrer musikalischen und tänzerischen Ausbildung: Art. Hetairai, PRE 8, 1331-1372 (K. Schneider); Art. Dirne, RAC 3, 1149-1213 (A. Hermann, H. Herter); Art. זָנָה, ThWAT 2, 612-619 (S. Erlandsson); Art. πόρνη, ThWNT 6, 579-595 (F. Hauck - S. Schulz); H. Herter, Die Soziologie der antiken Prostitution im Lichte des heidnischen und christlichen Schrifttums, JbAC 3, 1960, 70-111 (bes. 95ff.). Viel zu kurz handelt G. Mayer, Die jüdische Frau in der hellenistisch-römischen Antike, 1987, S. 85, das Thema ab. Kieweler, Ben Sira, 252: hellenistische Parallelen.

[79] RAC 3, 1159.

[80] Vgl. die ausführliche Diskussion bei Skehan - di Lella 217.

Mehrfach erwähnt Sirach besondere Instrumente: 26, 27 die Kriegstrompete: σάλπιγξ πολέμων (metaphorisch), 50, 16 die Trompete der Priester: חצצרה.

Schließlich finden sich mehrere Hinweise auf Trauermusik. 38, 16f. äußert er sich direkt zum Klagelied. Zu den Trauersitten[81] gehören ebenso das Schweigen weltlicher Musik (22, 6) wie das Klagelied: eine קינה oder ein θρῆνος (38, 16), ein Teil der Totenklage (ספד 38, 17)[82]. Interessant ist es, daß Sirach die Trauerklage zwar seinen Schülern ans Herz legt und auf ihre Einhaltung drängt (22, 6 μουσικὰ ἐν πένθει ἄκαιρος διήγησις), die Dauer der Trauer auf sieben Tage gemäß der Sitte ansetzt[83], andererseits die Zeit der Tränen auf einen oder zwei Tage begrenzen will. Eine Kultur der Klage[84] ist ihm fremd.

Sirachs Äußerungen zur Musik sind weit gestreut: profane Musik, kultische Musik, Trauermusik, Kriegsmusik: alle Bereich israelitischer Musik und israelitischen Gesanges werden erwähnt. Die sakrale wie die profane Musik schätzt Sirach hoch, ja außerordentlich. Die gesellige und religiöse Kultur Israels, wie Sirach sie spiegelt, ist stark von Musik geprägt und ohne sie nicht denkbar. Über das Lied mit seinen verschiedenen Gattungen ist zudem die Musik eng mit der literarischen Kunst einerseits und der Religion andererseits verbunden. Hier stehen sich Israels Kultur und die Kultur der griechisch-hellenistischen Welt von altersher strukturell nahe.

---

[81] S. o. Kap. VII.

[82] Zur Form des Klageliedes vgl. Eißfeldt, Einleitung, 122ff.; sehr ausführlich Krauss, TA II, 64ff., bes. S. 67 zur קינה, dem Klagelied der Klageweiber.

[83] Sir 22, 12; dazu Krauss, TA II, 69f.

[84] Vgl. Eißfeldt, Einleitung, 678ff. zu den Klageliedern Jeremias.

Kapitel 9: Sprache und Literatur

Eines der wichtigsten Felder kultureller Anstrengung ist die Sprache. Sirach bemüht sich in mündlicher Lehre und in der Verfasserschaft eines umfangreichen Buches um die hebräische Sprache, die seine Kultur definiert (A. 1.). Er hat eine Theorie von der Bedeutung und dem Ethos der Sprache (2. - 5.): Sein eigenes Werk ist Ausdruck dieser kulturellen Funktion der Sprache (B.). Die Untersuchung der Gattung (1.) und der Bildersprache (2.) verdeutlichen diese Funktion. Ein kurzer Ausblick auf die allgemeine kulturelle und pädagogische Bedeutung von Sirachs Weisheitsschrift (C.) schließt das Kapitel ab.

A.

1.

Die Sprache, die Sirach verwendet, ist das Hebräische. Dieser Umstand kann nicht ohne weiteres als selbstverständlich gewertet werden. Denn um 200 v. Chr. ist Palästina dreispachig: neben Hebräisch[1] steht Aramäisch[2] ebenso wie Griechisch[3]. Eine einfache und brauchbare Zusammenstellung der Literatur des Frühjudentums nach den drei genannten Sprachen[4] hat R. Degen vorgelegt[5].

---

[1] Vgl. Art. Hebräisch, TRE 14, 505-521 (D. Michel, F. Werner); Art. Hebräisch, NBL, Lfg. 6, 1991, 69-81 (H. Irsigler). Irsiglers Einteilung in spätbiblisch-frühjüdisches Hebräisch (400 v. - 100 n. Chr.) und Mittelhebräisch (bzw. Mischnisches oder Neuhebräisch) kann hier vernachlässigt werden (S. 71). Allg.: Maier, ZdT 59-64 (Lit.).

[2] Vgl. Art. Aramäisch, TRE 3, 599-612 (R. Degen); Art. Aramäisch, NBL 1, 1991, 147-150 (M. Görg). Bickerman, The Jews, 165, weist darauf hin, daß die jüdischen Jünglinge im hellenistischen Jerusalem Hebräisch erst lernen mußten. Sirachs Werk verrät leider nichts von solchen Sprachstudien.

[3] Vgl. Art. Griechisch, TRE 14, 228-235 (F. Rehkopf); Art. Griechisch, NBL 1, 1991, 953-956 (M. Reiser).

[4] Zum weiteren Umfeld vgl. bes. Hengel, Judentum, Lit. S. 108ff.; S. Lieberman, Greek in Jewish Palestine, New York 1965[2] (für die christliche Zeit); B. Lifshitz, L'hellénisation des Juifs de Palestine, RB 72, 1965, 520-538; J. N. Sevenster, Do You know Greek, Leiden 1968 (nur für das 1. Jh. n. Chr.); J. A. Fitzmyer, The Languages of Palestine in the First Century A. D., CBQ 32, 1970, 501-531; C. Rabin, Hebrew and Aramaic in the First Century, in: CRINT I, 2, 1007-1039; G. Mussies, Greek in Palestine and the Diaspora,

Der deuterokanonische Jesus Sirach als hebräisch verfaßte Schrift steht zeitlich am unteren Ende des alttestamentlichen Kanons, und der Enkel Sirachs blickt selbst schon auf einen früheren Kanon zurück: Vorrede 1. 2; 24. 25. Sirach hat dementsprechend nicht allzu viele uns erhaltene zeitgenössische hebräische Werke zur Seite[6]. Degen nennt die später kanonisierten Schriften Prediger[7], Esther[8], die jüngsten Psalmen[9] und den etwas jüngeren Daniel[10], den Sirach im "Lob der Väter" noch nicht erwähnt. H. Irsigler ordnet hier auch Esra, Nehemia[11] und 1. und 2. Chronik[12] ein, weiterhin das Hohe Lied[13]. Daneben stehen die frühen Apokryphen und Pseudepigraphen[14]. Die großen Qumranschriften: Kupferrolle - Regeln - Kriegsrolle - Hodajoth - Midraschim - Testimonien und Damaskusrolle sind ebenfalls hebräisch geschrieben. Zur profanen Literatur des hellenistisch-römischen Zeitabschnittes gehören einige hebräische Inschriften[15], die hebräischen Briefe Bar Kochbas[16] und Schrift-

---

ebd. 1040-1064; M. Hengel, Qumrân und der Hellenismus, in: M. Delcor (Hg.), Qumrân, Paris - Löwen 1978, 333-372; M. Silva, Bilinguism and the character of Palestine Greek, Bib 61, 1980, 198-219 (strukturalistisch); H.-B. Rosen, Die Sprachsituation im römischen Palästina, in: G. Neumann (Hg.), Die Sprachen im Römischen Reich der Kaiserzeit, Köln 1980, 215-239.

[5] Maier-Schreiner, LuR, darin: R. Degen, Sprachen und Sprachprobleme, 107-116 (Übersichten S. 108. 110f. 115). Vgl. H. Irsigler, NBL, Lfg. 6, 71.

[6] Vgl. Art. Kanon, NBL Lfg. 8, 1992, 440-450 (B. Lang, neue Lit.).

[7] Einführung: A. Lauha, BKAT 1978; N. Lohfink, NEBAT, 1980.

[8] Einführung: Art. Esther, TRE 10, 391-395 (J. Lebram, J. v. d. Klaauw); Art. Esterbuch, NBL 1, 1991, 603-606 (A. Angerstorfer).

[9] Einführung z. B. bei S. Mowinckel, Psalmen und Weisheit, VT S. III, 1955, 205-224. Die Problematik der Pss-Datierung akzentuiert R. Smend, Die Entstehung des AT, 1978, 192f. (kritisch gegenüber Eißfeldt). Sehr zuversichtlich bei der späten Datierung der letzten Pss des Psalters ist jetzt N. Lohfink, Lobgesänge der Armen, SBS 143, 1990, 101ff. Sicherer die Einzeluntersuchungen z. B. von W. Beyerlin, Wider die Hybris des Geistes, SBS 108, 1982, 97ff.

[10] Einführung: Art. Daniel/Danielbuch, TRE 8, 325-349 (J. Lebram); Art. Daniel (Buch), NBL 1, 1991, 384-387 (E. Haag); 2, 4b - 7, 28 aramäisch.

[11] Vgl. Art. Esra/Nehemia (Buch), NBL 1, 1991, 598-599 (P. Welten): Entstehung erheblich nach 400 v. Chr.

[12] Vgl. Art. Chronikbücher/Chronist, NBL 1, 1991, 369-372 (P. Welten): wahrscheinlich 3. Jh. v. Chr.

[13] Vgl. Art. Hoheslied, NBL, Lfg. 7, 1992, 183-191 (O. Keel): Entstehung wohl während der Perserzeit, letzte Überarbeitung in hellenistischer Zeit (189).

[14] Dazu allg. CRINT II, 2: Jewish Writings of the Second Temple Period; Art. Apokryphen I, TRE 3, 289-316 (P. Rüger, Lit.) und Maier, ZdT, 73 und 93 (Lit.). Zur Qumranliteratur: Maier, ZdT, 75-80 (Klassifikation der Texte und Lit.).

[15] Maier, ZdT, 89; NBL, Lfg. 6, 72.

stücke aus Wadi Mūrabba'at und Nahal Hever[17]. Schließlich ist die Mischna zu nennen, wenn diese auch erst um 200 n. Chr. abgeschlossen wurde[18].

Das Gebiet der frühen Apokryphen und Pseudepigraphen[19] muß hier genauer behandelt werden, denn nur anhand dieser Texte läßt sich ein ungefähres Bild des Nebeneinanders hebräischer und griechischer Literatur des Frühjudentums gewinnen[20]. Sicher ursprünglich hebräisch verfaßt waren frühe Teile der Äthiopischen Henochapokalypse[21], das Jubiläenbuch[22] und die syrischen Psalmen[23]. Im 2. Jahrhundert und auch noch im 1. Jahrhundert v. Chr. schrieben die frühjüdischen Schriftsteller also noch überwiegend hebräisch. So läßt sich auch für die Zusätze zu Daniel[24] und Esther[25], für Judith[26], Tobit[27] und 1 Makk[28], für 3. Esra[29],

---

[16] P. S. Alexander, Epistolary Literature, CRINT II, 2, 579-596; J. Taatz, Frühjüdische Briefe, NTOA 16, 1991.

[17] Ebd. bes. S. 579, Anm. 1.

[18] Einführungen: H. L. Strack, Einleitung in Talmud und Midrasch, 1976[6]; G. Stemberger, Das klassische Judentum, 1979.

[19] Vgl. zum Folgenden auch durchgehend N. Walter, ANRW II 20, 1, 1987, 67-120, Jüdisch-hellenistische Literatur vor Philon von Alexandrien, und die Editionsreihe JSHRZ (Plan dieses Werkes und ergänzende Lit. bei Maier, ZdT 68-72; weitere Ausgaben und Lit. S. 73f.).

[20] Eine integrierte Darstellung der Geschichte der Literatur Israels in hellenistischer Zeit liegt nicht vor. Die großen neuen Darstellungen wie in CRINT und ANRW verbleiben im klassifizierenden Einleitungs- oder Handbuchstil. Die Texte werden als "Quellen" verstanden (z. B. Maier, ZdT, 93: "Kap. V Zur Literatur A. Das Problem der Klassifizierung der Quellen"). Die Darstellung der literarischen und historischen Dimensionen der einzelnen Werke bleibt den monographisch ausgeweiteten Einzelausgaben vorbehalten. Bei Gesamtdarstellungen dominieren dann form- und gattungsgeschichtlichte oder thematische Gesichtspunkte. - Das gilt bes. für den umfangreichen Beitrag von K. Berger: Hellenistische Gattungen im NT, in: ANRW II, 25, 2, 1984, 1031-1432. 1831-1885, und ders. "Formgeschichte des NT", 1984. Beide Titel können ebf. für Sirach benutzt werden.

[21] Diskussion bei S. Uhlig, JSHRZ V, 6, 483ff.

[22] Diskussion bei K. Berger, JSHRZ II, 3, 285ff.

[23] Diskussion bei A. S. v. d. Woude, JSHRZ IV, 1, 31ff.

[24] Diskussion bei Eißfeldt, Einleitung, 801f., H. Bardtke, JSHRZ I, 1, 27f.

[25] Diskussion bei O. Plöger, JSHRZ I, 1, 65ff.

[26] Diskussion bei E. Zenger, JSHRZ I, 6, 430f. (sprachliche Indizien).

[27] Diskussion bei H.-P. Rüger, Art. Apokryphen I, TRE 3, 289-316: hebräisches oder aramäisches Original (300).

[28] Diskussion bei K.-D. Schunck, JSHRZ I, 4, 289 (Hieronymoszeugnis).

[29] Diskussion bei K.-F. Pohlmann, JSHRZ I, 5, 378ff.

den Brief Jeremias[30], die Psalmen Salomos[31], das Leben Adams und Evas[32] und 4. Esra[33] eine ursprünglich hebräische Fassung vermuten.

Daneben fand aber die griechischsprachige Schriftstellerei nicht nur bei der alexandrinischen Judenschaft - so mit Demetrios[34] und Aristobulos[35], dem Tragiker Ezechiel[36] und Philon dem Epiker[37] -, sondern auch im syrisch-palästinensischen Raum mit Ps.-Eupolemos[38] und Eupolemos[39] bald Eingang. Das Eindringen der griechischen Sprache nach Palästina hat Martin Hengel detailliert beschrieben[40].

Dieser Prozeß, dem hier nicht nachgegangen werden kann, kam erst seit dem 3. Jh. v. Chr. Bewegung. Als Jesus Sirach schrieb, wählte er für seine Weisheitsschrift, die für ein jüdisches Publikum bestimmt war, noch Hebräisch. Eine besondere Absicht nationaler oder religiöser Natur dürfte er mit der hebräischen Fassung seiner Schrift nicht verfolgt haben. Möglicherweise vorhandene griechische Sprachkenntnisse[41] mögen ihm auf seinen Reisen gedient haben. Und noch sein Enkel übersetzt zwei Generationen später das hebräische Werk des Großvaters nicht für das Jerusalemer, sondern für das alexandrinische gebildete Judentum ins Griechische. Eine bewußte Tendenz wird sich also keinesfalls aus der Wahl der Sprache ablesen lassen[42], höchstens eine Gattungsbindung und ein seiner Stellung angemessener natürlicher Konservatismus[43]. Sirach benutzte diejenige literarische Sprache, die seinem

---

[30] Diskussion bei H. J. Gunneweg, JSHRZ III, 2, 185f.

[31] Diskussion bei S. Holm-Nielsen, JSHRZ IV, 2, 53f.

[32] Diskussion bei Eißfeldt, Einleitung, 862-864.

[33] Vgl. M. E. Stone, Forth Ezra, Hermeneia, Minneapolis, 1990, 10f.

[34] N. Walter, JSHRZ III, 2, 280ff.

[35] Ebd. 261ff.

[36] E. Vogt, JSHRZ IV, 3, 115ff.

[37] N. Walter, JSHRZ IV, 3, 139ff.

[38] N. Walter, JSHRZ I, 2, 137ff. Vgl. Hengel, Judentum, 162.

[39] Walter, 93ff. Vgl. Hengel, Judentum, 169.

[40] Judentum, 108ff. Vgl. auch N. Walter, ANRW II 20, 1, 67-120. Zu Tobit vgl. S. 242 Anm. 51.

[41] Vgl. Hengel, Judentum, 244.

[42] Dies könnte der Vergleich mit dem zeitgenössischen Werk des Ps. Eupolemos und des etwas jüngeren Eupolemos nahelegen. Aber Ps. Eupolemos sprach selbst wahrscheinlich nicht hebräisch (Diskussion bei Walter, JSHRZ I, 2, 139; Hengel, Judentum, 162 mit Anm. 235 plädiert für hebräische Sprachkenntnisse), war vielleicht sogar Diaspora-Samaritaner (Walter 139). Eupolemos schrieb für ein "griechischsprechendes Publikum" (Walter 97), nicht für Jerusalems Jugend wie Sirach.

[43] In der Sap Sal fällt diese Bindung dann fort, s. dazu D. Georgi, JSHRZ III, 4, 391ff. Ps Phokylides löst sich noch weiter von dem alten Gattungsrahmen, wenn er nicht nur die

Beruf, der Tradition, der Denkwelt und dem Publikum seiner Schrift entsprach. Er band sich sprachlich eindeutig an die ältere Weisheit wie Hiob und Kohälät. Die Weisheit Salomos dagegen will, wie D. Georgi richtig zusammenfaßt, "keine israelitisch-jüdische Schrift sein, jedenfalls nicht im Sinne einer sprachlich, ethnisch, kulturell oder religiös spezifischen historischen oder geographischen Identität. Das Werk arbeitet stilistisch wie begrifflich mit den Mitteln internationaler Bildung der hellenistischen Welt"[44]. Demgegenüber vertritt Sirach durch die Wahl seiner Sprache die nationale hebräische Kultur und Tradition.

2.

Nach diesen Vorbemerkungen ist nun zu fragen: Welche Rolle spielt die Sprache im Zusammenhang der Kultur des Siraciden? Wie versteht er sie? Wie setzt er sie ein?

Sirach hat sich mehrfach in geradezu klassischer Diktion und mit grundlegendem Anspruch zur Rolle der Sprache als eines Instruments menschlicher Kultur geäußert.

"Der Anfang eines jeden Werks ist das Wort" (37, 16).
"Mein Sohn, beim Wohltun gib nicht Anlaß zum Tadel
und bei einer jeden Gabe nicht Betrübnis durch Worte.
Schafft nicht Erquickung beim Ostwind der Tau?
So ist auch das Wort besser als die Gabe.
Siehe, ist nicht das Wort mehr als eine gute Gabe?" (18, 15-17).

Sirach lebt und wirkt in einer Kultur des gesprochenen Wortes. Diese Kultur ist eine gesellige Kultur:

"Mit Weisen unterrede dich!
Mit einsichtsvollen Menschen pflege deine Gespräche,
und all deine Unterhaltung geschehe in ihrer Mitte.
Getreue Männer seien deine Gastgeber ..." (9, 14-16).

Diese Männer sind besonders bei den Alten zu finden:

"Nicht sollst du verachten die Erzählungen der Alten,
die sie von ihren Vätern gehört haben;
Denn dadurch empfängst du Einsicht,
um im rechten Augenblick eine Antwort geben zu können" (8, 9).

Dazu gehört die ständig wiederholte Warnung vor dem Gespräch mit dem Toren:

---

griechische Sprache, sondern auch die kurze Form der griechischen Gnome benutzt; dazu N. Walter, JSHRZ IV, 3, 182ff. und bes. P. W. van der Horst, The Sentences of Pseudo-Phocylides, StVTPs 4, Leiden 1978.

[44] Georgi, Weisheit, 391.

"Mit einem Unverständigen sprich nicht viel,
und zu einem Uneinsichtigen gehe nicht" (22, 13).
Das Wort stellt für Sirach nicht nur die Grundlage des Handelns, sondern auch der menschlichen Beziehungen dar. Daher ist der wortgewandte Mann ein Erziehungsideal Sirachs.

Um das Wort zu beherrschen und richtig zu verwenden, muß das Hören[45] am Anfang stehen. Sirach ist aus tiefer Überzeugung Lehrer. Er
selbst ringt um die angemessene Formulierung seiner Einsicht (34, 12b)
und dankt Gott für seine Lippen (51, 22). Von seinen Schülern fordert er
konzentriertes Hören: 3, 29; 4, 15; 5, 11; 6, 23 G. 33; 25, 9. Den "vielen"
(20, 8) und "leeren Worten" des Toren (21, 18[46]) stellt er den Erfolg und
das Ansehen gegenüber, das man mit "weisen Worten" erlangt (Kap. 20
pass.).

Der Zusatz im griechischen Manuskript G II 17, 5, Gott habe den
Menschen als siebten Sinn das Wort dazugegeben[47], ist also nachträglich
unbeschadet möglichen stoischen Einflusses durchaus im Sinne Sirachs
selbst formuliert.

Der Lehrer Sirach hat seine Lehre von seinen Lehrern gehört und teilt
sie mündlich seinen Schülern mit. Dieser Sprach- und Traditionszusammenhang ist für ihn die Grundlage des moralischen und intellektuellen
Vermögens der Menschen. Er mahnt zu ständiger Arbeit an der Sprache
und zu größter Sorgfalt im Umgang mit ihr. Er kommt auch als Schriftsteller von der gesprochenen Sprache her, arbeitet selbst unablässig mit
ihr und gibt sie als kostbaren Schatz weiter. Er lebt ganz und gar im
Haus der Sprache. Und nicht zufällig ist die erste Erwähnung des בית
מדרש in 51, 23 noch metaphorisch, während 51, 29 dann term. techn.
wird. Hier, bei der Sprache, im gesprochenen, formulierten Wort, stoßen
wir zuerst in den Bereich vor, der Sirachs kulturelle Welt aus der Wurzel
erklärt[48]. Denn diese ist primär eine Kultur des Wortes, nicht aber eine
Kultur der Schrift bzw. des Buches, noch weniger der bildenden Kunst
oder des Rechts. Dem Wort, d. h. dem gesprochenen Wort, gilt Sirachs
ganzes Bemühen, und auf eben dies Bemühen möchte er alle verständi-

---

[45] Dazu grundlegend der Art. Hören, RAC 15, 1991, 1023-1111 (F. K. Mayr), bei dem
aber leider das AT viel zu kurz kommt.

[46] So nach G Sauer und Skehan - di Lella 307. Beachte allerdings die Konjektur bei Rickenbacher, Weisheitsperikopen, 107, die dem Parallelismus eher gerecht wird.

[47] Vgl. zu Überlieferung und Diskussion Sauer 546f.

[48] Zum Umgang der Weisen mit der Sprache vgl. allg. v. Rad, Weisheit, 46ff. Zur Sprache im AT einführend: Wolff, Anthropologie, 116-123; Art. אָמַר, ThWAT I, 353-373 (S.
Wagner); Art. דבר, ThWAT II, 89-133 (J. Bergman, H. Lutzmann, H. W. Schmidt).

gen Männer in Israel verpflichten. Enge und Weite dieses kulturellen Raumes gilt es hier nachzuziehen.

3.

Zunächst zum Aspekt der Enge dieses Hauses, das zum Tresor, aber auch zum Gefängnis werden kann: Sirach lehrt:

"Siehe, umgib deinen Besitz mit Dornen,
und für deinen Mund bring Tür und Schloß an" (28, 24a)[49].

Der Kultur des Wortes unterliegt als Fundament eine Kultur des Schweigens. In einem kleinen Kompendium des rechten Schweigens (20, 1-7) lehrt Sirach:

"Es gibt einen, der schweigt und sich dadurch als verständig erweist" (20, 1b).

Verschwiegenheit ist die Voraussetzung dauerhafter Freundschaft (19, 7-16 und 27, 16-21). Auch die Frau soll schweigsam sein: 26, 14f. Zur Kultur des Schweigens gehört ebenso, kurz und prägnant zu sprechen (20, 1-7; 32, 8)[50] wie den richtigen Zeitpunkt zum Schweigen zu finden (1, 24; 32, 3. 4). Brevitas fordert Sirach auch für das Gebet (7, 14)[51]. Weiter gehören dazu Verläßlichkeit, Selbstkontrolle und Selbstzucht[52]. So spricht der Weise nicht mit dem Toren (8, 17 u. ö.), bewahrt Vorsicht gegenüber dem Fremden (8, 18) und gegenüber der Dirne (9, 3)[53]. Ebensowenig traut er der Menge der Reden des Reichen (13, 11. 21f.). Das bedeutet auch: der Weise Israels setzt sich nicht der Diskussion aus (5, 10). Er ist ganz Lehrer, Wissender. Und er lehrt elitär und exklusiv.[54]

Der stete Ruf Sirachs zu kontrollierter Rede ist zentral und ruft den Schüler zu einem elementaren Lernverhalten: "Bevor du redest, lerne, πρὶν ἢ λαλῆσαι μάνθανε" (18, 19).

Das Reden ist nicht einfaches Sprechenkönnen, sondern verantwortete, reflektierte Rede, die erst dem Lehrer zusteht. So ist das "Haus des

---

[49] Entsprechende Schließmetapher: 5, 12. Eine andere Metapher: die sprichwörtliche Waage 21, 25. Wach-Metapher: 1, 29; 22, 27 u. ö. Gleitmetapher: 20, 18. Die reiche prohibitive Metaphorik zeigt die Bedeutung, die Sirach diesem Thema beimißt.

[50] Vgl. 20, 8. 13 (vgl. dazu Sauer 554 und Skehan - di Lella 298).

[51] Dazu Str-B I, 403-405, und U. Luz, Das Evangelium nach Matthäus I, 1985, 330-332 (Lit.).

[52] 5, 10b. 11; 29, 3.

[53] Immerhin verbietet Sirach in Kap. 9 nicht das Gespräch mit der Jungfrau oder der verheirateten Frau, wenn er auch vor dem Umgang mit beiden Gruppen warnt.

[54] Der grundlegende Gegensatz zu der offenen und attisch-demokratischen Lehre des Sokrates ist hier bes. deutlich.

Wortes" erst einem gewissen Alter zugänglich. Und in Wahrheit ist es nicht Gefängnis, sondern eben vielmehr Schatzhaus, das nur derjenige betreten darf, der es verschlossen zu halten weiß. Dieser positive Aspekt tritt am deutlichsten in der Metapher von 22, 27 hervor:

"Wer wird mir an meinen Mund eine Wache legen und an meine Lippen ein kunstfertiges Siegel?" - mit dem man eben Schätze verschließt.

Daß tatsächlich hinter diesem Siegel der wertvollste Schatz des Menschen liege, offenbart Sirach in zwei geschliffenen Sentenzen, die zu den Höhepunkten seiner Spruchformulierung zählen:

"ἐν στόματι μωρῶν ἡ καρδία αὐτῶν,
ἐν δὲ καρδίᾳ σοφῶν στόμα αὐτῶν.
Im Munde der Toren liegt ihr Herz,
aber im Herz der Weisen liegt ihr Mund" (21, 26).

Und:

"Keinem Menschen offenbare dein Herz,
stoße nichts Gutes von dir weg" (8, 19).

Das Wort führt zum Herzen des Menschen. Die Kontrolle des Wortes hütet das Innerste des Menschen, sein Herz. Daher sind die stete Arbeit am Wort, die rigide Kontrolle der Gesprächspartner und die absolute Verschwiegenheit für den Siraciden unabdingbar. Die Kultur des Schweigens schützt den Menschen vor schädlicher Selbstaufgabe oder schändlicher Verleumdung des anderen Menschen. Die Kultur des kontrollierten Wortes enthält ihre latente Ethik.

4.

Denn in der Tat entwickelt und lehrt Jesus Sirach eine hochangesetzte verpflichtende Ethik der Rede, die eng mit der Weisheit selbst verbunden ist: "כי באומר נודעת חכמה" 4, 24. Der weisheitlich verstandene Umgang mit dem Wort ist schon an der Wurzel ethisch bestimmt, wenn der Jüngere vom Älteren lernen und sich mit ihm unterreden soll. Ruhe, Achtung, Geduld und Aufmerksamkeit sind für Sirach Grundverhaltensweisen eines jeden Menschen, der mit der Sprache umgeht. Hochmut und Sünde des Menschen offenbaren sich in seiner Rede (4, 24ff.). Der Mensch soll den Eid (22, 10f.; 27, 14) und das Nennen des Gottesnamens möglichst vermeiden[55]. Diese ethische Kultur des Wortes läßt sich von der "Zucht des Mundes"[56] in 23, 7-15 her entfalten. Unsaubere

---

[55] Zur jüdischen Kritik am zu heftigem Schwören vgl. Str-B I, 321-337 und Luz, Das Evangelium nach Matthäus I, 279-290 (Lit.).

[56] Die Überschrift ist sekundär. Vgl. P. C. Beentjes, Sirach 22: 27 - 23: 6 in zijn context, BTFT 39, 1978, 144-151.

Worte und schändliche Reden führen in die Sünde. Wie eng auf der anderen Seite Ethik und Pädagogik im Bereich der Sprache verbunden sind, sagt 23, 15:

"Ein Mensch, der gewöhnt ist an schändliche Reden,
wird Zeit seines Lebens nicht erzogen werden können."

Lüge, Verleumdung, Prahlerei, Doppelzüngigkeit bzw. Heuchelei sind die Laster der unbeherrschten Rede. Der Lügner ist der Gegenspieler des Weisen. Dabei ist der Lügner als Typ des Nichtweisen durch Übermut, Spott und Frevel gekennzeichnet. Seine Beziehung zu Gott ist zerstört (15, 9. 20). Die Verlockung zur Sünde liegt für den Lügner in der falschen Hoffnung, Gott werde seine Sünde und seine Lüge nicht sehen (16, 17ff.)[57]. Gemäß der ethischen Rolle, die Sirach der Pädagogik des Weisheitslehrers zuschreibt, versteht er den Ungebildeten als Dauerlügner. Lüge wird so zu einem Kennzeichen der Menge:

"Üble Nachrede in der Stadt, Zusammenlaufen der Menge,
Lüge, mehr als der Tod ist dies alles verhaßt" (26, 5).

Die Kritiklosigkeit der Masse des Volkes, das von Lüge und Gerüchten lebt, ist dem Weisen ein Greuel.

Aus der Zuordnung der Lüge zur Masse der Bevölkerung geht hervor, daß Sirach die Lüge als grundlegende menschliche Versuchung, ja als eine menschliche Disposition, als die natürliche Form menschlichen Redens betrachtet. Nur strenge Erziehung im weisheitlichen Sinne kann die Menschen von der Lüge abhalten. Streng genommen wird so nicht die Lüge, sondern die wahrheitsliebende Weisheitsrede zur Abweichung von der Normalität des Sprechens. So ist auch der Weise, der Kritiker, aufgerufen, dauernd Lügen zu prüfen. Seine Pädagogik ist eine kritische Pädagogik. Die gesamte ethische Kultur der Rede gewinnt wegen der negativen Menschensicht des Siraciden neben ihrer pädagogischen auch eine eminent kritische Dimension. Der Weise nimmt dauernd sowohl sich selbst als auch die anderen Menschen ethisch in Zucht. Daher dankt Sirach auch an der herausgehobensten Stelle, nämlich im Schlußgebet seines Buches, Gott für die Bewahrung von dem Lügner: 51, 2[58]. Der Rei-

---

[57] Die Polemik gegen jüdische Nihilisten wird in Sap Sal ausgebaut. Zur Stelle vgl. Hengel, Judentum, 257.

[58] Dort bedient er sich der traditionellen Topik der Psalmen, die den Lügner als starken Feind darstellt. Vgl. H.-J. Kraus, Theologie der Psalmen BKAT XV/3, 1979, 161-167, S. 164 Lit. Kraus versucht, das Profil des Gottlosen, des Feindes des Psalmisten herauszuarbeiten, ohne freilich zu eindeutigen Zuschreibungen zu kommen. Jedenfalls ist der Gottlose in den Psalmen auch Lügner. Die Lüge sitzt im Herzen des Gottlosen, der immer Sünder ist (vgl. M. A. Klopfenstein, Die Lüge nach dem Alten Testament, Zürich 1964; Art. כזב, ThWAT IV, 111-130 R. Mosis). Sirach selbst ist als Weiser nicht wie der atl. Psalmist und wie das traditionelle Ich in Kap. 51 dem Lügner als dem Starken und Gewalttätigen ausgeliefert, sondern ist selbst Zuchtmeister und Richter des Lügners. So

che kann, wenn er in Not gerät, dem Lügner ähnlich werden. Die Worte des Reichen genießen zu leicht Ansehen ohne sachliche Prüfung: 13, 20-22.

Neben der Lüge steht die Prahlerei, die Sirach 4, 29 ebenfalls zurückweist. Besondere Aufmerksamkeit widmet er der Doppelzüngigkeit. Der grundlegende Passus 5, 9-16 bezeichnet den Doppelzüngigen als Übeltäter (V. 16). 1, 28. 29 warnt vor Heuchelei. 28, 13 zeigt Unfrieden und Untergang als Ergebnis der Doppelzüngigkeit.

Das Werkzeug der Rede ist die Zunge[59]. Im Sinne der weisheitlich dichterischen anschaulichen Sprache kleidet Sirach seine ethischen Erwägungen über die Sprache besonders gerne in Sprüche über die Zunge ein. "Wen gäbe es, der nicht gesündigt hätte mit seiner Zunge", fragt er 19, 16. Denn die Zunge ist Trägerin der Prahlerei (4, 29). Sie verletzt den Anderen (26, 6)[60]. In einem weiteren ethischen Kontext kommt Sirach in Kap. 28 in einem eigenen kleinen Themenabschnitt nochmals auf die Zunge zu sprechen, hier unter dem speziellen Gesichtspunkt der "dritten Zunge" (V. 14). Im Verlauf dieses Abschnittes wird die Zunge in der Weise der älteren Weisheit geradezu dämonisiert. Archaisierende Weisheitstopik[61] tritt hier neben die Psalmentopik des 51. Kapitels (VV 2. 5. 22. 25). Aber die dämonisierende Topik setzt keinesfalls die Verpflichtung des Weisen außer Kraft, die Zunge zu schulen und zu hüten, um Sünde zu vermeiden und Wahrheit zu pflegen.

5.

Nun enthält Sirachs Vorstellung von der Sprache aber auch ganz anderen, positive Dimensionen. Das Schatzhaus der Sprache ist zugleich ein Palast. Neben die Ethik der Rede tritt die Ästhetik der Rede, die bei Sirach einen eigenen Stellenwert hat. Angenehme und anmutige Rede (6, 4) schafft Freundschaft. Die Rede des Weisen ist anmutig (21, 16). Der Weise soll ein wortgewandter Mann sein. Daher kann der Weise angemessene Loblieder formulieren, was dem Frevler nicht zusteht (15, 9f.). Auch auf diesem Gebiet ist wie stets Vorsicht geboten: der bedrängte Reiche schafft es, daß seine Rede fälschlich für gut gehalten wird (13, 21); und die liebliche Rede des zum Feinde gewordenen Freundes ist

---

gibt es in der Sirachzeit zwar auch unter den Reichen Lügner (25, 2). Aber sie sind nicht etwa Sirachs Todfeinde, sondern er tadelt sie scharf.

[59] Vgl. dazu den Art. לָשׁוֹן, ThWAT IV, 595-605 (B. Kedar-Kopfstein), bes. 603ff. Weiteres bei M. Dibelius, Der Brief des Jakobus, KEKNT 15, 1964[11], 222-249.

[60] Sirach bezieht dies auf die Frau.

[61] Vgl. ThWAT IV, 603; vgl. auch Skehan - di Lella, 365.

trügerisch (27, 23). So ist auch hier die Kritik des Weisen notwendig. Andererseits stößt hier der Weise auch an seine Grenze:

"Sprich, Greis, denn es gebührt dir!
Und (= aber) beweise in Demut deine Weisheit, und mindere den Gesang nicht!
Beim Gelage sollst du keine Gedanken vortragen, sondern Lieder.
Was trägst du Gedanken vor, und es ist nicht Zeit?
Was gebärdest du dich weise?" (32, 3f.).

Zum Gelage gehören "(herrliche) Lieder" שיר (V. 5) und "schöne Worte" דברים יפים (V. 6)[62]. An dieser Stelle weitet sich Sirachs Verständnis von Sprache entscheidend: profane Lieddichtung hat ihren eigenen Platz neben gottesfürchtiger Spruchweisheit[63].

Will man die Bedeutung, die für Sirach die ästhetische Rede hat, angemessen beschreiben, so reicht eine Zusammenstellung seiner eigenen Äußerung zu diesem Thema nicht aus. Hier ist ein Blick auf Sirachs Werk als ein literarisches Werk unerläßlich, wobei die Grenzen dieser Einlassung von unserer Themenstellung vorgegeben sind.

B.

Hier ist nicht der Ort, Sirachs Werk als literarisches Werk[64] zu analysieren. Im Rahmen unserer Fragestellung geht es vielmehr nur um die

---

[62] V. 5: שיר = σύγκριμα μουσικῶν; V. 6: דברים יפים = μέλος μουσικῶν.

[63] Vgl. dazu Marböck, Weisheit, der die Nähe Sirachs zur hellenistischen Kultur betont (S. 162-164).

[64] Eine Darstellung des Sirachbuches als eines literarischen Werkes fehlt ebenso wie eine literaturgeschichtliche Darstellung der jüdischen Literatur "zwischen den Testamenten" insgesamt (s. o. Anm. 20). Ansätze wie Teil II der "Einführung in Literatur und Religion des Frühjudentums, Hg. J. Maier u. J. Schreiner, 1973, sind bisher nicht substantiell aufgegriffen worden. Die beiden neuen großen Sammlungen und Darstellungen zur Literatur des Frühjudentums, CRINT und ANRW II, 19, 1. 2; 20, 1. 2; 21, 1. 2 enthalten keine weiterführenden Beiträge zu diesem Thema (Ausnahme: Th. M. Conley, Philo's Rhetoric: Argumentation and Style, ANRW 21, 1, 1984, 343-371; seine Bibliographie S. 369-371 bestätigt dieses Urteil. - S. Holm-Nielsen, Religiöse Poesie des Spätjudentums, ANRW II 19, 1, 1979, 152-186, bietet einige Hinweise, stellt aber keine literaturwissenschaftliche Untersuchung im engeren Sinne dar. - Für Sirach sind wir bis heute vor allem auf W. Baumgartners Studie: Die literarischen Gattungen in der Weisheit des Jesus Sirach, ZAW 34, 1914, 161-198, angewiesen. Marböck, Weisheit, fügt B. neue Erkenntnisse zu. An beide Arbeiten kann hier angeknüpft werden. Weitere Erkenntnisse zum Umfeld des weisheitlichen Spruches und seiner Geschichte haben vor allem M. Küchler, Frühjüdische Weisheitstraditionen, OBO 26, 1979, 157-175 (Lit.) und D. Zeller, Die weisheitlichen Mahnsprüche bei den Synoptikern, 1972, 15-48, vermittelt. - Vgl. auch W. McKane,

Frage: Wieweit und in welcher Weise hatte Sirachs zunächst mündlich vorgetragene und dann schriftlich niedergelegte Sprüchesammlung als literarisches Werk eine kulturelle Funktion?

Diese Frage betrifft die allgemeine kulturelle Dimension und Wirkung der ästhetischen Gestalt von Sirachs Werk. Zwei Aspekte seiner Schrift geben darüber Aufschlüsse: erstens die Gattung (1.), zweitens die Bildersprache (2.).

1.

Die Gattungswahl gewährt einen Einblick in Sirachs literarischen Ort und Anspruch. Diese Gattung[65] ist die alttestamentliche Weisheitslehre, an deren altorientalische Vorgeschichte und Einbettung hier nur erinnert zu werden braucht. Sirach benutzt damit eine nicht nur bekannte und verbreitete und auch schon in den entstehenden Kanon der Heiligen Schriften Israels aufgenommene Gattung, sondern vor allem diejenige Gattung, die seinem eigenen Beruf als Weisheitslehrer[66] zu seiner Zeit die angemessenste ist[67]. Sirach bewegt sich also in bekannten Bahnen. Seine literarische Grundhaltung ist im Rahmen der israelitischen Literatur konservativ. Umso wichtiger werden nun Abweichungen, Neuerungen im Rahmen der Großgattung der Weisheitslehre. Hier kommen wir seinem eigenen Beitrag und seiner eigenen Stellung als einem frühjüdischen Weisheitslehrer im vorgegebenen Zusammenhang seiner nationalen Literatur auf die Spur[68].

Zunächst ist mit Baumgartner als Grundlage der Gattung der משל (18, 29) zu erkennen[69]. Von diesem "selbständige(n), aus zwei Hälften beste-

---

Proverbs: A New Approach, OTL, Philadelphia, 1970. J. L. Crenshaw, Wisdom, in: H. J. Hayes (Hg.), Old Testament Form Criticism, San Antonio, 1974, 225-264. - Skehan - di Lella, 21ff. und 63ff. gibt eine knappe Einführung in die literarischen Formen sowie in einige Stilzüge von Sirachs Dichtung (Lit.).

[65] Grundlegend Baumgartner s. o. Anm. 64; weiteres bei Skehan - di Lella, 21ff. Allg.: J. L. Crenshaw, "Wisdom", in: H. J. Hayes (Hg.), Old Testament Form Criticism, San Antonio, 1974, 225-264; W. McKane, Proverbs: A New Approach, OTL, Philadelphia, 1970; B. Mack, Wisdom and the Hebrew Epic, 1985; H. D. Preuß, Einführung in die alttestamentliche Weisheitsliteratur, UTB 383, 1987; R. Lux, Die Weisen Israels, 1992.

[66] Dazu knapp und zutreffend B. a.a.O. 162.

[67] Daß sich dies ändern sollte, zeigt die Entwicklung und Differenzierung der frühjüdischen Literatur. Vgl. zu den Gattungen den leider unzureichenden Überblick bei P. Weimer, Formen frühjüdischer Literatur, in: Maier - Schreiner LuR, 123-162.

[68] Dazu vor allem Baumgartner, S. 192ff.

[69] A.a.O. 163ff. Weiteres bei Skehan - di Lella, 21ff.

hende(n) Einzelspruch"[70] sind, wie Baumgartner betont, oft mehrere
Glieder aneinandergereiht, so daß eine größere Fülle von Aspekten oder
Lehrmeinungen zu einem Stichwort dargelegt werden kann. Trotz dieser
Erweiterung, die zu kleineren oder größeren "Lehrgedichten", z. B. 2, 1-
18 über das Gottvertrauen[71], führen kann, bleibt die Aussage- und Ge-
staltungsmöglichkeit des Siraciden durch den Maschal grundsätzlich begrenzt. Diese Begrenzung aber mit Baumgartner als Hemmnis für eine
dichterische Absicht zu sehen und den Maschal mit einem "Ackergaul"
zu vergleichen[72], mag nicht wohl angehen. Denn die Stärke des Ma-
schals, und zwar besonders in seiner klassischen Form ohne größeren
Zusammenhang, liegt in seiner geschliffenen Formulierung, im Stilprin-
zip des Lakonischen, der prägnanten Sentenz. Hier wird aufgrund langer
weisheitlicher Lehrbemühung und Schulung des Formulierens ein
Schlaglicht auf einen meist ethischen Sachverhalt geworfen und eine
klassische Einsicht vermittelt. Das Bemühen um die Sentenz ist für Sirach wie für jeden israelitischen Weisheitslehrer grundlegend. Daß er
ein Meister dieser Diktion ist, mögen folgende Beispiele zeigen, die
durchaus schriftstellerische Qualität besitzen.

"Anstatt zu lieben, hasse nicht!" (Anstatt eines Freundes sei kein Feind
5, 15b).
"Tief, tief, beuge den Hochmut,
denn das, was den Menschen erwartet, ist Gewürm!" (7, 17).
"Keinem Menschen offenbare dein Herz,
damit du nicht Gutes (Glück) von dir wegstößt" (Stoße nicht das Glück
von dir weg! 8, 19).
"Irdische Macht wandert von einem Volk zu anderen
aufgrund von Gewalttat und Übermut" (10, 8).
"Schafft nicht Erquickung bei Ostwind der Tau?
So ist auch das Wort besser als die Gabe" (18, 16).
"Bevor du redest, lerne,
und vor der Krankheit sorge für die Gesundheit" (18, 19).
"Im Munde der Toren liegt ihr Herz,
aber im Herzen des Weisen liegt ihr Mund" (21, 26).
"Die Grundlage des Lebens ist Wasser und Brot, und Kleidung und
Wohnung,
um das zu verhüllen, was man nicht zeigt" (29, 21).
"Erkenne, daß dein Nächster ist wie du,
und alles, was du haßt, bedenke! (31, 15).
"Der tötet den Nächsten, der die Nahrung ihm stiehlt,

---

[70] Ebd. 163.
[71] Ebd. 163f.
[72] A.a.O. 193.

und der vergießt Blut, wer den Lohnarbeiter seines Lohnes beraubt"
(34, 26f.).
"Achte aber auf den Rat des Herzens,
wer erweist dir mehr Treue als es?" (37, 13).
"Der Anfang eines jeden Werkes ist das Wort,
und der Anfang eines jeden Tuns ist das Denken!" (37, 16).
Der Sprucht geht von der Evidenz aus:
"Wer das Land bebaut, wird seinen Erntehaufen hoch aufbauen..." (20,
28a).
Die Kunst des Weisheitslehrers liegt darin, diese Evidenz ethisch und
theologisch einsichtig zu machen:
"... und wer den Großen gefällt, wird Ungerechtigkeit sühnen helfen"
(20, 28b).
"Ein hölzernes Gerüst, verbunden für den Hausbau (besser: Mauer-
werk, verbunden durch Fachwerk),
wird beim Erdbeben nicht auseinandergerissen werden;
so wird auch ein Herz, das gestärkt ist durch wohlmeinenden Rat,
zu seiner Zeit (ἐν καιρῷ besser: zum Zeitpunkt der Gefahr) nicht
verzagen" (22, 16).
"Steinchen, die auf einer Anhöhe liegen,
werden vor einem Wind nicht Bestand haben;
so wird auch ein furchtsames Herz bei törichtem Sinnen
vor allerlei Ängstlichkeit keinen Bestand haben" (22, 18).
Hohe Anschaulichkeit im Materiellen oder Psychologischen bewirkt
Überzeugungskraft der ethischen oder theologischen These. Der knappe
oder beschwörende Befehl oder Appell verstärkt diese Überzeugungskraft:
"Tief, tief beuge den Hochmut!" (7, 17).
"Bevor du redest, lerne!" (18, 19).
Lange Reihen apodiktisch oder kasuistisch formulierter Befehls- oder
Verbotssätze vertiefen die Intensität des Anspruchs. Kapitel 7 ist ge-
eignetes Beispiel dafür:
Kap. 7, 1-21 apodiktisch: "Nicht sollst du Böses tun,
und nicht soll dich Böses treffen" u.s.w.
Kap. 7, 22-26 kasuistisch: "Wenn du Vieh besitzt, sieh mit deinen eigenen Augen danach,
und wenn es treu ist, behalte es im Besitz" u.s.w.
Kap. 7 fügt diesen beiden bekanntesten Möglichkeiten des Lehr-
spruchs noch weitere hinzu. Die Verse 27. 29. 30 bringen eine Steigerung
des Anspruchs durch die formelhaften Ergänzungen "von ganzem Herzen" und "aus deiner ganzen Kraft". Es folgen drei einfache Aufforderungen in der 2. Ps. Sing. Den Schluß des paränetischen Kapitels bilden

zwei eindrückliche apodiktische Sentenzen, abgeschlossen von dem generalisierenden Satz:

"In allen deinen Taten gedenke des Endes,
und in Ewigkeit wirst du nicht sündigen" (7, 36).[73]

Sirach benutzt also die beiden möglichen Formen des Spruchs, den paränetischen, kasuistisch oder apodiktisch formulierten Satz der 2. Ps. Sing. oder Pl., oft mit "mein Sohn" eröffnet, und den reflektiven Satz, der Aussagesatz (10, 8), Fragesatz (10, 9), Makarismus (14, 1) oder Weheruf (2, 12ff.), kasuistischer (4, 16) oder apodiktischer (10, 23) Satz sein kann.

An diesem Punkt läßt sich zeigen, wie Sirach vom einzelnen Spruch zur größeren Einheit kommt und die monotone Aneinanderreihung von Einzelsprüchen durch geformte Themenabschnitte ersetzt. Sirach bevorzugt eine abschnittweise Trennung zwischen paränetischen und reflektiven Satzfolgen. Öfter aber schließt er reflektive Abschnitte mit paränetischen Aufforderungen: so 7, 27-28. Häufig wechselt er auch in einer Abhandlung zwischen beiden Möglichkeiten, so in Kapitel 13. Dieser Wechsel macht seine Spruchdichtung abwechlungsreich, lebendig und intellektuell anspruchsvoll. Sirach kann trotz der stets zugrundeliegenden Einheit "Spruch" eine dialektische Erörterung eines Themas bieten, so z. B. des Themas "Arm - Reich" in Kapitel 13 oder "Gutes tun" von 12, 1 - 14, 19. Reflexion und Paränese wechseln und vermitteln dem Schüler eine anspruchsvolle Auseinandersetzung mit dem Thema. Vergleicht man Jesus Sirach in dieser Beziehung mit Pseudophokylides, so ist Pseudophokylides' literarische Gleichförmigkeit, ja Armut deutlich[74].

Eine Gliederung des vorderen Teils des Sirachbuches (Kap. 1 - 43) nach reflektiven und paränetischen Spruchkomplexen mit gleichzeitiger Themenangabe bestätigt und differenziert zugleich Baumgartners Urteil: "Das Buch verliert ... gegen das Ende hin seinen lehrhaften Charakter und wird zur lyrischen Dichtung"[75].

---

[73] Zum Text vgl. Sauer 524 , ebs. Skehan - di Lella 208. - Der Ewigkeitsbezug ist ein Schlußtopos, vgl. O. Wischmeyer, Der höchste Weg, StNT 13, 1981, 217.

[74] Zu Ps Phokylides vgl. N. Walter, JSHRZ IV, 3, 182-196 (Lit.). S. 188: Ps Phok ist eine "paränetische Dichtung" des Typus der Logoi Sophon. Vgl. weiter die umfangreiche Studie von J. Thomas, Der jüdische Phokylides, NTOA 23, 1992, 30ff.

[75] Baumgartner, ZAW 34, 1914, 193. - Die vorgelegte Gliederung des Sirachbuches nach reflektiven und paränetischen Spruchkomplexen von Kap. 1-43 muß pragmatisch sein. Für Einzelheiten und vor allem für die im Zusammenhang mit der Formenbestimmung wichtige Frage nach der Tradition und nach ev. Quellen sei auf M. Fuß, Tradition und Komposition im Buche Jesus Sirach, Diss. Tübingen 1963 (vgl. ThLZ 88, 1963, 948f.), hingewiesen. Eine Diskussion mit Fuß kann hier nicht geführt werden. Seinen entscheidenden Thesen, das Sirachbuch habe keine deutliche Gliederung, wohl aber größere Sinneinheiten, und Sirach habe zahlreiche Quellen verarbeitet, ist aber zuzustimmen. - Skehan - di Lella gliedert ebenfalls pragmatisch nach größeren und kleineren themati-

Kap. 1-43 gliedern sich folgendermaßen in reflektive und paränetische Abschnitte:

1. reflektiv:

Kap. 1	Entstehung der Weisheit und Furcht des Herrn
4, 11-19	Weisheit
9, 17 - 10, 25[76]	Wahre Herrschaft
13, 14 <u>H</u> - 14, 10	Arm und reich
14, 20 - 15, 10	Der Weise und die Weisheit
16, 4-21	Gottesfurcht
16, 22 - 18, 14[77]	Schöpfung und Bestimmung des Menschen
18, 26-29	Wahre Weisheit
19, 18 - 21, 28[78]	Wirkliche Weisheit
23, 16-28	Unzucht
31, 1-11	Reichtum
33, 7-18	Der Mensch[79]
34, 1-20	Der wahre Weise und Gottesfürchtige
38, 24 - 39, 11	Der Weise
40, 1-17	Das Leben des Menschen
40, 18-27	Priamelsprüche über den höchsten Wert

Die Thematik dieser Abschnitte ist der Weisheit selbst gewidmet, daneben der Theolgie und einigen ethischen Grundfragen.

2. paränetisch:

Kap. 2	Furcht des Herrn
3, 1 - 4, 10	Eltern - Demut - Almosen - soziales Verhalten
4, 20 - 5, 16	Richtige Rede und richtiges Verhalten
6	Freundschaft - Weisheitssuche
7	Richtiges Verhalten in der Öffentlichkeit und im Haus
8	Umgang mit Menschen

---

schen Einheiten. - Einen guten Überblick über die Struktur und die einzelnen Einheiten der Schriften Hiob, Sprüche, Ruth, Hoheslied, Kohälet und Esther gibt R. E. Murphy, Wisdom Literature, FOTL 13, Grand Rapids 1981.

[76] Darin 10, 6 paränetisch.

[77] Darin 17, 25f. paränetisch.

[78] Darin 21, 1-2 paränetisch.

[79] Schluß VV. 16-18: weisheitliche Ich-Rede.

9, 1-16	Umgang mit Frauen und Männern
10, 26 - 11, 1	Über Ehre und Ansehen
11, 2-34	Gegen Überheblichkeit und falsche Sicherheit
12, 1-7	Gutes tun
12, 8 - 13, 13	Freund und Feind[80]
14, 11-19	Gutes tun
15, 11-20	Über die Sünde
16, 1-3	Böse Kinder
18, 15-25	Wohltun - Gaben - Gelübde
18, 30 - 19, 17	Selbstbeherrschung
23, 7-15	Zucht des Mundes
25, 13 - 26, 27	Über die Frau
31, 12 - 32, 13	Belehrung über das Gastmahl
33, 19-32	Erziehungsfragen
37, 29 - 38, 23	Arzt, Krankheit und Tod
41, 14 - 42, 14	Über die Scham

3. gemischt:

Kap. 22	Ethische Regeln gemischten Inhalts und gemischter Form
25, 1-12; 26, 28	Zahlensprüche mit vermischtem Inhalt
27	"
28	"
29	"
30	"
32, 14 - 33, 6	Der wahre Weise und Gottesfürchtige
34, 21 - 35, 26	Das wahre Opfer bzw. der wahre Gottesdienst
36, 18 (bzw. V. 23) - 37, 28	Die wahre Frau, der wahre Freund, der wahre Ratgeber, der wahre Weise
40, 28 - 41, 13	Bettlerleben, Tod und Ansehen nach dem Tod

Die Mischung der Redeformen beginnt schon in Kapitel 22 und nimmt von Kapitel 27 an zu. Dazu kommen mehrere Einschübe im 1. Teil (Kap. 1-43).

---

[80] Teilweise reflektiv.

4. Einschübe in Kap. 1 - 43:

23, 1-6	Gebet des Einzelnen[81]
24, 1-31	Weisheitliche Ich-Rede: Selbst-Are-talogie der Weisheit[82]
36, 1-17	Nationales Gebet[83]
39, 12-35	Aretalogie mit Schlußhymnus auf Gott als Schöpfer im Rahmen einer weisheitlichen Ich-Rede (39, 12)
42, 15 - 43, 33	Aretalogie mit Schlußhymnus auf Gott und seine Schöpfungswerke im Rahmen einer weisheitlichen Ich-Rede (42, 15)

Der Gattungswechsel vor der reflektierenden thematischen Paränese zum Lob der Väter (Kap. 44-50)[84] in Kapitel 44 wird also schon in Kap. 1-43 vorbereitet, besonders nach Kapitel 24, das Marböck zu Recht als Ende des 1. Teiles des Sirachbuches versteht[85]. Kapitel 44-50, im Hebräischen עולם אבות שבח (MS B), nennen die griechischen Handschriften πατέρων ὕμνος. Es handelt sich um ein nationales Enkomion weltgeschichtlicher Perspektive aus der Sicht Israels: um das Lob bedeutender Männer der Vorzeit von Adam bis zu Simon II.[86].

Dabei hängt Sirach Kap. 50 an einen älteren Enkomionschluß 49, 14-16, der noch einmal in umgekehrter Reihenfolge einige besonders wichtige Gestalten der israelitischen Geschichte nennt und Joseph nachträgt, an. 50, 22-29 enthält einen dreifachen Buchschluß. 50, 22-24 beschließt Sirach zunächst das lange Enkomion mit einer kurzen Aufforderung zum Hymnus. Darauf folgt eine topische Schlußverfluchung in V. 25 und 26. Den endgültigen Schluß bildet eine Titelunterschrift mit Angabe des Verfassernamens V. 27, verbunden mit einer Segensformel V. 28, die in eine allerletzte Inhaltsangabe des Werkes mündet:

"Denn die Furcht des Herrn bedeutet Leben" (Vers 29)[87].

---

[81] Zu den Gebeten vgl. Rickenbacher, Weisheitsperikopen, 192ff.; A. Enermalm-Ogawa, Un langage de prière juif en grec, Stockholm 1987.

[82] Vgl. dazu richtig Marböck, Weisheit, 47ff. So auch 33, 16-18.

[83] So die Zählung nach Sauer. Skehan - di Lella zählt 1-22 (vgl. dort S. 416 zur Versstellung).

[84] Lit.: Skehan - di Lella 559.

[85] Ebd. 41ff. Vgl. aber Skehan - di Lella, der mit Kap. 24 den 2. Teil des Werkes beginnen läßt (S. 331).

[86] KP II, 269f. K. Berger, Formgeschichte des NT, 344ff. (Lit.).

[87] So MS B. Skehan - di Lella macht einen anderen Vorschlag nach dem griech. Text (S. 557). - Zu weiteren Anhängen und Änderungen im gr. Text vgl. Ziegler, 362.

Kapitel 51 schließlich enthält ein Gebet[88], das mit Sauer[89] als selbständiger Hymnus, und zwar als Danklied des Einzelnen[90] bestimmt werden kann: Verse 1-12[91].

51, 13-29 fügt Sirach ein "akrostichisches Loblied auf die Weisheit" an[92], das er selbst in V. 29 als "Lied" (שיר, αἴνεσις) bezeichnet. Eine zweite subscriptio mit topischer Schlußeulogie bilden die letzten Zeilen des Werkes.

Die Gliederung des Sirachbuches und die Darstellung seiner Gattungen ermöglichen eine genauere Beschreibung des Lehrgedichtes als einer ästhetisch anspruchsvollen Rede. Sirach erschöpft sich keineswegs in der einfachen und mnemotechnisch praktischen Form der Weisheitslehre mit aphoristischem Inhalt oder Kurzthematiken im Maschalspruch, der lediglich durch Stichwortanschluß, Zahl oder Alliteration etc. verbunden ist. Vielmehr versteht Sirach sich durchaus als Dichter. Der Weise formuliert Lehrsprüche und dichtet Loblieder (15, 9f.). Er singt auch weltliche Lieder (Kap. 32), ja diese gelten beim Gelage als besonders lieblich und schön. Baumgartners Untersuchungen zu den lyrischen Gattungen bei Jesus Sirach beleuchten diesen wichtigen Gesichtspunkt weiter[93]: Er nennt Elemente einer (allegorischen) Liebesgeschichte, Hinweise auf Trinklieder, Totenklage und Arbeitslied[94].

Wenn wir die zahlreichen aretalogischen und enkomiastischen Elemente seines Werkes hinzunehmen, erschließt sich die weisheitliche Schrift Sirachs in ihrem doppelten Anspruch als paränetischer und ästhetischer Rede. Dieser doppelte Anspruch ist in der Charakteristik Salomos als des Vorbildes jedes Weisheitslehrers zusammengefaßt:

Durch Lied, Spruch, [Rätsel und Spottgedicht] setztest du die Völker in Erstaunen בשיר [מש]ל חידה ומליצה עמים הסערתה (47, 17).

Dem entpricht die Tätigkeit des Weisheitslehrers:

---

[88] Überschrift: Προσευχὴ Ἰησοῦ Υἱοῦ Σιραχ, in einigen gr. Hss., vgl. Ziegler 362.

[89] Sauer 634. So schon Baumgartner, ZAW 34, 1914, 178, der aber Motive individueller Klagelieder mitverarbeitet sieht. Weiteres bei: L. Kugel, The Idea of Biblical Poetry, Parallelism and its History, Yale 1981; M. P. O'Connor, Hebrew Verse Structure, Winona Lake Ill., 1980.

[90] Vgl. die Analyse bei Skehan - di Lella 564ff.

[91] Zu 51, 12 a-o vgl. Skehan - di Lella, 268ff.: der Hymnus ist nur in MS B überliefert, nicht in G und S. Skehan - di Lella hält ihn für einen vor 152 v. Chr. erfolgten Zusatz.

[92] Sauer 636. Zur Textüberlieferung vgl. Skehan - di Lella, 574ff.

[93] ZAW 34, 189ff.

[94] Diese Hinweise brauchen für unsere Fragestellung nicht im einzelnen kommentiert zu werden. Um ein Bild von Sirachs dichterischer Kultur zu zeichnen, ist nur der Umstand wichtig, daß er als Weisheitslehrer diesen ästhetischen Bereich nicht ausklammert, sondern im Gegenteil schätzt.

(1) σοφίαν πάντων ἀρχαίων ἐκζητήσει
  καὶ ἐν προφητείαις ἀσοληθήσεται,
(2) διήγησιν ἀνδρῶν ὀνομαστῶν συντηρήσει
  καὶ ἐν στροφαῖς παραβολῶν συνεισελεύσεται,
(3) ἀπόκρυφα παροιμιῶν ἐκζητήσει
  καὶ ἐν αἰνίγμασιν παραβολῶν ἀναστραφήσεται (39, 1-
3).

Der Weisheitslehrer ist zugleich anspruchsvoller Schriftsteller[95]. Sirach folgt der Tradition der israelitischen Weisheitslehrer, Ethik und Ästhetik zu verbinden. Sein Werk geht weit über memotechnische Aspekte eines "Schulbuches" hinaus. Die allgemeine Bildung des israelitischen Jünglings soll sich auf dem Niveau und in dem Medium der hebräischen Weisheitsdichtung vollziehen.

2.

Sirachs Bilderwelt und seine kulturelle Bedeutung lassen sich in drei Schritten erschließen. Nach einer Einführung in die Forschung (a.) wird zunächst die umfangreiche Weisheitsmetaphorik (b.), danach die allgemeine Bildwelt des Sirachbuchs dargestellt (c.).

a)

In stilistischer Hinsicht tritt die ästhetische Seite von Sirachs Weisheitsrede besonders in der von ihm benutzten Bildersprache zutage[96]. Alonso

---

[95] Darauf weist bes. Gammie hin: in "The Sage", 368f.

[96] Im Rahmen der Untersuchung ist es ebenso unmöglich wie unnötig, den Stil des siracidischen Weisheitsbuches in extenso darzustellen. Dies Thema würde eine eigene Studie erfordern. Das Bild als ein besonders für die orientalisch-israelitischen Literatur charakteristischer Stilzug wird hier herausgegriffen. Eine Spielart des sprachlichen Bildes ist in den letzten Jahren in der theologischen Literatur bes. beachtet worden: die Metapher. In unserem Zusammenhang wird die M. aber im philologischen Sinne verstanden, nicht im Sinn der theologisch-hermeneutischen Diskussion, die sich an P. Ricoeurs Metaphernstudie anschließt (P. Ricoeur, Stellung und Funktion der Metapher in der biblischen Sprache, in: P. Ricoeur, E. Jüngel, Metapher. Zur Hermeneutik religiöser Rede, EvTh Sonderheft 1974, 45-70). Diese Diskussion hatte das Verdienst, die Metapher aus der untergeordneten Rolle zu befreien, die sie in der ganz von rhetorischer Stilkunde bestimmten biblischen Stilistik einnahm. - Zur Metapher im Zshg. des biblischen Stils ist grundlegend E. König, Stilistik, Rhetorik, Poetik in Bezug auf die biblische Literatur, 1900, S. 93ff. Daneben A. Werfer, Die Poesie der Bibel, 1875; A. Wünsche, Die Bildersprache des AT, 1906 (Kritik Schökels an Wünsche bei Sch., s. u., S. 313ff.). Neuere Lit.diskussion und Darstellung bei L. Alonso-Schökel, Das AT als literarisches Kunstwerk, 1971, 307-363. A.-S. stellt das sprachliche Bild als einen entscheidenden

Schökel weist auf den Mangel an Untersuchungen zu diesem Bereich hin: "Die biblischen Bilder sind unter ihrem literarischen Aspekt bisher kaum untersucht worden"[97]. Seit 1971 hat sich daran einiges, aber nicht sehr vieles geändert[98]. Alonso Schökels Anstoß ist nur von einigen Forschern aufgegriffen worden, besonders für den Bereich der "Schriften" wie Hoheslied usw. Zwischen den alten rein quantitativen sammelnden Werken von Werfer, König und Wünsche einerseits und Alonso Schökels religiös interpretierendem Ansatz andererseits klafft ebenso eine große Forschungslücke, wie nach Schökels Buch das dringende Thema einer detaillierten und hermeneutisch vertieften Darstellung der biblischen Bilderwelt zugunsten einer breiten Linguistik-, Strukturalismus- und Sprachphilosophiediskussion vorschnell in den Hintergrund trat.

Eine Untersuchung der Bilderwelt des Sirachbuches muß daher weitgehend eigenständig vorgehen und wird sich darauf beschränken, das ästhetische Profil dieser einen Schrift herauszuarbeiten, ohne sie an diesem Punkt in die hebräische Literatur im ganzen einordnen zu können. Immerhin ist ein Vergleich mit dem Hohenlied möglich[99]. Dabei ist allerdings die Geschichte des hebräischen Bildes, das die prophetische Rede, die Psalmendichtung und die Weisheitsliteratur beherrscht, doch soweit mitzubedenken, wie sie den Rahmen abgibt, in dem sich Sirachs dichterische Sprache bewegt. Die hebräische Bildersprache gerade der Weisheitsliteratur stellt das literarische Netz dar, dem die Sirachschrift zugehört und deren Teil sie in Anknüpfung, Wiederholung und Neuformulierung ist, auch wenn wir den Grad der Selbständigkeit von Sirachs Diktion oftmals noch nicht bestimmen können.

Stilzüge neben Klangmaterial, Rhythmus, Parallelismus, Synonymie und Antithese (die letzteren drei reichlich bei Sirach) heraus. Zurecht untersucht A.-S. das Bild erst nach den anderen Stilzügen. Denn das Bild ist eine Trägergröße, die als Stilzug zugleich Weltbeziehung (dazu R. H. Kennett, Ancient Hebrew Social Life and Custom, repr. 1980) vermittelt, ja Weltdeutung gibt. Es ist daher den anderen Stilzügen, die ihre Bedeutung nur innerhalb des Werkes haben, übergeordnet. Die zahlreichen Untersuchungen zum Parallelismus membrorum, der stets als Träger atl. Poesie angesehen wird, sind für die Frage nach dem Wesen atl. Dichtung demgegenüber weniger aussagekräftig. Vgl. dazu G. B. Caird, The language and imagery of the Bible, London, Philadelphia, 1980.

[97] Alonso-Schökel, Das AT, 325.

[98] Beachtenswert ist aber Cairds Studie (s. o. Anm. 78). B. Kedar, Biblische Semantik, 1981, arbeitet am Thema Metapher und Metonymie weiter (165-180).

[99] Vgl. dazu allg. die Hohelied-Kommentare, bes. G. Gerleman, Ruth, Das Hohelied, 1965 (BKAT XVIII); L. Krinetzki, Das Hohelied, 1964; ders., Kommentar zum Hohenlied, 1981; H. P. Müller, Vergleich und Metapher im Hohenlied, OBO 56, 1984; O. Keel, Deine Blicke sind Tauben, SBS 114/115, 1984; R. E. Murphy, The Song of songs, Philadelphia 1990 (Hermeneia); H.-P. Müller, Das Hohelied, ATD, 1992[4]; Art. Hoheslied,

Die Bildwelt Sirachs im Spruch ist weisheitlicher Gepflogenheit entsprechend größtenteils dem Alltag entnommen[100]: Familie, Haus und Hof, Ackerbau und Viehzucht, Natur, Handwerk und Leben in der Stadt, Handel und Wandel bilden den Fundus seiner sentenziösen Metaphorik. Middendorp urteilt: so "ist Ben Sira eine Fundgrube für die damaligen Sitten ... in Jerusalem"[101].

Die Dichte der Bildersprache[102] ist bei Sirach wie bei den anderen Weisheitsschriften so hoch, daß es nur wenige Verse des Buches ohne diese Komponente gibt. Eben daher muß das Sprachfeld der Bilder als entscheidendes Charakteristikum des dichterischen Willens dieser Schrift verstanden und gewürdigt werden. Bildersprache ist im weisheitlichen Kontext erhellende Sprache[103].

Es macht die Kunst der Bildersprache aus, eine Sache, die im nichtdichterischen Satzzusammenhang mit einer bestimmten herkömmlichen Vokabel oder Vokabelfolge beschrieben werden müßte, durch eine andere Vokabel bzw. eine andere Wortfolge zu ersetzen, die die gemeinte Sache besser beschreibt. Die bekannteste Form dieses Ersatzes ist die Vertauschung: die Metonymie mit ihren Spielarten: pars pro toto, genus pro specie, continens pro contento, abstractum pro concreto, materia pro producto, menschliche Organe für menschliche Tätigkeiten, causa pro effecto etc.[104]. Daneben steht die Übertragung, die Metapher mit ihren Aspekten: Übertragung im Felde des Unbelebten, Übertragung aus dem Unbelebten ins Belebte, Übertragung innerhalb des Belebten, Übertragung zurück vom Belebten aufs Unbelebte[105].

Die Metapher öffnet sich in die Personifikation und deren literarische Gestaltung als Allegorie[106].

Viel weiter erstreckt sich das Feld des Vergleichs, dem gerade in der Weisheitsliteratur auch das Sprichwort oder der einfache praktische

---

NBL Lfg. 7, 1992, 183-191 (O. Keel). Murphy, 67-74, gibt eine zusammenfassende Darstellung der Metaphorik des Hohenliedes.

[100] Vgl. dazu oben Kap. VI. Einen gewissen Überblick über Sirachs Bilderwelt gibt Middendorp, Stellung, 170-173. M.s direkter Rückschluß von Sirachs Bilderwelt auf seine Lebensumstände ist m. E. fragwürdig, da die Topik dichterischer Bilder in der Weisheitslit. sehr konstant ist. - Vgl. zum Thema insgesamt Kennett, Ancient Hebrew Social Life (s. o. Anm. 96).

[101] Middendorp, Stellung, 173.

[102] Alonso-Schökel, AT, 318-329.

[103] Anders im Hohenlied, wo die Bildsprache verhüllend-magische Wirkung haben kann: Müller, Vergleich, 49f.

[104] König, Stilistik (s. o. Anm. 83), S. 15ff.; Kedar, Semantik (s. o. Anm. 85), 165ff.

[105] König, Stilistik, 93ff.

[106] Ebd. 105ff. 107ff.

erfahrungsweisheitliche Satz zuzuordnen ist, die zur Erhellung eines anderen Tatbestandes in der Funktion eines Vergleiches gebraucht werden.

Die Gemeinsamkeit der verschiedenen Spielarten der literarischen Bilder von Metonymie über Metapher und Vergleich bis zur Personifikation und Allegorie liegt in dem Beziehungsgeflecht, das die Sprache zwischen verschiedenen Sachbereichen herstellt. Diese Beziehungen können eng sein und auf der Hand liegen, so z. B. bei der pars pro toto-Metonymie "Dach" statt "Haus". Sie können durch eine Vergleichspartikel näher bestimmt werden[107], wobei der Hörer oder Leser das tertium comparationis finden muß:

"Wie (ὡς) einer, der Schätze sammelt, ist der, der seine Mutter ehrt" (3, 4).

Die Beziehung kann ganz verschwiegen sein, so daß ein anschaulicher Erfahrungssatz aus dem Tierreich scheinbar beziehungslos neben einem Sachverhalt aus dem menschlichen Sozial- und Verhaltensbereich steht. Wieder ist es am Hörer oder Leser, die Verbindung herzustellen:

"Nicht sollst du verabscheuen einen Menschen
aufgrund der Häßlichkeit seines Aussehens.
Nichtig unter den Flugtieren ist die Biene,
aber das Beste der Ernte stellt ihr Ertrag dar" (11, 2f.).

Eigentliche Metaphern fordern geradezu zur Übertragung heraus: z. B. der "Schmelzofen der Erniedrigung" (2, 5 ἐν καμίνῳ ταπεινώσεως). Traditionelle substantivische Metonymien stellen den Löwenanteil der Bildersprache, z. B. die "Zunge" des Menschen, der Sirach einen beträchtlichen Teil seiner Ausführungen widmet.

Für unsere Fragestellung, die auf die kulturelle Bedeutung der Sprache Sirachs zielt, ist die Bilderwelt dieser Schrift nun nicht hinsichtlich der verschiedenen literarischen Figuren von Bedeutung[108], sondern hinsichtlich der Wirklichkeitsbereiche, die sie vermittelt, und deren Beziehung zu den verschiedenen Bereichen der Bildersprache. Wir fragen also: aus welchen Lebensbereichen sind die Bilder genommen[109]? Wel-

---

[107] Dazu Müller, Vergleich (s. o. Anm. 86), 12ff.

[108] Danach fragt Kedar, Semantik, 165ff.

[109] Middendorp, Stellung, 170ff., hat diesen Bereich ex negativo untersucht. Er vermißt wesentliche Elemente gr.-hell. Kultur. Sirach hat nach M. kaum Jerusalem und seine Umgebung verlassen und höchstens "einmal Gaza besucht" (S. 173). Dabei nimmt M. seine rubra aus dem hell. Leben. Hier dagegen werden die rubra aus der Fülle des Materials, das Sirach selbst bietet, genommen werden. Ein direkter Rückschluß aus der Welt des lit. Bildes auf die Lebenswelt des Vf. verbietet sich dabei grundsätzlich, wie z. B. der Bereich der Metaphern zu wilden Tieren zeigt. Die Spruchdichtung bedient sich traditioneller Topik, die im Hörer Verständnis wachruft.

che Sachverhalte werden vorwiegend oder gern bildlich beschrieben? Gibt es Entsprechungen und feste Beziehungen zwischen beiden Bereichen? Und: welchen Beitrag leistet die Metaphorik zur kulturellen Funktion des Sirachbuches?

b)

Die Weisheitsmetaphorik läßt sich am einfachsten erschließen und sei daher an den Anfang gestellt. Für diesen Bereich ergeben sich sehr eindeutige Zuordnungen von Sachbereich und Bildbereich. Und die Weisheitsperikopen[110] sind sehr bilderfreundlich, so daß sie in den älteren Kommentaren gern deswegen stilistisch getadelt werden[111].

Der beliebteste Bildbereich im weisheitlichen Zusammenhang ist der des Wassers[112]. Sand der Meere (1, 2), Regentropfen (1, 2), Tiefe des Meeres (1, 3), [Quelle (1, 5)], Regen (1, 19)[113], Flut (21, 13), frische Quelle (21, 13), Nebel (24, 3), Meer und Urflut (24, 29), Fluß und Strom und Meer (24, 30. 31) begegnen hier. Verbal gehören dazu ausgießen (1, 19 u. ö.), bewässern und tränken[114]. Besonders wichtig ist der Strömekatalog 24, 25-27, auf den nochmals in 39, 22 angespielt wird. Dazu kommt das Bild vom Wunderstrom 24, 30f.[115]. Der ganze Bildbereich ist eindeutig positiv qualifiziert und durch die Beziehung zum Wunderstrom und zu den Paradiesströmen schöpfungstheologisch überhöht. Das bedeutet: in der Wassermetaphorik hat Sirach einen traditionellen[116] Bildbereich zur Veranschaulichung des göttlichen Schöpfungshandelns und des Wesens und Wirkens der Weisheit gewählt. Dieser Bildbereich ist entsprechend den natürlichen Gegebenheiten im Lande Israel einheitlich positiv qualifiziert und bringt so jeweils die hohe Bedeutung und den hervorragenden Rang der Weisheit zum Ausdruck.

---

[110] Vgl. dazu Rickenbacher, Weisheitsperikopen pass.; A. Fournier-Bidoz, L'Arbre et la demeure: Siracide XXIV 10-17, VT 34, 1984, 1-10.

[111] Z. B. Rickenbacher, 122 zu Kap. 24, 12-17.

[112] Allg. Wünsche, Bildersprache, 167-184; speziell: Rickenbacher, 109f. 168.

[113] Zur Textüberlieferung vgl. Skehan - di Lella 142.

[114] Ebd. 168 Tabelle.

[115] Ebd. 168f. mit Hinweis auf Ez 47, 1-9. Vgl. dazu oben Kap. VI, S. 96.

[116] Zu Tradition und Verbreitung dieses Bildbereichs vgl. Rickenbacher pass. und Alonso-Schökel, AT, 329ff. Weiter: Ph. Reymond, L'eau, sa vie, et sa signification dans l' Ancien Testament, VT S 6, 1958; O. Eißfeldt, Gott und das Meer in der Bibel, Kl. Schriften III, 1966, 256ff. - Für Sirach ist bes. die von Alonso-Schökel S. 340f. skizzierte Bedeutungstradition ("Das Wasser als Symbol") wichtig.

Neben dem Wasser und ihm zugeordnet, öfter mit ihm verbunden, steht die Vegetationsmetaphorik mit dem Bildbereich der Pflanzen[117] und Gewürze. Das nur in der griechischen Übersetzung erhaltene Weisheitskapitel 24 enthält nebem dem Strömekatalog zwei ausführlich vergleichende Kataloge, die das Wachstum, die Bedeutung und die Schönheit der Weisheit vergleichend darstellen.

Der erste Katalog (Vers 13 und 14, weiter 16 und 17) umfaßt Bäume, der zweite (Vers 15) Gewürze und Duftstoffe[118]. Verbal gehören hierhin: einwurzeln, sprossen, wachsen, nachwachsen, blühen, fruchttragen usw. Die Weisheitsperikope 39, 12ff. nimmt diese Metaphorik nochmals auf, und zwar wieder in der Verbindung mit Wasser: Rose am feuchten Bach, Weihrauch, Lilie oder Lotos[119] (ὡς ῥόδον φυόμενον ἐπὶ ῥεύματος ὑγροῦ, λίβανος, κρίνον). Hier liegt eine Bildbereichsverschmelzung vor: eine Oase, ein locus amoenus[120]. Die eigentliche Qualifikation dazu liefert uns 40, 27:

"Die Gottesfurcht ist wie ein gesegnetes Eden,
und über alle Herrlichkeit hinaus reicht ihr Baldachin" (M, G̲, S̲).

עדן, "Eden" ist die Bedeutung, die der gesamte Bildzusammenhang von Wasser, Bäumen, Blumen und Früchten, Duft und Aroma vermitteln will. Wer der Weisheit folgt, lebt in einer Art Eden (39, 12ff.). Ja, die Weisheit schafft in Israel (24, 13-14 Berg- und Städtekatalog), in Jerusalm selbst (24, 11) eine Art Eden und ruft ihre Adepten zu sich in dies Eden (24, 19-22: Früchte - Honig - Wasser und Speise).

Das "Zelt" der Weisheit führt zum dritten Bildbereich: zu den Bildern des Wohnens, vor allem dem Bereich des Hauses. Zelten[121], Wohnen, Bleiben[122] sind die verbalen Bilder in diesem Zusammenhang. Das Haus ist eine Schlüsselmetapher für das Verständnis der Weisheit. Bei der ersten Vorstellung der Weisheit in Kapitel 1 wird zunächst von ihrem ewigen Wohnplatz θεμέλιον αἰῶνος bei den Menschen gesprochen (V. 15). In Vers 17 hat sie ein Haus mit Vorratskammern ἀποδοχεῖα (so auch 4, 15)[123]. 14, 20-27 wird das Haus der Weisheit näher beschrieben: Zugänge, Fenster, Türen, Wand und Kammern werden genannt. Dabei

---

[117] Rickenberger 162ff. Vgl. dazu jetzt: P. v. Gemuenden, Vegetationsmetaphorik im Neuen Testament und seiner Umwelt, NTOA 18, 1991.

[118] Hinweise auf Traditionen dieses Bildbereichs bei Rickenbacher 123. Weiteres bei Wünsche, Bildersprache, 103ff., zu den Gewürzen und Duftstoffen bes. 127f.

[119] Keel, Blicke, 63ff., deutet šōšannîm auf Lotos statt Lilie.

[120] Zum Garten als Bild im AT vgl. Wünsche 130f.

[121] Bes. 24, 8-10.

[122] Zu "wohnen" und "bleiben" Rickenbacher 83ff. Vgl. auch den Zusammenhang von "ruhen" und "erben" Kap. 24. Dazu Rickenbacher 138ff.

[123] Dort חדר. 4, 11-19 verbindet die Bilder von lagern - Haus - Erbteil - Besitzrecht.

spielt Sirach mit weiteren hausähnlichen Bildern: Zelt (25) und Nest (26), wobei die Weisheit in V. 26 unvermittelt als Baum vorgestellt worden ist. Schon hier begegnet eine enge Verbindung der Bildbereiche "Haus und Pflanze - Baum". 51, 19 beschreibt Sirach die Weisheit im Rahmen seiner letzten Allegorie (13-21) direkt als Haus: meine Hand öffnet ihre Tore (V. 19)[124].

In Kapitel 24 sind die Bildbereiche von Pflanze und Haus direkt verbunden: auf die Bilder des Wohnens, Bleibens und Zeltens in den Versen 7-11 folgen, verbunden durch den Bilderwechsel von "ruhen" zu "Wurzeln schlagen", die Baumbilder: Verse 12ff. Der Bildbereich des Hauses ist wie die Bereiche des Wassers und der Pflanzen ebenfalls bei Sirach ganz und gar positiv qualifiziert. Das entspricht seiner bereits dargestellten Hochschätzung des "Hauses" im allgemeinen. Haus - Besitz - Erbe - Vorräte und Güter: all dies bedeutet für Sirach Fülle des Lebens und sicheres, ruhiges Wohnen.

Kein wirklich wertvoller Besitz aber ohne Schätze in den Vorratskammern, ohne prächtige Gewänder, Schmuck und feine Speisen und Getränke[125]! So ist es eine innere Notwendigkeit, daß auch dieser von Sirach so geschätzte Wirklichkeitsbereich für die Darstellung der Weisheit benutzt wird: Thron (1, 8 u. ö.), Kranz (1, 11) oder Krone gr. στέφανος (1, 18 u. ö.), Schätze (1, 25), goldene Gewänder (6, 29), Schmuck von Gold (6, 30), Purpurband (6, 30), Ehrengewand (6, 31), prächtige Krone (6, 31), goldener Schmuck (21, 21), Spange am rechten Arm (21, 21). Dieser Bildbereich ist bei Sirach durchweg positiv qualifiziert und bildet zusammen mit den Gewürzen, Wohlgerüchen und wertvollen Bäumen eine willkommene Möglichkeit, den Wert der Weisheit zu beschreiben. In direktem Bildzusammenhang mit diesem Bereich stehen einige bei Sirach sehr häufig bildlich benutzte Gegenstände aus dem entgegengesetzten Bereich des Kriegs- und Gefängniswesens, die von ihrer primären Funktion her alle eine negative Bedeutung haben: Fesseln und Joch (6, 24. 29), Stricke (6, 30), Handschellen (21, 19). In Kapitel 21 bedeutet für den Toren die Zucht (Weisheit) Fesseln und Handschellen (V. 19), für den Weisen dagegen goldenen Schmuck und eine Armspange (V. 21). So kann die Weisheit auch in Kap. 4 als Richter und Kerkermeister beschrieben werden (V. 19)[126].

Diese negative Bedeutung, die als Verstehensfolie der positiven Wertung des Schmuckes gegenübergestellt ist, wird aber in Kap. 6 in einer

---

[124] So mit Skehan, vgl. Skehan - di Lella, 575, z. St.

[125] Vgl. zu dem Zusammenhang von höherer Schulbildung und Luxusmetaphorik im Hohenlied NBL, Lfg. 7, 185f. Derselbe Zusammenhang findet sich hier.

[126] Vgl. die textkritischen Bemerkungen bei Sauer 515 nach Rüger, Text, 12f. - Anders Skehan - di Lella, 170.

Weise umgedeutet, die einen charakteristischen Wesenszug der Weisheit, wie Sirach sie versteht, beleuchtet. In Vers 24 werden Joch und Fesseln der Weisheit durchaus positiv im Sinne der Zucht verstanden. In den Versen 29-31 wird dann der Erziehungs- und Zuchtcharakter der Weisheit weiter mit Bildern dieses Bereiches angezeigt: Netz - Bande - Joch - Stricke. Diese strenge und harte Zucht aber wird für den Weisheitsschüler zum Schmuck von Gold usw. Der eine Bildbereich wird nicht durch den anderen außer Kraft gesetzt, sondern beide zusammen umschreiben Strenge und Süße der Weisheit.

Die Weisheit wird bei Sirach also mit bestimmten Bildbereichen aus der Natur und der menschlichen Kultur in Zusammenhang gebracht, die von Hause aus positiv[127] qualifiziert sind und untereinander auch in einem Bildfeldzusammenhang stehen. Der letzte und inhaltlich bedeutsamste Zusammenhang, mit dem Sirach die Weisheit charakterisiert, ist nun der Mensch selbst. Dieser Beziehungsbereich wird von Sirach in sehr unterschiedlicher Weise mit der Weisheit verbunden. Besonders ergiebig sind die allegorischen Partien der Weisheitsperikopen 14, 20 - 15, 10; 24, 1-22; 24, 25-34; 51, 13-27. Aber auch Kap. 1; 4, 11-19 und 6, 18-37 geben Hinweise. Kap. 1 umschreibt die Weisheit mittels verschiedener Aspekte des oben beschriebenen positiven Bildzusammenhanges: als Pflanze (V. 6. 16. 20), als Wasser oder Regen oder Strom (V. 5. 9. 19) und als Haus (V. 15. 17), wobei dies letzte Bild in charakteristisch unscharfer Weise auch für die Anspielung auf die Weisheit als Hausherrn offen ist: V. 17. Hier ist die Grenze zur Personifikation erreicht: die Weisheit als guter Haushalter. Überschritten aber ist die Grenze in Kap. 1 nicht. Vor allem bleiben die Bilder in Kap. 1 flüchtig und unscharf und konkretisieren sich nirgendwo zur Eindeutigkeit.

Der Abschnitt 4, 11-19 ist anders gestaltet. Stärker noch ist die Unschärfe der Bildersprache. Das liegt an der verbalen Formulierung und dem Redegestus: Vers 15 und Verse 16-19 spricht die Weisheit über sich selbst im Stile göttlicher Offenbarungsrede. Die Verbenreihe lehren - ermahnen - lieben - suchen - ergreifen - dienen - hören - aufmerken - vertrauen von der Weisheit und den Weisen deutet zwei Bilder an: einmal die Weisheit als Lehrer, dann die Weisheit als geliebte Person. Daneben begegnen mit "in meinen Kammern lagern" - "erben" - "im Besitzrecht bleiben" die schon bekannten Assoziationen auf "Haus und Hausherr". Die Verse 16-19 fügen noch den Aspekt des Richters dazu. Deutlich ist die Weisheit in dem ganzen Abschnitt mit Tätigkeiten und Eigenschaften einer Person ausgestattet: das Bild vom Menschen, d. h. die Personifikation als solche steht hinter den Verben. Die Vielzahl der

---

[127] Mit Ausnahme der Gefängnismetaphorik.

Aspekte lassen es aber nicht eigentlich zu einer bestimmten Personifikation oder gar zur Allegorie kommen[128].

6, 18-37 enthält eine Fülle von bereits besprochenen Bildern, aber keine Hinweise auf eine Personifizierung. Anders dagegen 14, 20 - 15, 10. 14, 20-27 schwankt Sirach zwischen dem Bild des Hauses mit Zuweg[129], Eingang, Tür, Fenster usw. und einer Frau, die in einem Haus wohnt (belauern, schauen, horchen). In Kap. 15 verfestigt sich dies unscharfe Bild. Hier ist die Weisheit als Frau personifiziert, die dem Mann entgegengeht, ihn empfängt (V. 2), ihn speist und tränkt (V. 3), ihn stützt und erhöht (V. 4. 5). Die Personifikation erfolgt mittels der Verben. Zwei Vergleiche: "wie eine Mutter", "wie eine Braut" (V. 2) nehmen diese weibliche Konnotation der Personifikation zwar wieder teilweise zurück, die Personifikation selbst aber als "sie" bleibt. Die Weisheit erscheint dem Weisen als schöne, lockende, starke, gebietende und kluge Frau. Der Mann ist in 14, 21-25 mit Zügen eines Beduinen ausgestattet. In 15, 5 dagegen erscheint er als städtischer Würdenträger.

Kapitel 24 enthält das Selbstlob der Weisheit. Schon durch die Wahl der Gattung, einer Aretalogie im Ich-Stil, ist hier die Weisheit personifiziert gedacht[130]. Daher ist zwischen den Versen 1-11 und 12-22 zu differenzieren. In den Versen 1-11 wird der Weg der Weisheit aus dem Himmel nach Jerusalem und aus der Ewigkeit in die Zeit geschrieben. Vers 12 ff. beschreiben die Wirkung der Weisheit in Israel. Dabei begegnet bis V. 10a kein weiblicher Aspekt. Es bleibt bei den schon besprochenen geschlechtsneutralen Wohn- und Herrschaftsbildern. Diese Metaphorik wird von Beispielen der ebenfalls bereits besprochenen Baum- und Gewürzmetaphorik abgelöst (12-17), die aber, als Vergleiche gekennzeichnet, die Personifizierung nicht aufheben, sondern schmückenden Charakter besitzen[131].

Nur Vers 18: ἐγω μήτηρ τῆς ἀγαπήσεως τῆς καλῆς καὶ φόβου ...,
δίδωμι δὲ σὺν πᾶσι τοῖς τέκνοις μου ... würde einen neuen Akzent in die allgemeine Personifikation bringen: ich bin Mutter - ich gebe meinen Kindern. Hier wird im Rahmen der Personifikation eigentlich, nicht länger vergleichend gesprochen. Zum männlichen Aspekt der Person "Weisheit" tritt nun der weibliche hinzu. Das altorientalische Bezie-

---

[128] Vgl. dazu Keel, Blicke, 27ff.

[129] Vgl. Rickenbacher 52f.

[130] Überschrift in griechischen HSS: σοφιας αινεσις. Vgl. neben Skehan - di Lella 331-338 (Lit.) dazu bes. Küchler, Weisheitstraditionen, 36-39 u. 50f.; wichtig: traditionsgeschichtliche Wirkungen auf Philo: S. 60. Lit.diskussion zur Herleitung der Weisheit S. 35f.; U. Winter, Frau und Göttin, OBO 53, 1983, 511ff.; bes. die Lit.diskussion S. 511-514. Daneben Hengel, Judentum, 284ff. (weitere Lit.).

[131] Vgl. die Versschlüsse der VV. 16. 17.

hungsfeld der atl. "Frau" Weisheit haben zuletzt U. Winter, M. Küchler und Claudia V. Camp[132] diskutiert. Hier reicht der allgemeine Hinweis darauf, daß die alttestamentliche חכמה stets als Frau verstanden wurde und der Vers traditionell metaphorisch spricht[133]. Nun ist aber Vers 18 einer der späten griechischen Zusätze des Sirach[134]. Der Glossator hat in sehr bemerkenswerter Weise eine weibliche Konnotation der Vergleiche der Verse 13-17 gespürt und in einem traditionellen Bild explizit gemacht. Sirachs schwebende neutrale Personifikation hat der Glossator aber damit gerade zerstört. Sirachs eigene Personifikation geht in V. 19 weiter und knüpft unmittelbar an V. 17 an: die Weisheit als der reife Fruchtbaum, wobei V. 21b noch den Bildzusammenhang von Wasser - Quelle - Strom mit hineinbringt. Dabei ist durch die Ich-Rede die Personifikation bis V. 22 angedeutet. Sie verliert aber in den Schlußversen ihren plausiblen Charakter. Die Evidenz der Personifikation verblaßt. Unter der Hand endet die Selbst-Aretalogie mit dem Doppelbild der Wunderspeise und des Wundertrankes und nähert sich damit wieder dem Bereich des Paradieses, das in den folgenden, den Weisen gewidmeten Versen weiter ausgeführt wird.

Schließlich 51, 13-29[135]: das akrostische autobiographische Loblied auf die Weisheit ist in H^Q und in H^B in unterschiedlicher Textform überliefert.

M. Küchler hat die Textform von H^Q gewürdigt. Er will sie als die Überlieferung eines älteren Weisheitsliedes verstehen, das in der stark erotischen Metaphorik der Hoheliedtradition steht. G S H^B seien dagegen eine theologisch entschärfte Version dieses älteren Liedes[136]. Die Ableitungsfragen können hier unerörtert bleiben. Der von H^B überlieferte Text bleibt für die Bildwelt ganz im Rahmen der anderen siracidischen Weisheitsperikopen. Wieder ist die Bildwelt unscharf und deutet

---

[132] U. Winter s. o. Anm. 130; M. Küchler, Schweigen, Schmuck und Schleier, NTOA 1, 1986; C. V. Camp, Wisdom and the Feminine in the Book of Proverbs, Sheffield 1985.

[133] Auf das Paradoxon, daß gerade der den Frauen skeptisch gegenüberstehende Weise Adept einer "Frau" Weisheit ist, wird u. S. 281ff. eingegangen.

[134] Ziegler 239: G II.

[135] Allg. dazu Rickenberger 198ff; Skehan - di Lella, 572ff. Zum Text vgl. bes. J. A. Sanders, The Psalms Scroll of Qumrân Cave 11 (11 Q Ps ^a), 1965 (DJD IV), 79-85; P. W. Skehan, The Acrostic Poem in Sirach 51: 13-30, HTR 64, 1971, 387-400; M. Delcor, Le Texte hébreu du cantique de Siracide LI, 13 et ss. et les anciennes versions, Textus 6, 1968, 27-47; L. Rabinowitz, The Qumran Original of Ben Sira's Concluding Acrostic on Wisdom, HUCA 42, 1971, 173-184.

[136] Küchler, Schweigen (s.o. Anm. 117), 210-215 (mit Quellenangaben und Lit.diskussion). - Sanders, The Psalms Scroll, 79-85, interpretiert erotisch. Kritisch dazu: Di Lella, CBQ 28, 1966, 92-95. Allgemeine Erörterung bei C. Deutsch, The Sirach 51 Acrostic: Confession and Exhortation, ZAW 94, 1982, 400-409.

die Personifikation nur gerade an: V. 19 in bekannter Unschärfe spielt zwischen "Haus" und "Bewohnerin des Hauses". Der Qumran-Text dagegen expliziert wieder das implizit weibliche Element der Weisheitsbildwelt: V. 14, vielleicht V. 17a (Weisheit als Amme ?)[137] und V. 19.

Die sehr vorsichtige und unscharfe Personifizierung einerseits und die verschiedenen weisheitlichen Bildbereiche andererseits sind im Sirachbuch zu einem Bildgefüge verarbeitet, das Wesen und Wirken der Weisheit ebenso deutlich auf die Schöpfung und auf die Menschen bezieht und in die irdische Welt einzeichnet, wie es eine transzendente Qualität der Weisheit wahrt. Die Weisheit wird weder Ding noch Person, obgleich sie in der dinglichen und menschlichen Welt wirkt, noch verliert sie die notwendige Distanz zu Gott selbst. Das auf die Weisheit bezogene Bildgefüge erweist so neben seiner dichterischen Qualität auch seine Bedeutung als wichtiger und notwendiger Aspekt der theologischen Sprache Sirachs. Die kulturelle Funktion der Weisheitsmetaphorik liegt in der traditionellen Überzeugung Sirachs, das Studium der Weisheit sei attraktiv und von lebensnotwendiger Bedeutung. Die Attraktion der Weisheit, ja ihre faszinierende, den ganzen Menschen in Beschlag nehmende Kraft wird in der erotisierenden Metaphorik der weiblichen Weisheit dargestellt. Die Weisheit als Basis, als Spenderin menschlichen Lebens umschreibt die Wasser-, Pflanzen- und Paradiesesmetaphorik. Sirach macht durch die Wahl seiner Sprache deutlich, daß die Weisheit nicht nur ein luxuriöses Randgebiet der Erziehung junger Männer in Jerusalem ist, sondern ins Zentrum dieser Erziehung gehört. Die Weisheitsmetaphorik erhebt einen hohen Anspruch: חכמה soll die Kultur Jerusalem - Judäas prägen und beherrschen. Dabei gehört zu den Vorzügen dieser traditionellen Metaphorik ihre ästhetische Valenz. Sirach diktiert nicht mit seiner Weisheitsmetaphorik, sondern wirbt.

c)

Die allgemeine Bildwelt des Sirachbuches setzt sich aus Vergleichen (α), Bildern und Metaphern (β) zusammen, wobei es jeweils Ober- und Untertypen, Mischungen, Verbindungen, Reduktionen und Felder gibt. Im Rahmen der Frage nach der kulturellen Leistung der Bildsprache werden die genannten Typen nebeneinander untersucht.

---

[137] Ob es sich bei der Qumranmetaphorik um den ursprünglichen Text oder um eine textgeschichtlich sekundäre Explikation handelt, kann auch an diesem Punkt hier nicht entschieden werden. - Zum Text von V. 17 vgl. Skehan - di Lella 574f.: Skehan liest וְעָלָה in 11 Q Ps^a nach προκοπή als "advantage, profit". Sanders DJD IV, 82 liest וְעָלָה, "und eine Amme". Vgl. o. S. 48.

α)

Die Befragung der Vergleiche ist am einfachsten und sei daher an den Anfang gestellt. Vergleiche stellen eine explizite Beziehung zwischen dem eigentlichen thematisierten Phänomen oder Bereich und einem zur Erklärung geeigneten zweiten Phänomen oder Bereich her. Sie arbeiten mit Vergleichs- oder Reihungspartikeln, die aber auch elliptisch wegfallen können und dann sinngemäß zu ergänzen sind. Sie können kurz oder lang sein und von dem Vergleich zweier Worte bis zum Vergleich ganzer Vorgänge und deren Folgen reichen. Eine Beschränkung auf die Erhebung des tertium comparationis ist bei längeren Vergleichen daher nicht sachgemäß. Öfter gehören die elliptisch formulierten Vergleiche einem eigenen Typus an, der mit der Evidenz des einen Bereichs in Bezug auf den anderen Bereich rechnet. Diese elliptischen Doppelsätze sind hier dem Vergleich zugesellt: 11, 2. 3; 15, 16. 17; 17, 31. 32; 27, 25 und 26. 27[138]; 28, 12. 13.

Die vergleichende Bildwelt des Sirachbuches unterscheidet sich erheblich von dem speziell der Weisheit gewidmeten Bildgefüge. Zunächst zum Bereich der Natur: gegenüber der Pflanzenwelt, die hier gänzlich zurücktritt[139], nehmen Vergleiche aus der Tierwelt einen breiten Raum ein. In der weisheitlichen Bildwelt fehlten Tiere dagegen ganz. Der Grund für diese Diskrepanz liegt in der eindeutig negativen Bewertung der Tiere in den allgemeinen Vergleichen. Löwe, Panther, Bär, Wolf, Hyäne und ungezähmtes Pferd werden unter dem Gesichtspunkt der Wildheit und Gier, der Gewalttätigkeit und der Feigheit genannt. Wildesel und Gazelle sind flüchtig, Lämmer schwach, ebenso hilflos Vögel im Vogelkorb. Schlange und Skorpion sind giftig und bösartig. Nur die Vögel werden zweimal ohne negative Qualifizierung im Vergleich genannt[140]. Die Biene selbst gilt als nichtigstes Flugtier, nur ihr Ertrag ist köstlich[141]. Schließlich ist auch der Maulkorb der Tiere Ausdruck ihrer Unfreiheit[142].

Beliebte Wertungsträger sind bei Sirach die Elemente, vor allem das Paar von Feuer und Wasser: 3, 30; 15, 16. Besonders die elementare Stärke des Feuers eignet sich für die moralisch argumentierende

---

[138] Skehan - di Lella, 359, übersetzt zweimal einen ausgeführten Vergleich (25. 26). Im griechischen Text fehlen die beiden Vergleiche.

[139] Vergleiche aus der Pflanzenwelt begegnen nur dreimal in nichtweisheitlichen Texten, und zwar bezeichnenderweise alle drei Male negativ qualifizierend: 6, 2 dürrer Baum, abgefressene Blätter, verdorbene Früchte; 14, 18 teilweise: wachsende und welkende Blätter (V. 19 sterben in der Sachhälfte); 40, 16 Kresse am Rande des Bachs wird weggeschwemmt.

[140] 27, 9. 19.

[141] 11, 3.

Rede[143]. Die Sonne ist positiv qualifiziert, sie kann sogar als Vergleichsgröße für Gott selbst stehen[144]. Der Mond dagegen ist der Unbeständigkeit des Toren zugeordnet[145]. Berge, Gewitter und Unwetter sind von ihrer Unwirtlichkeit und Zerstörungskraft her verstanden und werden daher vergleichend dem Übeltäter und Gewalttäter zugeordnet[146]. Edelmetalle und Schmuck dagegen sind wieder wie schon in der Weisheitsmetaphorik positiv: Geld - Siegelring - goldene Säulen auf silberner Basis - Gold und Korallen - Edelsteine und Edelmetalle[147].

Auch die zahlreichen und sehr unterschiedlichen Gegenstände und Geräte, die der Mensch benutzt, besonders zum Hauswesen gehörige Dinge, sind ganz in den Dienst der Wertung des Menschen und seiner obersten Tugend, der Gerechtigkeit[148], gestellt. Neuer Wein (9, 10), Topf und Kessel (13, 2), zerfallendes Gewand (14, 17), Pfeil im Fleisch (19, 12), zweischneidiges Schwert (21, 3), schwere Reiselast (21, 16), Mistfladen und beschmutzter Stein (22, 1. 2), verwehte Steinchen auf einer Anhöhe (22, 18), Kriegstrompete (26, 27 G II), Pflock in der Steinritze (27, 2), Abfall im Sieb (27, 4), Peitschenhieb (28, 17), sich drehendes Wagenrad und Achse (33, 5): alle diese Gegenstände beleuchten und erklären negative Eigenschaften des Menschen. Das elastische hölzerne Fachwerk und ein schöner Mauerschmuck (22, 16f.), ein Licht auf dem Leuchter (26, 17), ein herrliches Gewand (27, 8), Leckerbissen (30, 25): solche Gegenstände erläutern und signalisieren Gerechtigkeit und andere Qualitäten des Menschen. Eine dritte Gruppe schließlich ist neutral: eine Bewässerungsanlage (25, 25), Töpfergefäße und Baumpflege (27, 5. 6), Tongefäße (33, 10ff.) und Speise (36, 23f.[149]) können richtig oder falsch, gut oder schlecht, gelungen oder mißlungen sein - so auch die Menschen und ihre Eigenschaften.

Aber auch der Mensch selbst wird mit seinen Merkmalen, Eigenschaften und Tätigkeiten gern auf der sog. Bildseite der Vergleiche eingesetzt, so daß eine menschliche Eigenschaft dann eine andere beleuchtet. Dem negativ qualifizierenden Vergleich dienen der Dieb (5, 14), der wider-

---

[142] 20, 29.

[143] 2, 5; 8, 3; 22, 24; 23, 16; 28, 12. Wassertropfen - Sandkorn: 18, 10; Tau: 18, 16; Eis und Wärme: 3, 15; Meereswelle: 29, 18.

[144] So 17, 19. Sonst 17, 31 und 26, 16.

[145] 27, 11.

[146] 40, 13-16. Beachte aber 32, 10, wo Blitz und Hagel vergleichend mit Anmut und Scham verbunden sind.

[147] 2, 5; 17, 22; 26, 18; 30, 15; 32, 5. 6. Dagegen 12, 10: sich zersetzendes Kupfergestein (נחשת) negativ qualifiziert, ebenso Blei 22, 14.

[148] Gerechtigkeit τὸ δίκαιον 27, 8; Ungerechtigkeit ἀνομία 21, 3; Sünde ἁμαρτία 27, 2.

[149] Zählung nach Skehan - di Lella, vgl. dort 426. Bei Sauer = 36, 18f.

spenstige Hausbewohner (19, 21 G II), Menschen, die gefährliche Dinge tun (27, 25f.)[150], der schlechte Bauer (met. 5, 9), der Späher (met. 11, 28 = 11, 30 Skehan - di Lella), der Schlangenbeschwörer (12, 13) und der Unvorsichtige (met. 12, 13; met. 13, 1), der Eunuch (met. 20, 4), der Mensch, der sich selbst ruiniert (met. 21, 8), der Mensch, der einen Stein gegen Vögel wirft (22, 20), der Diener (23, 10), der durstige Wanderer (26, 12), der Fliehende (40, 6d). Dem positiven Vergleich dienen der Schatzsammler (3, 4), der Vater und Gatte (4, 10), der Hirt (18, 13)[151], der gute Bauer (met. 20, 28). Dazu kommt die positive Tätigkeit des Wundenverbindens (27, 21) und das neutrale Reiben der Augen (22, 19). So sind auch Augapfel (17, 22) und Gesundheit (30, 15) positiv, während Ausrutschen (20, 18) und Speichel (26, 22 G II) negative Qualität haben.

Die Untersuchung der Vergleiche führt zusammenfassend zu drei Ergebnissen. Erstens sind durchweg bekannte Bildbereiche und bekannte, oft triviale Einzelbilder gewählt. Gerade der beliebte Tierbereich ist gänzlich topisch. Dabei gibt es auch topische Beziehungen zwischen Bild- und Sachhäfte, so etwa 14, 17. 18 zwischen dem zerfallenden Gewand und dem Verfall des Körpers im Tode sowie dem Laub und der Vergänglichkeit. Nur selten liest man hingegen einen so differenzierten und spezifischen Vergleich wie den in 25, 20:

"Wie ein sandiger Aufstieg unter dem Fuß eines alten Mannes,
so ist eine schwatzhafte Frau für einen ruhigen Mann".

Der Vergleich ist im allgemeinen nicht innovatorisch und individuell gesetzt, sondern unterstützt die Gewohnheit des Hörens und Erklärens.

Zweitens ist auffallend, welche wichtige Rolle Vergleiche aus dem menschlichen Bereich spielen. Die weisheitliche Literatur beobachtet stets den Menschen, der den Hauptgegenstand ihres Interesses darstellt. So wird der Mensch den Menschen als vergleichendes Exempel vor Augen gestellt. Damit trägt die Sprache des Vergleichs zur Schärfung der Beobachtung, und das heißt: zur Kritik, bei.

Drittens ist der Aussagewert der Bilderwelt durchweg ein moralischer. Der Vergleich dient nicht der Erklärung, sondern der Wertung. Während die weisheitliche Metaphorik nur ganz bestimmte, stets positiv qualifizierte Bildfelder wählt, finden sich in dem allgemeinen Vergleichsfeld "gute" und "schlechte" Bildfelder nebeneinander. Die Vergleiche tragen zur Orientierung des Hörers bei und akzentuieren das moralische Urteil der "Sachhälfte". Sie beziehen sich auf eine sicher geordnete moralische Welt und stützen diese gleichzeitig. Der Vergleich gibt den jungen Männern ein umfangreiches, wohlgeordnetes und flexibles Feld von Beziehungen zwischen Welt und Menschen einerseits und ihrer Beurteilung

---

[150] Wie so oft in diesem Bereich formuliert Sirach metaphorisch.

[151] Der Hirt wird in Vergleich mit Gott, nicht mit Menschen gebracht.

andererseits an die Hand. Beobachtung, Kritik und Ordnung sind die kulturellen Leistungen dieser traditionellen Sprachform, die Sirach ausgiebig benutzt.

β)

Die Tropen Metonymie und Metapher bilden den Hauptanteil der bildlichen, uneigentlichen Ausdrucksweise. Vor allem im Bereich der einfachen substantivischen Metonymie finden sich vorwiegend Topoi: Lippen statt Rede (1, 24 u. sehr oft), Herz statt Inneres (1, 30 u. s. o.), Weg statt Lebensführung (2, 6 u. s. o.), um nur einige Beispiele aus dem Anfang des Buches zu nennen[152]. Daneben stehen zahlreiche topische verbale Metonymien wie stehen - sitzen - wanken - fallen - stoßen - straucheln - bleiben[153]. Die Sachbereiche, denen diese Bilder entstammen, sind entsprechend geläufig: Natur und Mensch[154], einerseits menschlicher Körper und menschliche Grundtätigkeiten, andererseits Gegenstände des täglichen Lebens, wobei wieder bestimmte Bereiche wie Geld und Züchtigungsmittel bestimmten Inhalten entsprechend häufiger gewählt sind. Vorherrschend sind oft oder öfter gebrauchte topische Substantiv-Verb-Verbindungen; wie: Wege ebnen (2, 6), eine Pflanze ausreißen (3, 9), einen Pfad wandeln (5, 9)[155], die das Rückgrat der traditionellen Bildersprache darstellen.

---

[152] Zur atl. Metonymie und Metapher vgl. Kedar, Semantik, 165ff. - Weitere sehr häufige topische Metonymien bei Sirach: Hände 2, 12 etc.; Wurzel[grund] 3, 9 etc.; Pflanze 3, 9 etc.; Ohr 3, 29 etc.; Stütze 3, 31 etc.; Grube 4, 10 (MS A) etc.; Mund 5, 12 etc.; Zunge 5, 14 etc.; doppelzüngig 5, 14 etc.; Blätter, Früchte 6, 2 etc.; Schatz 6, 13 etc.; Preis, Kaufpreis 6, 14 etc.; Gold 8, 2 etc.; Netz 9, 3 etc.; Feuer 9, 8 etc.; Tag 9, 11 etc.; Falle 9, 13 etc.; Staub, Asche 10, 9 etc.; Quelle 10, 13 etc.; Thron 10, 14 etc.; Haupt 11, 1 etc.; Kopfbund 11, 5 etc.; Licht, Finsternis 11, 19 (nach G) und 11, 16 (nach G II); Blut 11, 30 (= Skehan - di Lella V. 32b) etc.; Sitz 12, 12 etc.; Ferse 12, 17 etc.; Werk 14, 19 etc.; Himmel, Erde 16, 16 etc.; Fleisch 17, 4 etc.; Stunde 18, 20 etc.; Brot, Wasser und Brot 20, 16 etc. und 29, 21; Sturz 20, 18 etc.; Haus 21, 4 etc.; Fuß 21, 22 etc.; Rute 23, 2. 11 etc.; Erbe, Erbteil 23, 12 etc.; Knie 25, 23 etc.; Glieder 26, 13 etc.; Samen 26, 20 (G II) etc.; Kampf 26, 27 etc. (G II); Schwert 26, 28 etc.; Auge 31, 13 etc.

[153] 12, 12 etc. und 13, 20-22 etc. Weitere Beispiele: ausgießen 1, 9 etc.; wandeln 5, 9 (H) etc.; schlagen 10, 13 etc.; pflanzen 10, 15 etc.; ausreißen 10, 15 etc.; laufen 11, 11 etc.; sammeln 14, 4 etc.; ausfließen 18, 29 etc.; wohnen 20, 25f. etc.; erben 20, 25 etc.; verstricken 23, 12 etc.; anfüllen 24, 24 etc.; überragen 25, 10 etc.; beherrschen, bezähmen 26, 15 etc.; verzehren 27, 29 etc.; festhalten, zu eigen haben 27, 30 etc.; nachjagen 29, 19 etc.; fallen 29, 19 etc.

[154] Dazu bes. Kedar Semantik, 170f.

[155] Weitere Beispiele: die Hand auf den Mund legen 5, 12; Früchte verderben 6, 2; einen Schatz finden 6, 13; das Ohr neigen 6, 33; die Hand ausstrecken 7, 32; im Feuer verbrennen 8, 10; eine Bürde aufladen 8, 15; ins Netz fallen 9, 3; die Quelle sprudelt 10, 13; der Thron stürzt 10,14; Gebote übertreten 10,19; das Haupt erhöhen 11, 1; Frucht tragen 11, 20 (G V. 22); 23, 25; Brot essen 20, 16; Augen werden blind 20, 29; mit der Waage

Die bisher genannten Metonymien und Metaphern sind die Bausteine der topisch-bildhaften Weisheitssprache. Eine gewisse Steigerung der Qualität der Bildersprache bewirken solche Sätze, die Metonymien, Metaphern und Vergleiche sammeln und verbinden[156]. Manchmal erhält Sirachs Weisheitssprache durch diese Mittel dichterische Qualität, so in dem Handwerkerkatalog Kap. 38, 24-34. Hier werden mit ausführlichen Beispielreihen in konkret verbaler Diktion Handwerksberufe vorgeführt. Ähnliches gilt für die Spruchreihe 40, 1-10 (bes. 3f.), eine weisheitliche Lehrrede über den Lebenslauf mit eschatologischem Schluß, oder für die Reihen von menschlichen essentials 29, 21 und 39, 26.

In den Kap. 44-49 begegnet eine dichte Folge traditioneller biblischer Metonymien und Metaphern, die den jeweiligen atl. Quellen dieses historisch-hagiographischen Rückblicks entnommen sind und zugleich auf diese verweisen[157].

Das dichte Feld von Metonymie und Metapher und ihren Kombinationen und Erweiterungen hat anders als der Bereich der Vergleiche keine ordnende Bedeutung. Metonymie und Metapher haben Verstehens- und Anschauungsfunktion, deren kultureller Aspekt sich nun zusammenfassend darstellen läßt. Grundlage von Sirachs Bildersprache ist die Anknüpfung an die Tradition weisheitlicher und historiographischer Diktion in Israel. Diese Einbettung in den literarischen Sprachraum Israels muß in Sirachs Zeit als bewußt kulturell konservative Haltung verstanden werden. Vor hieraus führt kein Weg zu der Aufnahme hellenistischer Gattungen mit deren spezifischer Sprache, wie sie seit 200 v. Chr. auch in Israel erprobt wurde. Die historiographischen Schlußkapitel zeigen diesen traditionellen Sprachwillen besonders deutlich. Sirachs Arbeit an der Sprache erfolgt im Rahmen der traditionellen Literatur Israels. Seine Bildersprache bringt die materielle und anthropologische Wirklichkeit mit dem theoretischen Bereich zusammen. Die Bildersprache bietet Erfahrbarkeit, vermittelt Erlebnisräume und erhöht die Plau-

---

wiegen 21, 25; das Schwert ziehen 22, 21; ein Siegel anlegen 22, 27; Wurzeln schlagen 23, 25; Samen säen 26, 20 (G II); ein Haus zerstören 27, 3; in einer Falle fangen 27, 29.

[156] Beispiele: 14, 10; 21, 10; 21, 26 (antithetischer Spruch); 22, 9f.; 22, 27; 23, 16f.; 25, 23; 26, 12; 26, 16-18; 28, 12-26 (Personifikation der Zunge); 29, 22 ("Balkendecke", originelle pars pro toto-Diktion); 34, 19 (Reihe von concreta und abstracta pro concretis); 34, 24-27 (Vergleichsbilder nicht eigentlich metaphorisch, sondern radikalisierend); 36, 19 (Metapher aus dem Vergleich V. 18. 19a entwickelt; Skehan - di Lella = 36, 23f.); 36, 24 (traditionelle Metaphernreihe; Skehan - di Lella = 36, 29); 37, 4ff.; 37, 16f. (16a Metonymie, 17 ausgeführte Metapher); 40, 1 (Schritt von der Metonymie zur theologischen Metapher); 40, 11-17 (bildhafte Rede über das Thema "Was bleibt" mit Verbenreihe und Vergleichsreihe); 44, 21 (traditionelle Gruppe von Metonymien und Vergleichen für Israels Herrschaft); 45, 7f. (im Lob des Aaron interessante abstractum pro concreto-Metonymie: Aaron zur "Satzung" חק, V. 8 Mischung von abstractum et concretum).

[157] Einige Beispiele: 45, 19d; 46, 8d; 47, 3. 5. 7. 11. 19a. 22c e.f. 23a; 49, 13b. c. d, etc.

sibilität und Eindringlichkeit einer Aussage. So verbinden die Wirkungen der Bildersprache poetische, pädagogische und psychologische Elemente. Lebendigkeit und Anschaulichkeit des Ausdrucks wecken das Interesse des Hörers oder Lesers. Verständlichkeit und Memorierbarkeit erweitern den Leserkreis. Die primäre Welt der Außenerfahrung wird für ethische und religiöse Sachverhalte und Appelle transparent gemacht. Sprachliche Bemühung und Anknüpfung an die Tradition sichern einen kulturell gehobenen und sozial anerkannten und nicht einflußlosen Leserkreis. Esoterik oder Innovation fehlen.

Die Möglichkeiten bildlicher Rede im Weisheitsbereich gelten der Stiftung von Erfahrung und Zustimmung im unanschaulichen Bereich: Der Bekanntheitseffekt der überwiegend topischen Metaphorik ist pädagogisch ausgerichtet. Eine prinzipiell vortheoretische Sprache erweitert ihren Argumentationsraum durch den Bildbereich. Hier liegen aber auch die Grenzen der weisheitlichen Bildersprache. Ihre kulturelle Funktion bleibt stets im Mittelfeld. Die abstrakte Begriffssprache kann sie nicht ersetzen. Da sie kulturelle Anerkennung und pädagogischen Erfolg sucht, vermeidet sie die apokalyptische Esoterik und öffnet sich auch nicht der hellenistischen Begriffssprache. Aber auch auf dem ihr eigenen Gebiet israelitischer Weisheitsthematik kommt die Bildersprache an ihre Grenzen. Der Bereich der Bildersprache appelliert bei Sirach an das Vorstellungsvermögen, an das Gefühl, den Verstand und das Urteilsvermögen, nicht aber an das Zentrum des Menschen, wie Sirach es im weisheitlichen Kontext versteht: an den Willen und das Handeln des Menschen. Denn die Bildersprache begegnet wohl im Bereich weisheitlicher-ethischer Erwägungen und Erörterungen, nicht aber in Geboten. Bild und Vergleich sind Erklärungs- und Beeinflussungsmittel, nicht aber Träger der Weisung. Das Feld des Gesetzes mit seinen Erscheinungsformen der Sünde, der Gerechtigkeit, der Frömmigkeit und der Gottesfurcht ist nicht mittels der Bildersprache darstellbar.

"Vergib das Unrecht deinem Nächsten
dann werden dir, wenn du darum bittest,
auch deine Sünden vergeben werden" (28, 2).

Das ist die bilderlose Sprache des Gebotes, in deren Zentrum das theologische Abstraktum Unrecht/Sünden steht. 27, 25-29 dagegen formuliert Sirach moralische Erfahrungsregeln zum Thema Unrecht πονηρά (V. 27) mit einer Kette von Vergleichen, Sprichwörtern und Metonymien und Metaphern.

"Liebe den Freund und sei ihm ein Vertrauter" (27, 17). Diese knappe Weisung wird in V. 18-21 wieder mit einer Kette von Bildern und Vergleichen erläutert.

Die Kurzsätze 28, 6. 7: "Gedenke des Endes ... Gedenke des Verder-
bens ... Halte dich an die Gebote ... Gedenke der Gebote ... Gedenke
des Bundes" werden in einem ausführlichen Diskurs über den Streit und
die Verleumdung bildreich aktualisiert und interpretiert (28, 8-26).

Die kulturelle Leistung der Bildersprache Sirachs liegt also in der Vermittlung und Anwendung des Gesetzes, nicht in seiner Formulierung.
Die kulturelle Aufgabe Sirachs als des Gesetzeslehrers und -erklärers ist
an der Funktion und Aufgabe seiner Bildersprache abzulesen. Innovation und Abstraktion mit dem Ziel einer Begriffssprache fehlen. Andererseits muß wenigstens darauf hingewiesen werden, daß Sirachs Sprache
in Richtung auf griechische begriffliche Sprache hin entwicklungsfähig
war, wie sowohl die Übersetzung seines Enkels als auch speziell die griechischen Zusätze erweisen.

C.

Die Literatur Israels um 200 v. Chr. bot einem Weisheitslehrer auf der
Basis des Maschal die Wahl zwischen Weisheits- und Geschichtspsal-
men, Kultgebeten und Hymnen, theologischen Weisheitsliedern und be-
trachtenden oder ermahnenden theologischen Spruchreihen. Die Wahl
der Prosa dagegen stand Sirach als Lehrer nicht offen, obgleich seine
ethischen wie historischen Themen auch prosaisch hätten behandelt
werden können, wie z.B. 4. Makkabäer, Liber Antiquitatum und das Jubiläenbuch zeigen. Hier aber ist eine bedeutsame kulturelle Weiche gestellt: die pädagogische Funktion zuerst der mündlichen und dann später
der schriftlichen Form der Lehrreden nötigte Sirach den Maschal als
Spruchform auf, und umgekehrt: die Jünglinge Israels wurden auf der
Basis des Maschal erzogen. Das impliziert bedeutende Folgen. Zuerst:
nicht diskursives oder gar dialektisches Denken und eindringendes Verstehen ist das Ziel des mündlichen Vortrags und schriftlichen Werkes
des Lehrers Sirach, sondern bündige Weisung, die der Schüler behalten
und anwenden kann. Dabei gibt Sirach einer gewissen Diskussion soweit
Raum, als er ethische Themen von verschiedenen Seiten behandelt und
zur Urteilsfindung und -begründung der Schüler beiträgt und weiter ethische Typen und typische Charaktere in umfangreichen Spruchreihen von
verschiedenen Seiten und in verschiedenen Funktionszusammenhängen
zeigt. Auch hier wird das Urteil der Jünglinge geschult. Aber die Weisung selbst steht fest. Die Autorität des Weisheitslehrers spricht im Maschal Ergebnisse aus, die - ob kürzer oder ausführlicher formuliert -
nicht diskutiert, sondern befolgt werden sollen. Das Ziel der Lehrdichtung ist richtiges Verhalten, das durchaus sachgemäße Prüfung, nicht
aber kritische Diskussion zuläßt. Die Lehrdichtung ist also selbst Be-

standteil einer dezisionistischen, nicht deliberativen Kultur und trägt gleichzeitig selbst zu dieser Kultur bei.

Die zweite Auswirkung dieser Form pädagogischer Literatur auf die Kultur Israels geht in eine andere Richtung. Wenn ethische und theologische Themen im erzieherischen Zusammenhang nicht nur mnemotechnisch, sondern zugleich ästhetisch formuliert werden und so Erziehung und Religion selbst ästhetische Komponenten erhalten, dann sind die Weisheitslehrer Stifter einer integralen Religionskultur, die Kunst, Gebot, Lobpreis, religiöse historische Überlieferung und religiöse Ethik zum Ziel der מוסר - παιδεία verbindet. Die Kultur der Lehrdichtung ist also nicht nur mnemotechnisch und dezisionistisch, sondern reicht viel weiter in die Bereiche von Eulogie und Doxologie, indem sie Psalmen, Hymnen[158], Gebete, Weisheitslieder und religiöse Geschichtsaretalogie umfaßt und sich dabei einer eigenen religiösen Herrlichkeitssprache bedient, die zu ihrem Kulturverständnis hinzugehört.[159]

---

[158] Zu den Hymnen bei Sirach vgl. M. Lattke, Hymnus, NTOA 19, 1991, S. 110f. Dort auch allg. zu den atl. Hymnen (Lit.).

[159] Vgl. dazu Teil III.

B

Aspekte der Kultur als innerer Kultivierung

Kapitel 10: Erziehung und Bildung

Erziehung und Bildung bilden das Zentrum des eigenen kulturellen Wollens Sirachs.

Nach dem Verständnis seines Enkels beschäftigte Sirach sich mit παιδεία καὶ σοφία, damit die φιλομαθεῖς im Leben nach dem Gesetz "einen Fortschritt machen könnten" (Prolog 12f.). Sirach selbst versteht sein Buch als Lehre (Kap. 51, 23ff.). Der Weise "tut kund die Zucht seiner Lehre παιδείαν διδασκαλίας αὐτοῦ" (39, 8). So leicht es fällt, den tiefen pädagogischen Eros Sirachs zu erfassen, so schwer ist es, Subjekt, Organisationsformen und Adressaten dieser Liebe im einzelnen zu beschreiben. Sirach ist an diesem Punkt genauso schweigsam wie die gesamte alttestamentliche Literatur.

Dieser Bereich siracidischer Kultur läßt sich folgendermaßen erschließen: In Teil A. werden das Erziehungswesen zu Sirachs Zeit (1.), die Rolle der Lehrer (2.) und der Schüler (3.) dargestellt. Der zweite Teil (B.) führt in die Art der Lehre (1.), die Lehrinhalte (2.) und die pädagogische Zielsetzung ein (3.).

A.

1.

Über ein öffentliches, institutionalisiertes Erziehungswesen im Alten Israel wissen wir bis heute nichts Gesichertes[1]. Die Kritik, die vor allem Whybray und Golka[2] an dem gängigen Postulat einer altisraelitischen Schule üben, darf auch für die Sirachzeit nicht überhört werden. Denn auch bei Sirach ist unbestreitbar zuerst der Vater der Lehrer des Sohnes: 7, 23f.; 30, 3[3]. Hier handelt es sich beide Male um den leiblichen Sohn. Das vielzitierte בית מדרש (οἶκος παιδείας) 51, 23 ist in keinem Fall eine Schule gewesen, auch wenn es sich bei diesem Ausdruck um die he-

---

[1] Zum Rahmen antiker Erziehung: W. Jaeger, Paideia, 3 Bde., 1934-1947; M. P. Nilsson, Die hellenistische Schule, 1955; H.-I. Marrou, Geschichte der Erziehung im Klassischen Altertum, 1957; W. Barclay, Educational Ideas in the Ancient World, 1959; Art. Erziehung, RAC 6, 502-559 (P. Blomenkamp); W. Jentsch, Urchristliches Erziehungsdenken, 1951 (BFChTh 45,3). Für die ältere Lit. vgl. L. Dürr, Das Erziehungswesen im AT und im antiken Orient, 1932; Art. παιδεύω, ThWNT V, 596-624 (G. Bertram); für die neuere Lit. vgl. die im Anschluß an Hengel, Judentum (bes. 143ff.), verfaßte Monographie von R. Riesner, Jesus als Lehrer, 1981. 1988³ (reichhaltige Lit.angaben und Lit.diskussion); s. auch A. F. Zimmermann, Die urchristlichen Lehrer, 1984. Weiteres bei A. Lemaire, Les écols et la formation de la Bible dans l'ancien Israël, OBO 39, 1981; ders. Sagesse et écoles, VT 34, 1984, 270-281 (dort weitere Lit. in Anm. 2 und erneute Diskussion der Existenz von Schulen in der Königszeit). J. L. Crenshaw, Education in Ancient Israel, JBL 104, 1985, 601-615; J. D. Martin, Ben Sira - A Child of his time, in: FS. W. McKane, JStOT Suppl. Ser. 42, 1986, 141-161; E. J. Bickerman, The Jews in the Greek Age, 1988, 161ff.; A. Lemaire, The Sage in School and Temple, in: The Sage, 165-181. Neuester Stand: Art. Erziehung, NBL 1, 1991, 586f. (H. Klein). H. Weippert, HAV II/1, 1988, 583, nimmt an, "daß der Unterricht in Lesen und Schreiben nun [sc. noch 850 v. Chr.] schulmäßig erfolgte". Allerdings habe die Schriftkenntnis in der babylonisch-persischen Zeit wieder abgenommen (S. 694). Für Lemaire und Weippert weisen die Schriftfunde auf Schulen hin. Archäologische oder literarische Zeugnisse fehlen. Riesner u. a. plädieren aufgrund von innerer Wahrscheinlichkeit für Schulen in der Königszeit. - M. Lichtheim, Late Egyptian Wisdom Literature in the International Context, OBO 52, 1983, bringt die Erziehungslehre Sirachs bes. deutlich in Zusammenhang mit dem späten ägyptischen Weisheitspapyri, bes. Pap. Insinger (S. 158f.). Art. Schule, BHH III, 1739-1744 (C. Colpe, R. Rost).

[2] R. N. Whybray, The Intellectual Tradition in the Old Testament, BZAW 135, 1974, S. 43. F. W. Golka, Die israelitische Weisheitsschule, VT 33, 1983, 257-270. Beide halten die Existenz einer vorexilischen Schule in Israel für unbewiesen. Lemaire dagegen setzt sich in seinem Beitrag in "The Sage" vehement für die Existenz weisheitlicher Schulen in Jerusalem unter der Leitung von Weisen ein.

[3] Darauf weist indirekt auch die bekannte topische Metapher "mein Sohn" hin, die Sirach als Lehrer für seine Schüler gebraucht: vgl. Riesner, Jesus, 108-110. Auch betont bei Wolff, Anthropologie, 261ff. Es liegt eine sekundäre Übertragung des leiblichen auf das pädagogische Verhältnis vor.

bräische Urfassung handeln sollte[4]. Dieser Ausdruck gehört in die Hausmetaphorik, die für Sirachs Weisheitstopik charakteristisch ist. Es muß bis auf weiteres[5] dabei bleiben, daß wir nach der Episode mit dem Gymnasion von 175 v. Chr. erst für das 1. Jh. v. Chr. von Schulen in Israel wissen, die sich so schnell durchsetzten, daß sie im 1. Jh. n. Chr. eine verpflichtende Einrichtung wurden[6]. Für die Sirachzeit selbst kann der Umstand, daß Sirach in seiner Erziehungsschrift nirgends auf ein öffentliches Schulwesen hinweist, natürlich nicht so verstanden werden, als schließe dies die Existenz von Schulen aus. Vielmehr folgt nur daraus, daß solche - möglicherweise schon bestehende - Elementarschulen für Sirachs Sicht keine Bedeutung im Rahmen der weisheitlichen παιδεία hatten. Sirachs Bildungswelt ist weder die einer rabbinischen Elementar- oder Toraschule noch einer privaten griechischen Elementarschule[7].

Für Sirach selbst spielte diese griechisch-hellenistische Institution trotz seiner Beeinflussung durch den Hellenismus noch keine Rolle[8]. Auch die vielen Hinweise und Überlegungen der Forschung zu den Tempel- und Prophetenschulen führen uns nicht näher an Sirachs Bildungswelt heran[9]. Besonders Lemaire rückt den Weisheitslehrer der Zeit des Zweiten Tempels nahe an den Tempel heran: "In the time of Ben Sira the Jerusalem temple was not only the cultic center of the Jewish nation, it was also the main center of Jewish teaching, probably in connection with a temple library". Dabei beruft Lemaire sich auf das Lob Simons durch Sirach[10]. Demgegenüber weist Hengel zurecht darauf hin, Sirach habe zwar selbst noch die traditionelle Bindung des Sofer an den priesterlichen Gesetzeslehrer gekannt und betont (45, 17), dennoch erscheine "der «sôfēr» ... schon in relativ selbständiger Bedeutung"[11]. Riesner ar-

---

[4] So auch Bickerman, The Jews, 170. Vgl. weiter dazu Riesner 167 (Lit.) und Rickenbacher, Weisheitsperikopen 207f. (Disk.). Gerade Golkas Feststellung, der so kritisch gegenüber einer vorexilischen Schule in Israel ist, "eine Schule bēt hammidraš wird erstmals bei Sirach (Li 23) erwähnt" (VT 33, 1983, 262), darf nicht Gemeingut der Diskussion über die nachexilische Schule in Israel werden, da sie die poetische Diktion Sirachs nicht beachtet. - Weiteres s. u. S. 179.

[5] Nur archäologisch eindeutige Zeugnisse oder neue lit. Quellen könnten hier Eindeutigkeit schaffen.

[6] Vgl. Riesner, Jesus, 178.

[7] Nochmals bei M. Hengel, Juden, Griechen und Barbaren, SBS 76, 1976, S. 161, postuliert.

[8] Zum Zshg. vgl. Riesner, 168.

[9] Dazu zsfd. H. J. Hermisson, Studien zur israelitischen Spruchweisheit, WMANT 28, 1968, 129ff., und Riesner, 156ff.; 283ff. (bes. S. 288).

[10] Lemaire, in: The Sage, 180.

[11] Hengel, Judentum, 146.

beitet in diesem Zusammenhang interessante strukturelle Parallelen mit den privaten hellenistischen Philosophenschulen heraus. In einigen Punkten vermutet er eine Beeinflussung gerade auch der rabbinischen Lehrer durch die hellenistischen Philosophenschulen. Für Sirach weist er besonders auf die Traditionskette Sirach 8, 9; 39, 1; 46, 1ff. und 48, 8 hin[12].

Es muß dabei bleiben, daß Sirachs Schrift nicht Zeuge irgendeiner Form öffentlicher Schulen, sondern allein einer privaten Weisheitsschule ist, die als Größe sui generis erfaßt und beschrieben werden muß. Träger dieser Weisheitsschule als einer nicht institutionellen Größe sind "Weise", deren Lehr- und Bildungsanspruch, wie Sirach ihn versteht, zunächst zu verdeutlichen ist[13]. Ebenso ist das Ergebnis festzuhalten, daß Sirachs Schrift wie viele andere literarische Werke des hellenistischen Judentums Hypothesen über ein jüdisches privates oder öffentliches geregeltes Elementarschulwesen geradezu herausfordert, andererseits Sirach selbst weder einen Hinweis auf solche Einrichtungen gibt noch ein Interesse daran verrät. Von Sirachs Schrift führt kein Weg zu einer Erkenntnis über das Schulwesen in Israel. Umso mehr äußert sich Sirach zu jenen privaten Weisheitsschulen, die von Weisen wie ihm selbst unterhalten werden.

2.

3, 29 nennt Sirach "die Weisen" (חכמים MS A, S̲), d. h. eine Mehrzahl von Lehrern, deren Sprüche (משלי) sich der Lernende zu Herzen nehmen soll. 6, 34 spricht er von der "Schar der Alten" (ἐν πλήθει πρεσβυτέρων G̲)[14]. Noch wichtiger sind die Folgesätze:

"Wenn du einen siehst, der Einsicht hat, so suche ihn auf" (6, 35a).

Sirach denkt hier deutlich an ältere Männer, deren Bildungsstand sie zu "Lehrern" qualifiziert und die die jungen Männer zuhause aufsuchen und sich privat von ihnen belehren lassen sollen. Dasselbe gilt für die Reden der Weisen (חכמים 8, 8) und für die Überlieferungen der Alten (שיב 8, 9), die diese von ihren Vätern gehört haben. Auch hier scheint es sich um private ad hoc-Belehrung zu handeln. Weise (חכמים) sollen die Gesprächspartner der Jünglinge sein (9, 14) und getreue Männer (אנשי צדק) ihre Gastgeber (9, 16). Diese Zusammenstellung vom Ge-

---

[12] Riesner 181 (dort auch Lit.): "Garten" und Akademie werden in ihren der Weisheitsschule kohärenten und differenten Strukturen beschrieben.

[13] Dabei darf Whybrays Einsicht nicht übergangen werden, daß die Weisen kein eigener institutionalisierter Berufsstand waren: Intellectual Tradition, 15-54 (nochmals betont von Golka, VT 33, 268).

[14] So mit Skehan - di Lella, 191.

spräch mit den Weisen und von den treuen oder gerechten Gastgebern
wirft deutliches Licht auf die private Atmosphäre jener Belehrung, die
Sirach im Sinn hat. Diese Weisen sind alles andere als ein Stand oder
gar Träger eines bestimmten Berufes. Ihr Fähigkeiten machen sie
vielmehr für Jünglinge attraktiv, privat Belehrung bei ihnen zu suchen.

Daneben steht aber sogleich die öffentliche Komponente im Wirken
des Weisen. Er spricht nämlich in der Volksversammlung (קהל, ἐκκλησία) 15, 5. Und er strahlt "Bildung wie Morgenröte aus ... und will dies
offenbaren bis in den weiten Raum" (24, 32). Dieser Aspekt in der Lehrtätigkeit des Weisen findet in letzter Zeit starke Beachtung in der wissenschaftlichen Literatur zum Sirachbuch. Sirach betont mehrfach:

"Seht, daß ich nicht für mich allein mich gemüht habe,
sondern für alle, die sie (παιδεία V. 32) suchen" (24, 34)[15].

Dementsprechend belehrt Sirach selbst nicht nur die Jünglinge, sondern auch die Fürsten des Volkes und die Vorsteher der Gemeinden
שרי עם רב ומשלי קהל (33, 19)[16]. Besonders wichtig in diesem Zusammenhang ist der Abschnitt über den Weisen 37, 19-26[17]. Soweit der
Sinn dieses Abschnitts uns erkennbar ist, konstruiert Sirach einen Gegensatz zwischen einer sich selbst genügenden Weisheit, die persönliches
Glück bringt, und einer Weisheit für das Volk (חכם לעמו), die ewige
Ehre einträgt. Löhr, Hengel und Stadelmann sehen hier Sirach als
Volkserzieher[18].

Der Text selbst legt diese Interpretation aber nicht nahe. Sirach
spricht hier ganz deutlich von der Weisheit für das Volk im Sinne der
Volksleitung. 37, 19-26 führt den Gedanken von 33, 19 weiter aus. Segals
ansprechende Vermutung, Vers 20 beziehe sich auf abgesondert lebende
Philosophen[19], würde den Gegensatz weiter beleuchten. Der ruhmbrin-
genden öffentlich-politischen Einflußnahme des Weisen stünde die letzten Endes ruhmlose Privatisierungstendenz gewisser Weisen-Zirkel gegenüber[20]. Eine allgemeine Erziehungspflicht ist jedenfalls der Weisheitsperikope Kap. 37 nicht zu entnehmen[21], wohl aber die Verpflichtung

---

[15] Vgl. 33, 18. Zum Text dort vgl. Skehan - di Lella 397.

[16] Vgl. 39, 4.

[17] Vgl. bes. Stadelmann, Schriftgelehrter, 296ff. (Auseinandersetzung mit der Lit.).

[18] Zu Löhr vgl. Stadelmann 296f.; Hengel, Judentum, 147.

[19] Vgl. Rickenbacher, Weisheitsperikopen, 175.

[20] Unverständlich bleibt, weshalb R. 174ff. keine inhaltliche Bestimmung dieses Textes
gibt.

[21] Die Interpretation von Kap. 37 mit Hilfe von 51, 23, wie Stadelmann (296) sie bietet
(nach Hengel 147 Anm. 163), überzeugt nicht. Denn dort ist nicht die Rede vom Volk
wie in Kap. 37, sondern von einzelnen Ungebildeten, eben jenen Jünglingen, an die Sirach sich üblicherweise wendet.

zu öffentlicher Verantwortung des Weisen für das Volk Israel. 38, 24 - 39, 11, die Aretalogie des Weisen[22], gehört ebenfalls in diesen Zusammenhang. 39, 9-11 führen den Gedanken weiter aus, der in der Öffentlichkeit wirkende Weise erwerbe ewigen Ruhm im Volke Israel. 39, 4 sagt explizit, dieser Typus des Weisen sei der des einflußreichen politischen Ratgebers. Die Handwerker klären das Bild ex negativo: "Aber in der Volksversammlung werden sie nicht befragt. Auch ragen sie in der Gemeinde nicht hervor[23], auf dem Richterstuhle sitzen sie nicht, und die festen Satzungen des Urteils kennen sie nicht. Sie können nicht παιδεία und κρίμα erklären, und man findet sie nicht unter den Herrschern" (38, 33)[24].

All das aber gilt eben für die Weisen. Im Gegensatz zum Handwerker übt der Weise kein Handwerk, sondern forscht in Muße (38, 24). Der Weise wird in dieser Aretalogie durchaus als Gelehrter und gar nicht als Volkslehrer beschrieben. Er nützt zwar dem Volk, aber eben durch Belehrung der Volksherrscher, nicht durch Belehrung des Volkes in schulmäßiger Weise.

Anders steht es mit Mose und Aaron, die im Lob der Väter ebenfalls als Lehrer bezeichnet werden. Mose lehrte (למד) Jakob seine Gesetze (45, 5), und Aaron lehrte (למד) sein Volk (עם) das Gesetz (חק, 45, 17). Beide sind als Volkslehrer verstanden. Aber der Inhalt ihrer Lehre ist eben das Gesetz, nicht die Weisheit. Sirachs Verständnis von Mose und Aaron zeigt, daß er die Gesetzeslehrer[25] kannte, deren Ursprung von Mose und Aaron ableitete und sie als Volkslehrer verstand. Diese Sätze sagen aber nichts über Sirachs Verständnis der Weisheitslehrer aus. Mose (45, 1-5) und Aaron (45, 6-22) werden nirgends als Weise oder als Weisheitslehrer verstanden. Sie sind keine Vorgänger Sirachs als eines Weisen. Schließlich muß die Aussage von Kap. 51 nochmals genauer geprüft werden[26]. Liest man in Vers 19 mit B und S "meine Hand öffnet ihre Tore"[27], dann spielt Sirach hier noch einmal mit der Hausmetapher. Die Weisheit ist neben der Amme (?) auch der Lehrer (V. 17)[28], wie aus V. 16 eindeutig hervorgeht. Da nun der Weisheitsschüler (das "Ich")

---

[22] Detaillierte Behandlung der Perikope bei Rickenbacher 176ff. Ebd. S. 186ff. Vergleich mit der Lehre des Cheti.

[23] ὑπεραλοῦνται, LSJ 1859: "leap to a high place" (met.).

[24] 33d. e: eigene Übersetzung. Zu e vgl. Skehan - di Lella, 448.

[25] Dazu Riesner 173ff.

[26] Zur Textproblematik vor allem Rickenbacher, 198ff. und Skehan - di Lella 574ff. Weitere Lit. vgl. o. Kap. VIII, S. 164.

[27] Vgl. Rickenbacher 205, so auch Sauer 637.

[28] Mit Hamp gegen Rickenbacher (vgl. R. 212).

selbst in das Haus der Weisheit eingetreten ist (V. 19) und dort reichlich
Belehrung fand (V. 16), ruft er seinerseits:

"Unwissende, kommt zu mir, und weilet in meinem Lehrhaus" (Vers
23).

Die Metapher wird hier fortgeführt[29]. Dabei wird Sirach durchaus an
sein eigenes Haus gedacht haben, so wie er ja auch sonst von dem Besuch der Jünglinge in den Privathäusern der Weisen schreibt. Was von
בית מדרש fernzuhalten ist, ist aber die Bedeutung des tern. techn. für
Schule im Sinne der späteren Rabbinenschule[30].

3.

Die Frage nach dem Wesen und der Wirksamkeit der Weisen wird durch
einen Blick auf ihre Schüler weiter erhellt. Das erste Grunddatum auf
diesem Gebiet ist einfach: es gibt nur Schüler, keine Schülerinnen. Die
Problematik, daß die Töchter keine bildende Erziehung genossen, wurde
schon angesprochen. Die israelitischen Töchter zur Zeit Sirachs teilten
das Schicksal der griechischen Frau, lediglich für das Haus- und Eheleben vorbereitet zu werden. Der Vater mußte 'ihr Fleisch' behüten (7, 24
שארם)[31]. Von ihrem Geist oder ihrer Seele, die erzogen werden können,
spricht Sirach nicht. Bekanntlich änderte sich sowohl in der römischen
Oberschicht wie in Rabbinenkreisen diese Einschränkung der Frau und
machte im Kaiserreich mindestens für einzelne Frauen einer intellektuellen Erziehung Platz[32].

Aber Sirach lebt vor dieser Zeit. Seine eigene wie jede andere ihm bekannte Weisheitslehre gilt nur dem Sohn bzw. dem Jüngling, der erzogen
werden kann und muß. In 4, 11 lehrt die Weisheit (hebr. Plural חכמות)
ihre Söhne (בניה). Gott, der Herr, erzog Israel wie seinen erstgeboren-
en Sohn (17, 18 G II). Der israelitische Vater muß seine Söhne erziehen (7, 23f.). Das Studium beginnt in der Jugend und währt das ganze
Leben lang (Kap. 51). Obgleich es sich also nicht um Elementarunter-
richt handelt, sind doch zweifelsohne Jünglinge die Hauptadressaten,
während die Lehrer wie Sirach selbst zu den älteren Männern gehören
(6, 34; 8, 9). Dazu gehört auch das gebührliche Verhalten der Schüler,

---

[29] Das gilt auch für V. 29. Der ganze Weisheitsabschnitt enthält die oben (Kap. IX)
dargestellte Weisheitsmetaphorik. So wie in V. 28 "Silber und Gold" metaphorisch sind,
ist es auch "Lehrhaus" in V. 29.

[30] Zu beachten bleibt auch die Lesart von G und S: "Haus der Erziehung" < בית מוסר:
vgl. Skehan - di Lella 578. בית מדרש liest MS B.

[31] Zum Text Skehan - di Lella, 206.

[32] Vgl. dazu speziell D. Goodblatt, The Beruriah Traditions, in: W. S. Green (Hg.), Persons and Institutions in Early Rabbinic Judaism, Miss./Mon. 1977, 207-229.

die die Vorträge nicht stören, sondern erst hören und dann antworten sollen (11, 8). Desgleichen gelten Zurechtweisung und Züchtigungen (20, 1. 2; 22, 6) vornehmlich jungen Leuten, obgleich die "Rute μάστιξ" über jedem Gedanken walten soll, also auch über den Gedanken Sirachs und seiner Altersgenossen (23, 2). Die Motive der Zucht und der Züchtigung, wie Kap. 30 sie entfaltet, gehören zwar nicht so sehr zur Weisheitslehre als vielmehr zur allgemeinen familiären Kindererziehung[33], sie zeigen aber doch die altersmäßige Nähe zwischen den Söhnen von Kap. 30 und den "Söhnen", die Sirach erzieht. Auch Sirach selbst hat als Jüngling (51, 13 נער) schon die Weisheit gesucht. Die Weisheitsschüler sind also vornehmlich Jungen und Jünglinge, die Sirach ohne Geld lehrt (51, 25). 33, 16-19 fügt dem allerdings einen weiteren Aspekt hinzu. Der Weisheitslehrer ist auch Lehrer der Fürsten (שרי) und Vorsteher (משלי). Dasselbe gilt für die schon erwähnten Sätze 8, 8; 15, 5; 37, 23; 38, 32f.; 39, 4: auch hier sind die Schüler oder besser die Hörer des Weisheitslehrers Fürsten, Richter, Mitglieder der Volksversammlung, d. h. ältere Männer. Sicher mag dies Publikum nicht die Regel, sondern eher der Höhepunkt für einen Weisheitslehrer gewesen sein. Aber Sirach betont diesen Aspekt so ausdrücklich, daß es sich nicht nur um den vorwegnehmenden Leitungsanspruch einer neuen Bildungselite, sondern auch schon um einen tatsächlichen Einfluß der Weisheitslehrer auf die leitende Schicht in Israel handeln muß[34].

Insgesamt trägt die Schülerschaft der Weisheitslehrer, wie Sirach sie verkörpert und beschreibt, durchaus elitären Charakter. Erzogen werden spätere Weisheitslehrer, belehrt werden die Vorsteher Israels. Dabei kann Sirachs Elitedenken auch in eine Art von Hochmut umschlagen, wenn er seine potentiellen oder wirklichen Schüler mit "Ungebildete" anspricht (51, 23 MS B סכל/ἀπαίδευτοι). סכל ist eigentlich der Tor. Der Tor aber ist primär nicht der Schüler, sondern der Feind des Weisen, nicht der zu Erziehende, sondern der Unerziehbare. Der Weise hat nicht nur eine reale und potentielle Schülerschaft bei Jünglingen und erwachsenen Männern, sondern auch eine Gruppe struktureller Feinde: eben die Toren[35].

---

[33] Die sekundäre Überschrift περὶ τέκνων LaGpc (Ziegler 264) trifft den Ton.

[34] Zu schnell erklärt D. Georgi JSHRZ III, 4, 402 (zu Sap Sal 1, 1) solche Anreden als topisch.

[35] Das atl. Wortfeld für "Tor" ist breit: סכל , נבל , כסיל , אויל. LXX übersetzt meist ἄφρων, der Sirachenkel bevorzugt μωρός. Bei Sirach ist außerdem ἀπαίδευτος zu vergleichen. Dazu Art. μωρός, ThWNT 4, 837-852 (G. Bertram); Art. φρήν, ThWNT 9, 216-231 (ders.); Art. סכל, ThWAT 5, 856-859 (G. Fleischer). Zu Sirach speziell Marböck, Weisheit, 128f. Dort Hinweis auf A. Deseċar, La sabiduria y la necedad en Sirac 21-22, Rom 1970 (non vidi).

Nun gibt es bekanntlich "schon im AT einen besonderen religiösen Begriff von 'Torheit', der deshalb auch dem Judentum und gerade dem hellenistischen Judentum durchaus geläufig ist"[36]. Außerdem nimmt der "Tor" als klassicher Gegner des Weisen schon in der älteren Weisheit seinen Platz ein, denn "die überhebliche menschliche Vernunft ist Torheit vor Gott"[37]. Marböck ordnet die Aussagen Sirachs zur Torheit und zum Toren richtig in den Bereich der "Bildungs- und Erziehungsweisheit" ein[38]. Mögen viele von Sirachs Aussagen über den Toren auch rein topisch sein, so ergibt sich doch ein Profil des Toren, das durchaus aktuelle Züge der Sirachzeit aufweist.

Zunächst bilden die Toren wie die Weisen keinen Stand und keine feste Gruppe. Sie können jeden Alters sein: vom jungen Sohn bis zum Greis (25, 2). Israeliten können ebenso Toren sein wie die Idumenäer und Samaritaner (50, 26)[39]. Sie begegnen in jedem Stand bis hin zum König (10, 3[40]), es gibt auch reiche Toren (31, 1-7).

Was alle diese Toren charakterisiert, ist das Fehlen der Weisheit und weisheitlicher Erziehung (19, 23). Torheit und Weisheit verhalten sich konträr zueinander. An eben diesem Punkt wird der Tor auch in unserem Zusammenhang wichtig. Denn die erzieherischen Mängel des Toren zeigen zugleich Sirachs Bildungs- und Erziehungskonzept.

Den Toren fehlt erstens die Religion (16, 15-21): dies ist der Grundfehler des Toren. Diesen Menschen fehlt nämlich der Begriff der Sünde (חטא V. 19). Der Weise dagegen verkündet Gott, den Schöpfer (V. 22ff.), und lehrt seine Schüler den Schöpfer kennen und verehren und schärft ihnen Gottesfurcht ein[41]. Weisheit ist stets zuerst Gotteserkenntnis und Gottesfurcht für Sirach.

Dem Toren fehlt zweitens jede Spielart der Selbstbeherrschung: beim Trinken (31, 30), beim Geschlechtsverkehr (25, 2), beim Besitz (31, 7), beim gesellschaftlichen Benehmen (21, 16ff.) und beim Sprechen, jener wichtigsten Fähigkeit des Menschen (18, 17f.; 27, 13 u. ö.)[42]. Außerdem hat der Tor kein Gefühl für die rechte Zeit (20, 7. 2 u. ö.), jene Kunst, die seit der älteren Weisheit stets zur Lehre der Weisen gehörte und die

---

[36] ThWNT 4, 841.

[37] ThWNT 9, 221.

[38] Marböck, Weisheit, 128.

[39] Zur genauen Identifizierung vgl. Skehan - di Lella, 558.

[40] Aus dem Gegenbegriff שכל erschlossen.

[41] Kap. 1 enthält die Grundaussage Sirachs zu diesen beiden Aspekten seiner Unterweisung. Vgl. allg. die Monographie von J. Haspecker, Gottesfurcht bei Jesus Sirach, Rom 1967.

[42] S. o. zu "Zunge": Kap. VIII, S. 145.

Kohälät in besonderer Weise thematisiert hat[43]. Schließlich fehlen den Toren Stetigkeit und Gradlinigkeit (22, 18; 33, 5) und damit die intellektuellen Voraussetzungen der Weisheit (21, 14).

So ist der Tor einfach der Mensch ohne religiöse, gesellschaftliche und intellektuelle Erziehung, der in die lange Reihe schlechter und gefährlicher Menschen gehört, die der Weisheitsschüler und der Weise selbst meiden sollen. Kap. 8 zählt sie auf: die Mächtigen, die Reichen, die Schwätzer, die Frevler, die Spötter, die Richter, die Tollkühnen, die Jähzornigen und die Fremden. Dreimal wird in diesem Zusammenhang vor den Toren gewarnt: Vers 4, Vers 15 und Vers 17.

Für Sirach selbst liegt der entscheidende Fehler des Toren vor allem in der Art seiner Rede. Für den Weisen ist die sparsame Sentenz, der langerwogene Sentenzenzusammenhang, der Für und Wider eines Themas erörtert, Inbegriff seiner geistigen Anstrengung. Seine Kunst und Wissenschaft, seine Ehre und die Priorität seiner geistigen Kompetenz liegen in seinen Sentenzen. Der Nicht-Weise aber spricht gleichsam normal, alltäglich. Diese Alltagsredeweise ist ohne ethisches Fundament (18, 18 ἀχαρίστως undankbar; 20, 13. 16) und ohne Verantwortung und strenge Disziplin (19, 11f. u. o.). 21, 26 bringt den Gegensatz auf den Punkt:

"Im Munde der Toren liegt ihr Herz,
aber im Herzen der Weisen liegt ihr Mund".

Eine weitere nur in einer griechischen Handschrift überlieferte späte Sentenz 20, 32 bedient sich zwar einer Metapher der griechischen philosophischen Sprache, trifft aber inhaltlich den Kern der Auffassung Sirachs vom Toren:

κρείσσων ὑπομονὴ ἀπαραίτητος ἐν ζητήσει κυρίου
ἢ ἀδέσποτος τροχηλάτης τῆς ἰδίας ζωῆς[44].

An diesem Punkt wird nun deutlich, wer für Sirach eigentlich der Tor ist. Es handelt sich nicht, wie man angesichts des Gegensatzes von Tor und Weisem vermuten möchte, um eine bestimmte, zahlenmäßig begrenzte Gegengruppe, so daß die kleine Gruppe der "Weisen" in Feindschaft mit einer kleinen Gruppe der "Toren" leben müßte, sondern um alle die Männer in Israel, die sich der weisheitlichen Belehrung entweder noch nicht unterstellt haben oder aber sich ihr entziehen oder sie gar verachten, weiter um jene, die ihr intellektuell und ethisch gar nicht gewachsen wären.

Der Weise im Sinne Sirachs beansprucht also die religiöse, ethische und soziale Erziehung Israels für sich. Die "Toren" sind daher ebenso

---

[43] Dazu vor allem v. Rad, Weisheit, 182ff.

[44] Griech. Hs. 248.

seine potentiellen Schüler, solange es sich um bildungsfähige Jünglinge handelt (51, 23), oder auch unbedeutende, dumme und offensichtlich bildungsunfähige (21, 14) Schwätzer, die der Weise zurechtweisen soll und kann (42, 8), als auch schlechte Menschen, die der Weise meiden soll (8, 4), und Gottlose, Nihilisten, die der Weise bekämpfen muß (16, 15ff.).

Das Verständnis Sirachs vom Toren macht nun seine Einstellung zur Erziehung Israels erheblich deutlicher. Die Erziehung Israels soll in den Händen der Weisen liegen. So weit ist Jesus Sirach selbst in der Tat Volkserzieher. Aber das Vorhandensein der Toren macht deutlich, daß es hier nur um einen theoretischen Führungsanspruch, nicht aber um ein irgendwie reales Institut zur allgemeinen Volkserziehung geht. Denn Sirach erhebt ja auch keineswegs den Anspruch, in praxi alle Toren zu bilden und zu erziehen. Im Gegenteil: die Mehrzahl der Toren - und das heißt: die Mehrheit der Männer in Israel - sind Toren und bleiben Toren. Und ein Großteil dieser Toren hält Sirach für unerziehbar.

Zweifellos liegt hier eine Wurzel für die spätere Trennung zwischen Frommen und am ha aretz[45], ohne daß Sirach selbst schon diese Trennung vornähme. Er denkt noch individuell: dem Weisen steht der Tor gegenüber, die Gemeinde selbst aber ist eine Größe sui generis.

Individualismus, vorsichtiger Optimismus, gemäßigter Privatismus, ein Elitedenken, das nicht den Anschluß an das Volk verliert: diese Verhaltensformen bestimmen den Erziehungswillen und die Erziehungswirklichkeit Sirachs. Die Erziehung geschieht ohne kollektive Institution von Lehrer zu Schüler. Der Schüler wählt den Lehrer. Wer keinen Lehrer und keine Erziehung wählt, bleibt letztlich sich selbst überlassen. Der Weisheitslehrer erhebt wohl einen intellektuellen und auch politisch wirksamen Führungsanspruch, beläßt aber der Gemeinde Israels ihre Entscheidungsfreiheit und weiß ebenso privat wie öffentlich zu lehren, ohne im zurückgezogenen Leben seine Würde einzubüßen. Er soll sich aber seiner Verantwortung für die Öffentlichkeit nicht entziehen. Weder das λάθε βιώσας Epikurs noch der Rückzug der Essener aus dem Gemeinschaftsverband Israels ist Sirachs Weg.

B.

Die Frage nach Art, Inhalt und Ziel der Lehre bilden den Hauptteil der Untersuchung von Sirachs Erziehungskonzept.

---

[45] Dazu bes. Hengel, Judentum, 319ff.

1.

Seine Lehre ist mündlich, nirgendwo findet sich ein Hinweis auf schriftliche Formen des Lernens wie Abschreiben oder selbst schriftlich Formulieren, obgleich Sirach seine Lehren selbst schriftlich niedergelegt hat. Der Weisheitsschüler lernt auch nicht direkt aus Büchern, d. h. aus der Tora und den anderen Heiligen Schriften Israels, sondern er lernt zuerst aus dem mündlichen Lehrvortrag seines Lehrers (51, 16ff.), daneben auch aus den Gesprächen mit erfahrenen Männern (9, 14f.). Dabei ist natürlich vorauszusetzen, daß die Jünglinge das Alte Testament lesen konnten, lasen (Vorrede 4)[46] und weitgehend auswendig konnten.

Nur: dies ist nicht der Weisheitsunterricht, wie Sirach ihn versteht. Denn Sirach selbst fordert die Lernfreudigen (Vorrede 5) nicht wie später sein Enkel zum Lesen seines eigenen Werkes auf (Vorrede 15-17), sondern zum Hören seiner Lehre (51, 28). Die Lehre der Weisheit geht mündlich und persönlich vor sich (4, 24; 6, 33f.[47] u. o.), und zwar grundsätzlich. Das Hören ist das Erste (11, 8), verbunden mit dem so wichtigen Schweigen. Das Antworten kommt später (11, 8). Der sprechende Lehrer ist die entscheidende Figur für den Schüler (24, 32f.), nicht etwa ein Buch. Dasselbe gilt für die Erzählung der Alten und die Sprüche der Weisen (8, 8f.). Die Form der Weisheitslehre im Gespräch mit Rede und Antwort schließt sich an (9, 14f.). Dieselbe personale und mündliche Form der Weisheitsbelehrung gilt zunächst für Gottes Belehrung: der Weise bittet Gott um Belehrung und empfängt sie (32, 14ff.). Und dementsprechend lehrt die Weisheit selbst ihre Söhne (4, 11): Sirach zitiert einige ihrer Sprüche in der Form direkter Rede (4, 15-19).

Sirachs personale und orale Auffassung der Weisheitslehre strebt eine Kultur der weisheitlichen Dichtung (51, 29b שׁיר - αἴνεσις)[48] und das Dauergespräch darüber an.

Personalität und Spontanität des Lehrens, Disziplin des Hörens und diskursive Kommunikation aller "Gebildeten" über die Weisheit in deutlicher Abgrenzung gegen die Welt der "Toren": dies ist sein Bild von der Kultur der Bildung durch Weisheit in Israel. Diese hohen kulturellen Standards leitet Sirach aus seiner Überzeugung her, der wahre Weis-

---

[46] Sirachs Enkel ist der erste Zeuge für den dreiteiligen atl. Kanon (Vorrede 1. 8ff. 25). Sirachs "Lob der Väter" setzt mindestens die genaue Kenntnis der historischen und prophetischen Schriften des AT voraus. Vgl. dazu allg. Eißfeldt, Einleitung, 762ff.

[47] Zum Text vgl. Rüger, Text, S. 99.

[48] So richtig S. Holm-Nielsen, Religiöse Poesie des Spätjudentums, ANRW II, 19, 1, 1979, 152-186, S. 159.

heitslehrer sei inspiriert[49] und stehe in dauernder Gebetsbeziehung zu Gott: 39, 1-11. Der Horizont der Sirachschen Pädagogik ist religiös.

Dem entsprechen die Gebete, die er seinem eigenen Weisheitsbuch einfügt[50]. Allerdings bleibt Sirach selbst nicht beim inspirierten mündlichen Lehrvortrag stehen. Einerseits folgt er dem Vorbild der alten Weisheit, schriftliche Überlieferung zu benutzen: den "Weisen der Rede in ihrer Buchgelehrsamkeit" חכמי שיח בספרתם (44, 4), "die Sprüche vortragen nach schriftlicher Überlieferung" נושאי משל בכתב (44, 5). Andererseits hat er selbst ja eben nicht nur mündlich gelehrt, sondern seine Lehrvorträge in einer schriftlichen Sammlung niedergelegt, wie er 39, 32 (ובכתב הנחתי) am Schluß des ersten Teiles seines Werkes bekräftigt[51] und wie sein Enkel in seiner Vorrede lobend wiederholt (Vorrede 10-12).

Der Weisheitslehrer studiert also Israels Heilige Schriften und schreibt selbst Bücher. Aber er erzieht seine Schüler nicht zu bloßer Pflege, Rezeption und Auslegung der Heiligen Schriften, auch nicht zur Repetition seiner eigenen Sprüche oder Schriften, sondern letztlich zur Produktivität, zur eigenen Begegnung mit der Weisheit und zu eigener Erkenntnis und Lehre. So wie Sirach die Weisheit fand, sollen auch seine Schüler sie finden: 51, 26. Für Sirach ist die Weisheit lebendig, offen und auf Gottes lebendigen Geist bezogen. Seine Beziehung zur bereits umfangreichen schriftlichen Überlieferung Israels ist weder primär memorierender noch philologischer noch kommentierender Art[52], sondern diskursiv, offen nach vorn für sich und seine Schüler.

2.

Dieser Aspekt prägt entscheidend die Inhalte von Sirachs Lehre, die er Jünglingen und Erwachsenen weitergibt.

---

[49] Dazu bes. Stadelmann, Schriftgelehrter, 232ff. Vgl. auch Gammie, in: The Sage, 370f. Weiteres s. u. Teil III.

[50] Vgl. dazu bes. Haspecker, Gottesfurcht, 339f.; Stadelmann, Schriftgelehrter, 217ff. 231ff. Weiteres s. u. Teil III.

[51] Sirachs Buch ist aber nicht primär pädagogisch, wie es später sein Enkel in der Vorrede versteht, sondern doxologisch unter den Stichworten: Lob der Weisheit, Lob der Schöpfung und des Schöpfers, Lob der Väter. S. u. S. 188.

[52] Philologische Bemühungen des Gebildeten klingen aber durchaus in 39, 1-3 und 44, 4f. an. - Zur bedeutenden Rolle der Philologie im Hellenismus vgl. R. Pfeiffer, Geschichte der klassischen Philologie, 1970, 114ff.; bes. im Hinblick auf Israel im Rahmen des Hellenismus: Hadas, Hellenistische Kultur, 45ff. Ausführlich in: Mikra.

Vier große Themen behandelt die Sirachsche Weisheitslehre: Theologie (a) - Ethik (b) - Belehrung über die Menschen (c) - Lehre über die Formen des Verhaltens und Benehmens (d).

a)

Die theologische Belehrung Sirachs kreist um drei Grundfragen:
- Wie ist Gottes Schöpfung?
- Was ist der Mensch τί ἄνθρωπος (18, 8)?
- Wie ist Gottes Geschichte mit den Menschen?

Diese drei Fragen bilden für Sirach Aspekte eines einzigen Zusammenhanges, der durch die vierte Größe, die Weisheit, hergestellt wird. Denn die Weisheit war an der Schöpfung beteiligt.

Im einzelnen behandeln diesen zentralen Themenbereich, der hier ausführlich dokumentiert werden muß, folgende Abschnitte:

Kapitel 1, 1-25	Weisheit
Kapitel 4, 11-19	Weisheit
Kapitel 6, 18-36	Weisheit unter den pädagogisch-ethischen Aspekten von Zucht und Gottesfurcht
Kapitel 14, 20 - 15, 10	Lob des Weisen
Kapitel 15, 11-20	Die Sünde und der Mensch
Kapitel 16, 15-21	Verachtung Gottes
Kapitel 16, 22 - 18, 29	Weisheit, Schöpfung und Mensch
Kapitel 24	Weisheitslob
Kapitel 33, 7-18	Der Mensch und Gottes Werke
Kapitel 34, 9-20	Der Weise
Kapitel 37, 19-28	Arten der Weisen
Kapitel 38, 24 - 39, 11	Der Weise
Kapitel 39, 12-35	Die Schöpfung
Kapitel 40, 1-17	Der Mensch
Kapitel 41, 1-14	Der Tod
Kapitel 42, 15 - 43, 33	Die Schöpfung
Kapitel 44-49	Lob der Väter der Vorzeit
Kapitel 51, 13-30[53]	Die Weisheit und der Weise.

Die Weisheit hält die Themen dieses ersten Themenkreises zusammen. Sie ist Erzieherin des wahren Menschen, der selbst ein Teil der Schöpfung ist, und sie hat die Schöpfung auf Israel konzentriert und in

---

[53] Diese Einteilung geht z. T. parallel mit der Einteilung von Skehan - di Lella pass. Da sie aber streng thematisch vorgeht, ergeben sich auch Differenzen zu di Lellas eher formgeschichtlich begründeter Strukturanalyse.

Israel Wohnsitz genommen (24, 8), das Schauplatz der Geschichte der "begnadeten Männer אַנְשֵׁי חֶסֶד" wurde, die im Lob der Väter der Vorzeit שֶׁבַח אֲבוֹת עוֹלָם dargestellt werden (44, 1ff.). So ist in der Völkervielfalt Israel das "Eigentum des Herrn" (17, 17), um das herum sich die Geschichte der Menschheit gruppiert. Nun ist aber Sirachs Lehre über die Schöpfung nicht enzyklopädischer Art, und ihr Erkenntniswille richtet sich nicht auf die Naturphänomene[54]. Vielmehr lehrt Sirach streng theologisch, indem er auf die kritischen Fragen "Warum ist dies?" (39, 21) und Stellungnahmen wie "Dies ist schlechter als das" (39, 34)[55] und "Von Gott kommt meine Sünde" (15, 11 MS A) antwortet. Seine theologische Antwort heißt: "Die Werke Gottes, sie sind alle gut" (39, 33). Die Form seiner Lehre über die Schöpfung ist daher die der Eulogie (αἶνος תְּהִלָּה 15, 10):

רְאֵה קֶשֶׁת וּבָרֵךְ עוֹשֶׂיהָ,

ἴδε τόξον καὶ εὐλόγησον τὸν ποιήσαντα αὐτό (43, 11).

Es gilt für die Schöpfungslehre des Weisen (16, 22 - 18, 29):

πᾶς συνετὸς ἔγνω σοφίαν καὶ τῷ εὑρόντι αὐτὴν δώσει ἐξομολόγησιν (18, 28).

So sind auch die Beteuerungen wie die am Ende des letzten Schöpfungslobes Sirachs 42, 15 - 43, 33:

"Wenig habe ich gesehen von seinen Werken" (43, 32 MS B),

nicht Bescheidenheitstopos, sondern Bestandteil seiner Schöpfungstheologie, deren Leitsätze er 3, 21-23 niedergelegt hat:

"Was zu wunderbar für dich ist, suche nicht,
und was vor dir verhüllt ist, erforsche nicht.
Über das, was dir zu eigen gegeben ist, sinne nach (gib acht הִתְבּוֹנָן),
aber mach dir keine Mühe um verborgene Dinge.
Über das, was größer ist als du, sei nicht verbittert!
Denn mehr, als du fassen kannst, ist dir gezeigt worden."

Deshalb ist eine Grundform von Sirachs Lehrschrift die des beschreibenden aufzählenden Lobes: des Gotteslobes, des Schöpfungslobes und des Lobes der Großen Israels. Dem ersten Thema des Weisheitslehrers, dem Zusammenhang von Schöpfung - Mensch - Israel ist als Erkenntnis- wie als Lehrform das Lob zugeordnet.

Das Schöpfungslob 42, 15 - 43, 33 aufgrund des כָּבוֹד aller Schöpfungswerke (43, 12) und das Lob der Väter (Kap. 44ff.) aufgrund

---

[54] Damit steht Sirach noch im Zusammenhang mit der älteren Weisheit in Israel. Den Typus der auch enzyklopädisch interessierten Weisheit vertritt erst Sap Sal (bes. 7, 17ff.; vgl. dazu D. Georgi, JSHRZ III, 4, 426).

[55] Zur Textkritik Sauer 602: Bm hat מזה. Der Text von B זה מה wäre eine Wiederholung von V. 21. Ebenso Skehan - di Lella 458.

des כבוד der Väter (44, 2) schließen formal und inhaltlich nahtlos aneinander an.

Der Weisheitslehrer setzt positive Naturkenntnis bei seinen Schülern ebenso voraus wie die genaue Kenntnis der Geschichte Israels. Nicht diese selbst sind Gegenstand seiner eigenen Lehre, sondern ihr dichterisches Lob, das ihnen ihre gottgeschaffene und von Gott zugeteilte (חלק 44, 2a) Qualität beilegt. Die Bildungsaufgabe Sirachs in den Bereichen der Schöpfung und der Geschichte Israels ist also nicht die Wissensvermittlung[56], sondern die theologische Qualifizierung mit Hilfe und in den Formen der Weisheitsdichtung. Geschaffen werden soll nicht Wissen, sondern Verstehen (σοφία als σύνεσις φρονήσεως 1, 4, ἐπιστήμη σοφίας 1, 7) und eigenes Lob der Schüler als persönlicher Ausdruck des Verstehens (43, 30). Nur durch מוסר/παιδεία und חכמה/σοφία erlangt der Schüler diese Fähigkeit (6, 18). Damit erhält schon die Weisheit selbst einen ethischen Sinn: sie dient der Gottesfurcht (6, 36)[57].

b)

Sirachs Ethik kreist um eben diesen zentralen Begriff: die Furcht des Herrn (φόβος κυρίου 1, 11; ירא יהוה). Josef Haspecker hat im einzelnen dargestellt, wie das Thema der Gottesfurcht das Sirachbuch von 1, 8 - 43, 29 prägt und durchwaltet. Dabei spielen die beiden ersten Kapitel die zentrale Rolle, da sie die Gottesfurcht als Inhalt und Wesen von Weisheit und Bildung darstellen (1, 27) und ihre eigene Wesensart als Geduld, Hoffnung, Glauben, Gottesliebe und Demut konkretisieren (Kap. 2). Gottesfurcht ist also eine ganzheitliche Lebensprägung des Weisen, zu der Sirach seine Schüler führen will. Sirachs Weisheit trägt daher in ihrem Zentrum ethischen Charakter, wobei die Ethik natürlich theologische Ethik ist, d. h. Befolgung der Gebote der Tora:

"Wenn du Weisheit begehrst, so halte die Gebote" (1, 26).
"Die ganze Weisheit besteht in der Furcht des Herrn,
   und zur ganzen Weisheit gehört das Tun des Gesetzes..." (19,20).
"Die den Herrn lieben,
   werden ganz in sich aufnehmen (ἐμπλησθήσονται) das Gesetz" (2, 16).

---

[56] Das leisten im israelitischen Verstehenshorizont die Tora und die Geschichtsbücher Israels.

[57] Lesart bei Sauer, 521, nach Haspecker, Gottesfurcht, 60-64. Anders Skehan - di Lella 192: er liest mit Smend בתורת.

Von dieser allgemeinen Gottesfurcht als persönlicher Gehorsamsbeziehung zu Gott[58] handeln folgende Abschnitte: 1, 26ff.; Kap. 2; Kap. 10 pass.; Kap. 15; 16; 19, 18ff.; 25, 7-12; 32, 14-33, 6.

Für die Frage nach der Ethik in ihrer pädagogischen Dimension brauchen nun nicht die Zusammenhänge zwischen Gottesfurcht, Gerechtigkeit und Gesetz dargestellt zu werden, sondern wichtig sind hier die Erscheinungsformen der Gottesfurcht als Haltungen, die der weisheitliche Erzieher beeinflussen und stärken kann. So ist die erste Erscheinungsform der Gottesfurcht die Demut[59], die besonders in den Kapiteln 3. 4. 5. 7. 10. 11 expliziert wird. 3, 17 führt den Begriff ענוה - πραύτης ein und bezieht ihn auch auf den Umgang mit der Weisheit und Erkenntnis: "Was zu wunderbar für dich ist, suche nicht" (V. 21).

4, 1-10 gibt Regeln für Bescheidenheit (ענוה, πραύτης V. 8) und für feinfühligen Umgang mit psychisch und sozial sowie ökonomisch Schwachen. Kap. 5 entfaltet in einer archaisierend gestalteten Reihe apodiktischer Negativsätze ethische Aspekte der דעת (σύνεσις V. 10), die im direkten Gegensatz zur hellenistischen Autarkie[60] als religiöser Gehorsam und Bewußtsein der Abhängigkeit von Gott ausgelegt wird. Sie wird als Verzicht auf die Durchsetzung egoistischer, finanzieller, sexueller und religiös autonomer Macht verstanden. Kap. 7, 1-17 wird in derselben stilistischen Form die ταπείνωσις (V. 11 שפל/ταπεινοῦν) in klassischer Form zunächst anhand von Einzelbeispielen vor allem aus dem politischen Bereich erläutert, um dann abschließend in einer grundlegenden anthropologischen Sentenz begründet zu werden:

"Tief, tief (sehr) beuge den Hochmut,
denn das, was den Menschen erwartet, ist Gewürm".
מאד מאד השפיל גאוה
ταπείνωσον σφόδρα τὴν ψυχήν σου (V. 17).

Ganz unter dem Gesichtspunkt der politischen Macht (מלכות, βασιλεία 10, 8) wird die Demut in Kap. 10 untersucht. Diese politische Gewalt, institutionell im Sinne seiner Zeit von Sirach grundlegend als Königsherrschaft bestimmt, die aber doch auch Paradigma für den Einzelnen und seinen Umgang mit der ihm persönlich verfügbaren Macht ist, versteht Sirach skeptisch als in "Gewalt und Übermut" gründend:

"Irdische Macht wandert von einem Volk zum andern,
aufgrund von Gewalttat und Übermut" (V. 8)

---

[58] Ebd. 205ff.

[59] Vgl. Art. Demut, RAC 3, 735-778 (A. Dihle); Art. ταπεινός κτλ., ThWNT 8, 1-27 (W. Grundmann); Art. ענה, ThWAT 6, 247-270 (E. Gerstenberger); Haspecker, Gottesfurcht, 314ff.; monographisch K. Wengst, Demut, 1987.

[60] Zur Autarkie s. Art. Autarkie, RAC 1, 1039-1050 (P. Wilpert); Art. Ethik, RAC 6, 646-796 (A. Dihle), bes. Sp. 652f.

בגלל חמס גאוה (גאוה), δια αδικίας καὶ ὕβρεις).

Gott dagegen verschafft den Demütigen (ענײם V. 14, πραεῖς G V. 15) Macht[61]. Kap. 11 plädiert für die Armen, die Häßlichen, die Zugrundegehenden unter dem hellenistischen Aspekt des wechselnden Glückes, wobei allerdings nicht die τύχη, sondern Gott als Urheber der wechselnden menschlichen Glücks- und Unglücksfälle verstanden wird. Gerade diese Urheberschaft des menschlichen Schicksals soll den Menschen zur Demut erziehen. Denn auch den erfolgreichen Menschen kann die Erniedrigung treffen: V. 5 (נדכאים Unterdrückte). 11, 10ff. handelt Sirach ganz speziell vom Besitz unter dem Aspekt der Demut. Er zeigt die Grenzen menschlichen Besitzes auf und geisselt den hedonistischen Satz: "Ich habe genug (V. 22)(G V. 24 αὐτάρκη μοί ἐστιν)" mit dem topischen Motiv "respice finem" (V. 26). Ganz offensichtlich kritisiert Sirach in Kap. 10 und 11 Verhaltensformen eines Teils der hellenisierten jüdischen Oberschicht, die dann später der Verfasser der Weisheit Salomos in den ersten Kapiteln ausführlich selbst zu Wort kommen läßt: Sap Sal 2, 1-20, und die gerade für die nach Bildung strebende Jugend Israels attraktiv sein wird[62]. Kap. 16 erörtert in Anspielung auf Gen 6, 1-4 einen weiteren Aspekt der politisch verstandenen Demut: Demut als Vermeiden des Aufruhrs (Motiv der στάσις V. 7: ἀπέστησαν)[63], den Sirach für verderblich hält[64]. Danach führt Sirach das Thema von Kap. 10 und 11 fort, indem er nochmals Meinungen jüdischer Nihilisten im Stile der Weisheit Salomos zitiert, die, wenn nicht direkt an Gottes Existenz, so doch auf jeden Fall an seiner Bedeutung für den Menschen, seine Lebensführung und seine Gerechtigkeit zweifeln. Der Weise versteht dies als Ausdruck letzter menschlicher Hybris, der gegenüber er zur Demut weisheitlichen Schöpfungsverständnisses aufruft, das er wieder einmal von 16, 22 an darlegt. Sirach legt seinen Schülern die Demut also nicht nur als eine ethische Verhaltensweise vor, die im mitmenschlichen wie im politisch - sozial - ökonomischen Bereich Bedeutung hat, sondern darüber hinaus als Grundverständnis der menschlichen Existenz vor Gott. Die zunächst gleichsam harmlos aussehende Tugend der Demut erfährt durch den Weisheitslehrer eine schöpfungstheologische Vertiefung.

---

[61] Vgl. dazu das Magnificat. Allg. s. H. Klein, Barmherzigkeit gegenüber den Elenden und Geächteten, 1987; N. Lohfink, Lobgesänge der Armen, SBS 143, 1990.

[62] Allg. zu diesem Zusammenhang Hengel, Judentum, 252ff. und Georgi, JSHRZ III, 4, S. 406; zu Sap Sal 2.

[63] Die Frage nach der Priorität der Lesarten: B liest המורדים, A liest המורים (dazu Sauer 544) kann hier offen bleiben, da die Übersetzung "die sich auflehnten" dieselbe bleibt.

Die Furcht des Herrn kann zweitens auch als Tun des Guten im streng ethischen Sinn ausgelegt werden, wobei nur den Guten Gutes getan werden soll (Kap. 12). Kap. 29 fordert besonders zur Barmherzigkeit im Sinne des Leihens auf. Leihen, Bürgschaft leisten und Fremde aufnehmen sind konkrete Aspekte der Gottesfurcht in finanzieller und sozialer Hinsicht, die es mit Engagement, Sachverstand, Nüchternheit und Vorsicht zu üben gilt[65]. Weil dieser Bereich so wichtig ist, widmet Sirach dem Reichen mehrere Erörterungen, so 13, 17ff. und 30, 18 - 31, 11. Der Stolze verachtet gern die Demut (13, 19) so der Reiche den Armen. Hier liegt die ethische Gefahr, der sich der Reiche nur schwer entziehen kann. Ist ein Reicher aber demütig (aus V. 23b. zu erschließen), dann ist sein Reichtum gut (V. 23a). Wer dem Reichtum nachjagt, wird schuldig (31, 5). Nur wer gerecht bleibt, wird auch im Reichtum glücklich sein (31, 8). So warnt Sirach seine Schüler vor den Gefahren des Reichtums, verbietet ihnen aber den Reichtum nicht, sondern lehrt sie auch für diesen Bereich Gottesfurcht in Form der Gerechtigkeit und Demut. Im Zusammenhang mit dem Reichtum diskutiert Sirach auch eigens die Gesundheit als Gut weit über dem Reichtum (30, 14-17).

c)

Sirachs Ethiklehre bleibt nun nicht bei der Darstellung einiger Haupttugenden und deren grundsätzlicher Rückbeziehung auf theologisch-weisheitliche Grunddaten stehen. Vielmehr ergänzt er seine Ethik durch ausgedehnte Beobachtungen zum Tun und Wesen einzelner Menschengruppen und entwirft für seine Schüler Klugheitsregeln im Umgang mit diesen Gruppen. Direkt an die ethische Unterweisung schließt die Darstellung von zwei Menschentypen an, die Sirach im unübersichtlichen Gemisch der Gesellschaft Israels ausmacht und in ihrer Wichtigkeit gleichsam als ethische Orientierungspunkte für seine Schüler markiert: der Weise und der Tor, wobei dem Toren noch der Übermütige und der Reiche beigeordnet werden können, sofern letzterer seinen Reichtum nicht im Sinne der Demut verwaltet. Beide Typen wurden schon im Zusammenhang der Darstellung der siracidischen Bildungskonzeption vorgestellt[66]. Kap. 20-22 gibt Sirach eine grundlegende antithetische Analyse von Tor und Weisem. Das Bild des Weisen wird in 37, 19ff. und 38, 34 - 39, 11 ergänzt. Der Weise als Erzieher und der Tor als "Normalmensch" sowie der Reiche und der Übermütige haben also nicht nur allgemeine

---

[64] Vgl. dazu Art. στάσις, ThWNT 7, 568-571 (G. Delling). Von Aristoteles, Politeia V, 1-4, bis zu Philo und Josephus ist στάσις als Aufruhr, Umsturz, Bürgerkrieg Thema der politischen Philosophie.

[65] Das Leihen und Bürgen setzt wohlhabende Bürger voraus, die Sirach hier anspricht.

gesellschaftleitende Funktion, sondern auch eine ganz konkrete Bedeutung für die jungen Männer, die Sirach belehrt.

Die erzieherische Bedeutung der Darstellung des Toren und des Weisen ist für Sirach eminent. Denn weil die höhere Erziehung in Israel völlig frei ist, fehlt jede Kontrolle über die Befähigung der Lehrer. Der Jüngling muß sich also dem circulus vitiosus stellen, gleichzeitig bei einem Weisen Bildung zu erlangen und andererseits den richtigen Weisen zu finden, was ja schon Bildung voraussetzt. Das bedeutet, daß der Prozeß des Bildungsstrebens langwierig und mühsam ist, Irrwegen ausgesetzt und von möglichen Kehrtwendungen oder Neuanfängen begleitet. Von allen Seiten versuchen die Toren und die Rücksichtslosen die Jünglinge zur Verantwortungs- und Bildungslosigkeit zu erziehen, und auch die Weisen lehren nicht alle verantwortungsvoll, wie der Fall der "privatisierenden" Weisen zeigt. Die Typologie des Weisen ist also ein notwendiger Untersuchungsgegenstand der Weisheitslehre[67].

Es ist nun weiter die Aufgabe des wahren Weisen, den Schüler für den Umgang mit Menschen allgemein auszurüsten. Kap. 8 gibt eine Einführung in dies Thema. Hier ist eine Reihe von Sprüchen zusammengestellt, die jeweils einen Rat für den Umgang mit einer Menschengruppe geben, wobei dieser Rat entweder einer konkreten Spielart oder Ableitung der Demut (z. B. V. 5) oder aber aus einer möglichen Folge falschen Umgangs (z. B. V. 4) abgeleitet ist. Nacheinander begegnen: der Mächtige, der Reiche, der Schwätzer, der Tor - eine homogene Negativgruppe -, weiter der reuige Sünder, der Alte, der Tote als Vertreter der Schwachen. Als positive Glieder erscheinen die Weisen und die Alten, die die Tradition weitergeben. Darauf folgt eine zweite Negativgruppe: die Sünder, die Spötter, nochmals der Mächtige mit zwei Sprüchen (V. 12 und 13), der Richter, der Tollkühne, der Jähzornige, nochmals der Tor, der Fremde.

Solche Reihen begegnen in der einen oder anderen Form häufiger im Sirachbuch, zunächst in Kap. 7, 18-36. Hier handelt es sich um eine Art von erweitertem Hausspiegel, dessen einzelne Sprüche großenteils kasuistisch formuliert sind. Freund, Bruder, kluge Frau und treuer Sklave und Tagelöhner sollen geschätzt werden. Vieh, Söhne und Töchter sind zu hüten. Frau, Eltern und Priester müssen geehrt werden. Der Arme, der Weinende und der Trauernde haben Anspruch auf Anteilnahme und Unterstützung wie auch der Freund. Alle diese Verhaltensweisen verschiedenen Menschengruppen gegenüber sind Spielarten der Gottesfurcht, die über allem steht (V. 29). Über einzelne Gruppen aus dieser Reihe handelt Sirach an verschiedenen Stellen. In Kap. 9 werden beson-

---

[66] S. o. S. 181ff.

[67] Vgl. den Streit zwischen Sokrates und den Sophisten um die Erziehung.

ders Frauen thematisiert, weiter in Kap. 25 und 26, wo verschiedene
Frauentypen gekannzeichnet werden, ebenso 36, 21ff. Über Freunde, die
Sirach ja sehr wichtig sind, handelt er ebenfalls häufig: Kap. 6, 1-16; 9,
10ff.; 22, 20ff.; 27, 16ff.; 37, 1-6. Von Eltern handelt Kap. 3 (vgl. 7, 27f.)[68].
Das Elterngebot zu halten, ist Ausdruck der Gottesfurcht (3, 7[69]), die besonders gegenüber alten und der Weisheit ermangelnden Eltern als Demut konkretisiert wird (V. 16 ex negativo). Ebenso schreibt Sirach in
Kap. 30, 1-13 sehr grundlegend über Kinder. Hier ist nicht die Demut,
sondern die Wachsamkeit, Strenge und Zucht die konkrete Ausformung
der Gottesfurcht (so auch 16, 1-3). Demut ist die Sache der Kinder
selbst, Strenge aber die Sache der Väter (33, 19-24).

Gibt es schon anders als bei den Eltern für Sirach bei der Gruppe der
Kinder Differenzierungen je nach Gut oder Böse und Sohn (30, 1ff.)
oder Tochter (bes. 42, 9-14), so fächert sich das Bild bei Frau und
Freunden weiter auf. Bei Freunden und Frauen steht für Sirach weniger
eine ethische Grundhaltung im Vordergrund, sondern vielmehr eine Typenlehre, die dem Weisheitsschüler eine Orientierung bietet. Denn
Frauen und Freunde müssen ja gewählt werden. Beim Freund[70] steht
Treue (6, 13) neben Vorsicht (6, 6). Der Weisheitsschüler wird hier zu
höchster Zurückhaltung erzogen: "Der Partner deiner Beratung sei einer
von tausend מאלף אחד סודך ובעל" (6, 5). Falscher und wahrer
Freund werden in allen möglichen Verhaltensformen dem Schüler so
dargestellt, daß er lernen kann, sie zu unterscheiden.

Gerade für die Jugendzeit, die ja besonders für junge Männer die Zeit
der Freundschaften ist, gibt Sirach umfangreiche und differenzierende
Lern- und Unterscheidungsanweisungen für ein zentrales Thema. Dasselbe gilt für die Frauen, deren Anziehungskraft auf Sirachs jugendliche
Schüler in höchstem Maße wirksam war. Sirach belehrt die Jünglinge
über jeden Typus der Frau, der ihnen begegnen kann: über die "fremde
Frau", die Dirne, die Saitenspielerin, die Jungfrau, die anmutige Frau
und die schon verheiratete Frau (Kap. 9), weiter über alle Aspekte der
schlechten Frau (Kap. 25 und 26) sowie der guten Frau (Kap. 26 und 36,
21ff.). Belehrung über Tugenden und Untugenden der Frauen und Ver-
haltensregeln allen möglichen Frauen gegenüber gehören also ins Zentrum der Menschenführung des Weisheitslehrers.

Aber auch einzelnen spezifischen Menschengruppen gegenüber haben
die Weisheitsschüler immer wieder Belehrung nötig: Sirach schult sie für

---

[68] Nur G und S. Wohl Duplikat von Kap. 3: so Skehan - di Lella, 204.

[69] Nur Griechisch überliefert. Zur Textlage vgl. Haspecker, Gottesfurcht 58ff.

[70] Vgl. Art. Freundschaft, RAC 8, 418-434 (K. Treu); Wolff, Anthropologie, 270ff. Art.
אָהַב, ThWAT 1, 105-128 (G. Wallis), bes. 117ff. zur Freundschaft; Art. אח, ebd., 205-210
(H. Ringgren). S. o. Kap. I.

den Umgang mit Ratgebern (37, 7ff.), mit Ärzten (38), mit Handwerkern
(38, 24ff.), mit Bettlern und Fremdlingen (29, 22ff.; 40, 28ff.). Diese
Gruppe bildet ein besonderes pädagogisches Problem: einerseits sollen
die jungen Männer ja demütig und hilfreich sein, andererseits aber maß-
voll, rational und verantwortungsvoll helfen. 10, 22 versucht Sirach, auch
dies schwierige Problem mit Hilfe des Begriffs der Gottesfurcht zu lösen:

"Gast, Fremder, Ausländer und Armer,
ihr Ansehen besteht in der Furcht Gottes"

גר וזר נכרי ורש תפארתם י[רא]ת אלהים.

d)

Forderte die Orientierung im Gesamtgefüge der Menschengruppen und
-typen Israels im Rahmen einer bewußten ethischen Lebensführung eher
die Einsicht heraus, so appelliert Sirach auf dem Gebiet des Verhaltens
und Benehmens stärker an die Selbstzucht, an das Werk der täglichen
Selbstdisziplin und Selbstdisziplinierung bezüglich der Umgangsformen,
der Sprache und des sexuellen Verhaltens als dreier Hauptformen menschlichen Umgangs miteinander. Auch über den Umgang mit Gott er-
teilt er Belehrung.

Die grundlegende Art, mit dem anderen Menschen Umgang zu pflegen, ist der Gruß, auf dessen Angemessenheit die Weise Wert legt (z. B.
4, 7. 8; 41, 20). Dazu gehört weiter die Lehre über die richtige Art, einen
Besuch abzustatten und sich einem Haus zu nähern (21, 22ff.), ebenso
wie die Lehre über die Tafelzucht 31, 12 - 32, 13, מוסר לחם ויין
יחדו, in LXX manchmal περι τραπεζης και βρωματων (34, 12) oder
ähnlich überschrieben[71]. Der Umfang dieses Stückes weist auf die besondere pädagogische Bedeutung, die die Gastmähler für die Weisen
und ihre Schüler hatten[72]. Die Geladenen waren gleichsam eine Elite. Es
galt, gute Erziehung (V. 17 מוסר, παιδεια) zu zeigen. Jünglinge und
Greise (32, 3. 7) brauchen Sirachs Belehrung. Denn beim Gelage gilt es,
die richtige Form des Sprechens zu finden und nicht mit Weisheit zu
protzen (32, 4). Stattdessen soll der erzogene Teilnehmer Lieder vortragen können (32, 4). Für die Jünglinge ist diese Unterweisung Sirachs von
besonderer Wichtigkeit, da die Gelage ihnen den Zugang zur Gesell-

---

[71] Vgl. Ziegler 270 zu LXX 34, 12.

[72] Vgl. die convivia der gr. Philosophen und die dazu gehörende convivia-Lit., im jüdischen Bereich der Aristeasbrief 182ff. (zur Bedeutung des Gastmahls für die Kultur bes.
286). Allg. dazu Art. Deipnonliteratur, RAC 3, 658-666 (J. Martin). Vgl. oben Kap. VII.

schaft eröffnen und sie sich hier ihren sozialen Platz erringen oder ver-
spielen können[73].

Noch wichtiger ist Sirach dann das Thema des richtigen Sprechens als
der zentralen Verständigungsform zwischen den Menschen. Auf diesem
Gebiet bedient Sirach sich immer wieder der Differenzierung und lehrt
seine Schüler, nicht nur Grundlinien, sondern auch Nuancen richtigen
und falschen Sprechens, Gesprächs und Vortrags erkennen und beherrschen zu können.

4, 23 handelt von der "rechten Zeit"[74] und bezieht dies Weisheitskrite-
rium auch auf die Sprache. Der Weisheitsschüler muß die Kunst, zum
rechten Zeitpunkt zu sprechen, ebenso lernen wie Gradlinigkeit und
Tapferkeit der Rede. 19, 6-16 führt das Thema der Beherrschung der
"Zunge" weiter aus. "εγκρατεια ψυχης" betitelt LXX den Abschnitt von
18, 30 an. 23, 7ff. gibt Sirach die gründlichste Belehrung über das Sprechen. Zucht des Mundes will er lehren (LXX: παιδεια στοματος). Warnung vor dem zu häufig benutzten Schwur und vor schändlichen Reden
(ἀπαιδευσίαν ἀσυρῆ des Mundes V. 13) begründet Sirach mit dem
Hinweis auf die Sünde, in die solch zuchtloses Reden führt (V. 8. 10).

Die Sünde lauert ebenso bei der Unzucht als der falschen Beziehung
zwischen Mann und Frau. Nicht willkürlich ordnet Sirach die Zucht des
Mundes (23, 7-15) und die Zucht des Leibes (23, 16-28) einander zu. Die
Unzucht verleitet den Menschen sogar zur praktischen Gottesleugnung
(V. 18e). Daß hier die Strafe so deutlich ausgesprochen wird (V. 21ff.),
zeigt die Bedeutung, die Sirach diesem Thema für die Lehre beimißt.

Sirach muß nun nicht nur Unterricht im Umgang mit Menschen ertei-
len, sondern auch im Umgang mit Gott. Opfer und Gebet sind neben
dem Torastudium die persönlichen Umfangsformen des Israeliten mit
Gott. Über das Opfer lehrt Sirach ausführlich 34, 21 - 35, 20. Auch hier
lehrt er den Weisheitsschüler differenzieren. Zunächst diskutiert er Gott
mißfällige Opfer (34, 21-31), dann spiritualisiert er das Opfer, indem er
Gerechtigkeit und Liebe und Mitleid als Opfer interpretiert (35, 1-4)[75],
um es gleich danach wieder zu empfehlen (35, 6ff.) und im Anschluß
daran eine lange sozialethische Interpretation anzuhängen (35, 10ff.).
Hier gibt Sirach nicht nur eine differenzierende, sondern eine dialekti-

---

[73] Hier wie öfter ist die strukturelle Nähe von Sirachs Erziehungsverständnis zu dem des
Sokrates nicht zu übersehen.

[74] Zur Textgestalt vgl. Sauer 516. Ebenso wie Sauer bevorzugt Skehan - di Lella 174
MS C.

[75] Vgl. Röm 12, 1f.; U. Wilckens, Der Brief an die Römer 3, 1982, EKK VI, 3, S. 1ff. (Lit.
zur Spiritualisierung des Opfers im späteren Judentum und im NT). Zu Sirach ausführlich Stadelmann, Schriftgelehrter, 93ff.

sche Diskussion über das Thema des Opfers, um die Urteilskraft seiner Schüler zu fördern[76].

Das Gebet als die persönlichere Spielart des Umgangs mit Gott kann nach Sirachs Verständnis trotz aller Direktheit (7, 10) und Elementarkraft (35, 13ff.) doch nicht formlos sein (7, 14), da man sich Gott ebensowenig formlos nahen darf wie einem Menschen. Denn es ist die Aufgabe des Weisen, mit Gott zu sprechen: 39, 5, und ihn zu preisen: 39, 6 καὶ ἐν προσευχῇ ἐξομολογήσεται κυρίῳ. Dafür gibt Sirach selbst ein Beispiel und schließt sein Weisheitswerk mit dem großen Preisgebet Kap. 51[77]. In Israel waren seit jeher auch in Träumen persönliche Begegnungen mit Gott möglich. Wenn Sirach 34, 1-8 den Träumen insgesamt auch sehr kritisch gegenübersteht, so verzichtet er doch auch hier nicht auf ein dialektisches Urteil: es kann Begegnungen mit Gott im Traum geben (V. 6)[78]. Seine Kritik warnt die Weisheitsschüler zugleich implizit vor apokalyptischer Theologie, wie Daniel sie wenig später verkünden wird.

Für Sirach sind alle diese verschiedenen Verhaltens- und Benehmensformen der Menschen untereinander und Gott gegenüber nur durch stete Zucht, Selbstbeherrschung und Scham (41, 14 מוסר בשת)[79] einzuhalten. 41, 14d ff. schärft Sirach diesen Umstand in rhetorisch-beschwörendem Ton ein (V. 14). Diese Verhaltensgrundformen Zucht - Selbstbeherrschung - Scham sind nur aufgrund eines distanzierten Verhältnisses des Schülers zu sich selbst möglich. Der Weisheitslehrer lehrt den Schüler, sich selbst als eine gleichsam fremde Person gegenüberzutreten und vom Zentrum der eigenen Person aus die einzelnen Kräfte des Ich - Seele, Verstand, Körper mit ihren verschiedenen Behandlungsformen - zu regieren. Dazu dient das ständige kasuell oder dialektisch verfahrende In-Beziehung-Setzen der seelischen Grundkräfte und ethisch-theologischen Tugenden und Möglichkeiten zur Gesellschaft Israels als dem Raum, in dem sich die Weisheitsschüler bewegen und eine Führungsrolle übernehmen lernen müssen. Diese psychologische Dimension der Erziehung wird in der Untersuchung der psychischen Kultur weiter ausgebreitet (Kap. XI).

---

[76] Die gleiche Dialektik liegt Kap. 38 bezüglich des Arztes vor, wo die Bedeutung des Arztes, des Opfers und des Gebets dialektisch erörtert werden. Dazu ausführlich Stadelmann 138ff. - Weiteres vgl. u. S. 259ff.

[77] Auch die Gebete 23, 1-6 und 36, 1-17 haben dieselbe Bedeutung. - Weiteres vgl. u. S. 267ff.

[78] Vgl. dazu Art. חָלַם, ThWAT 2, 986-998 (J. Bergman, M. Ottosson, G. J. Botterweck), 995 zu der theologischen Linie der Traumkritik, in der Sirach steht. - Weiteres zum Traum s. u. 221ff.

[79] בשת = αἰσχύνη begegnet 4, 21; 5, 14; 25, 22; 41, 16; αἰσχύνη noch 5, 14; 6, 1; 20, 22f. 26; 22, 3; 29, 14.

Der Überblick über die Lehrinhalte Sirachs korrigiert in gewisser Weise die Einsicht in den Toposcharakter des siracidischen ethisch-pädagogischen Spruchgutes, das einen Hauptanteil an seinem Weisheitswerk umfaßt. Zwar sind erhebliche Teile der ethisch-pädagogischen Thematik seit der ägyptischen Weisheit topisch. Das bedeutet aber nicht, daß sie nicht für die Jugend Ägyptens wie für die Jünglinge, die Jesus Sirach belehrte, sehr aktuell sein konnten. Es ist gerade Sirachs pädagogische Kunst, die bekannten Themen in einer Einkleidung und rhetorischem Zugriff darzustellen, der die Existenz und konkrete Situation der Jünglinge traf.

3.

Bei aller breiten Vielfalt und Aktualität der Lehrinhalte Sirachs bleibt doch sein pädagogisches Ziel ganz klar: es ist die Gerechtigkeit als die vor Gott selbst in Erscheinung tretende Form der Gottesfurcht.

19, 19 faßt ein späterer Redaktor Sirachs das Ziel seiner Pädagogik in einer klassischen Sentenz der jüngeren Weisheitsliteratur Israels zusammen:

"Die Kenntnis der Gebote des Herrn bedeutet eine Erziehung zum Leben γνῶσις ἐντολῶν κυρίου παιδεία ζωῆς".

Die Bewegung ist doppelläufig, da sie nicht ein intellektuelles Fortschreiten, sondern ein existentielles Streben ist:

"Wenn du Weisheit begehrst, so halte die Gebote" (1, 26) gilt ebenso wie "Nicht ist weise, wer das Gesetz haßt" (33, 2). Gesetzesbefolgung führt zur Gesetzesmeditation: "Über seine Gebote sinne ständig nach" (6, 36). Und nochmals der griechische Redaktor: "Zur ganzen Weisheit gehört das Tun des Gesetzes" (19, 20).

Deshalb fordert der Weisheitslehrer Sirach immer wieder auf, seine Schüler mögen das Gesetz (תורה) bzw. die Gebote (מצוה) halten[80]. Kap. 24 spricht Sirach die theoretische Grundlage für die Verbindungen von Weisheit und Gesetz aus, indem er die Weisheit des Weisheitsliedes (V. 1-22) mit der Tora des Mose identifiziert (V. 23ff.)[81]. Wenn Sirach seine Weisheitslehre zugleich als Befähigung, die Tora zu halten, versteht, so gibt auch sein Buch anhand ethischer Oberbegriffe Konkretionen und Aktualisierungen des atl. Gesetzes für seine Schüler, obgleich diese Verbindung nicht auf den ersten Blick einsichtig ist. Daher wird hier in aller Kürze zusammengestellt, wie die wesentlichen Gebote und

---

[80] Gebote: 1, 26 u. ö. Gesetz: 15, 1 u.ö.

[81] Die Bedeutung dieses Kap. akzentuiert Hengel, Judentum, 253 bes. klar; weiter S. 284-292. - Weiteres dazu s. u. S. 270ff.

Themenfelder der Tora in Sirachs Unterweisung aufgegriffen werden. Die Gebote und Verbote des Dekalogs[82] als eines Brennspiegels der ethischen Toravorschriften werden alle bei Sirach thematisiert: der Eine Gott[83], die Götzenpolemik[84], die Warnung vor falschem Schwören und Eidbruch[85], die Bedeutung der Feiertage[86], das Elterngebot[87], das Verbot des Totschlags[88], Ehebruch[89], Lüge[90] und Begierde[91]. Das Gleiche gilt auch für die zentralen ethischen Themen des Bundesbuches: Arme - Witwen - Waisen - Fremdlinge[92]. Für diese Menschen lehrt Sirach seine Schüler Demut, Verständnis und praktische Hilfe. Für die zentralen religiösen Themen: Opfer[93] - Priester[94] - Gelübde[95] - Tempel[96] - Gottesdienst[97] gilt dasselbe. Sirach spricht alle diese Themen an und fügt sie in seine ethischen und religiös - historisch - weisheitlichen Lehrstoffe ein.

Martin Hengel hat im Anschluß an J. Fichtner die Gleichsetzung der Weisheit mit dem Gesetzeswissen Israels als Bestandteil der Auseinandersetzung Israels mit dem Hellenismus interpretiert[98]. Dies historische Urteil ist sicher richtig. Die Leitfragen, auf die Sirachs ethische Lehre antwortet, atmen griechischen Geist. Sie zielen auf Erklärung, Definition, ursächliche Zuordnung. Jesus Sirach muß Israels Tora als Antwort auf diese Fragen erschließen. Es geht um einen großen Streit über das Verständnis der Natur als Schöpfung oder als eines bedrohlichen Chaos (Kap. 39, 21; 42, 24b), des Menschen als eines Geschöpfes Gottes oder als eines autonomen Wesens (16, 15ff.; 23, 18ff.), des menschlichen Tuns als nach Gottes Willen den eigenen Willen formend oder Willkür übend (15, 11ff.), und schließlich der Lebensform: ist sie im Großen wie im

---

[82] Vgl. dazu Art. Dekalog I, TRE 8, 408-413 (L. Perlitt); Art. Dekalog II, ebd., 413-415 (J. Magonet). Vgl. oben Kap. V.

[83] Hengel, Judentum, 291; Sir 18, 1-2; 36, 5.

[84] 30, 18f.

[85] 23, 9-11; 41, 19.

[86] 47, 10.

[87] Kap. 3; 7,27 G̲ u. ö.

[88] 34, 26f. (Radikalisierung!).

[89] 23, 17ff.

[90] 41, 17.

[91] 18, 30ff.; 23, 16ff.

[92] Kap. 4, 1-10; 7, 32; 29, 9; Kap. 35. Fremdlinge: 10, 22 u.ö.

[93] 7, 31; 34, 21ff.; 35, 1ff.

[94] 7, 31.

[95] 18, 22f. (εὐχή).

[96] Kap. 50.

[97] Kap. 50.

Kleinen nach Gottes Gesetz durchgeformt oder aber der eigenen Begierde preisgegeben (z. B. 18, 30ff.)?

Dabei ermöglicht ihm die weisheitliche Diktion, Israels Tora als Weisheit im Sinne der Bildung, der Lebensformung und Lebensführung zu interpretieren. Denn offensichtlich findet Sirach an den beiden bisher bestehenden Möglichkeiten israelitischen Geistes keine Genüge: weder an der Tora noch an der älteren Weisheit. Die Tora kennt er, studiert er, sie bildet für ihn die Grundlage und Richtschnur seines Lebens, und die Gerechtigkeit, die sie fordert und lehrt, ist für ihn die Garantie des Lebens. Aber er lehrt nicht Tora, und er zitiert nicht die Tora - ein Umstand, auf den nicht genügend hingewiesen wird. Und auch die ältere Weisheit kennt er und benutzt er, aber sie genügt ihm nicht in ihrer rein ethischen Fragestellung. Er greift weit über ihre Thematik hinaus und eröffnet damit den späteren Weisheitsschriftstellern das Feld theologisch - spekulativer wie heilsgeschichtlich ausgreifender Weisheitsliteratur.

Er selbst verbindet Tora und Weisheit in doppelter Weise. Definitorisch identifiziert er Weisheit und Tora als von Gott gegebene Offenbarungsgrößen, und inhaltlich erläutert er die Grundsätze der Tora mit den Mitteln ethischer Spruchrede. Die weisheitliche Literatur, in deren tradierendem und neuschaffendem Dienst er steht, stellt ihm die gedanklichen, begrifflichen und syntaktischen Mittel zur Verfügung, die Inhalte der Tora dichterisch zu gestalten. Am deutlichsten tritt dieser dichterische Gestaltungswille aber bei der Darstellung der historischen Schriften des Alten Testaments im "Lob der Väter" hervor, einer Kurzdichtung über das Alte Testament in historischer Perspektive. So macht Sirach den oft spröden und archaischen Stoff der Tora für die Jugend Israels in seiner Zeit verständlich und aktuell. In diesem Sinne ist es sein höchstes pädagogisches Ziel, Gerechtigkeit als Erfüllung der Gesetzesgebote durch Gottesfurcht zu erzielen.

---

[98] Hengel, Judentum, 252ff.

Kapitel 11: Seelenleitung

Das kulturelle Phänomen der Seelenbildung und Seelenleitung läßt sich für Sirach nur im Rahmen einer ausführlicheren Untersuchung erschließen und darstellen. Nach einer Einführung (A.) in die Grundzüge der psychischen Kultur (1.) und methodischen Vorüberlegungen (2.) werden nacheinander in einem zweiten Teil (B.) נפש und לב (1.), die Affekte (2.), die Haltungen (3.), die Formkräfte der Affekte und Haltungen (4.) und die bleibenden Gefühle (5.), so wie Sirach sie kennt und lehrt, vorgestellt. Der dritte Teil (C.) zeichnet ein Bild des Weisen als Seelenleiters (1.) nach Sirachs Verständnis und weist auf die Psychogramme (2.) hin, die Sirach selbst in seine Schrift aufgenommen hat. Die Zusammenfassung (D.) umreißt den Typus der idealen Seelenbildung, der Sirachs Bemühen gilt.

A.

1.

Der lange Weg und die unermüdliche Verfeinerung kultureller Anstrengung des Menschen endet nicht in der Zone des Äußeren, manifest Formbaren und Erlebbaren wie in den Bereichen der Sitten und Gebräuche und vielfältigen überindividuellen sozialen Formen einer munizipal, tribal oder national verfaßten Gesellschaft mit ihren einheitlich geformten und einem bestimmten Stilwillen verpflichteten künstlerischen Erzeugnissen, ihrer geformten Sprache und Literatur und ihren pädagogischen Anstalten. Dieser Weg führt weiter ins Innere der Menschen[1]. Gerade an seinem Inneren arbeitet der geschichtliche Mensch

---

[1] Diese Aspekte haben zuletzt verfolgt: K. Berger, Historische Psychologie des Neuen Testaments, 1991; J. Assmann (Hg.), Die Erfindung des inneren Menschen, 1993. Assmann stellt die Frage nach dem inneren Menschen in den Kontext der Krise des abendländischen Menschenbildes und hält eine Annäherung an diese Fragestellung damit für zeitgemäß (S. 10). Assmanns Interesse (S. 9f.) gilt den Bereichen von Herz, Gewissen, Schuld und Verantwortung, für ihn in לב zusammengefaßt, den er aus der ägyptischen Tradition her versteht. Die Vorstellung von einer menschlichen Innenwelt sieht er in der Sch'maformulierung "von ganzem Herzen, von ganzer Seele und von ganzem Gemüt" angelegt. Der Sammelband "beleuchtet die Dichotomie des Innen und Außen in einigen zentralen Aspekten ihrer Entstehungsgeschichte" seit dem Alten Ägypten (S. 11). - Eine ähnliche Fragestellung liegt auch diesem Kapitel zugrunde. - Th. K. Heckel, Der Innere

unendlich, sowohl individuell als auch kollektiv, eingebunden und sich stets neu einbindend in die überindividuellen, überlokalen und überepochalen Größen von Geschlecht, Familie, Stand, Gemeinwesen, Land, Geschichte und Religion.

Sokrates fand für diese Arbeit das Leitwort ἐπιμεληθῆναι σαυτοῦ[2]. Diese Formung der natürlichen Seelenkräfte des Menschen führt zu mehr oder weniger festen Erlebnismustern und Verhaltensformen, die einen entscheidenden Bestandteil der Kultur einer Epoche, Region oder Gruppe ausmachen. Träger dieser Formung ist einmal der Einzelne nach Maßgabe seiner eigenen Möglichkeiten, zum anderen eine wie auch immer geartete und berufene Bildungselite. Zu dieser Elite gehörten in Israel die Weisheitslehrer, im spätklassischen und hellenistischen Griechenland die Philosophen. So ist Sirach selbst auch Mitformer, Gestalter und zugleich Zeuge dieser psychischen Kultur Israels in seiner Zeit.

Ein anderer Zeuge ist die etwas jüngere Weisheit Salomos, die gleich am Beginn zur ἀπλότης καρδίας (1,1) aufruft, vor σκολιοὶ λογισμοί warnt (1,3) und die komplizierten Beziehungen zwischen Ethos, Intellekt und Heiligem Geist darstellt (V. 4f.). Die Weisheit (V. 6) ruft dementsprechend zu richtigem Leben auf und will dieses lehren (V. 6ff.). Auch der Verfasser der "Weisheit" gibt ausführliche Psychogramme narrativer Art über die Gottlosen (Kap. 2) und die Toren (3, 11ff.). Dann aber wird der Unterschied zu Sirachs Psychologie deutlich. Der Verfasser der "Weisheit" wendet sich von den konkret erzieherischen Bereichen der Beobachtung und Ermahnung ab und dem theologisch-weisheitlichen Theoriebereich zu (Kap. 6ff.). Die "Weisheit" hat keine direkte Beziehung mehr zur Leitung junger Männer, sondern verfolgt das doppelte theoretische Ziel der Erkenntnis und der Geschichtserzählung.

In diesem Bereich der psychischen Kultur ist nichts so offenkundig wie die dauernde, ja unablässige Anstrengung, die natürlichen Kräfte der Seele nach bestimmten religiösen, ethischen und gesellschaftlichen Normen kulturell zu überformen und zu beherrscht, rational und verantwortlich gesteuerten Verhaltensnormen umzubilden. Sirach nennt solche grundlegenden Verhaltensnormen ausdrücklich: statt natürlicher Spontaneität soll Vorsicht, d. h. dauernde Selbst- und Außenkontrolle

---

Mensch, WUNT 2. R. 53, 1993, beschäftigt sich mit einer terminologischen Teilfrage aus dem hier angesprochenen Bereich: der Herleitung des Begriffs "innerer Mensch" bei Paulus aus dem Bereich der Platonrezeption. Diese Spezialfrage ist hier nicht im Blick, da LXX die Redewendung noch nicht kennt (S. 3). - Daher geht es bei Sirach noch nicht um die Terminologie und ihre Ableitung, sondern um die Einkreisung eines Phänomens: Sirach ist an der Entdeckung der Innenseite des Menschen in ihrer Komplexheit beteiligt, ohne begrifflich über das traditionelle Vokabular Israels hinauszugehen.

[2] Alkibiades I 127d, e.

herrschen. Empfinden und Verhalten werden ebenso beherrscht wie Natur und Kunst, äußere Umwelt, Sitte und Brauch, Gesellschaft und Staat, Sprache und Erziehungswesen geformt werden. Wurde im Erziehungswesen ein anderer Mensch zum Gegenstand der überindividuellen Formung, so ist der Anspruch der psychischen Kultur wesentlich diffiziler, denn hier leistet die psychische Kultur diese Formung innerhalb der eigenen Person. Auch hier hilft Sirach mit seiner Weisheitslehre und bietet Führung an. Die Person soll in sich selbst eine Kontrollzentrale einsetzen, die die eigene Person in dauernder Selbst- und Außendistanz hält und dadurch steuert[3].

"Auf allen deinen Wegen hüte dich בכל דרכיך שמור נפשך" (32, 22).

Die Person spaltet sich selbst in eine Innen- und Außenseite auf und gelangt so zu der paradoxen Herrschaft über sich selbst, indem sie die nicht verfügbare Innenseite zur Herrin über die überindividuell erfahrbare, mitteilbare und damit manipulierbare Außenseite macht. Damit schafft sich das Individuum Freiheit vom Zugriff der Menge und gewinnt einen rocher de bronze für sich selbst:

"Keinem Menschen offenbare dein Herz,
damit du nichts (und stoße nicht weg hebr.) Gutes von dir wegstoßest" (8, 19)[4].

Damit aber nicht genug: welche Instanz soll diese Innenseite formen, die ihrerseits ja ebenso form- und kultivierbedürftig ist wie die Außenseite des Menschen, die durch die Modi des Verhaltens, der Umgangsformen, der Art, Gefühle zu zeigen oder zu verbergen, Signale der Seele in die Welt des Nicht-Ich aussendet? Sirach benennt diese Instanz formal 17, 7 ἐπιστήμη συνέσεως (ἐπιστήμη/σύνεσις שכל oder בינה, σύνεσις und ἐπιστήμη ebenso auch דעת), das Willens- und Einsichtzentrum, von dem aus die inneren Kräfte des Menschen gelenkt werden, die dann auch seine Erscheinungsformen nach außen hin bestimmen. Diese Instanz versteht Sirach aber nicht formal, gleichsam als neutrale Schaltstelle, die alle möglichen inneren Triebe und äußeren Angebote sammelt, beurteilt und daraus Entscheidungen formt. Vielmehr ist diese Instanz inhaltlich eindeutig qualifiziert und ihrerseits von außen bestimmt: "Er legte die Furcht vor ihm in ihre Herzen" (17, 8). יראת אלהים (φόβος κυρίου) ist der innere Angelpunkt des Menschen als eines Gottesgeschöpfes. Diese innere Haltung macht den Menschen erst zum König über alles, über sich selbst wie über alle Außenwelt:

---

3 Vgl. dazu die Darstellung der sokratischen Psychologie bei G. Böhme, Der Typ Sokrates, 1988, 51ff. 142ff.

4 Vgl. dazu H. Brunner, Das Herz als Sitz des Lebensgeheimnisses, in: ders., Das hörende Herz, OBO 80, 1988, 6-7. Brunner verfolgt zwei atl. לב-Stellen mit der Bedeutung "Lebensgeheimnis" eines Menschen bis ins Ägyptische zurück.

"Wer den Herrn fürchtet,
hat vor nichts anderm Furcht" (34, 16)[5].

Gottesfurcht ist aber nicht ungebundene Autarkie des einsichtig
urteilenden Ich, mit dem es die Welt und sich selbst souverän zu zähmen
und zu distanzieren weiß, sondern Gottesfurcht ist Bindung der Innenseite des Menschen, der leitenden Kräfte seiner Person an Gott, den
Schöpfer:

"Er - der Herr - legte die Furcht vor ihm in ihre Herzen" (17, 8)[6].

Sirach führt hier in das stolzeste und eigenste Empfindungs-, Ein-
sichts- und Willenszentrum des Menschen die Kategorie der Abhängigkeit ein. Gerade da, wo der Mensch von außen unangreifbar ganz er
selbst ist, ist er paradoxerweise nicht er selbst, sondern Gottes Ge-
schöpf[7]. Die Freiheit ist Gabe. Diese psychologische Grundspannung
bildet die Triebfeder für Sirachs individuelle und soziale Psychologie
und deren tiefe Auswirkungen auf die Kultur der Person und die Kultur
der Gesellschaft, wie Sirach sie anstrebte und wie er sie in Kritik und Vision dargestellt hat.

Das "Innere" des Menschen, das hier Gegenstand der Untersuchung
ist, ist also kein abstrakter moderner Begriff, sondern dem AT selbst vertraut. קרב ist der "Raum für die inneren Organe des Körpers"[8]. Sirach
benutzt diesen Ausdruck viermal[9], und zwar entsprechend althebräischer
Auffassung ebenso somatisch für die inneren Organe wie psychisch für
die in diesen Organen lokalisierten psychischen Kräfte[10]. So mahnt er 4,
3:

"Den inneren Gefühlen (מעי = "das Innere, wo das Herz sich befindet, Sitz der Gefühle"; gr. καρδία) des Elenden bereite keine Schmerzen".

Ebensowenig wie Sirach körperliche Organe und seelische Kräfte
trennt[11], unterscheidet er mit definitorischer Absicht zwischen den wichtigsten inneren Kräften, נפש und לב. Wohl aber versteht er sie als sich

---

[5] LXX 31, 16: οὐδὲν εὐλαβηθήσεται: muß sich vor nichts anderem in Acht nehmen.

[6] Vgl. dazu ThWAT 4, 427. 432 (s. u. Anm. 11).

[7] Die innere Nähe zu Sokrates' Daimonion ist nicht zu übersehen.

[8] Wolff, Anthropologie 102.

[9] 4, 3 (gr. καρδία); 31, 20 (gr. ἔντερον); [37, 6 (gr. ψυχή, קֶרֶב)]; Sauer S. 594 übersetzt
richtig Kampf קֶרֶב nach MS D, ebenso Skehan - di Lella 425]; 40, 30 (gr. κοιλία).

[10] Zum "Inneren" in der hellenistisch-römischen Philosophie vgl. J. Hadot, Seneca und
die griechisch-römische Tradition der Seelenleitung, QSGP 13, 1969, 103ff.; H. Cancik,
Untersuchungen zu Senecas epistulae morales, Spudasmata 18, 1967, 114ff. 131 ff. zur
Terminologie der Innerlichkeit: intra, intus, introrsus.

[11] Das gilt natürlich vor allem von לב so wie auch von "Herz" im Deutschen. Vgl. Wolff,
Anthropologie 69ff.

schwerpunktmäßig voneinander unterscheidende Kräfte, die durchaus eine Identität gewinnen können. Bei ihnen muß jede psychologische Studie zu Sirach beginnen. Vorher aber setzt die Frage nach der Seelenlehre Sirachs als eines kulturellen Faktors, da sie eine moderne Frage ist, noch einige methodische Vorüberlegungen voraus.

2.

Die Frage fällt in das Gebiet der Sozialpsychologie[12], und zwar unter historisch-hermeneutischer Fragestellung[13], indem die Einflüsse von Gruppen auf das Verhalten von Individuen und bestimmten leitenden Individuen oder aber von Leitungseliten auf Gruppen und die in ihnen zusammengefaßten Individuen anhand von historischen Texten mit historisch-philologischen Untersuchungsmethoden erforscht und dargestellt werden. Dies Forschungsgebiet ist aber in der Fragestellung wie in der Methodik - in seiner Stellung zwischen der philosophischen Hermeneutik Gadamerscher Prägung oder einer bloßen historisch-hermeneutischen Methode einerseits und demgegenüber dem Feld exakt quantifizierender empirischer Psychologie andererseits, zwischen kulturanthropologischer Methode der Völkerpsychologie und behavioristischer Lerntheorie des Individuums - noch unscharf und kontrovers und im Aufbau begriffen[14]. Deutlich ist, daß Fragestellungen aus zwei modernen Wissenschaften, der Soziologie und der Psychologie, aufgegriffen werden. Aber statt mit empirischer oder zumindest im historischen Bereich allein möglicher statistischer Methodik, die jeweils intersubjektiv prüfbar und quantifizierbar ist, zu arbeiten, werden sie auf einen dichterischen, ethisch-religiösen Text der Antike angewendet, der auf keine quantifizierende Frage eine Antwort gibt. Dennoch antworten derartige Texte auf Fragen aus dem Bereich sozialpsychologischen Interesses, aber nur im Sinne von Tendenzbestimmungen. Der Verfasser eines solchen Textes wird, wenn seine Stellung und Bedeutung innerhalb seiner Gesellschaft und Kultur erkennbar ist, als Seismograph eben dieser Gesellschaft und Kultur wie auch seines Selbst interpretiert, und der Interpret wird zum Seismographen der wechselseitigen Beeinflussung

---

12 Dazu einführend C. F. Graumann (Hg.), Handbuch der Psychologie 7, 2 Bde., 1969, 1972 (Lit.).

13 Vgl. Art. Psychologie, geisteswissenschaftliche und verstehende, HWP 7, 1656-1658 (H.-U. Lessing): zu Dilthey und seiner Schule. - Vgl. zuletzt T. Callan, Psychological Perspectives on the Life of Paul, Studies in the Bible and Early Christianity 22, New York, 1990, S. 4-6: Einführung in die psychohistorisch-psychobiographische Methode und Literatur (bes. in Amerika).

14 Dazu jetzt die Einführung in die Religionspsychologie in: HRWG 1, 1988, 87-107 (H. Zinser).

des Verfassers und der Gesellschaft. Dafür benötigt der Interpret das Instrumentarium der historischen Kritik, die ihre Kriterien aus dem Vergleich inhaltlich relevanter Texte bezieht. Es ist also weder notwendig, die wichtige sozialpsychologische Fragestellung der Unschärfe ihrer Beantwortung wegen fallen zu lassen, noch braucht sich die Antwort auf eine Begriffsstudie zu den Leitvokabeln von Sirachs Seelenlehre zu beschränken.

Die eigentliche psychologische Exegese, deren grundsätzlich mögliche hermeneutische Fragestellung und methodische Ansätze G. Theißen exemplarisch für die Paulusbriefe herausgearbeitet hat, faßt bei der Frage nach der seelischen Kultur Sirachs und seiner Zeitgenossen nicht.[15] Denn hier geht es nicht um die umstrittene Frage, wieweit sich "religiöses Verhalten und Erleben ansatzweise [sc. psychologisch] erklären"[16] lasse, sondern es geht um die Psyche selbst und um ihre kulturelle Prägung, die allerdings in Sirachs Zeit und Land stets mit religiös geformt war, wie im Einzelnen darzustellen ist.

Ebensowenig kann W. Rebells "Sozialpsychologische Studie zu Paulus", die Theißens bahnbrechenden Ansatz für das Problem der Beziehungen des Paulus zu seinen Gemeinden, seinen Mitarbeitern und zu den urchristlichen Gemeinden fruchtbar macht, als Modell für die Frage nach der psychischen Kultur bei Sirach herangezogen werden[17]. Rebell erklärt die komplizierten gegenseiten Beziehungen zwischen Paulus und seinen Partnern mit Hilfe sozialpsychologischer Methoden und Modelle. Rebell hat Personen vor sich und kann überdies mit persönlichen Äußerungen eines der Beteiligten selbst arbeiten. Dabei bilden die Eigenarten der paulinischen Brieftexte: ihre Aktualität, Polemik, Dialogik, persönliche Diktion und leidenschaftliche Affektgeladenheit, ungewöhnlich gute Voraussetzungen für eine Interaktionsanalyse eines antiken Textcorpus. In unserer Studie wird dagegen nicht primär nach der Persönlichkeit Sirachs, sondern nach den Menschen zu Sirachs Zeit in Israel gefragt.

K. Berger hat eine "Historische Psychologie des Neuen Testaments" vorgelegt, die sich zum Ziel setzt, die biblischen Erfahrungsweisen in ihrer Eigenart darzustellen und dadurch zugleich unsere heutigen Zugänge zur Selbst- und Welterfahrung kritisch in den Blick zu nehmen. Dabei geht Berger von einer Diskontinuität der biblischen und der modernen Anthropologie und Psychologie aus. Methodisch arbeitet er daher von den Texten aus, ohne eine "moderne Humanwissenschaft als Fragehori-

---

[15] G. Theißen, Psychologische Aspekte paulinischer Theologie, 1983, bes. 5-65 (Lit.). - Das ausgedehnte Werk Drewermanns kann hier nicht herangezogen werden.

[16] Theißen S. 12.

[17] W. Rebell, Gehorsam und Unabhängigkeit, 1986 (Lit.).

zont anzunehmen", indem er fragt: "Wie werden psychische Vorgänge direkt thematisiert? ... In solchen Texten geht es ... um die Rekonstruktion der Vorstellungen und Assoziationen, die mit bestimmten Begriffen (oder Wortfeldern oder Metaphern) aus dem Bereich der 'Psyche' gegeben sind. Hierher gehört auch die Frage, wie das Innere des Menschen selbst überhaupt semantisch bedacht wird"[18]. Bergers Fragestellung, Ansatz und methodische Durchführung stehen der hier gestellten Frage nahe, auch und gerade was die Zurückhaltung gegenüber moderner Terminologie und stattdessen der Einbeziehung antiker Terminologie betrifft. Bergers Darlegungen werden daher im Einzelnen mit den Aussagen Sirachs verglichen werden.

Die Aufgabe stellt sich also folgendermaßen: Die Begriffe, die Sirach für den Bereich der Seele verwendet, müssen ebenso untersucht werden wie einzelne Texte, die dem Thema der Seele des Menschen ausführlicher gewidmet sind. D. h. wir fragen induktiv. Dabei wird die Untersuchung öfter die eher pragmatischen und in ihrer theoretischen Einordnung bekannten griechischen Vorstellungen von Seele in Fragestellung und Vergleich verwenden[19]. Diese Begriffe müssen ihrerseits ebenso wie die Fragestellung als Bestandteil unserer modernen Verstehenswelt, die Tugenden oder seelischen Verhaltens- und Erleidensformen nicht uninterpretiert oder unabgeleitet als eigene Größe stehenläßt, sondern sie ihrerseits interpretiert, dargestellt und verwendet werden[20].

Als ein heuristischer Schlüsselbegriff legt sich dabei Ciceros "cultura animi" nahe: cultura autem animi philosophia est; haec extrahit vitia radicitus et praeparat animos ad satus accipiendos eaque mandat iis et ... serit, quae adulta fructus uberrimos ferant[21]. Wenn Cicero als der große Übermittler der hellenistischen Philosophie in die römische Welt die Philosophie als Kultivierung der Seele versteht und seine philosophische Ethik auf der Affektenlehre als dem Rückgrat der philosophischen Psychologie aufbaut, dann ist er inhaltlich (nicht historisch!) nicht weit von Sirach entfernt. Die Topoi der Affektenlehre, seit Aristoteles Περὶ ψυχῆς Bestandteil griechischer Philosophie und Ethik[22], finden sich sachlich alle bei Sirach. Das griechische Begriffsregister eignet sich daher ebenso zur Erfassung der Nuancen seelischer Regungen bei Sirach wie die Grundfrage der griechischen philosophischen Psychologie seit

---

[18] Berger, Historische Psychologie, 19. 24.

[19] Vgl. A. Dihle, ThWNT 9, 604-614 (Lit.).

[20] Vgl. z. B. für Sokrates: Böhme, Sokrates (s. o. Anm. 3) S. 91ff.

[21] Tusc. disp. II, 13. Grundlage dafür: Aristot. NE VII 1145b 22ff.

[22] Vgl. Aristot. Peri Psyches 1, 1 nennt: Zorn - Milde - Furcht - Mitleid - Wagemut - Freude - Lieben - Hassen; dazu Hadot, Seneca 42ff. (Tabelle zur Affektenlehre) und 88

Plato: die Frage nach der Leitung der Seelenkräfte durch das λογιστικόν[23]. Die Sorge um die Seele, das ἐπιμελεῖσθαι τῆς ψυχῆς oder
σαυτοῦ des Sokrates, ist auch nach Sirach die zentrale Aufgabe des
Schülers. Die Leitung der Seele, nach Cicero ut ratio coexerceat
temeritatem[24], für die griechisch-römische Philosophie eine der Aufgaben des Philosophen, ist auch für Sirach die Aufgabe des Weisheitslehrers. Diese psychisch und intellektuell verstandene Sorge für sich selbst
ist in der Philosophie in jüngster Zeit ausführlich historisch untersucht
und systematisch weiterverfolgt worden[25]. G. Böhme resümiert für Griechenland: "Die Selbstsorge als pädagogisches Programm gehört in eine
schon vor Sokrates bestehende Tradition der Erziehung und Stilisierung,
die auf die archaische Kriegerkultur zurückgeht. Sie stellt aber innerhalb
dieser Tradition eine Steigerungsstufe dar, oder besser ein Reflexivwer-
den der Stilisierungsarbeit"[26]. Die Arbeit an der Seele, die Sirach in der
Tradition der Weisheit Israels seinen Schülern verordnet, bildet also
nicht eine historische, wohl eher eine sachliche und eine strukturelle
Parallele zur Seelen-Sorge der griechischen Philosophie vor und neben
Sirach. In diesem Sinne darf und kann ihre Begrifflichkeit und Systematik als Sachgerüst für die Untersuchung Sirachs verwendet werden.
Zugleich bietet die philosophische Interpretation der Gegenwart
Perspektiven auch für die Interpretation der psychischen Kultur Israels
zur Sirachzeit.

B.

1.

Die Bedeutung und die Geschichte von נפש (ψυχή), und לב (καρδία),
sind erforscht und dem wissenschaftlichen Konsensus soweit zugeführt,
daß am Anfang der eigentlichen Untersuchung von Sirachs Seelenlehre
sein Verständnis von "Seele" und Herz vor dem Hintergrund des Bildes,
das Israel sich von beidem machte, dargestellt werden kann[27].

(Affektenlehre und Seelentherapie); vgl. auch H.-J. Klauck, 4. Makkabäerbuch, JSHRZ
III, 6, 691. Berger untersucht die "Affekte" bei Paulus, 158-215.

[23] Plato resp. IV 439c-441b, vgl. Dihle, ThWNT 9, 609.

[24] Tusc. disp. II, 47. Sokrates: Apol. 30b (Dihle, ThWNT 9, 608; Böhme, Sokrates 51ff.).

[25] Böhme, Sokrates 51ff. unter Hinweis auf M. Foucault, Le Souci de Soi = Sexualität
und Wahrheit 3, Die Sorge um sich selbst, 1986.

[26] Böhme a.a.O. 62. Theoretische Grundlage: Aristoteles, Nikomachische Ethik.

[27] Ein Beispiel direkter und expliziter Übernahme gr. psychologischer Terminologie in
die jüdische Ethik bietet dann 4 Makk (ca. 100 n. Chr.: Klauck, JSHRZ III, 6, S. 669)

Wenn zur Untersuchung von נפש sogleich der Parallelbegriff לב hinzutritt, wird damit der Bedeutung und der Nähe beider Begriffe Rechnung getragen. לב ist bei Sirach ebenso häufig und zudem mit נפש potentiell austauschbar, wie LXX zeigt, die לב öfter auch mit ψυχή übersetzt. Andererseits kann נפש auch ganz selten mit καρδία wiedergegeben werden[28]. רוח (πνεῦμα) begegnet nur sehr selten und mit uneinheitlicher LXX-Übersetzung, ebenso בשר (σάρξ oder σῶμα). Diese beiden in den älteren Schriften des AT so zentralen anthropologischen Begriffe, die später z. B. bei Paulus wieder entscheidende theologisch-anthropologische Bedeutung mit psychologischen Implikationen erhalten, treten bei Sirach ganz zurück[29].

a)

Hans Walter Wolff hat für נפש[30] das Begehren ins Zentrum seiner Interpretation des Wortfeldes, das von der "Kehle" bis zur "Person" und zum "Leben" reicht, gestellt. Von "Seele" spricht er erst in dem Bereich der "erweiterten Bedeutung, bei der n. auch Sitz und Akt auch anderer seelischer Empfindungen und Gemütszustände wird"[31], so z. B. Ex 23, 9: Wolff versteht hier נפש als "die ganze Skala seiner Empfindungen, die

---

unter den Begriffen ἐγκράτεια (5, 34, dazu Art. Enkrateia, RAC 5, 343-364, H. Chadwick) und λογισμός (1, 1 u. o.). Die Nähe zu Sirach zeigt Sir 18, 29: dort schon in der gr. Überschrift ἐγκράτεια ψυχῆς. Zum Thema vgl. R. Renehan, The Greek Philosophical Background of Fourth Maccabees, RMP 115, 1977, 223-238; U. Breitenstein, Beobachtungen zu Sprache, Stil und Gedankengut des Vierten Makkabäerbuchs, Diss. phil. Basel 1977². - Dies Beispiel zeigt ebenso wie Philo (s. u. zum Traum) die sachliche Nähe zwischen gr. und jüd. Philosophie, die im Laufe der fortschreitenden Durchdringung der Mittelmeerkulturen mit der hellenistischen Philosophie zu einer Übernahme philosophischer Kategorien durch jüdische Schriftsteller führen konnte.

[28] Vgl. Barthélemy - Rickenbacher, Konkordanz. לב als ψυχή 9, 9c u. ö. Zu לב - καρδία bei Sirach ThWAT 4, 424. נפש als καρδία 5, 2; 40, 6c. Atl. Gebrauch und LXX-Gebrauch insgesamt: ThWAT 5, 537.

[29] Zu der Vierheit נפש - בשר - רוח - לב als den Strukturelementen atl. Anthropologie vgl. Wolff, Anthropologie, 21-90. Zu Paulus vgl. Theißen, Psychologie, 169ff. (zum pneumatischen Phänomen der Glossolalie); Berger, 240ff.

[30] Art. נפש, ThWAT 5, 531-555 (H. Seebaß); Art. ψυχή κτλ., ThWNT 9, 604-667 (G. Bertram, A. Dihle, E. Jacob, E. Lohse, E. Schweizer, K.-W. Tröger; Lit.); Wolff, Anthropologie pass.; E. Schmitt, Leben in den Weisheitsbüchern Job, Sprüche und Jesus Sirach, ThSt 66, 1954; H. W. Robinson, Hebrew Psychology, in: The People and the Book, Hg. A. S. Peake, Oxford 1925, 353-382; E. R. Dodds, Die Griechen und das Irrationale, 1970; T. M. Robinson, Plato's Psychology, Phoenix Suppl. 8, 1971.

[31] Wolff 35. - Zu der Problematik der Übersetzung von נפש mit dem deutschen Wort "Seele" vgl. Wolff 21ff. und - korrigierend - auch ThWAT 5, 537f. Zu πνεῦμα bei Sirach

mit der Fremde und der Gefahr der Bedrückung in der Abhängigkeit gegeben ist"[32] (ihr kennt die נפש des Fremden).

Die נפש als Sitz der Skala der Empfindungen spielt auch bei Sirach eine entscheidende Rolle. Mangel (4, 2; 14, 2), Durst (metaphorisch 51, 24), Gier (23, 6 nur ψυχή; 23, 16 ψυχὴ θερμή), Begierde (6, 1 u. ö.), Haß (25, 2 ψυχή), Trauer (30, 21), Hochmut (1, 30 u. ö.), Parteilichkeit (4, 22)[33], falsche Frauenliebe (9, 2)[34], Sünde (19, 4 nur ψυχή) sind ebenso Ausdrucksformen der נפש wie Stärke (5, 2), Genuß (14, 16), aber auch Demut (2, 17; 10, 28), Weisheit (51, 19) und Gottesfurcht (2, 17 ψυχή; 34, 17 = LXX 31, 17 ψυχή). Sie kann heiß (23, 16) oder schändlich (23, 6) sein. Diese heftigen, teils ruinösen, teils positiven Strebungen, Leiden und Regungen der Seele versteht Sirach wie Israel vor ihm als so zentrale Kräfte, daß auch für ihn נפש Leben und Selbst bedeuten kann:

"Anders der, der seine ψυχή dahingibt" (38, 34),
"Die nach meiner נפש - ψυχή trachten" (51, 3).

Dieser נפש eignet eine dynamische Struktur. Das Selbst wird von Sirach nicht als fester und einheitlicher Kern des Menschen verstanden, sondern als das innere Tätigkeits- und Neigungszentrum, das zwischen den Polen des Sich-Zugrunde-Richtens (20, 22) und des Sich-der-Weisheit-Hingebens (51, 20 MS B) hin- und hergerissen wird. Die נפש ist ganz Strebung, Richtung - woraufhin, ist offen.

Der dynamischen Sicht der נפש entsprechen die zahlreichen Verben, mit denen Sirach die Zustände und Tätigkeiten der Seele beschreibt: vorbereiten (2, 1. 17), Mangel haben (4, 2), hassen, sich schämen (4, 20), Rücksicht nehmen[35] (4, 22), folgen (5, 2), verderben (6, 3), sich nähern (6, 26), acht geben (6, 32), lieben (7, 29), sich verkaufen (9, 2), sich zuneigen (9, 9), darauf richten (10, 28f.), kargen (14, 4), verwöhnen (14, 16), sich zugrunde richten (20, 22), sich verfluchen (21, 27), preisgeben (23, 6), sich zureden (30, 23), trauern (30, 21), aufstehen (34, 20), sich hüten (37, 8), sich prüfen (37, 27), erwählen/gefallen (37, 28), sich dahingeben (38, 34), hängen an (51, 19), sich ergeben (51, 20), dürsten (51, 24).

---

im Rahmen des Judentums vgl. Art. πνεῦμα κτλ., ThWNT 6, 330-452, H. Kleinknecht, F. Baumgärtel, W. Bieder, E. Sjöberg, E. Schweizer, dort 366-370 (W. Bieder).

[32] Wolff 35f.

[33] Sauer 515 übersetzt irreführend: "Nicht sollst du eingenommen sein für dich selbst". Richtig Skehan - di Lella 174: "Show no favoritism to your own discredit", s. S. 176.

[34] Zum Text vgl. Sauer 526. Der Text heißt אל תקנא, "sei nicht eifersüchtig". Sauer korrigiert nach Ginzberg zu אל תקנה, "verkaufe dich nicht", um der Wiederholung von V. 1 zu entgehen. Zu V. b vgl. Skehan - di Lella 216.

[35] Nach H C: פנים.

Diese Strebungen der נפש müssen gesteuert werden. Dem gelten die zahlreichen indirekten oder direkten Appelle Sirachs an die נפש, auf sich selbst zu achten bzw. sich selbst zu achten, denn: "Der Sünder vergeht sich gegen sich selbst" (ψυχή 19, 4). Daher gilt: "Mein Sohn, in Bescheidenheit achte dich selbst" (נפש - ψυχή 10, 28).

Die נפש ist der Teil des Menschen, der angesprochen wird, das Du für die andere Person (bes. 4, 20 u. o.). Und sie selbst neigt sich in Begierde, in Liebe und in Ergebung einmal der Frau, einmal dem Sklaven, ein anderes Mal der Weisheit und schließlich Gott selbst zu. So ist die נפש, obgleich sie doch Ausdruck für die Person des Menschen ist, nicht mit dem Menschen selbst identisch. Vielmehr ist sie, wie es H. W. Wolff für das Alte Israel insgesamt dargelegt hat, so auch für Sirach eines von mehreren Elementen in jenem inneren Kräfteensemble, das den Menschen ausmacht[36].

---

[36] Da Fabry, ThWAT 5, 537, von נפש als von einem synthetisch-stereometrischen Namen im Sinne einer allg. anerkannten wissenschaftlichen Definition spricht, muß diese Terminologie kritisch bedacht werden. Sie geht auf H. W. Wolff, Anthropologie, S. 22ff., zurück: W. verwendet im Anschluß an G. v. Rad, Weisheit 42f. Anm. 5, den von B. Landsberger für die babylonische Dichtung geprägten Ausdruck "Stereometrie" (vgl. B. Landsberger, Die Eigenbegrifflichkeit der babylonischen Welt, in: B. Landsberger - W. v. Soden, Die Eigenbegrifflichkeit der babylonischen Welt, 1965, 1-18, dort S. 17). L.s Ausdruck sollte aber nicht in die Terminologie atl. Anthropologie aufgenommen werden, da er eine wenig plausible Metapher aus dem Bereich der Geometrie des Raumes ist und von L. selbst auch nur nebenbei zur Kennzeichnung des semitischen Parallelismus gebraucht wird. Bei L. meint Stereometrie Plastizität des Ausdruckes, so versteht auch v. Rad S. 43. Wolff scheint eher an umfassende Darstellung von verschiedenen Seiten zu denken (S. 23). Auch das Äquivalent "synthetisches Denken", das W. S. 23 von K. H. Fahlgren, ṣedaqā (Diss. Uppsala 1932, S. 126), übernimmt, bleibt unscharf. Denn die von W. als modern dargestellte analytische Sprache eignet ja gerade dem hebr. Begriffspektrum für Mensch - Seele - Leben (vgl. Fabry, ThWAT 4, 425f. zu den Reihenbildungen ["Merismen"]) im Gegensatz zu dem deutschen synthetischen Gebrauch von "Seele". Aber auch das von Fabry benutzte Wort "Schichtentheorie" (ebd. 425), das er auf L. Köhler, Theologie des AT, 1966⁴, 121-135, zurückführt, krankt an einer Theoriesprache, die dem atl. Sprach- und Verstehensbefund trotz aller Bewußtseins vom vortheoretischen atl. Menschenbild nicht gerecht wird. Köhler selbst (S. 132f. "Stockwerke" nicht im streng methodischen Sinne) spricht nicht von Schichten, sondern betont gerade die "unsystematische Art der alttestamentlichen Offenbarung" (125), die "Elemente" des atl. Menschenbildes (122). Wie das Menschenbild bei Sirach aussieht, soll hier daher ohne begriffliche Vorentscheidungen dargestellt werden.

b)

Neben נפש steht לב/לבב-Herz[37], für H. W. Wolff "das für die Sprach-
lehre alttestamentlicher Anthropologie wichtigste Wort"[38]. Fabry betont,
לב fungiere im AT "in sämtlichen Dimensionen menschlicher Existenz
und finde(t) sich als Bezeichnung für sämtliche Schichten der Person:
der vegetativen, emotionalen, rational-noetischen und volontativen
Schicht"[39]. "Sensibilität und Emotionalität"[40] eignen auch bei Sirach dem
Herzen im hohen Maße. Die verschiedensten psychischen Grundkräfte[41]
bewegen das Herz des Menschen: Hinterlist (36, 20), Furcht (12, 11),
Begierde (5, 2; 9, 9), Übermut (11, 28 = G 30; 16, 10; 46, 11), Leichtsinn
(19, 2), Hochmut (48, 19), Sünde (10, 12; 38, 10), Schmerz (25, 13; 38, 18.
20) und Trauer (14, 1) einerseits, Frohsinn (30, 22; 31, 28), Freude (39,
35; 40, 20. 26; 51, 15) und Liebe (47, 8 auf Gott bezogen; 48, 10 auf Elternliebe bezogen) andererseits.

In diesem Bereich benennt לב ganz ähnliche Kräfte wie נפש. Daneben stehen aber für Sirach wie für das ganze Alte Testament[42] die geistigen Fähigkeiten des לב:

"Die Wurzel der Gedanken ist das Herz" (37, 17):
עקרת תחבולות לב.

Zugleich ist das Herz Sitz der Gedanken: 32, 11 (MS B). Durch Einsicht (6, 20 "dem Einsicht = לב mangelt, der wird die Weisheit nicht fassen können", G = ἀκάρδιος; 6, 36; 51, 20 MS B), Rat (37, 13), ja durch
Weisheit selbst[43] (3, 29; 4, 17; 6, 20; 14, 21; 45, 26 לב חכמת; 50, 23. 27.
28) formt und beherrscht das Herz die Gefühle ebenso wie das Aussehen
und das Handeln des Menschen:

"Überrede dich selbst und beruhige dein Herz" (30, 23).
"Das Herz eines Menschen verändert sein Angesicht" (13, 24).
"Anzeichen eines guten Herzens ist ein leuchtendes Gesicht" (13, 25).

Daher ist es von entscheidender Bedeutung, Mißbildungen des Herzens zu vermeiden oder zu korrigieren. Sirach warnt - im Einklang mit
den Schriftstellern des AT - vor dem furchtsamen und schlaffen (2, 12.

---

[37] Zu Herz vgl. Art. Herz, RAC 14, 1093-1131 (J. B. Bauer u. a., Lit.); Art. Herz, HWP 3,
1100-1112 (W. Biesterfeld); Art. לֵבָב/לֵב, ThWAT 4, 413-451 (H.-J. Fabry); Art. καρδία,
ThWNT 3, 609-616 (F. Baumgärtel, J. Behm); A. Hermann, Das steinharte Herz, JbAC
4, 1961, 77-107.

[38] Wolff 68. Zur Problematik der Übersetzung vgl. ThWAT 4, 424.

[39] Vgl. ebd. 425.

[40] Wolff 74.

[41] Vgl. zum AT insgesamt die ausgezeichneten Darlegungen bei Fabry, ThWAT 4, 427ff.

[42] Vgl. Wolff 77ff.

[43] So schon in der älteren Weisheit: ThWAT 4, 435.

13), dem verhärteten (3, 26 u. ö.), dem unfreien (11, 28), dem kleinen (14, 3), dem unsteten (33, 5) Herzen[44] und rät und mahnt, das Herz auf seinen Schöpfer, auf Gott hin auszurichten: 7, 29; 47, 8. Diese richtige Ausrichtung des Herzens ist für Sirach so wichtig, weil das Herz letzten Endes nicht autonom, sondern heteronom ist: von der Schöpfung her auf Gott gerichtet und zu richten, nicht aber auf die Arbeit (38, 26), den Schmerz und den Tod (38, 20) oder den Reichtum (8, 2; 14, 3). Als ideal stellt Sirach König Josia hin: "Und sein Herz war vollständig bei Gott" (49, 3)[45].

Hier ist der Ansatzpunkt der Kultur des Herzens, der pädagogischen Pflege und Schulung der natürlichen Seelen- und Geisteskräfte, die Sirach im לב des Menschen konzentriert denkt:

"Auf meine Worte richtet euren לב", ruft Sirach den Weisheitsschülern zu (16, 22 = G̲ 24).

Das Herz ist fähig zur Beziehung, es ist dialog- und korrekturfähig und zugleich dazu befähigt, als Koordinator die anderen menschlichen Innenkräfte zu lenken und so auch ins Äußere hinein das Handeln des Menschen zu regieren. Die Aufgabe des לב ist es zu prüfen (36, 19 = G̲ 24), sich in acht zu nehmen (12, 11), den לב selbst als höchstes Gut zu achten (30, 16). Gott selbst nimmt den לב des Menschen in höchstem Maße ernst. Er erforscht ihn und schlägt ihn (10, 13) als Erzieher. So erzieht auch der Weise den לב der Schüler mittels der Weisheit in Analogie zu Gott.

c)

נפש und לב als die beiden Sirach vertrauten Vorstellungsformen von den inneren Kräften des Menschen bieten dem Weisen also ein spannungsreiches Wirkungsfeld. Physische Triebe und Begierden, heftige und sublime Gefühle, sublimierte Haltungen wie äußere Verhaltensformen, intellektuelle Fähigkeiten, ethische Entscheidungen und Grundmuster der Lebensführung, schließlich die religiöse Beziehung als konstantes Grundmuster menschlich-geschöpflicher Existenz wie als aktuelle innere und äußere Beziehungs- und Verhaltensform: sie sind die Kräfte, die es für den Weisen zu beherrschen, zu formen und auszubilden gilt. Da Sirach wie das ganze Alte Israel weder eine Dreiteilung des Menschen in die Bereiche von Körper, Seele und Geist[46] noch eine Zweiteilung in

---

[44] Das steinerne Herz von 17, 16 ist LXX-Zusatz (Ziegler 203).

[45] Vgl. 47, 8 über David und 46, 11 über die Richter.

[46] Vgl. dazu Dihle, ThWNT 9, 612: in der hell.-röm. Philosophie treten νοῦς und ψυχή auseinander, wobei ψυχή in gewisser Weise abgewertet wird. Vgl. Weiteres bei J. Behm,

Körper und Seele[47] kennt, sondern das Ich untheoretisch als Einheit mit vielfältigen Wirkungen und Erscheinungsformen versteht, müssen diese seelischen Empfindungen und Kräfte nun feldartig im Detail dargestellt werden. Dabei ist nicht ihre jeweilige Zuordnung zu נפש und לב interessant, da es für Sirach eben keine Systematik auf diesem Gebiet nach der Art der platonischen Trichotomie oder aristotelischen Zweiteilung gibt[48].

Interessant ist vielmehr die Beschaffenheit des Kraftfeldes, das sich um die nuklei von Seele und Herz herumgruppiert, teils als Teilkraft oder Wirkform, teils als eigene Kraft. Wo liegen hier primäre Antriebskräfte, die zur Formung und Kultivierung der Seelenkräfte dienen können? Wo führt Sirach demgegenüber Empfindungen und Haltungen vor, die entweder Material oder aber schon Ergebnis solcher Kultivierung sind? Kennt er kollektive konforme Seelenkräfte, und hält er sie für kultivierbar? Oder richtet sich sein Formungswille auf den Einzelnen und dessen individuelle Kräfte?

2.

Vielleicht am deutlichsten zu erkennen und zu benennen sind für Sirach die starken Affekte[49] im Inneren des Menschen: Begierde, Eifersucht, Haß, Neid, Zorn und Streit. Sirach kennt und beschreibt die elementare und zerstörerische Gewalt dieser Affekte[50].

"Falle nicht in die Gewalt deiner Begierde (ביד נפשך) ...,
denn eine starke Begierde verdirbt die, die sie ergreift" (6, 1. 3).

ThWNT 4, 952ff. (Art. νοέω κτλ., 947-1016, J. Behm, E. Würthwein). Allg. vgl. Wolff 21 (Lit.) und E. Schweizer, ThWNT 6, 393f. (Art. πνεῦμα κτλ. 330-453, H. Kleinknecht, F. Baumgärtel, W. Bieder, E. Sjöberg, E. Schweizer).

[47] Zu der gemeinantiken σῶμα-ψυχή-Vorstellung vgl. E. Schweizer, ThWNT 7, 1026ff. (Art. σῶμα κτλ., 1024-1091, E. Schweizer, F. Baumgärtel).

[48] Dazu Dihle, ThWNT 9, 609: Platos Lehre von der Trichotomie der Seele: λογιστικόν, θυμοειδές, ἐπιθυμητικόν (Plato Resp. IV 439c-441b). Aristoteles vereinfacht zu λογικόν und ἄλογον: vgl. H. Cassirer, Aristoteles' Schrift von der Seele, 1952.

[49] In systematischer Form legt die Stoa eine sachlich durchaus in vielen Punkten Sirach und seiner Tradition vergleichbare Affektenlehre vor, deren Hauptzeuge Cicero Tusc. disp. 3. 4 ist. Sirach fehlt die philosophische Systematik. Vgl. allg. Art. Affekt, RAC 1, 1950, 160-165 (A. Vögtle).

[50] Vgl. dazu Art. θυμός (F. Büchsel), ThWNT 3, 167-173, bes. 168f. zu den stoischen Affekten.

Und: "Starke Begierde (נֶפֶשׁ) richtet den, den sie beherrscht, zu-grunde" wörtl.: die freche Seele bringt ihren Herrn um (19, 2 MS C)[51].

Eifersucht bewirkt "Schmerzen im Herzen" (26, 6)[52].

"Jedes Widerfahrnis, aber kein Widerfahrnis von Hassern" (25, 14)[53].

Aber dieser starke negativ-destruktive Affekt ist nicht absoluter Herr über den Menschen. Wie vor der Begierde kann der Weise auch vor dem Haß bzw. der Feindschaft oder dem Streit warnen und hält seinen Appell für sinnvoll, d. h. er glaubt an die Kontrollierbarkeit des Hasses, ja sogar an seine Umkehrbarkeit:

"Anstatt zu lieben, hasse nicht" (wörtl.: statt eines Freundes werde kein Feind 5, 15) und: "Laß ab vom Haß παῦσαι ἐχθραίνων" (28, 6f.).

Auch der Neid ist eine zerstörende Kraft:

"Schlecht ist, der mit dem Auge neidisch blickt" (ὁ βασκαίνων ὀφθαλμῷ 14, 8 G)[54].

Die elementare Gewalt des Zornes kann nur durch die Gegenkraft der Gottesfurcht aufgehalten werden:

"Die Furcht des Herrn hält Sünden fern,[55]
und wer in ihr verharrt, wendet jeglichen Zorn ab (ὀργή),
nicht wird gerechtfertigt werden können ungerechter Zorn;
wahrlich, die Wut seines Zornes wird ihm den Fall bringen" (1, 21f.).
So gilt: "Groll und Zorn, sie sind ein Greuel,
und der Sünder wird an ihnen festhalten" (27, 30)[56].

---

[51] Vgl. dazu 9, 9; 18, 30 - 19, 4 im ganzen; 23, 5f.; 23, 16; 26, 9ff. Überall stellt Sirach die destruktive, ja tödliche Kraft der Begierde heraus. Zu ἐπιθυμία vgl. Büchsel s. o. Anm. 48.

[52] Vgl. 9, 1.

[53] Vgl. 33, 2 (in bezug auf das Gesetz).

[54] Vgl. 9, 11f.; 14, 8-10. - Die innere Nähe Sirachs zu Plutarchs Moralia in Diatribenform (wie auch zu Cicero und Seneca) ist für diesen ganzen Bereich nicht zu übersehen, bis zu Titeln wie: Περὶ τῆς ἠθικῆς ἀρετῆς, περὶ ἀρετῆς καὶ κακίας, περὶ ἀδολεσχίας, περὶ πολυφιλίας, πῶς ἄν τις διακρίνειε τὸν κόλακα τοῦ φίλου, πῶς ἄν τις ἀπ᾽ ἐχθρῶν ὠφελοῖτο, περὶ φθόνου καὶ μίσους, περὶ τοῦ μὴ δεῖν δανείζεσθαι, πότερον τὰ τῆς ψυχῆς ἢ τὰ τοῦ σώματος πάθη χείρονα. - Vgl. zur Einführung HKAW VII, 2,1, Christ, Griechische Literatur, 504ff. Ebd. S. 506 zu den Vorläufern seit Krantor (340/35 - 275 v. Chr.) und Theophrast (ca. 370 - ca. 287), zu Theophrast selbst ebd. S. 60-68. - Vgl. auch H. D. Betz' Einleitung zu H. D. Betz (Hg.), Plutarch's Ethical Writings and Early Christian Literature, Leiden 1978, S. 8f., wo er auf die Traditionen, die Plutarch verarbeitet, und auf die Linien dieser gr. philosophischen Literatur im Hellenismus, Judentum und frühen Christentum hinweist.

[55] Zur Überlieferung vgl. Sauer 508 (Lit.); ebenso Skehan - di Lella 142.

[56] Vgl. 10, 18; 11, 9; 26, 8; 26, 28 (gerechter Zorn ausnahmsweise); 28, 3. 5. 8. 10. 19.

Zum Zorn gehört die unkontrollierte Streitlust (מדון, מצה, ריב, μάχη). Den Zusammenhang beider Affekte beschreibt Sirach 28, 8-26[57]. Zorn facht den Streit an. Durch unkontrollierte Rede wird der Streit weiter angeheizt. Verleumdung kann diesen Streit bis zur Vernichtung verschärfen. Affekte und Mißbrauch geistiger Fähigkeiten spielen zusammen und führen den Menschen ins Verderben. Sirach erlebt die aufgezählten Affekte als existenzbedrohend. Sie sind oft nicht einfach kontrollierbar oder domestizierbar. Psychologische Kultur muß angesichts dieser Affekte eine grundsätzliche Warnung aussprechen:

"Halte dich fern" ἀπόσχου ἀπὸ μάχης, καὶ ἐλαττώσεις ἁμαρτίας (28, 8)[58]. Diese häufig ausgesprochene Warnung klingt freilich zunächst angesichts der "Gewalt der Begierde" fast harmlos, ja direkt irreführend. Denn die metaphorische Rede vom Sich-Fernhalten unterstellt ja, daß sich die Affekte außerhalb des Ich befinden und sich vermeiden lassen wie äußere Gefahren oder wie Schlaglöcher in der Straße.

Keineswegs aber vertritt Sirach eine so naive Psychologie. Die Affekte sind ja Bestandteil der Seele, des Herzens, und zwar in so hohem Maße, daß gerade der stärkste Affekt, die Begierde, נפש, mit dem inneren Selbst des Menschen identisch werden kann, indem sie gleichsam den inneren Raum des Menschen ganz in Beschlag nimmt. Schon hier stellt sich also die Frage nach der Leitung der Seelenkräfte. Sie wird noch dringender, wenn nun auch die positiven Aspekte ihren Teil jenes inneren Raumes des Menschen beanspruchen. Sirach nennt Genuß, Freude, Liebe und Mitleid.

14, 10b-17 behandelt Sirach den Zusammenhang von Genuß und Freude. Zum Genuß gehören auch Guttaten am Freund (V. 13). Dies reiche Leben mit Gelagen, Freunden und Geschenken ist "Wonne" (תענוג Plural, τρυφή Schwelgerei V. 16). Vom Genuß spricht auch Kapitel 31, bes. V. 25ff., wo Sirach das maßvolle Gelage preist, zugleich aber vor Trunkenheit warnt.

"Ein fröhliches Herz und Freude und Lust (שמחת לב וששון ועדוי, ששון = εὐφροσύνη) bewirkt der Wein, getrunken zu seiner Zeit und reichlich" (31, 28). 37, 29-31 handelt nochmals vom Genuß (מטעמים Leckerbissen). Diesmal warnt Sirach aber vor übermäßigen Genüssen, die zu Krankheiten führen.

Die Freude selbst charakterisiert Sirach am besten 30, 21-25: "Frohsinn des Herzens (שמחת לבב = εὐφροσύνη καρδίας), ja das be-

---

[57] Vgl. auch 40, 5.

[58] Zum Zorn vgl. Art. ὀργή κτλ., ThWNT 5, 382-448 (H. Kleinknecht, O. Grether, O. Proksch, J. Fichtner, E. Sjoeberg, G. Stählin), bes. 410ff. zu ὀργή und θυμός in LXX

deutet Leben für einen Mann" (V. 22)[59]. Diese Freude ist der Trauer entgegengesetzt und vermeidet Ärger, Kummer, Neid und Sorge. Freude ist bei Sirach schon gezähmter Affekt, "gute Gesinnung" (35, 9. 10)[60].

Sie kann aber noch mehr sein. In Kapitel 1 ordnet Sirach die Freude der Weisheit und der Furcht des Herrn zu:

"Die Furcht des Herrn wird laben das Herz,
und sie wird geben Frohsinn und Freude und lange Tage"[61] (1, 12).

Hier wird ein Seelenzustand nicht mehr als Affekt, sondern als Ergebnis eines ethisch-religiösen Verhaltens verstanden. Die Religion wird zum Katalysator des Seelenzustandes. Dieser Umstand ist für die seelische Kultur, wie Sirach sie lehrt, wichtig.

Liebe zum Freund (στοργή) und wahre Freundschaft (φιλία) ist nach 27, 16ff. ebenfalls ein eminent positiver Aspekt[62]. So heißt es auch 40, 20: "Wein und Rauschtrank erfreuen (יעליצו) das Herz (לב), mehr als beide aber die Freundesliebe (אהבת דודים)".

Allerdings stellt Sirach die Freundschaft nicht über, sondern unter die Liebe zur klugen Ehefrau (Vers 23). Sirach lebt also nicht in der Welt hellenistischer elitärer Männerfreundschaftskulte[63].

An diesem Punkt ist der Schritt von dem weniger oder mehr gezügelten Affekt zur psychischen Haltung nicht mehr weit.

3.

Ist der Affekt aktuell veranlaßte, punktuelle, spontane und kontingente Reaktion, so ist die Haltung durativ und nimmt den Charakter einer la-

---

(Grether, Fichtner). Im Traditionsbereich der hellenistischen Philosophie ist Plutarch, Moralia 453-464, bes. wichtig (später Seneca, De ira).

[59] Zur Freude im Alten Israel und in der gr.-röm. Antike vgl. Art. Freude, RAC 8, 348-418 (O. Michel), und Art. χαίρω, ThWNT 9, 350-362 (H. Conzelmann).

[60] Ähnlich das Verständnis der Freude als eines guten Seelenzustandes in der Affektenlehre der Stoa seit Chrysipp (RAC 8, 357).

[61] Vgl. auch 1, 23 und 6, 28.

[62] Vgl. dazu Art. Freundschaft, RAC 8, 418-434 (K. Treu) und den Art. φιλέω κτλ./φίλος κτλ., ThWNT 9, 113-169 (G. Stählin), dort bes. S. 149 (Katalog der dem Thema Freundschaft gewidmeten philosophischen Schriften der Griechen und Römer) und S. 150 über die hohe Bedeutung der Freundschaft unter Männern. Grundlegendes antikes Werk zum Thema: Buch 8 und 9 der Nikomachischen Ethik von Aristoteles (Aristoteles Werke, Hg. E. Grumach, Bd. 6 Nikomachische Ethik, Berlin 1983, übs. u. komm. von F. Dirlmeier).

[63] So z. B. sehr stark Epikur (vgl. RAC 8, 420f.). Sirachs Kultur fehlt ja auch das männlich homoerotische Element.

tenten oder manifesten Struktur an. Die Haltung definiert die Person ungleich stärker als der Affekt, es sei denn, die Haltung der Person sei dauernd affektgeladen, so daß z. B. die Zornesaufwallung zum dauernden Jähzorn wird. Die Haltung ist individuell von innen oder pädagogisch von außen organisierbar und wird ihrerseits wieder als Verhalten in der Außenbeziehung manifest. Die Haltungen und Verhaltensformen, die Sirach nennt, können ihrerseits entweder jeweils kurzfristig geübte Verhaltensformen sein, deren Wesen hauptsächlich kommunikativ nach außen gerichtet ist, oder aber langfristig internalisierte Haltungen, die zu personalen Grundstrukturen werden. Der Übersichtlichkeit halber werden zuerst die Haltungen insgesamt dargestellt (α.), (β.) die sog. Nachtseiten der Seele und (γ.) die sog. Sekundärtugenden.

(α.) Zu den kurzfristigen Formen gehören heimliche und tückische List (1, 30; 19, 26ff.; 36, 20 = V. 25 G), Prahlerei, Übermut (10, 12), Schmerz (27, 29; 38, 18), Spott (11, 4), Trauer (30, 21-25; 38, 16ff.), Verachtung (4, 4 ex negativo; 8, 9; 10, 23. 28f.), Willkür (10, 3). Alle diese Haltungen tragen einen negativen Akzent. Sirach warnt die Jünglinge vor solchen Haltungen. Gehorsam, Bewunderung und Verehrung dagegen als aktuale Verhaltensformen bewertet er positiv (3, 1-16 u. ö.; 10, 23f.). Bei den langfristigen Haltungen bewertet er Angst und Furcht (4, 30; 7, 6; 23, 19; 40, 2. 5), Sorge (31, 1f.; 40, 2), Unmut, Verzweiflung und Verbitterung (4, 6; 7, 11), Zögern (5, 7) und Zweifeln (1, 28) eher negativ.

Dagegen sind Bescheidenheit (3, 21ff.; 4, 8), Beliebtheit (4, 7; 20, 13), Erfahrung (25, 6), Geduld (2, 4), Scham (8, 6; 41, 14ff.), Vertrauen und Treue (4, 16; 22, 23), Vorsicht (6, 1-16; 32, 23), Zufriedenheit (41, 1c. d) positive, lang angelegte innere Haltungen und Formen der Weltbegegnung.

Von hier aus läßt sich die Grundgestalt der Seele zeichnen, wie Sirach sie bilden möchte. Vorsicht (Kap. 6; 13, 13; 18, 24-27; 19, 4; 21, 7; 32, 22f.) ist die Grundhaltung gegen alle Unvorsicht der Affekte von der Freundschaft bis zum Haß:

"Auf allen deinen Wegen hüte dich" (32, 22).

Eng damit verbunden sind Behutsamkeit (4, 3f.) und Bescheidenheit (7, 16f.; 10, 12. 28f.). Diese strengen Formen der rationalen Selbstkontrolle führen zur völligen emotionalen und intellektuellen Selbstbeherrschung:

"Keinem Menschen (wörtl.: nicht jedem) offenbare dein Herz" (8, 19).

Das Ideal ist die Rationalität:

"Ohne Überlegung (עצה) sollst du nichts tun" (32, 19).

Der so kontrolliert lebende Mensch lebt unauffällig (26, 5), aber er soll und darf ein angemessenes Selbstwertgefühl haben: 10, 28. 29; 14,

5f., ohne dem Vollkommenheitswahn zu verfallen (7, 16f.). Er gehört zur Elite. Dies Elitegefühl bildet die psychologische Seite der guten Erziehung, die z. B. 31, 15-17 geschildert wird. Die objektive Seite dieses Gefühls stellt die Autarkieforderung dar, die Sirach äußerst scharf formuliert:

"Solange dir noch Leben beschieden ... ist,
soll über dich niemand herrschen" (33, 21).

Hier spricht Sirach die Jünglinge auf das hin an, was sie werden sollen: Väter in der vaterbezogenen israelitischen Gesellschaft. Ein derart außen wie innen autarker Mann kann nun nach Maßgabe seiner Einsicht und Erziehung das Leben genießen:

"Nur der, der lebt und gesund ist, lobt den Herrn" (17, 28).

Der kultivierte Mann wird sich daher in Maßen selbst Gutes tun (14, 11. 16):

"Wenn du etwas besitzt, so tue dir Gutes an" (V. 11).

Aber gerade in diesem Zusammenhang, bei Fest und Gelagen, die ja den einen Höhepunkt des schönen Lebens bilden (31, 12ff.), wird er seine מוסר (παιδεία) beweisen, die völlige Kontrolle über die Begierden des Essens (V. 16) und Trinkens (V. 25). Der Rausch als physisch-psychische Auflösung der Kontrolle ist gefährlich. Sirach sucht nicht wie Alkibiades im Rausch die Wahrheit[64], sondern warnt auch hier:

"Und auch beim Gelage zeige dich nicht als Held,
denn viele hat der Rauschtrank straucheln lassen" (31, 25)[65].

Die enge Verbindung von somatischer und psychischer Überreizung betont Sirach auch für das übermäßige, unkontrollierte Essen (31, 20) und vor allem bei der Sexualität. Auch hier gilt:

"Bei all deinem Tun sei demütig" (wörtl.: mäßig צנוע) (V. 22).

Dazu gehört die Psychologie der Verhütung der Begierde, wie sie 9, 9 vorträgt:

"Mit einer Ehefrau zusammen sollst du nicht speisen,
und nicht sollst du mit ihr zusammen trinken,
damit du dich ihr mit deinem Herzen nicht zuneigest
und durch (die Erregung) des Blutes dich hinneigest zum Verderben".

---

64 Plato, Symposion 212cff.

65 Zur Trunkenheit vgl. Art. μέθη κτλ., ThWNT 5, 550-556 (W. Michaelis) und Art. Trunkenheit, BHH 3, 2028f. (S. Wibbing). Plato selbst ist vorsichtiger als Alkibiades: Symposion 176d. Sokrates ist in seiner Trinkfestigkeit eine Ausnahme: Symposion 176c. Vgl. weiter ThWNT 5, 550f. - Bes. wichtig zum Thema Philos Schrift de ebrietate (vgl. dazu ThWNT 5, 551f.; H. Levy, Sobria ebrietas, BZNW 9, 1929.

Sirach behandelt das für seine Schüler so wichtige Thema der Frauen in drei Kompendien: 9, 1-9; 25, 13-26 und 26, 1-27[66].
Kleinere thematische Einheiten bilden 7, 23-26; 36, 21-26 und 42, 9-14. Dabei gilt grundsätzlich, daß eine schöne und gute Ehefrau das höchste Gut für den Mann darstellt. Die Basis der Ehe ist Treue auf beiden Seiten. Deshalb warnt Sirach eindringlich vor den Gefahren der sexuellen Begierde, die das Gesetz der Ehe sprengen. 9, 1-9 gilt seine Warnung dem Mann. Die fremde Ehefrau, die Jungfrau, die Hetäre, sogar die eigene Ehefrau, die zur Eifersucht verführt (V. 1), erregen die Begierde des Mannes. Stimme, Auge, Herz und Blut: durch und für diese Organe lauern Gefahren. Die Gier der Unzucht, die sich der ethisch-religiösen Kontrolle entzieht, beschreibt Sirach topisch als brennendes Feuer: 23, 16-18. Die Unzucht richtet sich direkt gegen Gott und seine Ordnung. Sie ist lebensgefährlich für den Mann (V. 21) wie für die Frau (V. 22ff.). Daher betet Sirach 23, 6 explizit um Bewahrung vor sexuellem Begehren. Von daher verstehen sich die beißend scharfen Worte gegen unsittliche Greise (25, 2), gegen unverheiratete Töchter (42, 11ff.) und gegen unzüchtige Frauen (26, 10-12. 25 G 2). Sirach wird aber durch seine Schöpfungstheologie[67] davor bewahrt, den Geschlechtstrieb als solchen negativ zu mythisieren oder zu tabuisieren. Die Einsicht in die Gewalt des Triebes teilt er mit der griechischen Antike ebenso wie mit dem Alten Israel[68]. Er vertraut darauf, mit Gottes Hilfe, aber ohne besondere Praktiken asketischer Art den Trieb beherrschen zu können. Die Gottesfurcht ist die Grundlage einer guten Ehe (26, 23 G 2).

In diesem Rahmen kann die Begierde besiegt werden. Die spezifisch weisheitlich gebunde ratio erweist sich als psychisch heilender Faktor im Bereich des Eros: der unantastbare Rahmen des die Ehe betreffenden Religionsgesetzes Israels wird nicht zum geschlechtsfeindlichen Joch, sondern ist in den Zusammenhang der Kultivierungsarbeit der Seele

---

[66] Zum Status der Frau vgl. o. Kap. I. Lit.: Art. Eros I, RAC 6, 306-312 (C. Schneider); Art. Frau, RAC 8, 197-269 (K. Thraede); Art. Geschlechter, RAC 10, 780-803 (G. Delling); Art. Geschlechtstrieb, ebd., 803-812 (ders.); Art. Geschlechtsverkehr, ebd., 812-829 (ders.); Art. Frau III, TRE 11, 424-431 (F. Dexinger). Krauss TA II, 3-54; de Vaux, Lebensordnungen I, 52ff.; W. C. Trenchard, Ben Sira's View of Women, Chico Ca. 1982 (Brown Judaic Studies 38); G. Mayer, Die jüdische Frau in der hellenistisch-römischen Antike, 1987; B. H. Geller Nathanson, Reflections on the Silent Woman of Ancient Judaism and her Pagan Roman Counterpart, in: The Listening Heart, FS R. E. Murphy, Hg. K. G. Hoglund u. a., JStOT.S 58, Sheffield 1987, 259-280; A. Rousselle, Der Ursprung der Keuschheit, 1989; P. W. van der Horst, Essays on the Jewish World of Early Christianity, NTOA 14, 1990, darin: The Role of the Women in the Testament of Job, 94-110; Portraits of Biblical Women in Pseudo-Philo's Liber Antiquitatum Biblicarum, 111-122.

[67] Das gilt trotz 25, 24 (zum Zusammenhang vgl. RAC 10, 787).

[68] RAC 10, 803 (z. B. Plato resp. 1, 329c; vgl. Philo agr. 37 u. ö.: RAC 10, 806).

hineingestellt. Die Kultivierung des Triebes und die Herrschaft über den Körper stehen in einer sinnvollen Spannung zur Bejahung des Geschlechtstriebes (26, 19f. G 2), der weder sublimiert noch unterdrückt wird.

Allerdings gilt dies Urteil nur für den Mann. Der Jungfrau traut Sirach traditionell diese Arbeit an der Psyche nicht zu. Hier herrschen rigide Verbote. Die Vorsicht wird zur Gefangenschaft. Wieder stoßen wir auf die Grenze des Bildungs- und Erziehungswillens bei Sirach: er bezieht sich nur auf Jünglinge. Verheiratete Männer können dann allerdings durchaus ihre Frauen erziehen, nicht aber Väter ihre Töchter. Diese erscheinen der männlich ratio einseitig somatisch und triebhaft geprägt, so daß eine psychische Kultivierung sinnlos zu sein scheint. Weshalb sie dann in einer Ehe möglich sein soll (26, 13ff.), macht Sirach nicht deutlich.

Die Verhütung der Begierden ist für Sirach überhaupt ein psychologisches Gebot:

"Nicht besteht Weisheit darin, das Schlechte zu kennen οὐκ ἔστιν σοφία πονηρίας ἐπιστήμη" (19, 22).

Die Verhütung der Begierden gehört zur Vorsicht, die die Macht der Begierden vorher richtig einschätzt, statt sie leichtsinnig zu bagatellisieren.

(β.) Gewarnt wird weiter vor den Nachtseiten der Seele, die eine mögliche Antwort der Seele auf die Mühsal nicht nur des äußeren (40, 9), sondern auch und gerade des inneren Lebens der Menschen darstellt. 40, 1-6 beschreibt Sirach dies innere Leben des Menschen im Rahmen einer weisheitlichen Lehrrede über das Thema: "Das Leben der Menschen" mit eschatologischem Ausblick (40, 1-17)[69]. Dabei stellt er die inneren Mühen ganz in den Vordergrund und erwähnt die äußeren Mühen nur formelhaft in Gestalt von acht Plagen (V. 9). Die innere Mühsal des menschlichen Lebens ist geprägt von den "Sorgen und der Furcht des Herzens", τοὺς διαλογισμοὺς αὐτῶν καὶ φόβον καρδίας (V. 2), so formuliert LXX. Vers 5 entfaltet diese Innenwelt: Zorn - Eifersucht - Sorge und Furcht - Angst vor dem Tode - Zank - Streit: Hier begegnen uns die bekannten negativen Affekte und Haltungen. Hinzu kommt ein wichtiger Gesichtspunkt: Auch im Schlaf ist der Mensch dem Schrecken böser Träume ausgesetzt (40, 5-7)[70].

Die Ängste der Träume als des unkontrollierbaren Eigenlebens der Seele thematisiert Sirach auch 34, 1-8 (LXX 31, 1-8, nur griechisch über-

---

[69] Zu dieser Form vgl. O. Wischmeyer, Der höchste Weg 1981, StNT 13, 217ff.

[70] Zum Schlaf allg. Th. H. McAlpine, Sleep, Divine and Human, in the Old Testament, JSOT 38, Sheffield 1987. M. geht leider nicht auf Sirach ein.

liefert), wo er sich grundsätzlich mit dem Thema des Verhältnisses von Weisheit und Traumwelt auseinandersetzt:

1 "... und Träume (ἐνύπνια) beunruhigen törichte Menschen.

2 Wie der, der nach einem Schatten greift und dem Wind nachjagt,
  so ist der, der sich an Träume hält.

3 Das, was dem anderen nur entspricht (eins statt des anderen: Spiegelung), ist das Traumgesicht,
  vor seinem Angesicht steht nur das Abbild seines Angesichtes (τοῦτο κατὰ τούτου ὄρασις ἐνυπνίων, κατέναντι προσώπου ὁμοίωμα προσώπου: statt der Wirklichkeit nur ein Abbild der Wirklichkeit).

4 Was kann von einem Unreinen gereinigt werden?
  Und was kann sich vom Lügnerischen als wahr erweisen?

5 Orakel und Wahrsagungen und Träume sind leer (μαντεῖαι καὶ οἰωνισμοὶ καὶ ἐνύπνια μάταιά ἐστιν),
  und wie bei einer Frau, die Wehen hat, ergeht sich das Herz in Phantasien (φαντάζεται καρδία).

6 Wenn sie nicht vom Höchsten bei der Begegnung mit ihm (ἐν ἐπισκοπῇ) gesandt werden,
  so richte dein Herz nicht auf sie.

7 Denn viele haben Träume irregeführt,
  und die, die auf sie hofften, blieben leer (wörtl.: kamen zu Fall).

8 Ohne Lügen wird das Gesetz sich vollenden,
  und die Weisheit findet Vollendung im vertrauenswürdigen Munde".

Wenn Sirach sich so skeptisch zum Traum als Erkenntnisträger und so realistisch zum Angsttraum äußert und sogar versucht, die bloße Abbildqualität der Traumbilder mit popularphilosophischem Vokabular[71] zu bestimmen, dann nimmt er an der ausgedehnten Diskussion jüdischer und griechischer Weisheitslehrer über das Wesen und die Bedeutung der Träume explizit teil. Diese Diskussion ist ausführlich und kontrovers. Sie umfaßt auch die Theorie und Praxis der Mantik bzw. divinatio und des Inkubationsschlafes am Heiligtum einerseits und die apokalyptischen und rabbinischen Beispiele der Traumliteratur andererseits. Sie ist ein Teil der großen antiken Auseinandersetzung um das Irrationale, in die E. R. Dodds in seinem Werk "Die Griechen und das Irrationale" eingeführt hat[72].

---

[71] 34, 3 ὁμοίωμα setzt sein Enkel. Vgl. 38, 28: dort braucht Sirachs Enkel für "Modell" das Substantiv ὁμοίωμα. Der hebr. Text ist beide Male nicht überliefert.

[72] E. R. Dodds, Die Griechen und das Irrationale, Kap. 4: "Traumform und Kulturform" (S. 61ff.). - Lit. zum Thema: Art. Hypnos, PRE 9, 323-329 (A. Jolles); Art. Hypnos, Roscher 1, 2846-2851 (B. Sauer); Art. Oneiros, ebd. 3, 900-910 (Türk); Art. Traumdeutung, PRE 2 R. 6, 2233-2245 (Th. Hopfner); Art. ὄναρ, ThWNT 5, 220-238 (A. Oepke); Art. ὕπνος, ebd. 8, 545-556 (H. Balz); Art. Traum, BHH 3, 2023-2025 (E. L. Ehrlich, B.

Sirach steht in dieser Diskussion ganz eindeutig und betont auf der Seite des Rationalen. Medizinische Einsichten in die somatische Bedingtheit schlechter und schwerer Träume rücken Sirach zudem inhaltlich in die Nähe des hippokratischen Traktats "Über die Diät" und sind ein Zeugnis für sein ärztliches Interesse[73].

Allerdings unterscheidet sich sein Rationalismus doch grundlegend von demjenigen aristotelischer Prägung, wenn Aristoteles leugnet, daß Träume überhaupt von Gott kommen können[74]. Denn Sirach hält ausdrücklich daran fest, daß Träume "vom Höchsten bei der Begegnung mit ihm gesandt werden" (34, 6).

Damit bewegt Sirach sich auf der insgesamt traumkritischen Linie der alttestamentlichen Weisheit, wie sie Pred 5, 2. 6; Hiob 20, 8; Ps 73, 20 vertreten[75]. Später wird die jüdische Weisheit sich stärker der "platonisch-stoischen Traumgläubigkeit" öffnen[76], wie Philos Traumschriften zeigen. Eine andere Linie der erstarkenden Bedeutung von Traumgesichten eröffnet das Danielbuch[77]. Beide Linien führen ins Irrationale. Der Traum wird Einfallstor für Eingebungen aller Art. Sirach selbst läßt theologisch Gott einen Platz in der Seele frei, füllt diesen aber praktisch-psychologisch mit den personalen und außerpersonalen intellektuellen Kräften der Weisheit als göttlicher Gabe und menschlicher Anstrengung.

Daß Sirach unter den Träumen gerade die Angst- und Verfolgungsträume erwähnt, gehört zu seinem psychologisch-ärztlichen Realismus. Unter demselbem Aspekt betrachtet er auch Tod, Totenklage und Trauer sowie seelische Schmerzen, ebenfalls für die Antike mögliche Einfallstore des Irrationalen. An dieser sensiblen Stelle wird der betont positive, konstruktive Charakter der Psychologie Sirachs deutlich:

Reicke); Art. חֲלוֹם, ThWAT 2, 986-998 (J. Bergman, M. Ottosson, G. J. Botterweck); Art. divinatio, RAC 3, 1235-1251 (P. Courcelle, Sp. 1236 zum Zusammenhang von Traum und divinatio; Sp. 1237 zur Oneiromantik); Berger, Historische Psychologie, 121-129 (zu Visionen und Wahrheit und Trugbild). Monographisch vor allem: E. L. Ehrlich, Der Traum im Talmud, ZNW 47, 1956, 33-145; W. Richter, Traum und Traumdeutung im AT, BZ 7, 1963, 202-220. - Zum Vokabular: hebr. חלום; LXX ἐνύπνιον, bei Sirach gr. ebf. nur ἐνύπνιον, ὄναρ vacat.

[73] 31, 20. Vgl. dazu Dodds, Die Griechen, 70. Der Traktat περὶ διαίτης wird von W. Jaeger ins 4. Jh. datiert (s. Dodds Anm. 101 zu Kap. 4).

[74] Aristot div. p. somn. 463b 15ff.; 464a 20ff. Dazu Dodds, 70f., der von S. 68 an die "Entwicklungslinie" verfolgt, "auf der eine kleine Schar griechischer Intellektueller zu einer rationalen Einstellung den Traumerlebnissen gegenüber gelangt ist".

[75] ThWAT 2, 995 (Ottosson).

[76] ThWNT 5, 231 (Oepke).

[77] Zu Dan 1, 17 vgl. K. Kode, Daniel, BKAT 22, 1, 1986, 71ff. K. sieht hier vor allem den persischen Einfluß. S. 77 akzentuiert er kräftig den Unterschied zu Sirach.

"Nicht sollst du dich der Trauer hingeben" (30,21)

Hier streiten positiv-weisheitliche ratio und jenes Denken, das nicht von der Gottesfurcht bestimmt ist und daher für Sirach im Irrationalen verschwimmt, miteinander. Ein form-, grundsatz- und zielloses Dahinbrüten ist Sirachs weisheitlich-theologisch geformter ratio ebenso eine Gefahr wie die emotionale und irrationale Trauer. Gerade hier ist Schaden für das Herz zu befürchten, vergleichbar einer körperlichen Krankheit. So ermuntert Sirach in Kap. 38 zunächst, bei einer physischen Krankheit den Arzt zuzuziehen, dann warnt er vor psychischer Erkrankung durch übermäßige Trauer: 38, 16-23. Sirach fordert den Schüler durchaus zur Erfüllung der Bestattungsriten und zur Totenklage auf (אבל πένθος Vers 17). Wichtiger aber ist seine Warnung, die dem לב gilt:

"Schlecht steht es mit einem לבב, der (nur) Schmerz (עצבה) aufbaut" (V. 18 MS B)[78].

Ebenso eindringlich warnt er vor Furcht, besonders vor Todesfurcht als einer inneren Vernichtung jenes geschöpflichen Lebens, das der Menschen zwischen Geburt und Tod als Gottesgeschenk erfahren und ausleben soll (41, 3):

"Nicht sollst du dich fürchten vor dem Tod,
dem Gesetz, das dir bestimmt ist".

Die Begründung erfolgt wieder rational:

"Denke daran, daß die Vorfahren und Nachkommen mit dir daran Anteil haben".

Schmerz und Trauer[79] als psychische Erscheinung werden in Israel häufig thematisiert, ebenso gehören sie zu den Pflichtthemen der antiken Philosophie[80]. Bultmann hat herausgearbeitet, daß weder die antike Philosophie noch das Alte Testament das Leid selbst als eigene Größe verstehen und positiv interpretieren[81]. Das gilt ebenso für die äußere ri-

---

[78] Anders liest Skehan - di Lella 440 nach Segal: ירכניע עצמה: Herzschmerz zerstört die Gesundheit.

[79] Vgl. dazu Krauss TA II, 54-83; de Vaux, Lebensordnungen I, 99ff.; Art. λύπη κτλ., ThWNT 4, 314-325 (R. Bultmann); Art. πένθος κτλ., ThWNT 6, 40-43 (ders.); Art. Trauer, BHH 3, 2021-2023 (E. Oßwald); Art. אָבַל, ThWAT 1, 46-50 (A. Baumann). Monographien: J. Scharbert, Der Schmerz im AT, BBB 8, 1955 (dort S. 6-73: atl. Vokabular des Schmerzes); E. Kutsch, "Trauerbräuche" und "Selbstminderungsriten" im AT, ThSt 78, 1965.

[80] Vgl. ThWNT 4, 316; 6, 41: πένθος und λύπη gehören zu den πάθη (vgl. z. B. 4. Makk 1, 23). ThWNT 4, 315: λύπη bildet aber kein eigenes philosophisches Thema, sondern wird im Zusammenhang der ἡδονή abgehandelt (vgl. Philo: ThWNT 4, 320f.).

[81] Ebd. 317. 319.

tuelle Seite der Trauerbräuche[82]. Sirachs Rationalität, die im seelischen Schmerz einen Feind der Seele sieht, steht in seinem physio-psychischen Bild von der Gesundheit der Seele, die in ihrer Beherrschtheit in Erscheinung tritt, der stoischen Philosophie auffallend nahe[83].

(γ.) Wie steht es dagegen mit den pädagogisch vermittelbaren inneren Haltungen jenes rationalen Ensembles von Ordnung, Fleiß, Sparsamkeit, Pünktlichkeit und Verläßlichkeit, den sog. Sekundärtugenden, die das Zusammenleben berechenbar und funktional organisieren und der jeweiligen Familie oder dem bäuerlichen, handwerklichen oder kaufmännischen Unternehmen Autarkie und Bestand sichern sollten[84]?

Fleiß als Modalität der Arbeit kennt auch Sirach, und zwar schon als ein Thema, das spezifisch für die Weisheitsliteratur Israels war. H. W. Wolff hebt hervor: "Vor allem aber hat die Weisheitslehrer das Problem der Arbeit und ihres Erfolges beschäftigt. Sie stellen zunächst eine weitgehende Gesetzmäßigkeit fest, nach der dem Fleiß Erfolg, der Faulheit aber Armut beschieden ist"[85]. Krauss hat den praktischen Fleiß des israelitischen Bauern und Gewerbetreibenden betont[86]. Im Arbeitsfleiß der Rabbinen setzte sich diese Haltung fort (z. B. Pirke Abot 2, 2). Wenn Sirach also 22, 1. 2 lehrt:

"Mit einem beschmutzten Stein kann der Faule verglichen werden, und ein jeder zischt über seine Schande",
"Mit einem Mistfladen kann verglichen werden der Faule, ein jeder, der ihn aufheben wollte, wird seine Hand ausschütteln",

dann bewegt er sich in traditionellen weisheitlichen Bahnen.

Das gilt auch für das Bauernsprichwort:

"Wer das Land bebaut, wird seinen Erntehaufen hoch aufbauen" (20, 28).

Und Kap. 38, 24ff. schildert eindrücklich den unermüdlichen Fleiß der Handwerker in Israel.

---

[82] ThWAT 1, 47. Vgl. auch Berger, Historische Psychologie 210f.: zur Entsprechung von Außen und Innen bei der Trauer: Ritual und Gefühl.

[83] ThWNT 4, 316f.

[84] Neue Fragestellungen und Ergebnisse zur Kultur des europäischen Bürgertums im 19. Jh. z. B.: J. Kocka (Hg.), Bürger und Bürgerlichkeit im 19. Jahrhundert, 1987 (Lit.). Zu unserem Thema ebd. H. Bausinger, Bürgerlichkeit und Kultur, S. 121-142. Wichtige Textsammlung: P. Münch, Ordnung, Fleiß und Sparsamkeit, 1974 (dort auch zur Geschichte der Begriffe).

[85] Wolff, Anthropologie 192 . 193ff.

[86] Krauss TA II, 161. 249.

Sirach ist also für Fleiß, setzt aber doch sehr andere Akzente als seine Vorgänger. Das Lob der Frau[87] ist das beste Beispiel für diese Akzentverschiebung zwischen den Proverbien und Sirach. Sprüche 31 lobt die tüchtige Hausfrau wegen ihres Fleißes (V. 18. 27), ihrer Tatkraft und ihres guten Wirtschaftens. Sie kann mit Geld umgehen, und die Metapher vom "Kaufmannschiff" ist nicht zufällig gewählt (V. 14). Wie anders beschreibt Sirach die gute Frau (Kap. 26): sie schafft dem Manne Wohlergehen und Freude (V. 2), sie ist anmutig (V. 13), schamhaft (V. 15). Neben dem Äußeren schätzt Sirach also verfeinerte psychologische, ethische Haltungen an der Frau. Offensichtlich versteht er die Ehefrau weniger als Haushälterin als der Verfasser der Sprüche. Das wird auch damit zusammenhängen, daß Sirach für eher begüterte Jünglinge schreibt, deren spätere Ehefrauen wenig eigene Hausarbeit leisten müssen. Hier liegt ein deutlicher Paradigmenwechsel in den Grundhaltungen vor, wie ihn beispielsweise D. Böhme für das Verhältnis des Sokrates zu den Vorsokratikern beschreibt[88]. Arbeitsfleiß fordert Sirach dementsprechend deutlich von Sklaven und Tagelöhnern: 7, 20; 33, 25-30; 37, 11 g-i. Der Weise aber wird gerade als derjenige gekennzeichnet, der "wenig (andere) Arbeit hat" (38, 24), d. h. wie die ideale Frau sich nicht in häuslicher, landwirtschaftlicher oder gewerblicher Arbeit verzehrt, sondern otium (G σχολή) für seine Studien hat. Seinen spezifischen Fleiß rühmt Sirach aufs höchste:

"Anders (als die Handwerker) der, der sich selbst dahingibt und nachsinnt über das Gesetz des Höchsten" (38, 34).

Hier werden der geistigen Arbeit, dem intellektuellen Fleiß und Bemühen ein eigener Freiraum und eine Entfaltungsmöglichkeit geschaffen. Dazu läßt sich der spätere Text Ciceros aus den Tusculanen vergleichen. Cicero übernimmt "schola" als Fremdwort aus dem Griechischen zur Bezeichnung einer Philosophiestunde. In quam exercitationem ita nos studiose operam dedimus, ut iam etiam scholas Graecorum more habere auderemus. Inhaltlich ist er damit Sirachs Auffassung vom Studium und von der Lehre der Weisen ganz nahe[89]. Der Verfasser des Predigers dagegen kennt diese positive, dem Studium der Weisheit gewidmete Ruhe noch nicht. Für ihn ist Ruhe (נחת) einfach ein formaler Gegenbegriff zu Arbeit (עמל, 4, 6). Weisheitliches Denken ist ihm eine unselige Mühe und Qual (1, 13)[90].

---

[87] Vgl. Plöger, 377.

[88] Böhme, Sokrates, 37ff.

[89] Tusc. I 7f.

[90] Vgl. dazu A. Lauha, Kohelet, BKAT XIX, 1978, 45f.: dieser Gedanke ist für den Prediger typisch. Diesen Befund gilt es auch historisch zu interpretieren. Die jüngere Weisheit von Sirach über die "Weisheit Salomos" wertet diesen Freiraum denkerischer und schriftstellerischer Art immer weiter auf. Die Linie führt über Sirachs Enkel zu Philo.

Der Fleiß als primäres Arbeitsverhalten wird also von Sirach marginalisiert, während er Fleiß als intellektuelles Verhalten etabliert und zugleich prämiert. Der Prozeß geht noch weiter, denn Sirach versteht nun auch die notwendige Arbeit des Gutsbesitzers oder Kaufmanns vom Vorbild der Muße aus und warnt allgemein vor dem Hasten bei der Arbeit[91] (11, 10ff.). Dabei knüpft er an Gedanken der Proverbien an: 28, 20 (vgl. Pirke Aboth 4, 14) W. Bienert hat sich ausführlich mit Sirachs Verständnis der Arbeitshaltung auseinandergesetzt und seine Eigenart betont. Auch er zieht die Verbindung von Sirachs חכמה zum Hellenismus. Dabei bezieht er sich auf die griechische Übersetzung von Sirachs Enkel (38, 24).

σοφία γραμματέως ἐν εὐκαιρίᾳ σχολῆς:
"Die Weisheit des Schriftgelehrten entfaltet sich in der günstigen Zeit der Muße".

Sirach selbst lehrte aber nur:

חכמת סופר תרבה חכמה
"Die Weisheit eines Gelehrten mehrt die Weisheit".

Sirach selbst kann noch nicht den eigenen Umgang mit dem Begriff σχολή erfunden haben, sondern erst sein Enkel. Wie so oft hat jener aber auch hier tendenziell durchaus Richtiges getroffen, denn Sirach behauptet in scharfer Form die Überlegenheit weisheitlicher Arbeit gegenüber Ackerbau und Handwerk und überträgt den traditionell positiven Arbeitsmodus des Fleißes auf die geistige Arbeit. Damit steht er in der Tat den griechischen Oberschichten nahe und hat seine Lebensform der eines hellenistischen Philosophen angenähert[92].

Auch die Sparsamkeit, die in den Bereich bäuerlicher Subsistenzwirtschaft gehört, wird bei Sirach neu verstanden und verändert damit ihre Bedeutung. Sirach befürwortet Regeln im finanziellen Bereich (42, 1-7). Grenzen definiert er eindeutig: Man soll kein Schlemmer und Säufer sein, wenn man nichts im Beutel hat (18, 33).

"Der, der dies tut (wörtl.: "ein trunksüchtiger Arbeiter"), wird nicht reich werden,
und der, der Kleinigkeiten verachtet, richtet sich selbst zugrunde" (19, 1).

---

91 Zur Arbeit vgl. Art. Arbeit, RAC 1, 585-590 (F. Hauck); Art. Arbeit I-III, TRE 3, 613-624 (H. D. Preuß - M. Brocke - K. H. Schelkle, jew. Lit.; Preuß weist S. 616 auf Sirachs Sonderstellung hin); Art. Arbeit, EKL 1, 237-244 (Ch. Gremmels, Lit.). Monographisch bedeutend und zu wenig bekannt: W. Bienert, Die Arbeit nach der Lehre der Bibel, 1954 (zu Sirach 142ff.). Lit. auch bei G. Agrell, Work, Toil and Sustenance, Lund 1976 (zu Sirach S. 42ff.). Für die Sirachanalyse ist A. gegenüber B. unergiebig.
92 Vgl. die treffende Analyse bei Bienert S. 148ff.

Der letzte Halbvers zeigt am deutlichsten, daß Sirach eine Kontrolle über die begehrlichen Kräfte der Seele für notwendig hält. Aber sie bilden nur einen Teil der seelischen Kultur. Denn auf der Basis der kontrollierten Seelenkräfte erhebt sich der weite Raum der Großzügigkeit: Almosen geben - leihen - bürgen - schenken - auch sich selbst zu verwöhnen (z. B. 4, 3; 14, 11ff.; 29; 31, 1ff.), Haltungen, die dem wohlhabenden Manne wohl anstehen. Formal verstandenen Gehorsam gibt es nur für den Sklaven: 33, 26-28. Für den Jüngling und den Mann, den Sirach belehrt, ist der Gehorsam ethisiert als Dienst an den Eltern (3, 1ff.), als Gesetzes- und Gebotserfüllung gegen Gott (10, 19ff.; 24, 23ff.), beide zusammengefaßt in der "Furcht des Herrn".

Ordnung schließlich als Haltung nennt Sirach nicht. An ihrer Stelle steht die "Selbstbeherrschung ἐγκράτεια ψυχῆς"[93] (18, 30ff.) als eine nicht organisatorisch-formale, sondern pädagogisch-personal funktionierende Größe. An diesem Punkt tritt Sirachs Konzept für die Haltung des Mannes besonders deutlich hervor: es ist die geistige Persönlichkeit, die frei und großzügig lebt und geprägt ist vom Weisheitstudium als derjenigen Form der Beschäftigung, die ihr Bindung, Würde und Bedeutung gibt.

4.

Fragen wir nun nach den Formkräften der natürlichen Affekte und seelischen Haltungen, die diesen ihr Profil und ihre Kohärenz geben, so wechseln wir wieder von der Natur in den Bereich der profan oder religiös definierten Ethik, deren praktische, operationale Seite die Pädagogik ist. Die Psyche als osmotische Wand zwischen Physis und Ethos ist das Thema der aristotelischen Schriften Περὶ Ψυχῆς und Nikomachische Ethik[94]. Aristoteles spannt in klassischer Weise den Bogen von der Seele als "dem Körper verhaftet und ihn organisch gestaltend" in Peri Psyches zu der Leistung des Menschen, der "im Ansturm der seelischen Regungen die richtige Mitte sucht"[95], wie sie die Nikomachische Ethik darstellt. Damit gibt uns Aristoteles praktikable Begriffe für unsere Fragestellungen in die Hand, denn einmal versteht er die Affekte und Haltungen der Seele als "Leistung", die "im Vollzug der psychophysischen Prozesse" liegt, zum andern tritt die Kultur der Seele in der ἐνέργεια des an sich arbeitenden Menschen hervor, "die Leistung, welche das

---

[93] Die griech. Überschrift ist eine spätere Hinzufügung.

[94] Vgl. dazu die Einleitung W. Theilers zu Aristoteles, Über die Seele, Arist. Werke in dt. Übersetzung, Hg. E. Grumach, 13, Darmstadt 1966[2], 73ff., und F. Dirlmeier, Nikomachische Ethik, Werke 6, Darmstadt 1983[8], 245ff.

[95] Theiler ebd. 73.

geordnete Zusammenleben der Menschen ermöglicht und welche den
Sinn der Welt zu erschließen geeignet ist"[96].

Wie nahe Sirachs Text inhaltlich diesem Seelenverständnis ist, zeigt
die oben erwähnte griechische Überschrift vor 18, 30: ἐγκρατεια
ψυχης[97]. Lust (ἐπιθυμία V. 30) und Begierden (ὄρεξις V. 30) haben in
der Seele ihren Sitz:

"Folge nicht deinen Lüsten
und halte dich fern von deinen Begierden (V. 30).
Wenn du dir selbst Lust an Begierden zugestehst,
wirst du dich selber zum Gespött deiner Feinde machen" (V. 31);
ἐὰν χορηγήσῃς τῇ ψυχῇ σου εὐδοκίαν ἐπιθυμίας,
ποιήσει σε ἐπίχαρμα τῶν ἐχθρῶν σου (V. 31 nur griech. überliefert).

אל תשמח אל שמץ תענוג אשר פי שנים רישו (V. 32 Sauer, Vattioni V. 31).

Wieder ist die griechische Übersetzung der Explikator des von Sirach
Gemeinten: die Seele ist gleichsam ein Raum, in dem die verschiedensten Strebungen Platz greifen, und der Mensch muß die richtige Platz-
anweisung vornehmen. So formuliert der griechische Text 19, 4 die bekannte Paradoxie des doppelten Selbst:

"Und der Sünder vergeht sich gegen sich selbst"
καὶ ὁ ἁμαρτάνων εἰς ψυχὴν αὐτοῦ πλημμελήσει.

a)

Ordner, Führer und Erzieher des Inneren ist für Sirach zuerst der Verstand als pädagogisch wirksames Mittel:

"So wird auch ein Herz (καρδία),
das gestärkt ist durch wohlmeinenden Rat (ἐπὶ διανοήματος βουλῆς),
zu seiner Zeit nicht verzagen" (22, 16b).
"Ein Herz (καρδία), das gestärkt ist in verständiger Einsicht
(ἐπὶ διανοίας συνέσεως),
ist wie ein schöner Putz an der Mauer" (wörtl.: Schnitzschmuck an
geglätteter Wand 22, 17).

---

[96] A.a.O.

[97] Was sich bei Sirach implizit und ohne System, d. h. nur in sachlicher Analogie zur gr.
Philosophie, nicht aber in traditionsgeschichtlicher Abhängigkeit findet, wird im 4. Makk.
unter dem direkten Einfluß der gr. Philosophie systematisiert. Material bei I. Heinemann, Poseidonios' metaphysische Schriften I, 1921, 154-159.

Die σύνεσις[98], das verständige Erkennen, die Einsicht, ist schon von Ewigkeit geschaffen (1, 4)[99], und Gott hat die Menschen damit ausgestattet (17, 7). Sie ist die Stütze des Menschen (דעת 5, 10). Dem Weisen (14, 20f. u. ö.) und Alten (8, 9) eignet die Einsicht, der lernende Jüngling soll sie sich erarbeiten (6, 35ff.). Vorbilder sind ihm die "Väter der Vorzeit" (44, 3f.):

3 "Herrscher der Erde in ihrer Königsmacht,
   berühmte Männer in ihrer Stärke, Ratgeber in ihrer Einsicht
   und Seher aller Dinge in ihrem Prophetenamt,
4 Fürsten von Völkern in ihren klugen Erwägungen
   und Herrscher in ihren Regeln,[100]
   weise Denker in ihren Schriftkenntnissen
   und Spruchdichter in ihrer Treue zur Überlieferung".

Sirachs ganzes Werk enthält:
"Erziehung zur Einsicht und Spruchdichtung, ...
die er hervorströmen ließ in Einsicht"
(מוסר שכל ומושל אופנים) = παιδείαν συνέσεως καὶ ἐπιστήμης)" 50, 27.

Verständige Einsicht, מוסר שכל (Erziehung zur Einsicht) als Programm der Seelenleitung: formuliert und doziert Sirach damit eine intellektuell gesteuerte Psychologie und Ethik? Ein Stück weit trifft dies Urteil zu. Sirachs Bestrebung ist es, die treibenden Kräfte der Seele rational zu domestizieren. Sein Instrument in diesem Kampf ist das aufklärende und mahnende Wort, das sich ja an die Einsicht des Schülers wendet. In diesem Bereich herrscht die Kultur der älteren Weisheit, die G. v. Rad unter dem Stichwort "Die Freisetzung der Vernunft und ihre Probleme" dargestellt hat und als Säkularisierungsprozeß versteht, der aber spezifisch israelitisch geprägt ist und nicht als Glaubenszweifel mißverstanden werden darf[101].

b)

Zum Intellekt als Seelenführer tritt nun aber ein zweites Element hinzu, ohne das Sirachs Vorstellung von der Kultivierung der Seele mißverstanden bliebe. Denn die eher intellektuell verstandene Einsicht ist nur eine Erscheinungsform der Weisheit, wie die Perikope 14, 20 - 15, 10 besonders herausstellt:

---

[98] Zum hebr. Vokabular vgl. Smend, Index, 219f.

[99] Dazu bes. Hengel, Judentum, 287ff. (Aspekt der Weltvernunft im Kontext der Isisreligion und der Stoa).

[100] Zum Text vgl. Skehan - di Lella, 498f.

[101] V. Rad, Weisheit, 82ff.

"Wohl dem Manne, der über die Weisheit nachsinnt (חכמה, σοφία)
und auf die Einsicht acht hat" (תבונה, σύνεσις V. 20).

Die eigentlich gestaltende Kraft der Seele aber ist die Weisheit selbst.
Damit ist die Formkraft der Seele als ihr extern und die Modalität dieser
Formkraft als affektiv, ja emotional verstanden, ohne aber irrationale
Züge zu tragen. Die großen Weisheitsperikopen des Sirachbuches zeigen
beides in voller Deutlichkeit[102].

Die Allegorie 4, 11ff. beschreibt die Weisheit in einer höchst
eigentümlichen Weise als Mutter (V. 11) und als Geliebte. Dieser zweite
Aspekt bleibt in der Schwebe, ist aber aus V. 12 (lieben, suchen), V. 15
(sich lagern) und vor allem aus V. 16f. zu erschließen:

"Denn indem ich mich fremd stelle, wandle ich mit ihm;
anfangs prüfe ich ihn mit Versuchungen ... [2 Kola im gr. Text]
Danach wird angefüllt werden sein Herz von mir" (לב).

Die Weisheit übernimmt also als externe Größe im Laufe eines Lern-
und Kultivierungsprozesses, der mit den Mitteln erotischer Metaphorik
als Lockvorgang beschrieben wird, den "Raum" des לב (V. 17).

14, 20ff. ist die Metaphorik noch deutlicher: VV. 22f. 15, 2 expliziert
dann die schillernde Doppelrolle der Weisheit:

"Sie geht ihm entgegen wie eine Mutter,
und wie eine Braut empfängt sie ihn".

Der Schüler ist zugleich Sohn und Geliebter. Die Seelenkräfte des
Schülers werden von der Weisheit emotional gleichsam mit erotischer
Qualität angezogen, und die Weisheit selbst wird sein eigentliches Ich
bis zur Aufgabe des Ich. Nicht nur "wohnt der Schüler in ihren
Kammern" (14, 27), statt daß sie in seinem לב wohnte, sondern "inmitten
der Gemeinde öffnet sie seinen Mund" (15, 5). Sirach greift hier zur
Metaphorik der Inspiration, ohne daß das intellektuelle, selbstverant-
wortete Element der Einsicht verloren ginge. Im Metaphernhorizont von
Mutter und Kind "tränkt" die Weisheit den Schüler "mit dem Wasser der
Einsicht" (15, 3).

Viel komplizierter ist die Metaphorik 24, 1-22[103]. Hier wird die Weisheit in Analogie der Hohe-Lied-Metaphorik für die Geliebte[104] be-

---

[102] Vgl. die gründliche religionsgeschichtliche Diskussion bei Hengel, Judentum, 284ff.
(Vorgeschichte 275ff.), die hier nicht wiederholt zu werden braucht.

[103] Vgl. dazu den ausführlichen Kommentar bei Rickenbacher, Weisheitsperikopen, 111-
172.

[104] Interessant ist der gr. Zusatz V. 18: ἐγὼ μήτηρ τῆς ἀγαπήσεως τῆς καλῆς καὶ
φόβου καὶ γνώσεως καὶ τῆς ὁσίας ἐλπίδος (vgl. Ziegler S. 239), dazu Rickenbacher
171. R. übersieht, daß wie oft die gr. Zusätze metaphorische Schwingungen der Texte

schrieben. Dann wird die "Einverleibung" der Weisheit mit prophetischer Metaphorik dargestellt[105]. Der grundsätzliche externe und stets nur attrahierende Charakter der Weisheit wird in der gewaltsamen Metapher vom Essen und Trinken ins Innere der Seele überführt und nun zum dauernden "Besitz" der Seele (V. 20)[106]. Diese nun interne und habituelle Qualität der Weisheit verrichtet ihre Erziehungsarbeit am Schüler, ohne ihren grundsätzlich selbständigen und dem Schüler kategorial überlegenen Charakter zu verlieren. Die Schlußpassage 51, 13ff. entfaltet noch einmal die Aspekte der Unverfügbarkeit und Attraktivität der Weisheit als der Geliebten (V. 13f., 19-21) und ihrer magistral-externen Funktion[107]. Daneben tritt wieder der Besitzgedanke (V. 21. 27 "finden"), der aber immer durch das Motiv des Suchens in der Schwebe gehalten wird (V. 13f., V. 26), so daß die Spannung zwischen Eigenverantwortung und Fremdbestimmung der Seele erhalten bleibt. Wie grundlegend dies Thema für Sirach ist, zeigt eben diese Schlußpassage, in der er nochmals alle bekannten Motive zur Weisheit als Braut, Mutter, Lehrer und Besitz zusammenfaßt. Zugleich führt er hier - wie schon in 24, 30-34 - den Weisheitslehrer selbst ein, der die Rolle der Weisheit aktuell und personal übernimmt und nun selbst die Schüler mit geistiger Nahrung tränkt.

Sirach versteht also die Kultur der Seele nicht statisch, sondern dynamisch-prozessual. Die Weisheit zieht die Seele zu sich heran und erzieht sie dabei zugleich. Sie besetzt das Zentrum der Seele mit der ihr zugehörigen Kraft der Einsicht. Während die Einsicht durchaus zum Besitz der Seele werden kann, bleibt die Seele selbst doch immer in Spannung auf die stets externe Weisheit gerichtet, die Sirach nicht nur traditionell weiblich versteht, sondern selbst entschieden weiblich mit erotischer Metaphorik darstellt.

Auf diesen erotischen Aspekt der Weisheit hat bei der allgemeinen theologischen Interpretation der jüngeren Weisheit G. v. Rad hingewiesen[108]. G. Boström, U. Wilckens, Ch. Kayatz, B. Lang und U. Winter haben die Vorstellung der Braut oder Frau Weisheit traditionsgeschichtlich verfolgt, wobei sie vor allem auf Spr 1-9 fußen[109]. Lang wirft explizit die Frage auf, weshalb die "Schule und Schulweisheit gerade unter dem Bild

---

explizieren (möglichst in begrifflich-substantivischer Form). Der latente Mutter-Aspekt (vgl. 15, 2) wird expliziert, um den Brautaspekt zu neutralisieren.

[105] Vgl. Jesaja 55, 1-3; zur Metaphorik allg. Rickenbacher 124f.

[106] Dazu Rickenbacher 139-141.

[107] Vgl. oben S. 165.

[108] V. Rad, Weisheit, 217ff. "Der geistige Eros".

[109] G. Boström, Proverbiastudien, 1935, 156ff.; U. Wilckens, Weisheit und Torheit, 1959, 174ff.; Ch. Kayatz, Studien zu Proverbien 1-9, 1966; B. Lang, Frau Weisheit, 1975; ders.; Die weisheitliche Lehrrede, SBS 54, 1972; U. Winter, Frau und Göttin, OBO 53, 1983, 508ff.

einer F r a u vorgestellt" sei. Lang selbst gibt mehrere mögliche stich-
haltige Antworten auf diese Frage. חכמה ist weiblich, denn "weibliche
Personifikationen (sind) in Israel keineswegs ungewöhnlich". Die Weisheit trägt Züge der altorientalischen Schutzgöttin für Könige und Beamte. Das Verhältnis zu Frau Weisheit läßt sich mit erotischen Kategorien beschreiben[110]. Nun versteht Lang diese Interpretation von Spr 1-9
sehr formal-didaktisch. Sie soll einen "engen Bezug zur Lehre veran-
schaulichen"[111].

An diesem Punkt führt die Studie "Wisdom and the Feminine in the
Book of Proverbs"[112] von C. V. Camp wesentlich weiter. Claudia Camp
stellt anhand von Spr 1-9 die Frage nach der Bedeutung der
Weiblichkeit der Weisheit sehr präzise[113]. Sie arbeitet zunächst die
metaphorisch-dichterische Struktur des Begriffs heraus[114]. Weiterhin
stellt sie einen Katalog von "Female roles and images relating to
personified wisdom" zusammen[115]. Dabei gelangt sie zu einer
Interpretation der Rolle der weiblichen Weisheit in Analogie zur Rolle
der Frauen in der israelitischen Gesellschaft als Hüterinnen der Moral
und der Tradition Israels[116]. In der nachexilischen Epoche diagnostiziert
sie eine Zunahme der Bedeutung der Familie, der privaten Frömmigkeit
(R. Albertz) und des Individualismus. Damit steigt die Bedeutung der
Frau erheblich[117]. Darüber hinaus tritt die nachexilische Weisheit in die
Vermittlerrolle zwischen Gott und der Menschheit bzw. Israel, die in der
vorexilischen Zeit der König innehatte[118]. Dabei betont Claudia Camp
zurecht die zunehmende Bedeutung der Weiblichkeit und des
literarischen Charakters der nachexilischen Wesiheitspersonifikation[119]:
"A multivalent religious symbol of subtlety, beauty and strength, she was
a literary answer to a literary age."[120] Vor dem Hintergrund dieser
weiterführenden Analyse läßt sich nun der Beitrag Sirachs genauer
einschätzen.

---

[110] Lang, Frau Weisheit, 171 (Bibliographie zur Personifikation, S. 167).

[111] Ebd. S. 173. Kritisch dazu Winter, Frau, 510 Anm. 175.

[112] C. V. Camp, Wisdom and the Femine in the Book of Proverbs, Bible and Literature
Series 11, JSOT, Sheffield, 1985.

[113] Kritische Forschungsgeschichte 23-68.

[114] S. 71ff.

[115] S. 79ff.

[116] S. 146f.

[117] S. 272ff.

[118] S. 235ff.

[119] S. 274ff.

[120] S. 282.

Für die Figur der Weisheit bei Sirach wurde bisher eine traditionsgeschichtliche Beeinflussung durch die Isisaretalogien oder durch kanaanäische Göttinnen vorgeschlagen[121] und eine theologische Neutralisierung älterer erotischer Hohe-Lied-Motive nachgewiesen[122], ohne daß nach der theologischen Bedeutung der Mutter und Geliebten 'Weisheit' selbst gefragt worden wäre. Dabei stehen wir hier vor dem schon notierten Paradox einer nicht nur weiblichen, sondern auch deutlich erotischen Gestalt der Weisheit, die ihrerseits ausschließlich Männern vorbehalten bleibt und diese auch noch häufig und eindringlich vor freier Erotik warnt.

Der erotische Aspekt der Weisheit bei Sirach tritt besonders deutlich im Vergleich zu Philo hervor, der ebr. 30-34 in Anlehnung an Spr. 8, 22 eine Schöpfungstheologie entwickelt, bei der die ἐπιστήμη bzw. σοφία die Mutter, Gott der Schöpfer der Vater der Schöpfung ist. Diese Mutter σοφία versteht Philo dann explizit als μέση καὶ ἐγκύκλιος παιδεία (33). Die σοφία ist damit Vermittlerin der psychischen und intellektuellen Kultur[123]. Philo hebt aus der Tradition einseitig den Aspekt der Mutter Weisheit hervor. Sirach dagegen läßt seine Schrift in ein Gedicht auf die Weisheit münden, die Züge einer Geliebten trägt. Damit bewegt sich Sirach in dem durch die Redaktion der Sprüche in frühnachexilischer Zeit vorgegebenen begrifflichen, literarischen und gesellschaftlichen Rahmen[124]. Seine Lehre trägt weniger öffentlichen als vielmehr privaten, ja persönlichen Charakter. Dabei beansprucht sie öffentliche Bedeutung und öffentliches Gehör. Dieser Doppelanspruch der weiblichen Weisheit bei Sirach läßt sich vor dem Hintergrund der Analyse C. Camps einsichtig machen. Weitergeführt wird diese Linie in der "Weisheit Salomos", die ebenfalls den öffentlichen Anspruch mit der privaten Belehrung verbindet.

Sirach wie die "Weisheit" betonen zudem das Motiv erotischer Bindung des Hörers an die Weisheit. Der Bedeutung dieses Motivs muß für

---

[121] Zu Isis zsfd. mit Lit. Hengel, Judentum, 284ff.

[122] Dabei liegt der Ton durchaus auf der "Zurückweisung des Kultes weiblicher Gottheiten" durch Sirach (Hengel 291). H. erklärt aber nicht die Bedeutung der Weiblichkeit der siracidischen Weisheit. Besonders deutlich tritt diese bei Küchlers Analyse von Sir 51, 13-29 hervor (vgl. oben S. 167). Anders Winter, Frau, 529: für ihn ist die erotische Qumranfassung von Sir 51, 13-20 erst nach Sir 24 möglich. Zu kanaanäischen Göttinnen vgl. Winter, Frau, 512ff. (Lit.). W. will allerdings den von Ch. Kayatz, Studien, betonten ägyptischen Maat-Einfluß einbeziehen und deutet die Möglichkeit einer "kanaanäische(n) Vermittlung ägyptischer Motive" an (S. 514). Insgesamt marginalisiert Winter die erotischen Züge der Weisheit zu sehr (bes. 528). Vgl. weiter dazu die Lit.angaben bei Skehan - di Lella 579.

[123] Vgl. Philo de ebrietate, pass.,dazu bei Lang, Frau Weisheit, 161-164 (W. Reister).

[124] Zur Datierung: Camp, 233ff.

Sirach noch etwas genauer nachgegegangen werden. Für Sirach liegt hier
nicht nur ein Topos vor, sondern dieser Topos wird im Zusammenhang
seiner Lehrtätigkeit mit neuer Bedeutung erfüllt. Denn damit kommt er
der Gefühlswelt seiner Schüler, der Jünglinge Jerusalems, ganz nahe.
Die cultura animi ist nicht nur ein intellektueller oder formalpädagogi-
scher Vorgang, sondern ein Spannungsprozeß, in dessen Verlauf die inneren Kräfte des Schülers von der Weisheit, ihrer Erzieherin, in derselben Weise angezogen und geformt werden, wie dies bei der Liebe zur
Frau geschieht. G. v. Rads Wort vom "geistigen Eros" läßt sich nun für
Sirach noch präzisieren: da er die Weisheit als bevorzugte Schöpfung
Gottes versteht, ist sie auch mit einer unvergleichlichen Wirkungskraft
ausgestattet. Ihre Anziehungskraft stillt die intellektuell und psychisch
vagabundierende Jungendsehnsucht des Knaben (51, 13). Sie bildet ihn
und hält ihn sein ganzes Leben in Anspannung (51, 14). Sirach beschreibt nicht nur ein intellektuelles Vergnügen, eine Liebe zum Erkennen, sondern das Angezogensein von der göttlichen Sinnstruktur, die
den Schüler formt[125]. Medium der Seelenführung bleibt dabei durchaus
das Wort: "Meinen Mund tat ich auf und redete von ihr" (51, 25), sagt
der Weisheitslehrer von der Weisheit. Aber das Wort ist nicht nur formal als Informations- oder Befehlsträger definiert, sondern darüber hinaus als Dichtung und Gebet:

"Noch einmal will ich nachdenken und forschen,
und wie der Vollmond bin ich voll.
Hört mir zu, ihr frommen Söhne ...
Erhebt die Stimme und lobt gemeinsam,
und preiset den Herrn mit allen seinen Werken" (39, 12ff.).

Diese Bedeutung der erotischen Weisheit tritt in der "Weisheit Salomos" schon zurück. Die Literarisierung der Weisheitsliteratur und ihrer
Metaphorik nimmt zu, die persönliche Lehre nimmt ab. Philos deeroti-
sierte Metaphorik führt diese literarisierende Linie weiter.

5.

Sirachs betonte Rationalität gegenüber den Nachtseiten der Seele und
sein Verständnis der cultura animi als Selbstbeherrschung sind ihrerseits
nicht emotionslos und verdrängen nicht etwa nur gewaltsam Emotionen.
Vielmehr kennt Sirach die Arbeit der Seele in diesem Bereich nicht nur
in der Form der Domestizierung und Disziplinierung von Affekten, sondern auch in der Form bleibender Gefühle als innerer Erlebnisformen

---

[125] V. Rad, Weisheit, 220, beschreibt diesen Vorgang als die "ans Mystische grenzende
Auslieferung des Menschen an die Herrlichkeit des Seins".

und Verhaltensweisen, die zur psychischen Kultur der Person gehören, ja die diese erst entscheidend herstellen.

Mitleid, Liebe und Scham sind solche Gefühle, die den Innenbereich der Person nicht zu verlassen brauchen und trotzdem als Antriebskräfte für ethisches Handeln wie Verständnis, Rücksichtnahme, Almosengaben und Leihen bzw. Bürgen fungieren, wie es z. B. Kap. 29 beschreibt.

a)

Mitleid (חסד, רחמים = ἔλεος, οἰκτιρμοί, σπλάγχνα)[126] reicht bei Sirach weit über den griechischen Affekt ἔλεος hinaus, der von Aristoteles als ein πάθος der Rührung über ein Übel definiert wird und als πάθος immer auch selbst eine negative Seite behält[127]. Auf der doppelten theologischen Grundlage von 2, 11, daß Gott selbst οἰκτίρμων καὶ ἐλεήμων sei[128] und daß sich dies in Form des ἔλεος auf den Nächsten richte (18, 13), beschreibt Sirach die Gefühlswelt des Mitleids 4, 1-10. Schonung, Anteilnahme, Freundlichkeit, Achtung, Zuvorkommenheit, Bescheidenheit, Beistand: all dies soll der Zögling den Schwachen in Israel, den Elenden und Betrübten, den Armen, den Gescheiterten, den Bedrückten, Witwen und Waisen zuteil werden lassen[129]. Daß Sirach hier an mehr als tätige Barmherzigkeit denkt, sagt Vers 3:

"Nicht sollst du in Erregung bringen das Gemüt des Bedrückten, [und den inneren Gefühlen des Elenden bereite keine Schmerzen]"[130].

Ebenso mahnt 7, 31-36 nicht nur caritas an, sondern auch innere Anteilnahme an Trauer und Schmerz (V. 34). Daher gilt:

ἐλεημοσύνη ἀνδρὸς ὡς σφραγὶς μετ' αὐτοῦ (17, 22).

Kap. 28, 1-7 ordnet das Mitleid in den größeren ethischen Zusammenhang von Unrecht und Sünde ein. Neben die theologische Kategorie der

---

[126] Art. חֶסֶד, ThWAT 3, 48-71 (H.-J. Zobel); Art. ἔλεος κτλ., ThWNT 2, 474-483 (R. Bultmann); Art. Barmherzigkeit I, TRE 5, 215-224 (H. D. Preuß); Art. Barmherzigkeit, RAC 1, 1200-1207 (W. Schwer); Art. οἰκτίρω κτλ., ThWNT 5, 161-163 (R. Bultmann); Art. σπλάγχνον, ThWNT 7, 548-559 (H. Köster); Art. רַחֵם, ThWAT 3, 23-40 (D. N. Freedman, J. Lundbom, H.-J. Fabry); Art. χαίρω, ThWNT 9, 349-404 (H. Conzelmann, W. Zimmerli).

[127] Aristoteles, Rhetorik II 8 p, 1385b 11ff.

[128] So auch 17, 29 (ἐλεημοσύνη) u. ö.

[129] Dazu auch 8, 5. 6. 9.

[130] Zum Text Sauer 514: Dublette von MS A; so auch Skehan - di Lella 163.

Vergebung tritt die psychologische Kategorie des Mitleids (ἔλεος V. 4).
Sirach entwirft hier eine biblisch begründete Philanthropie[131]:

3 ἄνθρωπος ἀνθρώπῳ συντηρεῖ ὀργήν,
    καὶ παρὰ κυρίου ζητεῖ ἴασιν;
4 ἐπ᾽ ἄνθρωπον ὅμοιον αὐτῷ οὐκ ἔχει ἔλεος,
    καὶ περὶ τῶν ἁμαρτιῶν αὐτοῦ δεῖται;
5 αὐτὸς σάρξ ὢν διατηρεῖ μῆνιν,
    τίς ἐξιλάσεται τὰς ἁμαρτίας αὐτοῦ;

Daher gilt: παῦσαι ἐχθραίνων (V. 6).

Diese innere und äußere Pilanthropie gilt für Sirach als religiöse
Handlung: als Opfer (35, 1-5) im spiritualisierten Sinn. Sie ist daher ein
religiöser Schatz: 29, 12.

b)

Auch Liebe im allgemeinen Sinne, die Sirach zunächst ganz rational als
Liebe zum Gleichartigen (13, 14f.) definiert, hat eine theologische Seite:
die Liebe zu Gott (7, 30). Die seelische Kraft, die sich dieser unanschaulichen und unerfahrbaren Wirklichkeit widmet, prägt auch die Liebe im
anschaulichen und erfahrbaren zwischenmenschlichen Bereich:

"Und anstatt zu lieben, hasse nicht" wörtl.: anstatt eines Freundes
werde kein Feind (5, 15: שונא תהי אל אוהב ותחת, καὶ ἀντὶ φίλου μὴ γίνου ἐχθρός 6, 1 G).

Dies ergänzt die Devise "Laß ab vom Haß παῦσαι ἐχθραίνων" (28, 6).
Durch den Gegensatz zur Feindschaft und zum Haß, dem aggressivsten
Affekt, wird die Liebe ebenfalls als dem inneren Bereich zugeordnet definiert. Sirach denkt über die Werke der Barmherzigkeit hinaus und beleuchtet den psychischen Innenbereich, aus dem heraus sich die Liebes-
werke erst verstehen.

Noch weiter in die Kultur der Psyche führt der Aussagenkomplex von
Versuchung - Scham - Reue. Hier führt uns Sirach in seelische Bereiche,
die die Religion Israels den Israeliten im Lauf der Zeit erschloß. Die
Versuchung[132], נסה, πειρασμός, betrifft die ψυχή und die καρδία des
Menschen (2, 1f.). Das Innere des Menschen ist nicht einfach von Got-

---

[131] Das Wort begegnet nicht im gr. Sirachtext, wohl aber in seiner Umgebung: Es 8, 13;
2. Makk 6, 22; 14, 9; 3. Makk 3, 15. 18. φιλάνθρωπος begegnet dreimal in Sap Sal: 1, 6; 7,
23; 12, 19 und 2. Makk 4, 11; 9, 27; 3. Makk 3, 20; 4. Makk 5, 12. Vgl. dazu Bauer-Aland
WB, 1712 (Lit.).

[132] Art. נָסָה, ThWAT 5, 473-487 (F. J. Helfmeyer), 480ff. zur "Prüfung" im weisheitlichen
Kontext; Art. πεῖρα κτλ., ThWNT 6, 23-37 (H. Seesemann); J. H. Korn, ΠΕΙΡΑΣΜΟΣ,
1937.

tesfurcht und Einsicht gesteuert, sondern gerade diese seelischen Grundkräfte werden immer neu selbst in Frage gestellt.

Und zwar ist es die Weisheit selbst, die das Herz des Menschen prüft (4, 17). Sirach scheint das Innere des Menschen geradezu als Labyrinth zu verstehen. Gerade die σοφία, außerpersönlicher Garant der Gottesfurcht und Einsicht als der Grundhaltungen der Seele, scheint die Seele in jene Haltungen von Unglauben, Ungeduld und Ungehorsam zu führen, die 2, 13-15 aufgezählt werden. Dieser Anblick trügt aber. Die σοφία versucht den Menschen nur im äußeren Bereich: in Krankheit und Armut (2, 5)[133].

Sirach denkt nicht an eine extern veranlaßte Verwirrung des inneren Bereichs des Menschen. Diese Verwirrung kann der äußeren Versuchung folgen, ist dann aber Ergebnis des "schlaffen Herzens" (2, 13), das sich nicht mehr von Gottesfurcht und Einsicht steuern läßt, d. h. sie ist intern veranlaßt. Trotzdem bringt der πειρασμός[134] einen Riß in die Welt, der psychisch verarbeitet werden muß. Denn Schlechtes - wie Krankheit und Armut, die Sirach selbst doch immer wieder negativ wertet - soll plötzlich durch eine Anstrengung der Seele als eigentlich Gutes erlebt werden. Damit sind die psychischen Kräfte in einer unerhörten Weise gefordert, denn sie müssen gegen die eigene Einsicht objektiv Schlechtes innerlich in Gutes verwandeln, um so der Führung der Weisheit nachzukommen. Das bedeutet für die Seele, ihre eigenen Affekte wie Schmerz, Angst usw. in positive Haltungen wie Geduld, Demut usw. umzuformen.[135] Diese innere Arbeit kultiviert den Zögling Sirachs, in-

---

[133] 2, 5c: vgl. Skehan - di Lella 148f.: Variante von 4b. Die Nähe zu Hiob läßt sich nicht übersehen: auch er wurde nur im äußeren Bereich versucht. - Eine Theologie der Versuchung als einer pädagogischen Maßnahme Gottes vertritt vor allem die erste Elihurede (Hiob 32, 1 - 33, 33), bes. 33, 14ff. Die Elihureden verbinden ebenfalls das Leiden und die Versuchungen mit Weisheit und Erkenntnis (vgl. dazu überblicksartig J. Ebach in dem Art. Hiob/Hiobbuch, TRE 15, 360-380, bes. 368. Die Elihureden sind älter als Sirach (Sir 49, 9 setzt Hiob voraus). Sirach ist stärker an der psychologischen Seite des Problems interessiert.

[134] Seesemann, ThWNT 6, 26, meint, "daß der Begriff der Versuchung sich hier stark dem vorwiegend griech. Gedanken der Erziehung genähert hat" und damit seinen Ernst verloren habe. Ersteres stimmt, schließt aber letzteres nicht ein. Denn für Sirach und die ihm verwandte Weisheitsliteratur war Erziehung höchster Ernst. 44, 20 spielt auf das Isaakopfer an. Hier ist Abraham pädagogisches exemplum der bestandenen Versuchung. Damit steht Sirach in einem Verweiszusammenhang mit 1 Makk 2, 52 und Judith 8, 25f. Vgl. dazu K. - D. Schunck, 1. Makkabäerbuch, JSHRZ I, 4, 1980, S. 306f. (Aufzählung der Taten der Väter); E. Zenger, Das Buch Judit, JSHRZ I, 6, 1981, S. 490 (Versuchungsreihe; Zenger Anm. 25a zur atl. Genese des Motivs). Vgl. weiter Jub. 19, 8; Abot 5, 3.

[135] Dieselbe Umformung der Versuchung in Demut, Geduld und Glauben lehrt der Hebräerbrief (2, 18: die Christen als πειραζόμενοι; 10, 36 das Stichwort ὑπομονή, Kap. 11

dem sie ihn von der Außenwelt unabhängig macht und ihn zugleich die unanschauliche Führung durch die σοφία an seiner eigenen Seele erfahren läßt.

c)

Eine weitere Differenzierung der seelischen Grundgefühle bedeutet das Phänomen der Scham[136], das Sirach dialektisch entfaltet: 4, 20-26.

"Denn es gibt eine Schande, die Schuld nach sich zieht, und es gibt eine andere Schande, die Ehre und Gnade verleiht (V. 21)".

Scham gegenüber dem eigenen schlechten Tun ohne Reue bringt Schande. Andererseits aber gilt:

"Nicht sollst du dich schämen, umzukehren von deiner Sündenschuld" (V. 26 nach MS A, oder: "deine Schuld einzugestehen" nach MS G̱).

Hier bedeutet die Scham die innere und einsichtige Abkehr vom bösen Tun, eine starke Bewegung der Seele, die innerlich den äußeren Umkehrprozeß vorwegnimmt und begleitet. Dieser seelische Erneuerungsprozeß ist Sirach so wichtig, daß er eigene Regeln für diesen Bereich der Kultivierung der Seele aufstellt: 41, 14 - 42, 8[137].

Seiner Innenseite entspringen die folgenden äußeren Handlungen und Verhaltensformen, die sich aus 41, 15-24 erschließen lassen[138]: Zurückhaltung, sittliches Leben, Wahrhaftigkeit, Reue, Gewaltlosigkeit, Mildtätigkeit, Höflichkeit, Verschwiegenheit. Die neue Kulturanthropologie lehrt uns diesen Bereich im Zusammenhang gesellschaftlicher und geschlechtsspezifischer Fragestellungen noch besser verstehen. Die Scham und das dementsprechende Verhalten betrifft die Wahrung der Ehre und Unantastbarkeit einer Person im gesellschaftlichen Gefüge. Jeder Mensch muß die sozialen Regeln genau akzeptieren, um seine unangefochtene Stellung in der Gesellschaft zu bewahren. Schamlosigkeit bedeutet demgegenüber Verletzung der Regeln des gesellschaftlichen

---

die Kette der Glaubenszeugen, deren Versuchungen in Glaubenszeugnisse verwandelt werden, dort bes. Abrahams Opfer V. 17ff.). Dazu O. Michel, Der Brief an die Hebräer, KEK 13, 1966[12], 370f. zur Tradition allg., 401 zur Abrahamstradition speziell.

[136] Art. בּוֹשׁ, ThWAT 1, 568-580 (H. Seebaß); Art. αἰδώς, ThWNT 1, 168-171 (R. Bultmann); Art. αἰσχύνω κτλ., ebd., 188-190 (ders.). Monographisch: M. A. Klopfenstein, Scham und Schande nach dem AT, AThANT, Zürich 1972. Allgemein zu Scham und Schuld: E. R. Dodds, Die Griechen und das Irrationale, 16ff.: der Übergang von der Schamkultur zur Schuldkultur. Zur Scham bei Sirach vgl. J. T. Sanders, Ben Sira's Ethics of Caution, HUCA 50, 1979, 73-106.

[137] Überschrift im hebr. Text: מוסר בשת שם מוסר בשת מוסר בשת; vgl. dazu Sauer, 607.

[138] Bes. auf das wichtige Thema der Bürgschaft bezogen: 29, 14.

Gefüges[139]. Sirach lehrt seine Schüler diese Scham, d. h. ihre richtige Einordnung in das Gefüge von Eltern - Herrschern - Gemeinde - Freunden - Nachbarn - Tischgenossen - Bittenden - Grüßenden - Frauen. Gegenüber allen diesen Gruppen gilt es, sich richtig zu benehmen, d. h. die Ehre des anderen und die eigene Ehre zu wahren. Die Kunst, sich hier richtig zu verhalten ist "Scham". Die Scham angesichts eines gewalttätigen, rohen, egoistischen, unberechenbaren Lebens ist das Grundgefühl, das für Sirach einen psychisch kultivierten Menschen erfüllen soll, um seine Affektbezogenheit zu dämpfen und zu kontrollieren. Wichtig ist Sirach dabei, daß das Gefühl der Verpflichtung zu dauernder Rücksichtnahme seinerseits sachliche Grenzen hat (42, 1): die Tora und die Rechtsprechung, Geschäftsbeziehungen, Sicherheitsvorkehrungen und Weisheitslehre (42, 1-8). Religion und Recht, das Geschäft, die Weisheit: diese drei Bereiche sind sachbegründet. Nachgeben oder Diskussion sind hier fehl am Platz. Das bedeutet für Weisheitslehrer und Weisheitsschüler: Die Kultivierung der Seele durch Mitleid, Liebe und Scham setzt den Primat der Einsicht nicht außer Kraft. Religion und Recht, Geschäft und Weisheit sind die Bereiche, in denen Sirachs Schüler Position beziehen müssen. Hier bedeutet Scham bzw. Ehre die Verteidigung von Handlungen und Positionen, auch wenn die Ehre anderer Personen gefährdet erscheint.

Auch die differenzierten Seelenregungen setzen die ratio nicht außer Kraft. Daher spielt für Sirach das Gewissen[140] auch noch keine zentrale Rolle. Sirach denkt hier noch ganz alttestamentlich: das Wissen um sich selbst ist extern, von Gott gegeben[141]. Die Erfahrung der griechischen Philosophie, daß das Gewissen als - allerdings extern bedingter - seeleninterner Wächter fungiere[142], deutet sich in Israel in der Zeit der späteren Weisheit, wohl beeinflußt von der hellenistischen Philosophie, erst an[143].

---

[139] Einführung bei B. J. Malina, Die Welt des Neuen Testaments, 1993, 40-66.

[140] Das AT kennt den Gewissensbegriff nicht. Dazu Art. σύνοιδα κτλ., ThWNT 7, 897-918 (C. Maurer); Art. Gewissen, RAC 10, 1025-1107 (H. Chadwick); Art. Gewissen I, TRE 13, 192-213 (J.-G. Blühdorn); Gewissen II, ebd. 213-218 (M. Wolter).

[141] ThWNT 7, 906f.

[142] RAC 10, 1041ff. zur hellenistischen Philosophie (z. B. Cicero leg. 1, 24f. 59 u. ö.; Epiktet diss. 1, 14, 12).

[143] ThWNT 7, 907f. (Lit.). Chadwick, RAC 10, 1060f. (Lit.), weist auf die impliziten Wurzeln des Gewissensbegriffs im AT ausdrücklicher hin als Maurer, ThWNT 7, 907, der aber die "Reinigung des Herzens" ebf. als Erfahrung des Zwiespalts im Innern und damit als Grundlage des Gewissensbegriffs im Judentum und im NT darstellt. Vgl. weiter Chadwick 1063 und Maurer 911 zum ausgearbeiteten Gewissensbegriff Philos (ἐλέγχω, ἔλεγχος, bei Sirach nur zurechtweisen, überführen; Strafmaß, Zurechtweisung). Die

Ein Beispiel für diese neue Tendenz ist aber 14, 2: Wohl dem Manne,
den seine Seele nicht verurteilt" MS B[144].

C.

1.

An diesem Punkt der Analyse wird deutlich, daß Sirach die cultura animi
ähnlich wie Sokrates versteht. Dabei handelt es sich nicht um historische
Abhängigkeiten, sondern um eine sachliche Parallele. So wie Sokrates
das Erziehungsprogramm der neuen Lehrer Athens, der Sophisten, einerseits teilte, andererseits hinter sich ließ, indem "er das Problem der
Erziehung auf eine reflexive Ebene hob" und zugleich Erziehung als individuellen Vorgang verstand[145], so entfernte sich auch Sirach innerlich
von der älteren Weisheitsschule und wurde zur ersten individuellen Lehrerpersönlichkeit in Israel. Dazu gehört, daß beide Lehrer die
"Erziehungssituation als eine erotische Beziehung"[146] verstehen, wenngleich auch in sehr unterschiedlicher Interpretation des Eros. Sokrates
versteht die Anziehungskraft des Eros, die Fesselung der Aufmerksamkeit, die den Liebenden an den Geliebten bindet, auch dann primär erotisch im Sinne der Knaben- oder Jünglingsliebe, wenn er sie sublimiert,
ihrer körperlichen Dimension entkleidet und zu einem rein personalen
Abhängigkeitsverhältnis umgestaltet[147].

Bei Sirach fehlt der ethnische Hintergrund der Knabenliebe völlig,
und die altorientalische Lebenswirklichkeit der leidenschaftlichen Liebe
zwischen Freund und Freundin ist bei Sirach ohne Rest in eine das Hohe
Lied beschwörende literarische Metaphernwelt aufgelöst. Ebensowenig
könnte Sirach die weiterführenden Gedanken Platos denken vom geistigen Eros als Zeugung, als "Streben nach Selbstverwirklichung in einer
Tat oder einem Liebeswerk eigener Schöpfung, das in der Erinnerung
der Menschen fortdauert und lebendig wirkt"[148], und von der Schönheit
als dem eigentlichen Ziel des Eros[149].

Stärkung des συνείδησις-Begriffs bei Paulus hat bes. Bultmann herausgearbeitet (R.
Bultmann, Theologie des NT, 1968[6], 216ff.).

[144] Maurer ThWNT 7, 908 weist darauf hin. Zum Text vgl. Skehan - di Lellla 252. 256.

[145] Böhme, Sokrates, 48.

[146] A.a.O.

[147] Dazu die glänzende Analyse "Sokrates als Erotiker", Böhme, 64-78.

[148] W. Jaeger, Paideia II, 1944, 263.

[149] Ebd. 264ff.

Dagegen verbindet beide der Grundgedanke, der Weise bzw. der Philosph stehe "in der Mitte zwischen Weisheit und Unbildung, deswegen (sei) er allein zur Bildung tauglich und aufrichtig und ernstlich um sie bemüht"[150]. Die Diotimaerzählung des Sokrates im Symposion[151] hat sachlich dieselbe Bedeutung wie die Weisheitslieder bei Sirach: sie erklären beide die Weisheit selbst als externe Größe, deren Anziehungskraft auf den Philosophen oder den Weisen das ganze Leben hindurch währt und die Grundspannung der Existenz darstellt.

Sokrates vergleicht die Spannung des Philosophen mit der des Daimon Eros selbst als des bloßen ἐραστὴς περὶ τὸ καλόν[152]. Sirach versteht den Weisheitsschüler wie den Weisheitslehrer gleichermaßen als Liebhaber der Frau Weisheit.

Sirachs Weisheit ist daher auch nicht etwa Diotima inhaltlich vergleichbar, sondern der σοφία bei Sokrates selbst. Bemerkenswert bleibt aber eine Parallele zwischen Sokrates und Sirach, daß nämlich die Mystagogin Diotima weiblich ist wie die σοφία bei Sirach, obgleich bei Sokrates wie bei Sirach nur Männer philosophieren bzw. Weisheit studieren. Plato hätte statt von einer Priesterin Sokrates auch von einem Weisen oder einem Priester belehren lassen können. Weder für Sokrates noch für Sirach ist also mindestens theoretisch eine Verbindung von Weisheit mit einer Frauengestalt unvereinbar, und beide greifen von sich aus zur literarischen Darstellung dieser Verbindung, um in je eigener Weise der Besonderheit weisheitlichen Strebens Ausdruck zu verleihen.

An einem anderen Punkte dagegen weicht Sirach grundsätzlich von Sokrates ab. Sein Weiser gehört einem gehobenen Stand an. Handwerker können nicht Weise sein. Sokrates dagegen war Handwerker, hatte allerdings als Bürger Athens und aufgrund seiner Berühmtheit als Philosoph Zugang zur hohen Gesellschaft und spielte in der Stadt eine bedeutende Rolle. Dennoch bleibt der Unterschied gravierend. Sokrates versteht die σοφία als offene, Sirach als geschlossene Größe. Damit ist die σοφία bei Sirach auch als exklusive und exkludierende soziale Größe definiert, die nur einer kleinen Gruppe den Aufstieg in die intellektuell - moralisch - pädagogisch leitenden Kreise Jerusalem - Judas eröffnet, wie Sirach sie versteht. Damit beraubt Sirach seine Lehrtätigkeit und seine Bildungsvorstellung bewußt einer dynamischen Breitenwirkung.

---

[150] Ebd. 260. Vgl. weiter die Analyse bei G. Krüger, Einsicht und Leidenschaft, 1964³, 140-282.

[151] Symposion 204aff. Zur Rolle der Diotima vgl. z. B. bei Krüger 140-282.

[152] Symposion 203c.

Auf dem lebenslangen Weg zur Weisheit braucht der Schüler einen Mentor, einen Seelenführer[153]. Während Sokrates nun auch diese Beziehung selbst von Grund auf erotisch versteht, wie die Alkibiadesrede im Symposion am deutlichsten zeigt[154], geht Sirach nicht so weit. Er versteht den Weisheitslehrer im traditionellen Sinn als patriarchalischen Erzieher des Jünglings, der dem Lehrer persönlich nichts bedeutet, sondern allein Ziel seiner pädagogisch-psychologischen Führung ist.

Der Weise als Seelenführer und die Weisheit als Seelenführung sind entscheidende Figuren und Themen auch der griechischen Philosophie seit dem 7. Jh. v. Chr., zunächst noch in der Gestalt der Gnomik als Ausdruck paränetischer Adelserziehung, dann weitergegeben und rhetorisch ausgestaltet von der Sophistik einerseits und der antiken Diätetikliteratur andererseits, bis Sokrates die ethisch-paränetische Seite der Seelenführung im kritisch-philosophischen Dialog vertiefte. Ilsetraut Hadot hat die über Plato in die Stoa einmündende Linie antiker philosophischer Seelenleitung in ihrer überwiegend normativen, überindividuellen Struktur herausgearbeitet und über Cicero bis hin zu Seneca verfolgt[155]. Die popularisierte Philosophie der hellenistischen Philosophenschulen war auf Eindämmung (Peripatos) oder Ausrottung (Stoa) der Affekte[156], kultisch-religiöse Seelenführung (Epikuräer)[157] und allgemein auf die "Transformation philosophischer Lehren in einen ethischen habitus"[158] ausgerichtet. Damit vertrat sie im Ergebnis eine ähnliche Tendenz und oft auch erstaunlich ähnliche Inhalte und Aussagen wie Jesus Sirach[159].

Sirach ist sicher noch nicht von der hellenistischen Philosophie beeinflußt, sondern erfüllt für seine Kultur dieselbe Funktion wie die hellenistischen Philosophen für die ihre. Auch er sucht die Form der Theoriebildung, die in Israel die allein mögliche war, nämlich die gnomische Weisheit, mit der Paränese und Psychagogie zu verbinden und so die Kultur Israels auf eine neue Stufe der theoretischen Verfeinerung und

---

[153] Symposion 210bff. über die Erziehung der Seelen der Jünglinge, dazu Krüger, 184f.

[154] Symposion 215aff. Vgl. dazu J. Stenzel, Platon der Erzieher, repr. 1961, 191-248.

[155] J. Hadot, Seneca und die griechisch-römische Tradition der Seelenleitung, 1969, dort reiche Lit.; Weiteres bei P. Rabbow, Seelenführung, 1954; W. Ganss, Das Bild des Weisen bei Seneca, Diss. Freiburg/Schw., 1950; D. E. Oppenheim, Selbsterziehung und Fremderziehung nach Seneca, in: G. Maurach (Hg.), Seneca als Philosoph, WdF 414, 1975, 185-199 [Ersterscheinung 1930].

[156] Hadot ebd. 42ff. 88.

[157] Ebd. 48ff.

[158] Ebd. 59ff.

[159] Beispiele struktureller Ähnlichkeit: die Bekämpfung des Zorns in der Philosophie und bei Sirach (vgl. P. Rabbow, Antike Schriften über Seelenheilung I, Die Therapie des Zorns, 1914) oder die Bedeutung der körperlichen Gesundheit und der Seelenhygiene (vgl. L. Edelstein, Antike Diätetik, Antike 7, 1931, 255-270).

psychologischen Vertiefung zu stellen. Das ist ihm für die Kultur Israels sicher gelungen. Das intellektuelle Niveau der griechischen Philosophie auch des Hellenismus aber hat er - anders als Philo - auch nicht ansatzweise erreichen können, da er theoretisch-begriffliches Denken nicht eigentlich kennt.

2.

Zeugnis von der genauen psychologischen Beobachtung Sirachs und von der Bedeutung, die er der Seelenkunde für die Kultivierung seiner Schüler beimißt, geben die zahlreichen Psychogramme, die Sirach in sein Buch einstreut.

Ein grundlegendes Psychogramm gibt Sirach in Kap. 19, 25-30. Es wird in lockerer Form in Kap. 20 fortgesetzt und ergänzt. Sirach versucht, für seine Schüler Regeln für die Menschenkenntnis zu formulieren, indem er Menschentypen differenziert und, wenn es sein muß, entlarvt. Die kluge Tüchtigkeit kann ungerecht sein (V. 25). Der Trauergestus kann unecht sein (V. 26f.). Die Biederkeit kann bloße Schwäche sein (V. 28). Aus diesen Beispielen formuliert Sirach die Grundregel:
"Am Aussehen wird ein Mann erkannt,
und an dem Ausdruck des Angesichts wird erkannt ein Verständiger" (V. 29).
Kleidung, Lächeln und Dank "tun kund, was es mit ihm auf sich hat" (V. 30).
Weitere Differenzierungen folgen in Kap. 20: Hinter dem Schweigen eines Menschen können sich Weisheit wie Torheit verbergen (V. 5-7). Sie gehen aber in ein Psychogramm des Toren über und werden dort behandelt werden. 27, 22-24 ergänzt dagegen die Einsichten von Kap. 19. Ein unsteter, zwinkernder Blick verrät den Heuchler.

Sirach widmet all den Menschentypen und Menschengruppen Psychogramme, die auch für seine ethischen, pädagogischen und psychologischen Weisungen wichtig sind: dem Kind, der Frau, dem Freund, dem Ratgeber, dem Leiher, dann der Gruppe des Reichen, des Toren und des Feindes. Schließlich stellt er umfaßend den Typus des begnadeten Mannes dar. Die Psychogramme sind also eine praktische Anwendung von Sirachs ethischen und psychologischen Vorstellungen.

Kap. 30 schildert die Psyche des Kindes, wie Sirach sie beobachtet und versteht. Das Kind, das nicht streng erzogen wird, d. h. nach seiner Natur aufwächst, wird verzärtelt (V. 7.), "bricht voreilig aus" (V. 8), erschreckt seine Eltern (V. 9) und wird "halsstarrig"[160] und "widerspenstig" (V. 12)

---

[160] Vgl. zum Text Skehan - di Lella 375.

und verspottet seine Eltern (V. 13). Die Kultivierung der Seele und der Sitten ist nach Sirach also ganz der väterlichen Erziehung überantwortet. 33, 21-23 unterstützt diese Ansicht.

Kap. 25, 15 - 26, 27 gibt, wie schon dargestellt[161], ein ausführliches antithetisches Psychogramm einer guten, tüchtigen Frau einerseits und einer schlechten, bösen Frau andererseits. Hier sei nur noch auf das indirekt mitgezeichnete Psychogramm des zufriedenen Mannes hingewiesen. Sirach beschreibt ihn als ruhig, gesetzt (25, 20), gesund und in gutem Stande (26, 2), glücklich (26, 1), Herr in der Ehe (25, 26). Auch hier weist Sirach mehrfach auf die Wichtigkeit des Gesichtsausdruckes hin, der einen untrüglichen Einblick ins Innere gewährt (25, 17. 23; 26, 9).

Dem Freund widmet Sirach ein eigenes Psychogramm: 27, 16ff. V. 16 definiert den treuen Freund als Vertrauten, die folgenden Verse beschreiben warnend die Zerstörung der Freundschaft. 37, 1-6 differenzieren zwischen wahrem und falschem Freund. Gleich im Anschluß differenziert Sirach zwischen richtigem und falschem Ratgeber (V. 7-9). Der Schüler soll die Motive des Ratgebers auf ihre Eigen- bzw. Uneigennützigkeit hin untersuchen. Auch derjenige, der Geld leiht, muß genau betrachtet werden. Gerade weil Sirach ja das Leihen als Werk der Barmherzigkeit empfiehlt (29, 1), muß er den Schülern die Person der Leiher differenziert vor Augen halten: dem pünktlich zahlenden, zuverlässigen Leiher steht der Unzuverlässige gegenüber, dessen heuchlerisch-freundliches Verhalten Sirach schonungslos darstellt: 29, 5.

Die gefährliche Gestalt des Reichen schildert Sirach 13, 3-12. Leutselig ist der Reihe (V. 5. 6), dazu egoistisch (5f.), von falscher Freundlichkeit (6f.), gleich darauf aber voller Spott (V. 7).

Ebenso verhält sich der einflußreiche Mann:

"Durch die Menge der Reden versucht er dich,
und während er dir zulächelt, erforscht er dich" (V. 11).

Hier verwendet Sirach praktische Verhaltensbeschreibungen zur Erstellung des Psychogramms.

Dasselbe gilt für den Feind, dessen Psychogramm Sirach 12, 10-18 zeichnet: er heuchelt, will den andern verdrängen (V. 12), ist unaufrichtig (V. 15), weint falsche Tränen (V. 16) und zeigt auch äußerlich seine Bosheit:

"Er schüttelt den Kopf und winkt mit seiner Hand, und [entsprechend der Vielzahl der Zauberformeln][162] verändert er den Gesichtsausdruck" (V. 18).

---

161 S. o. Kap. I S. 30.

162 Wörtl.: "Und mit vielem Gezisch".

Den - verwandten - Toren zeichnet Sirach 21, 19ff., indem er Unarten seines Verhaltens aufzählt: lautes Lachen, überstürztes Eintreten ins Haus, Hineinsehen ins Haus, Horchen, zügelloses Plappern. Wieder ist zugleich ein Gegenpsychogramm gegeben: der Weise lächelt nur, ist langsam und höflich-zurückhalten und verachtet das Horchen. Er weiß zu schweigen.

Der Gruppe des Reichen, des Feindes und des Toren steht der Typus des begnadeten Mannes gegenüber, den Sirach umfassend in den Kapiteln 44 und 45 zeichnet. Sirach versteht den begnadeten Mann als Vorläufer und als Vorbild des Weisen. Stärke, Einsicht, Klugheit, Weisheit, Kenntnisreichtum, Charakter bestimmen die Persönlichkeit des begnadeten Mannes. Die cultura animi erreicht hier ihre Vollendung: im stolzen Ruhm (V. 3). Höher aber noch steht ihr כבוד, den ihnen der Höchste zugeteilt hat (44, 2).

44, 6b läßt uns einen Blick auf das Selbst- und Lebensgefühl dieser Menschen, wie Sirach sie versteht und als Vorbild für seine Schüler entwirft, tun:

ושוקטים על מכונתם

"denen ruhiges Wohnen vergönnt ist in ihrem Besitz".

Die Unerschütterlichkeit des Weisen ist das Ergebnis seiner seelischen Bildung. Äußere Lebensumstände und innere Dispositionen passen zueinander. Des weiteren zeigt das "Lob der Väter", wie sehr auch religiöse Grundüberzeugungen Israels die Seele des weisen Israeliten stärken und seinen Charakter formen. Bund, Segen, Erbbesitz, erwähltes Volk, ewiger Bestand des Volkes, eine heroische Ahnenkette und Gottes Anwesenheit in Israel in den Gottesdiensten der Hohenpriester: alle diese Größen schaffen ein gemeinschaftliches (44, 15 קהל) Wert- und Überlegenheitsgefühl Israels (50, 25. 26), an dem der Einzelne teilhat und das seine Person nicht nur stützt, sondern ihr Bedeutung verleiht[163].

D.

Gerade der Rückblick auf die seelische Konstitution der begnadeten Männer läßt eine wichtige Grundbedeutung der cultura animi, wie Sirach sie gestalten will, ganz deutlich hervortreten: die Seelenbildung gilt einer sozialen Elite in Israel, die auch zur religiös-intellektuellen Elite werden soll. Die äußeren Koordinaten von Muße, Großzügigkeit und Lebensfreude, ja Lebensgenuß setzen die Lebensumstände der Oberschicht voraus.

---

[163] Vgl. 45, 26, wo Sirach eigens die Linie von David zu seinen Schülern auszieht.

Auch die inneren Koordinaten einer anhaltenden Erziehung, einer lebenslangen Kultivierung des Verhaltens und der Seele selbst sind nur für eine Elite zu realisieren. Das gilt auch für die Distanz und Autarkie als Verhaltensform der Person. Das "Volk" braucht demgegenüber sozialen Halt und Konformität. Schließlich ist auch die Internationalität des Weisen ein Elitemerkmal. Volk und Weise aber verbindet das starke nationale Identitätsbewußtsein, das religiösen Ursprungs ist. Diese Elitemerkmale korrespondieren dem Elitegefühl und dem Eliteverhalten, zu dem die Weisheitsschüler Sirachs erzogen werden.

Innere Freiheit, Souveränität, Optimismus, der auf dem Glauben an den guten Gott beruht, und Sinngewißheit, deren Grundlage die Gottesfurcht ist, haben Männer wie Jesus Sirach, seine Freunde und seine Schüler zu leitenden Männern in Israels Oberschicht werden lassen.

Diese Männer waren zugleich sehr beherrscht, leidensfähig und rational. Diese Eigenschaften gehören zu dem religiös begründeten Psychogramm der Weisheitslehrer und ihrer Schüler. Sterblichkeitsbewußtsein und Sündenbewußtsein äußern sich in Bescheidenheit und im intellektuellen (43, 32), seelischen und materiellen Maßhalten. Die dauernde Kultivierung des Denkens, der Seele und der Sitten führt zu großer Vorsicht und Genauigkeit in rationaler, menschlicher, finanzieller und auch sprachlich-rhetorischer Hinsicht und zu hoher Eigenverantwortlichkeit.

Daher gibt es für Sirach keine Abgründe der Seele und des Irrationalen. Es gibt keine Verzweiflung, kein sich Gehen-lassen weder intellektuell noch ethisch noch sexuell. Es gibt keine Unordnung und keine Unberechenbarkeiten. Es gibt keine Massenphänomene, aber es gibt auch keine Vision.

Stattdessen werden die Tiefen der Seele religiös - intellektuell/erotisch - ästhetisch ausgefüllt: mit dem Lobe Gottes mit Hilfe der Weisheit und mit der Liebe zur Weisheit selbst.

Teil III:

Religion und Kultur

Die Darstellung der psychischen Kultur bei Sirach führt notwendig zu dem tragenden Element von Sirachs kultureller Welt: zur Religion. Die enorme Strenge und Einseitigung der Kultur Sirachs, die sein Verständnis von Ästhetik und Intellekt, Erziehung und Psyche prägt, gewinnt ihre Weite, Lebendigkeit und psychische Tiefe ebenso wie ihre ästhetische Attraktion erst durch die Religion. Dies ist nun darzustellen.

Die Religion erfüllt alle Gebiete der kulturellen Welt Sirachs. Sirach kennt keine rein weltliche Kultur. Sowohl die soziale und ästhetische Kultur als auch ihre intellektuellen und pädagogisch - psychischen Aspekte sind auf die Religion bezogen, durch sie begrenzt und erhalten ihre Tiefe und ihre Bedeutung und Leidenschaft durch sie. Eine Rekonstruktion der Kultur Sirachs, die deren einzelne Aspekte ohne Rückbeziehung auf die Religion darstellen wollte, würde ein grundsätzlich defizitäres Bild von dieser Kultur entwerfen und wäre genauso einseitig wie jenes geläufige Bild von der Religion des Zweiten Tempels ohne eine Darstellung der Kultur Jerusalems in dieser Zeit. Am Schluß der Rekonstruktion siracidischer Kultur werden daher die einzelnen kulturellen Erscheinungsformen in ihre je spezifische Beziehung zur Religion Sirachs gesetzt.

Die Annahme einer solchen Relation zwischen kulturellen Aspekten und Religion bedarf aber vor der Dokumentation aus dem Text zunächst einer theoretischen Erwägung. Der Begriff "Religion" ist in der jüngsten Religionswissenschaft umstritten, und die Beziehungen zwischen Religion und Kultur werden im Rahmen der allgemeinen Religionswissenschaft so kontrovers definiert, daß ein Beitrag zu diesem Rahmenthema aus dem Bereich des Frühjudentums nicht einfach pragmatisch an dieser religionswissenschaftlichen Diskussion vorbeigehen kann.

Diese Diskussion wird zunächst kritisch dargestellt (A. 1.). Nach einer Klärung der Begriffe religio und Religion (A. 2.) folgt im zweiten Teil (B.) die Darstellung der Religion Sirachs vom Begriff des "Heiligen" aus (1.) Es folgt die Beschreibung der kulturellen Hervorbringungen der Religion (2.). Die Einwirkung der Religion auf die Erziehung und Seelenleitung wird an fünf wichtigen Erscheinungsformen der Religion Sirachs dargestellt (3.). In einem dritten Teil (C.) kann dann zusammenfassend und überblicksartig geklärt werden, wie die Religion in die Kultur Sirachs und seiner Zeit eingreift und auf sie einwirkt.

Kapitel 12: Das Verhältnis von Religion und Kultur

A.

Die Problematisierung des Begriffs "Religion" und der dadurch bezeichneten jenseitigen wie diesseitigen Wirklichkeiten bzw. Konstruktionen geht von der These aus, nur die abendländische Kultur kenne die Bipolarität von Religion und Kultur, während andere Kulturen, z. B. die Hopi-Kultur, keine Säkularität kannten, ohne die die Religion ihren Sinn verliere[1]. Damit wäre das bipolare System selbst nur eine Möglichkeit im Rahmen letztendlich homogener menschlicher Kulturen.

Religionswissenschaftlicher wie H. G. Kippenberg wenden sich daher von traditionellen Definitionen der Religion als "ultimate concern" ab[2] und schlagen einen offenen Religionsbegriff vor. Kippenberg benutzt dabei den Diskursbegriff von J. Habermas[3], d. h. in seiner ursprünglichen theoretischen Form. D. Sabatucci geht noch weiter, wenn er im Anschluß an die Pettazonischule das Programm der "Auflösung des religiösen Gegenstandes" dementsprechend als "Auflösung des Religionsbegriffs im Kulturbegriff" formuliert[4]. Nun löst aber Sabatucci die Religion in seinem Kulturmodell auf, ohne zu sagen, welche Aspekte der Kultur er als Religionswissenschaftler in diesem Modell untersuchen will. Wenn er am Schluß seines Programms wieder auf die sog.

---

[1] Vgl. B. Gladigow, Gegenstände und wissenschaftlicher Kontext von Religionswissenschaft, in: H. Cancik u. a. (Hg.), Handbuch religionswissenschaftlicher Grundbegriffe 1, 1988, 26-38 (Lit. 39f.) G. beschreibt den "Rahmenkonsens" der Mitarbeiter des Handbuches im Sinne einer "kulturwissenschaftliche(n) Einordnung von Religonswissenschaft" (32). Zur Hopi-Kultur vgl. ebd. S. 55. mit Anm. 12 bei D. Sabatucci, Kultur und Religion (43-58). - Zur Auseinandersetzung mit S. vgl. Art. Kunst und Religion II, TRE 20, 253-256 (P. Welten).

[2] H. G. Kippenberg, Diskursive Religionswissenschaft, in: B. Gladigow, H. G. Kippenberg (Hg.), Neue Ansätze der Religionswissenschaft, 1983, 9-28. Dort S. 10 Anm. 4 das Zitat von R. Baird: "Religon is ultimate concern" (R. Baird, Category Formation and the History of Religions, Den Haag 1971, 14-16).

[3] Kippenberg ebd. 23ff. (mit religionsgeschichtlichem Beispiel 24ff.). J. Habermas, Legitimationsprobleme im Spätkapitalismus, 1973, 102. H. bezieht diesen Terminus auf Kritik an den kulturellen Überlieferungen (99f.): "Die kritische Aneignung der Tradition zerstört die Naturwüchsigkeit im Medium des Diskurses... Insofern ist auch Kritik nicht weniger als Hermeneutik eine Form der Aneignung von Tradition". - Inzwischen ist der Diskursbegriff ein Synonym für Diskussion und hat sich von seiner theoretischen Bedeutung entfernt.

[4] Sabatucci, Kultur und Religion (s. Anm. 1), 55. 57.

universalen Religionen zurückkommt, um auch diese in ihrer je spezifisch bedingten Kultur sich auflösen zu lassen, muß unklar bleiben, was er im weiteren untersuchen will. Er nimmt dann ganz pragmatisch das Christentum als "historische Realität", ebenso Islam und Buddhismus[5], so daß er sich zuletzt gerade jener vortheoretischen Kategorien der früheren Religionsgeschichte bedienen muß, die er selbst ablösen will. Auch der Hinweis auf die Diskurstheorie[6] bietet hier keinen Nutzen[7], denn die Gegenstände der sog. Diskurse müssen ja definiert werden. Die Auswahl der Gegenstände kann aber nur die Religions-, nicht eine allgemeine Kulturtheorie leisten. Und eine bloße Umwidmung der Religion als eines selbständigen Faktors zu einem Aspekt einer Gesamtkultur verschiebt das Definitionsproblem nur wissenschaftsorganisatorisch, statt es inhaltlich anzugehen.

Derselbe Zirkelschluß gilt für die Konstituierung eben der religionswissenschaftlichen Grundbegriffe, die das Gerüst des neuen "Handbuchs religionswissenschaftlicher Grundbegriffe" bilden. Diese Begriffe bestimmt H. Cancik als "die unbestrittenen zentralen Begriffe der allgemeinen und vergleichenden Religionswissenschaft selbst, wie sie aus den Standardwerken zu erheben sind"[8]. Diese Konzeption aber müßte nun aufgrund der dargestellten Diskussion um eben diese Standardwerke und zentralen Begriffe scheitern.

Die Infragestellung der Religionswissenschaft, die mit einem - wie auch immer im einzelnen gearteten - definierten Religionsbegriff arbeitet, erweist sich als sehr kompelexes und in sich heterogenes Gebilde. Ziel der Kritik, wie sie in Deutschland B. Gladigow, H. G. Kippenberg, H. Cancik, M. Laubscher, G. Kehrer, in Italien die "Römische Schule" vortragen[9], ist die Kategorie der Religion, ohne die aber auch die kritische Religionswissenschaft ihre Aufgabe verliert.

Denn auch wenn in der - sicher hermeneutisch oft hilfreichen - "konsequenten Überführung (sc. religionswissenschaftlicher Begriffe) in kulturwissenschaftliche Begriffe ... die eigentliche Leistung von Religionswissenschaft" läge[10] und diese sich dergestalt als sachlicher Diskurs einer Metasprache etablierte[11], so blieben doch die Gegenstände

---

[5] Ebd. 57.

[6] A.a.O.

[7] Demgegenüber ist Kippenbergs Modell-Interpretation eines apokalyptischen Diskurses vom Frühjudentum bis zum Iran der Gegenwart (s. Anm. 2) sehr interessant, bleibt aber im Bereich traditionellen Religionsverständnisses.

[8] Cancik, Handbuch 24 (s. Anm. 1).

[9] Ebd. 32f.

[10] Ebd. 33.

[11] Ebd. 37.

dieser kulturellen Diskurse mit ihren eigenen nachreligiösen Grundbegriffen[12] eben durch die Religion selbst bestimmt. Eine kritische Auseinandersetzung mit den Faktoren, die Religion jeweils als solche definierten, d. h. aus dem Feld kultureller und verwandter Erscheinungen aus-
grenzten, ist von hieraus nicht zu leisten. Eine Auflösung von Religion in
Kulturmodelle bleibt sekundär interpretierend. Eine derartige letztlich
"nur" hermeneutische Arbeit trifft aber auch nicht wirklich das Interesse
der neuen Religionswissenschaft, die sich eher kritisch-emanzipatorisch
versteht. Angestrebt wird die konsequente Etablierung einer interkul-
turellen und interreligiösen Religionswissenschaft[13], die sich endgültig
nicht nur von der christlichen Theologie, sondern von jeder "belief"-
Forderung an den Religionswissenschaftler trennt[14], wie sie M. Eliade
und seine "Encyclopedia of Religion" heute repräsentieren[15]. Eliade hält
an der Kategorie des Heiligen fest, indem er das Heilige als eine Sachka-
tegorie versteht. Demgegenüber wenden die Herausgeber des
"Handbuchs" die sog. reduktionistische Interpretation der religiösen
Phänomene an[16]. So geht der Streit eigentlich um die Möglichkeit einer
nichtimmanenten indefiniten Kategorie des Heiligen.

Aus der Analyse der unklaren und überzogenen Haltung des
"Handbuchs" zum Begriff des Religiösen und der Beziehung der Religion
zur Kultur lassen sich nun Schlüsse für die Untersuchung dieser Beziehung bei Jesus Sirach ableiten.

Der Begriff der Religion im Sinne eines heuristischen Begriffs ist
notwendig, um einem Text wie dem Buch Jesus Sirach gerecht zu
werden, der mit einem kohärenten Ensemble von Denkbestimmungen
arbeitet, die inhaltlich durch den Oberbegriff 'Gott' zusammengehalten
werden. Daß es sich bei diesem Begriffsensemble anders als bei allen
bisher behandelten Aspekten der Kultur hier um Begriffe handelt, deren
Wirklichkeitsbeziehung außerhalb einer allgemein anerkannten Auf-
weisbarkeit liegt, ist deutlich. Ebenso deutlich ist, daß der Text, den Jesus Sirach verfaßt hat, eine Welt beschreibt, die ganz und gar aus der

---

[12] Ebd. 23: Cancik zählt zu den Grundbegriffen der neuen Religionswissenschaft "Die
besonders häufig und repräsentativ gebrauchten Begriffe eines bestimmten Diskurses,
die >Urworte< bestimmter (noch) gültiger Methoden".

[13] So auch die Schlußperspektive bei Cancik 25.

[14] Vgl. dazu Gladigow, Handbuch 32 (s. Anm. 1): er definiert als Konsens der
Handbuchautoren, "daß die >Gegenstände< von Religion(en) nicht die Gegenstände
von Religionswissenschaft sind".

[15] Zu der Tradition, in der Eliade steht, vgl. Gladigow, Handbuch 30. Zu Eliades Konzeption vgl. The Encyclopedia of Religion (Hg. M. Eliade), 16 Bde, New York 1987.

[16] Dazu J. M. Kitagawa im Vorwort der Encyclopedia 1, S. XV: "Thus, throughout this
encyclopedia we have made every effort to avoid "reductionist" interpretations of religion". Zur Reduktion vgl. auch Gladigow, Handbuch 33 (A. 42 Lit.).

Beziehung des Schöpfergottes zur Welt, zur Menschheit, zu Israel und besonders zum Weisheitslehrer und -schüler lebt. Diese Doppelbeziehung zwischen Gott und Mensch und Mensch und Gott, deren vom Menschen auf Gott gerichtete Bewegung herkömmlich als Religion bezeichnet wird, stellt Sirach unter den Leitbegriffen Gottesfurcht und Weisheit dar. Als Pole dieser Beziehungsbegriffe nennt er Gott einerseits, den Menschen, Israel und den Weisen andererseits, indem durch die Beziehung der Menschen bzw. einzelner Gruppen zu Gott für Sirach auch ihr Menschsein grundlegend spezifiziert und qualifiziert ist. Die Skala reicht vom Weisen bis zum Toren und vom auserwählten Volk Israel bis zum "feindlichen" Volk.

Will man hier nun lediglich soziale, psychologische und im engeren Sinne kulturelle Modelle sehen, so kann man Sirachs Weltverständnis, das grundlegend durch die Gottesbeziehung geprägt ist, nicht angemessen beschreiben. Es ist dabei nicht notwendig, die Gotteslehre Sirachs kritisch zu diskutieren oder sogar im Stile der belief-Religionswissenschaft die Wirklichkeit der bei Sirach überaus bedeutungsvollen Kategorie des Heiligen implizit oder explizit zu bestätigen. Es ist ausreichend, die Rolle dieser Kategorie für Sirach darzustellen und sie als Größe sui generis für Sirach zu bestimmen. Diese Bestimmung ist die Aufgabe einer historischen Hermeneutik. Darüber hinausgehende Erklärungen fallen in den unscharfen Bereich wissenschaftstheoretisch gegründeter Geschichtsphilosophie auf psychologischer, soziologischer, kulturanthropologischer oder sprachtheoretischer Basis, die Verstehensmodelle anbietet, deren Interesse in der Verfremdung besteht. Die originären Aussagen und Einbindungen der Traditionen werden in das jeweilig gewählte moderne Verstehensmodell eingeordnet, um so einen Verstehenstransfer zu leisten, dessen Sensorium das jeweils heutige ist. Daneben behält aber das ältere Modell historischer Wissenschaften, das die Indikatoren heutigen Weltverstehens bewußt zurückhält und die originären Indikatoren in ihrem jeweils stimmigen Gefüge darstellt und den hermeneutischen Transfer eben nicht zu Ende führt, seine grundsätzliche primäre Bedeutung. Denn nur diese Art der Darstellung führt zu einer Erfahrung geschichtlicher Identitäten in ihrer Distanz und Fremdheit zum Wissenschaftler[17]. Der weitere Schritt einer Übersetzung eines vorgegebenen Systems in jetzige Verstehenskoordinaten hinein ist als Interpretation legitim, solange er die Interpretation nicht mit dem Gegenstand der Interpretation zusammenfallen läßt. Für Sirach heißt das: Die Religion des Frühjudentums, wie Sirach sie dokumentiert, muß als Fak-

---

[17] Ein ähnliches Interesse vertritt K. Berger, Historische Psychologie des Neuen Testaments, SBS 146/147, 1991, 17-44. Auch B. plädiert für die historisch-hermeneutische Fragestellung, weil nur diese die Eigenart des Erfragten erkennt.

tor sui generis beschrieben werden und stehen bleiben. Gleichzeitig läßt
sie sich ökonomisch, kulturell etc. interpretieren.[18]

B.

Die Kategorie Religion ist römisch. K. Latte beschreibt die altrömische
religio als "Gewissenhaftigkeit, Beachtung des Heiligen, Rücksicht auf
die Ansprüche der höheren Mächte"[19]. Cicero gibt die grundlegende Definition von religio: religio est, quae superioris cuiusdam naturae, quam
divinam vocant, curam caeremoniamque affert"[20]. Falk Wagner hat dem
"Begriff und Thema in Geschichte und Gegenwart"[21] eine umfangreiche
Studie gewidmet, die in die Problematik und in die Pragmatik des Phänomens und des Begriffs einführt. Josef Haspeckers Monographie über
die Gottesfurcht bei Sirach[22] erschließt die Gottesfurcht יראת יהוה als
zentrale religiöse Kategorie bei Sirach in ihrer inneren und äußeren Dimension als "Religion des Herzens" und "Religion der Tat".

Der religio-Begriff als theoretisch-heuristische Kategorie und die
Gottesfurcht als historische Verstehensform können gemeinsam die Koordinaten der historischen Rekonstruktion von Sirachs Religion im Verhältnis zu seiner Kultur bilden. Dabei sind die Begriff weder von Hause
aus deckungsgleich, noch decken sie sich mit unserem Religionsbegriff.
Religio bezeichnet vor allem den kultisch-rituellen Sektor der Verbindung der Menschen zum Bereich der Götter, während Gottesfurcht für
den Bereich subjektiver Frömmigkeit steht[23]. Unser Religionsbegriff dagegen beschreibt beide Bereiche und ist damit weiter gespannt als religio
und Gottesfurcht. Religion meint alle Bereiche, in denen der Mensch

---

[18] Ein m. E. ergiebige Art dieser Interpretation ist die amerikanische Kulturanthropologie. Hier werden Religionen bzw. religiöse Gruppen wie Judentum und frühe Chri-
stenheit als Teil der mediterranen Kultur in ihrer Fremdheit und Eigenart verstanden,
ohne daß ein holistischer Erklärungsanspruch gestellt würde. Vgl. B. Malina, Die Welt
des Neuen Testaments, 1993, Einführung, 7-14 (W. Stegemann).

[19] K. Latte, Römische Religionsgeschichte, 1967², 39.

[20] Cicero, Rhetorici libri duo II 53.

[21] Falk Wagner, Was ist Religion?, 1986, Untertitel. Dort S. 21 zu Cicero.

[22] Tabelle zum Vorkommen des term. bei Sirach: Haspecker 48-50. Zu ירא vgl. Art.
יָרֵא, ThWAT 3, 869-893 (H. F. Fuhs), Sirach dort nicht behandelt.

[23] Haspecker 45. Leider gibt H. keine klaren Definitionen von Religion - Frömmigkeit -
Doktrin/Lehre - Theologie und gebraucht alle diese Begriffe nebeneinander. Lediglich
Gottesfurcht definiert er klar als "personales Gottesverhältnis" (4), wobei er die G. nur
soweit untersuchen will, wie sie eben personales Gottesverhältnis im Sinne von Frömmigkeit ist.

mit primär nicht verfügbaren Mächten, seien diese immanent oder transzendent, personal oder apersonal verstanden, in Beziehung tritt[24]. Diese Mächte lassen sich am ehesten als "numinos" beschreiben[25] in dem Sinn, daß die Menschen im Umgang mit ihnen über die allgemeinen zivilisatorischen, kulturellen, sozialen, psychologischen und intellektuellen Verhaltens- und Verstehensformen hinaus spezifische Umgangsformen entwickeln müssen, die sich im einzelnen als Kult, Ritus, Verehrung, Beschwörung usw. manifestieren und einzelnen Menschen oder Gruppen übertragen werden können, sich auf einzelne sichtbare oder unsichtbare Phänomene oder auf bestimmte Zeiten beziehen, bestimmte Verhaltensformen zur Folge haben können, eigene Sozialformen prägen können und eigene Überlieferungen und Gesetze in Kraft setzen[26].

Nähe und spezifische Differenz zur Kultur im allgemeinen Sinn als der Gesamtheit der menschlichen Hervorbringungen im materiellen wie im immateriellen Bereich[27] ist deutlich. Religion und Kultur haben so verstanden eine doppelte Beziehungsfläche: erstens den Sektor der religiösen Kultur im engeren Sinne, der die materiellen und immateriellen Hervorbringungen der Menschen umfaßt, soweit sie direkt den Bereich des menschlichen Umgangs mit dem Numinosen betreffen. Daneben steht zweitens der eher unscharfe Sektor der religiösen Kultur im weiteren Sinne, der die jeweiligen Gefüge menschlicher Hervorbringungen eines spezifischen geographischen, historischen, politischen und sozialen Verbandes auf die Züge hin untersucht, die sich aus der entsprechenden Religion des jeweiligen Verbandes ableiten lassen.

In diesen beiden Spielarten religiöser Kultur geht aber die Religion als solche mit ihren Bereichen der Institution, Lehre, Ethik und praktischen Frömmigkeit nicht auf.

---

[24] Vgl. die Definition von P. Antes, Art. Religion, EKL 3, 1992, 1543f. Dort auch Einführung in die grundsätzliche Problematik der Anwendung des Begriffs auf das Christentum (analog Judentum!) sowie seine Aussagefähigkeit für den außereuropäischen Bereich. Diesen sachlichen Vorbehalten dem Begriff gegenüber steht seine offensichtliche Unersetzbarkeit. Hier wird "Religion" lediglich als heuristischer Begriff verwendet, der historisch aus dem Buch Sirach gefüllt werden muß.

[25] Vgl. Art. Numen, ER 11, 21f. (R. Schilling).

[26] Vgl. die sehr pragmatische und operable Darstellung F. Wagners in seinem Art. Religion, WC 1050-1055.

[27] So die treffende Kurzdefinition von H. J. Herle ebd. 700 (Art. Kultur).

Kapitel 13: Sirachs Religion

A.

Sirachs Religion greift raum-zeitlich aus. Die Entstehung von Himmel und Erde ist für ihn Gottes Werk (Kap. 1). Die Erhaltung des Alls, der Natur und des Menschen, sind ebenfalls sein Werk (42, 15ff.). Dieser Schöpfungs-Universalismus gipfelt in dem Satz:

"Er ist alles" (43, 27): הוא הכל (τὸ πᾶν ἐστιν αὐτός)[1].

Aber dieser Rahmen von Sirachs Weltverständnis aus der Religion führt nicht zu einem religiös oder philosophisch begründeten Pantheismus, sondern bleibt streng an den expliziten Monotheismus des Gottes Israels gebunden. Und die Qualifizierung der Welt mit ihrer raumzeitlichen Struktur als Werk Gottes bleibt eine primär theologische Aussage, d. h. von Gottes Allmacht her verstanden und gedacht. Für die Erfahrung der Menschenwelt in ihren konkreten Erscheinungsformen von Religionen und Völkern bleibt die Schöpfungsaussage eher blaß. Hier gibt die Religion Sirach einen anderen Verstehensschlüssel an die Hand: den Dualismus zwischen den Verehrern Gottes und den Heiden. So versteht und interpretiert Sirach die Welt einerseits als geo-kosmische Einheit, die von Gott durchwaltet und regiert wird und der auch die Menschheit insgesamt angehört. Andererseits erfährt er die aktuale Menschheit durch das Nadelöhr ihres Verhältnisses zu Gott, der der Gott Israels ist. Dem universalen Ausgriff Gottes auf die Welt steht die Notwendigkeit des monotheistischen Bekenntnisses der Menschen zu Gott umgekehrt proportional gegenüber. Denn dies Verhältnis des Monotheismus stimmt allein in jenem winzigen geographischen und demographischen Bereich von Jerusalem und Judäa, in dem Sirach lebt.

Für diese in höchstem Grade selektive Weltsicht steht ihm die Beschreibungskategorie des Heiligen zur Verfügung, die in seiner Religion gerade nicht eine universale, sondern eine exkludierende, elitäre Rolle spielt. Alles, was heilig ist (צדיק, טוב, תמים = εὐσεβής, ὅσιος; קדש = ἄγιος), verdichtet sich punktuell in Jerusalem und Restisrael[2].

---

[1] Zur philosophischen Einordnung vgl. Hengel, Judentum, 266f.

[2] Zur Kategorie Heilig vgl. allg. Art. Heilig, WC 462f. (J. Höhn); ausführlich Art. Heiligkeit, TRE 14, 695-712 (G. Lanczkowski, D. Kellermann, M. Lattke, J. Laube, Lit.). Wichtig ist der Sammelband: C. Colpe (Hg.), Die Diskussion um das »Heilige«, 1977; historisch bes. wichtig der Art. Heilig, RAC 14, 2-62 (A. Dihle; Lit.), außerdem der Beitrag "Hagios-Qadoš" von A. Fridrichsen in: Die Diskussion um das »Heilige« 124-147; S. 124

Dabei muß nicht immer eine Vokabel aus dem Bedeutungsbereich
"heilig" begegnen. Öfter drückt Sirach die Heiligkeit eines Bereiches
durch dessen direkte Nähe zu Gott oder der Weisheit aus. Auch כבוד
kann "Heiligkeit" im Sinne der Gottessphäre ausdrücken. In diesem
Rahmen ist Israel das heilige Land (24, 8)[3], Jerusalem die heilige Stadt
(24, 10. 11; 36, 13f.; 49, 6 קדש)[4], das Volk Israel Gottes heiliges Volk (24,
12; 36, 13). Der Tempel in Jerusalem ist d a s Heiligtum Gottes (47,
13; 50, 11)[5]. Herkunft und Zukunft des Volkes Israel und vor allem
seiner Weisen sind heilig (Kap. 24). Heilige[6] Männer hat Israel in reicher Zahl vorzuweisen (44ff.). Besonders heilig war Aaron, der erste
Priester (45, 6 קדוש)[7]. Alles, was zum Priester- und Tempelwesen gehört, ist heilig: Abgaben und Zehnter (7, 31), Gewänder (45, 10), Diadem (45, 12), Öl (45, 15 jeweils קדש). 33, 8. 9 erwähnt Sirach auch die
Festtage und die heiligen Tage (33, 9). Sehr wichtig ist, daß Sirach weder
das mündliche noch das schriftliche Gesetz als heilig qualifiziert. Dabei
ist es gerade Sirach, der als erster auf ein Zwölfprophetenbuch anspielt
(49, 10) und in seinem "Lob der Väter der Vorzeit" ebenso deutlich die
Geschichts- und Prophetenbücher voraussetzt wie in seinem Gesamt-
werk die Weisheitsbücher. Sein Enkel weist als erster auf die sog.
"anderen Bücher" des AT hin und betont, sein Großvater habe sie alle
gründlich studiert (Vorrede 2. 10. 25). D. h. Sirach kannte die "Heiligen
Schriften" des AT, erwähnt sie aber nicht als solche[8]. Er selbst ist Interpret der heiligen Geschichte Israels (Kap. 44ff.), die er als Geschichte
heiliger Männer versteht, nicht aber Interpret der heiligen Bücher Israels. Die Vorstellung vom Heiligen Buch kannte Sirach noch nicht. Dagegen macht er ganz deutlich, daß die Qualität der genannten
Heiligkeitsträger ihren Ursprung allein in Gott hat, der vor allem heilig

---

(vollständige Bibliographie). Speziell zum AT und zum Judentum Art. קדש, ThWAT 6,
1179-1204 (W. Kornfeld, H. Ringgren; Lit.); dort Sp. 1200 kurz zu Sirach: der Elisabeleg
48, 12 kann nicht für "heilig" reklamiert werden, der hebr. Text ist unsicher, G̱ hat ἅγιος
nicht. Dihle RAC 14, 33ff. zum LXX-Sprachgebrauch: קדש wird in LXX hauptsächlich
mit ἅγιος übersetzt (Lit.).

3 Dazu Art. Heilige Stätten II, TRE 14, 677-679 (D. Kellermann).

4 Dazu Art. Heiliges Land, TRE 14, 684-694 (R. L. Wilken). Wilken erwähnt Sirach
nicht.

5 24, 10 heiliges Zelt (Ex 33, 7-11 par.). Zum Tempel als Heiligtum ThWAT 6, 1191
(Lit.). Sirach steht damit sehr bewußt in der Tradition der Kultkonzentration auf Jerusalem seit Josia, den er dementsprechend preist: 49, 1-4.

6 Art. Heilige/Heiligenverehrung II, TRE 14, 644-646 (G. Larsson). Larsson wird Sirach
44ff. nicht gerecht. Dasselbe gilt für Art. Heiligenverehrung I, RAC 14, 96-150 (Th.
Baumeister) und den קדש-Art. in ThWAT (s. Anm. 29). Sirachs Vorstellung von heiligen
Männern wird nicht erwähnt.

7 Art. Aaron I, TRE 1, 1-5 (A. Cody).

8 Vgl. Art. Heilige Schriften, RAC 14, 184-223 (C. Colpe; Lit.)

ist: der Heilige (אל)[9]. Heilig sind für Sirach alle Bereiche, die Gott in besonderer Form qualifiziert hat: wie schon genannt, Israel mit seinem Mittelpunkt in Jerusalem und im Tempel in Geschichte (c. 44-49) und Gegenwart (c. 50), wobei diese Geschichte Israels durch die Weisheit rückwärts bis in die Schöpfung und vorwärts bis zum Anspruch auf die Herrschaft über die Oikumene reicht (36, 1-17). Wieder bringt der griechische Glossator (G II) diesen Sachverhalt zum Ausdruck, wenn es 18, 3 von Gott heißt: αὐτὸς γὰρ βασιλεὺς πάντων ἐν κράτει αὐτοῦ, διαστέλλων ἐν αὐτοῖς ἅγια ἀπὸ βεβήλων (vgl. 3 Mose 10, 10 קדש und חל).

Dieser universale, raum-zeitliche Ausgriff von dem Zentrum Jerusalems aus hat ein hohes Selbstbewußtsein Sirachs zur Folge, das sich in doppelter Weise äußern kann: einmal als weisheitliches Elitedenken, das aufgrund seiner mit Gott sehr eng und direkt verbundenen Religion (24, 1-12) einen universalen Bildungsanspruch erhebt (24, 19-22 und 23-34). Sirach versteht sich explizit als Lehrer der Menschheit sowohl für seine Gegenwart als auch für alle Zukunft (24, 32-34):

32 So will ich weiterhin Bildung wie Morgenröte ausstrahlen
    und will dies offenbaren bis in die weiten Raum.
33 So will ich weiterhin Lehre wie Prophezeiung ausgießen
    und werde sie hinterlassen ewigen Geschlechtern.
34 Seht, daß ich nicht für mich allein mich abgemüht habe,
    sondern für alle, die sie suchen (V. 34 nur G II).

Andererseits bewirkt Sirachs Religionsverständnis als sehr distinkte Identitätsbestimmung auch eine nationale und dualistische Mentalität, die in dem Nationalen Gebet 36, 1-17[10] mit seinem monotheistischen Credo "Es gibt keinen Gott außer dir אין אלהים זולתך" (V. 5)[11]

---

[9] 23, 9 nur G ἅγιος; 36, 4 (קדש); 43, 10 (אל); 47, 8 (אל); 48, 20 (אל). 17, 10 (ὄνομα ἁγιασμοῦ: Gottes heiliger Name). Zu אל Art. אֵל, ThWAT 1, 259-279 (F. M. Cross). Auf die genannte Konzentration weist bes. C. Colpe RAC 14, 202, hin.

[10] Dazu Hengel, Judentum, 273f. - Skehan - di Lella zählt 36, 1-22.

[11] Das monotheistische Credo, durch das Gottesprädikat "Gott des Weltalls" "אל עולם" (V. 17 = 36, 22 LXX; zum Text und zur Tradition Skehan - di Lella 423) ὅτι σὺ εἶ κύριος θεὸς τῶν αἰώνων unterstützt (vgl. auch 51, 12d), wird von Hengel in seinen verschiedenen Beiträgen zum Monotheismus im hellenistischen Judentum übergangen (Hengel, Judentum, Register s. v. Monotheismus). H. zeichnet die Monotheismus- und Monokrasievorstellung des Aristobul (295ff.) und des Aristeasbriefes (476ff.) nach und stellt sie in den Zusammenhang der hellenistischen Philosophie, ohne Sirachs Beitrag zu erwähnen. Auch die große Übersicht bei Bousset-Greßmann zum Monotheismus (302-357) sieht an Sirach vorbei und betont stattdessen die Bedeutung des monotheistischen Bekenntnisses im Diasporajudentum. Hier sollte aber gerade Sirachs Nähe zum philosophischen Monotheismus unterstrichen werden, da sie eben auch Bestandteil der palästinensischen Weisheit ist. Dieser Monotheismus Sirachs gibt sich allerdings nicht philosophisch, sondern national, ja politisch: 36, 10. - Interessant ist wieder, daß die spä-

deutlich zutage tritt. Zugleich ist dies national-militante Verständnis des monotheistischen Credos expliziter Ausdruck von Gottes Heiligkeit:

Wie du dich als heilig erwiesen hast (נקדשת

ἡγιάσθης) vor ihren Augen an uns,
so erweise dich vor unseren Augen als herrlich an ihnen
(כן לעינינו הכבד בנו) 36, 4[12].

Das religiöse Weltverständnis befähigt Sirach zur Uminterpretation der ihm bekannten Lebensverhältnisse. Es vermittelt ihm sein intellektuelles und ethisches Selbstbewußtsein. Dies Selbstbewußtsein bewahrt ihn vor lähmender Depression, die die reale politische Lage Israels hätte hervorrufen können. Daß Sirach diese Lage als drückend empfinden konnte, bezeugt das nationale Gebet indirekt. Wichtiger aber ist die befreiende und produktiv wirkende Kraft der Religion, die ihn zum höchst anspruchsvollen Lehrer der Menschheit werden läßt (33, 16-18; 51, 13-29). Die Vorstellung vom "Heiligen" ermöglicht Sirach, die ihn umgebende Wirklichkeit von seiner Religion her gegen die "Wirklichkeit" zu interpretieren. Die Marginalität des Judentums in der Welt des Hellenismus verwandelt sich unter dem Aspekt der Heiligkeit als einer selektiven, elitären Größe in eine, ja in d i e zentrale Position. D. h. unter der Hinsicht der Heiligkeit erhält Jerusalem-Judäas geringe Ausdehnung nicht nur Sinn, sondern wird zur Notwendigkeit. Die Religion stiftet hier Sinn und Identität gegen kulturelle, soziale und politische Realitäten. D. h. die Religion erweist sich an diesem zentralen Punkt nicht als Funktion, sondern als Korrektiv der herrschenden kulturellen und politischen Welt des Hellenismus.

B.

1.

Dabei kommt den kulturellen Hervorbringungen der Religion eine wichtige Rolle zu. Alle kulturell wirksamen Aspekte der Religion[13] dienen

---

ten Lxx-Zusätze im Sinne Sirachs formulieren, wenn 24, 24 <u>G</u> steht: κύριος παντοκράτωρ θεὸς μόνος ἐστίν, καὶ οὐκ ἔστιν ἔτι πλὴν αὐτοῦ σωτήρ. - Einen allg. Überblick über die jüdische Gotteslehre des 2. Jh. v. Chr. gibt H. J. Wicks, The Doctrine of God in the Jewish Apocryphal and Apocalyptic Literature, NY 1971, 55ff. Den Aspekt des Monotheismus erwähnt er nicht.

[12] Zum Text Sauer 591 Anm., Skehan - di Lella 415.

[13] Die religiösen Formen werden im Folgenden auf ihre kulturelle Bedeutsamkeit und Wirkkraft hin untersucht. Eine Darstellung der Religion selbst bei Sirach kann und soll hier nicht gegeben werden, da sie nicht Thema der Untersuchung ist. Vgl. allg. zum Umfeld z. B. H.-J. Kraus, Theologie der Psalmen, BKAT 15, 3, 1979, 88-133.

der Darstellung der Herrlichkeit Gottes. Der salomonische Tempel (47, 13), von Josua und Serubbabel wiedererrichtet (49, 12), von Simon befestigt (50, 1), ist der Ort der Herrlichkeit Gottes auf Erden (δόξα כבוד 50, 11)[14]. Der Tempelkultus der Darbringung des täglichen Ganzopfers[15] durch den Hohenpriester wird in der Herrlichkeitsmetaphorik der Weisheit selbst beschrieben[16] (Kap. 50). Die Opfer werden sehr häufig erwähnt[17] und teilweise ausführlich dargestellt, zwar zugleich in verschiedenen Zusammenhängen ethisiert[18], behalten aber ausdrücklich ihre religiöse Bedeutung.

Die Priester[19] als die Träger der Herrlichkeit seit Aaron (45, 7 בכבודו) lassen die Herrlichkeit Gottes in Erscheinung treten, wenn sie

---

[14] Zum Zweiten Tempel als Bauwerk vgl. Kap. VIII. Zum Zweiten Tempel als Zentrum des israelitischen Gottesdienstes vgl. bes. den Beitrag von S. Safrai "The Temple" in: CRINT I/2, 865-907 (Lit.). Grundlegend bleibt Schürer 2, § 24.

[15] 50, 13: אשׁי (προσφορά), vgl. Art. אֵשׁ/אִשֶּׁה, ThWAT 1, 451-463, dort 458f. (V. Hamp). Zum Opfer allg. Art. Opfer I, BHH 2, 1345ff. (L. Rost) und grundlegend R. Rendtorff, Studien zur Geschichte des Opfers im Alten Israel, WMANT 24, 1967. Speziell zur Deutung von Sir 50, 13: F. O'Fearghail, Sir 50, 5-21: Yom Kippur or the Daily Whole-Offering?, Bib 59, 1978, 301-316, dort S. 316: "Sir 50, 5-21 ... portrays the High Priest Simon offering the Daily Whole-Offering".

[16] Zur Herrlichkeitsmetaphorik vgl. Kap. IX (Metaphorik allg.).

[17] Zum Opfer im Judentum zsfd. jetzt Maier ZdT, 228ff. (Lit.) und E. P. Sanders, Judaism: Practice and Belief, London-Philadelphia 1992, 103ff. Die Terminologie bei Sirach ist die folgende: זבח θυσία, Schlachtopfer mit den Abgaben für die Priester (7, 31, vgl. Art. זָבַח/זֶבַח, ThWAT 2, 509-531, J. Bergman - B. Lang, dort Sp. 526 zu den term. techn. bei Sirach, der als nicht geklärt gilt); προσφορά, θυσιάζων σωτηρίου Heilsopfer, θυσιάζων αἰνέσεως Dankopfer, σεμίδαλις Speiseopfer, μνημόσυνον Gedächtnisopfer (LXX 32, 1-12 hebr. Text fehlt); προσφορά, θυσίαι (LXX 31, 21-24 hebr. Text fehlt); μνημόσυνον (LXX 32, 9); אַזְכָּרָה, μνημόσυνον σεμιδάλεως Gedächtnisopfer (38, 11); מִנְחָה, θυσίας ὁλοκαρπῶναι doppeltes tägliches Speiseopfer (45, 14; vgl. Art. מִנְחָה, ThWAT 4, 987-1001, H.-J. Fabry - M. Weinfeld, dort 990f. zur LXX-Übersetzung); עֹלָה κάρπωσις Ganz-Brandopfer (45, 16, vgl. Art. עוֹלָה/עֹלָה, ThWAT 6, 105-124, D. Kellermann, der 122f. die LXX-Übersetzungen aufführt, ohne κάρπωσις zu erwähnen, auch nicht 119); אַזְכָּרָה, θυμίαμα εἰς μνημόσυνον (45, 16); אִשֶּׁי, θυσίαι Feueropfer (45, 21. 22 s. Anm. 15); מִנְחָה πυρεῖον (50, 9 met.); נְתָחִים, μέλη Opferstücke (50, 12); אִשֶּׁי προσφορά (50, 13); σπονδή Trankopfer (50, 15, nur gr., vgl. Art.: נָסַךְ usw., ThWAT 5, 488-493 Ch. Dohmen).

[18] Zur Ethisierung der Opfer 34, 21-24; 35, 1-12 (weiter 7, 9 LXX); vgl. ThWAT 2, 527; Rendtorff, Opfer 66 (s. oben Anm. 42): die vorsirazidische Weisheit reduziert die Bedeutung der Opfer und ist kritisch-ethisch orientiert.

[19] Zum Priester vgl. jetzt Maier, ZdT 232 (Lit.) und 256; Art. Priester, BHH 3, 1486-1491 (B. Reicke, K. Koch, J. Müller-Bardorff); Art. כֹּהֵן, ThWAT 4, 62-79 (J. Bergman, H. Ringgren, W. Dommershausen). Zum Gottesdienst allg. vgl. H.-J. Kraus, Gottesdienst in Israel, 1962; Art. Gottesdienst II, TRE 14, 5-28 (B.-J. Diebner, Lit.). Weiter Art. Aaron I, TRE 1, 1-5 (A. Cody) und Art. Gottesdienst, NBL 1, 1991, 923-928 (J. Wehrle/K. Woschnitz); L. Trepp, Der jüdische Gottesdienst, 1992, 189ff. - Zusammenfassende Dar-

das Opfer darbringen und den ganzen Gottesdienst vor dem כל קהל
ישראל zelebrieren (50, 20). Sirachs Herleitung des Priesterwesens von
Aaron 45, 6-22 und die Weiterführung der Linie über Eleaser und Pin-
chas (45, 23 und 50, 24) mit der Annäherung an David (45, 25) und
Zadok (51, 12h. i) ist oft besprochen worden und führt in die Vorgeschichte des Sadduzäismus[20].

Der Gottesdienst als öffentliches Fest des Volkes Israel ist für Sirach
die Krönung und Mitte des sozialen und kulturellen Lebens Israels. Damit ist die Gesellschaft Israels in ihrem Grund und in ihrer Gestaltungskraft als kultisch-religiös verstanden[21]. David ist der Schöpfer der Tempelmusik (47, 8-10): "Er gab den Festen Schönheit (εὐπρέπεια V. 10 nur
gr.) und stattete die Festeszeiten herrlich aus (ἐκόσμησεν)". Salomo
baute dann den Tempel für die Gottesdienste (47, 13). Die Beschreibung
des Opferdienstes Simons (Kap. 50) führt in die Gegenwart Sirachs und
vermittelt eine Vorstellung von der integrativen und zentripetalen Kraft
des Gottesdienstes als der Haupthervorbringung der religiösen Ästhetik
Israels für die Identitätsfindung und die Steigerung des Selbst-
bewußtseins des Volkes Israel. In dem Gesamtkunstwerk des Tempel-
gottesdienstes erweist sich die Existenz Israels als Herrlichkeitsexistenz
(Rahmen: מקדש z. B. V. 11d; כבוד z. B. V. 13). Sirachs Verständnis von
Religion ist hier national-gesamtgesellschaftlich-kultisch. Trotz seiner
Polemik gegen die Toren[22] und der Arbeit an der Schärfung des Intellekts seiner Schüler im Studium des Gesetzes versteht Sirach Religion

---

stellung von Tempel, Kultus, Gottesdienst und Priesterschaft: E. P. Sanders, Judaism:
Practice and Belief, London-Philadelphia 1992.

[20] Dazu Art. Σαδδουκαῖος, ThWNT 7, 35-54 (R. Meyer, zu Sirach S. 37f. mit Anm. 18);
G. Baumbach, Der sadduzäische Konservatismus, in: Maier-Schreiner, LuR 201-213; vor
allem die große Monographie von J. Le Moyne, Les Sadducéens, Paris 1972 (Ét Bibl); zu
Sirach als "Präsadduzäer" H. Duesberg - P. Auvray, Le Livre de l'Ecclésiastique, La
sainte bible ... de Jérusalem, Paris 1958[2], 18 und Le Moyne 67-73 (73 Sirach als "une
oevre pré-sadducéenne"). Grundsätzlich dazu Hengel, Judentum 274f. mit dem historisch
zutreffenden Urteil (274f.): "Doch ist jede Zuweisung zu den späteren jüdischen
»Parteien« im Grunde verfehlt, Ben-Sira steht vor diesen Differenzierungen und enthält
die verschiedenen Möglichkeiten der weiteren Entwicklung des Judentums noch in sich".
- In die ebenfalls viel verhandelten Zusammenhänge zwischen Sirach und Qumran führt
J. Trinquet ein: Les Liens "sadocites" de l'Écrit de Damas, des Manuscrits de la Mer
Morte et de l'Ecclésiastique, VT 1, 1951, 287-292; weitere Lit. und Diskussion bei Le
Moyne 71f. Allg. Einordnung in die jüdischen Religionsparteien bei G. Stemberger, Pha-
risäer, Sadduzäer, Essener, SBS 144, 1991.

[21] Vgl. dazu die Charakteristik der Kultfrömmigkeit des vormakkabäischen Israel bei
Bousset-Greßmann 97ff., der die kulttheologische Konzeption des Chronisten und ihre
Wirkung bis zu Sirach darstellt. Allerdings wird man die einseitig protestantische Kritik
an der "Maschinerie des Kultus" (S. 100) in ihrer Zeitbedingtheit verstehen und relati-
vieren müssen.

[22] Vgl. oben S. 181ff.

primär weder individuell noch gruppenbezogen noch schrift- bzw. gesetzesbezogen, sondern zuerst und vor allem als kollektives Erleben und kollektive Partizipation an dem Ereignis der Epiphanie der Herrlichkeit Gottes in der Form des durchaus ästhetisch empfundenen und verstandenen Gesamtkunstwerkes des zentralen Jerusalemer Kultus. Der כל קהל ישראל (V. 13) ist in diesen Herrlichkeitsbereich und diese Herrlichkeitsexistenz einbezogen. Auch der Weise ist hier nur ein Teil dieses קהל. Das schmälert nicht seine eigene Bedeutung. Aber es soll Sirachs Schüler vor Gruppenbildung und Isolierung schützen.

Eine besondere Konzentration, ja Engführung der religiösen Ästhetik des Kultus nimmt Sirach in Kap. 45 vor, wenn er die Herrlichkeit von Aarons Priesterornat beschreibt[23].

Des weiteren beschreibt Sirach Gewänder, Hošen (Brustschild), Ephod und Diadem des Hohenpriesters. Die sakrale Ästhetik erreicht hier ihren Höhepunkt bei Sirach: קדש und כבוד in höchster Steigerung konzentrieren die Epiphanie der Gottesherrlichkeit auf Krone (עטר) und Diadem (ציץ)[24] des Hohenpriesters: "Vor ihm gab es nichts Derartiges, und auf ewig wird sich kein Fremder damit bekleiden" (V. 13). Bei dem täglichen zweimaligen Opfervorgang der מנחה konzentriert sich Gottes Herrlichkeit in der überaus kostbaren Kleidung des Hohenpriesters: Kultur als Kultus in Form der Gestaltung eines Gesamtvorganges von Zeremonie, Kleidung, Musik und sakralem Ritus erscheint hier als Trägerin der Gottesoffenbarung selbst. Sirachs Religion braucht und formt eine sakrale Ästhetik.

Sirach steht mit diesem Verständnis der Religion im Israel des Zweiten Tempels nicht etwa allein. Neben Sirach ist das Buch Tobit (Kap. 13) ein Hauptzeuge dieser vormakkabäischen Kultfrömmigkeit. Der Aristeasbrief stellt sie dann noch einmal in akademisch-literarischer Retrospektive dar (83-99)[25]. Die Ekphrasis des Priestergewandes (96-99) ent-

---

[23] Dazu BRL 256ff. Art. Priesterkleidung (K. Galling, Lit.). Sirach benutzt Ex 28; 39; Lev 8, 13. Wichtig ist die Verbindung zu Sach 3 und 4, da Sirach dieselbe Serubbabel-Josua-Konzeption hat wie Sacharja. Weiteres bei Sanders, Judaism, 92-102. - Zum Text vgl. Skehan - di Lella, 509.

[24] Die Inschrift der "heiligen Gravierung" lautet nach Ex 28, 36 קדש ליהוה. Hieran scheint Sirach besonders anzuknüpfen.

[25] Zu Tobit vgl. jetzt H. Groß, Tobit. Judith, NEBAT 19, 1987; Lit. Dat.: 2. Jh. v. Chr. Wichtige Studie: P. Deselaers, Das Buch Tobit OBO 43, 1982. D. analysiert Kap. 13 im Zusammenhang der Erweiterungsschichten der Grundschrift, und zwar als Teil der 3. und letzten Erweiterungsschicht (451ff.). Tob 13, 10b-18 versteht er als überarbeitetes dreistrophiges Jerusalemlied (468ff.). Zur Jerusalemzentrierung dieser Schicht vgl. S. 494ff., bes. 496. D. möchte diese Schicht um 185 v. Chr. in Jerusalem oder Judäa ansetzen. Er denkt an eine "in griechischer Sprache" verfaßte "Propaganda[schrift] ...", die im Dienste jerusalemischer Priesterkreise dem Tobitbuch Züge einer Propagandaschrift für

spricht derjenigen bei Sirach auch und gerade in dem Punkt der Heilig-
keit des Diadems (98). Dasselbe gilt für die heilige Geographie, die ohne
weiteres Jerusalem als Zentrum Judäas (83), den Tempel als Zentrum
Jerusalems (84) und den Hohenpriester als Mittelpunkt des gesamten
Tempelkultes vorstellt (96ff.). Der Aristaesbrief zeigt in literarisierter
Form dieselbe Kultästhetik wie Sirach, die nur aus einer engen Verbin-
dung zum Priesterwesen entstehen konnte und bei Sirach noch aktuelle
Züge trug[26].

Die Frage nach dem Verhältnis von Religion und Kultur stellt sich an
diesem Punkt als Frage nach der Rolle der Ästhetik für den Kultus. Die
ästhetische Seites des Kultus in Musik, Festkleidung, Schmuck und Ritus
hat sich für Sirach noch nicht verselbständigt, sondern ist Träger der
Epiphanie der Heiligkeit und Herrlichkeit Gottes. Aber sie ist notwendiger Träger. Ein nicht schöner oder nur schlichter Kultus wäre Sirach un-
vorstellbar. Noch unvorstellbarer aber wäre eine Bedeutungsreduzierung
des sichtbaren Kultus überhaupt. Hier liegt die entscheidende Bedeutung der Ästhetik für den Kultus. Sirach ist für seine Person weit entfernt
von der Buchreligion, wie sie doch seit Neh 8, 1ff. (= 3 Esra 9, 37ff. bes.
45[27]) im Entstehen begriffen war, wobei die Frage, um welches Gesetz es
sich bei dem ספר תורת יהוה אלהיהם handelte, hier offen bleiben
darf[28]. Sirach ist an diesem Punkt ein hervorragender Vertreter der Kultreligion, die er im Sinne der Partizipation an der Epiphanie der Herr-

---

die weltweite Diaspora gibt" (500). Damit würde Tobit in der Endfassung zeit- und orts-
gleich neben Sirach rücken. Die "Knotenpunkte" wie "Volk, Jerusalem, Tempel, To-
ratreue" (514) zeigen in der Tat eine enge Verwandtschaft mit Sirach, ebenso die Figur
des Vf., der der Priesterschaft nahestehen muß und sich durch souveränen Umgang mit
Traditionen und durch praktische Gestaltungskraft auszeichnet (bes. Hymnus). Leider
verstellt sich D. durch den term. "Entwicklungsschicht" den klaren Blick auf die Gestalt
des Endvf. Zwei Unterschiede zu Sirach bleiben zu markieren: die apokalyptischen Züge
einerseits und die möglicherweise griechische Sprache andererseits; Groß plädiert für
griechische Urfassung S. 7). - Die Datierung des Aristeasbriefes durch E. Bickerman zwischen 145 und 100 v. Chr. hat sich weithin durchgesetzt und wird von N. Meisner, Aristeasbrief, JSHRZ II 1, 42f., übernommen und bestätigt. - Vgl. Art. Aristeasbrief, NBL 1,
1991, 167f. (M. Görg). - Vgl. dasselbe Thema bei Philo, Vita Mos III 11-14; Josephus Ant
III 7, 4-7; Bell I und V 5, 7.

[26] Vgl. zur Theologie Jerusalems zsfd. Art. Jerusalem, NBL, Lfg. 7, 1992, 294-314 (M.
Küchler).

[27] τὸ βιβλίον τοῦ νόμου 3 Esr 9, 45. Vgl. dazu K.-F. Pohlmann, 3. Esra-Buch, JSHRZ
I, 5, Einleitung; ders. Studien zum dritten Esra, FRLANT 1970, 127ff.

[28] Vgl. dazu bes. U. Kellermann, Erwägungen zum Esragesetz, ZAW 80, 1968, 373-385
(Überblick über die Forschung 374ff.; K. selbst hält das Gesetz "für das deuteronomische
Grundgesetz in irgendeiner ... Form": S. 381); R. Rendtorff, Esra und das "Gesetz", ZAW
96, 1984, 165-184; R. betont die präsynagogale Bedeutung der Gesetzesverlesung: S. 178f.
Maier ZdT, 51f. scheint dagegen an "»Torah« in einem (noch) nicht klar definierten
Sinne" zu denken und sucht die Entstehung des Pentateuchs anderswo.

lichkeit Gottes erlebt und deutet[29]. Dabei ist er, wie schon erwähnt, selbst der erste Zeuge des abgeschlossenen Zwölf-Prophetenwerkes[30]. Kultreligion ist hier nach Kap. 50 verstanden als eine kollektive Teilnahme am Vollzug des Opfers, die sich primär als Schauen, sekundär dann als Beten und Jubel vollzieht. Sie ermöglicht die Anwesenheit der Herrlichkeit Gottes im Segen.

Sirach setzt damit spezifische konservative Akzente für das Verständnis und die Beschreibung des Kultus im Jerusalem seiner Zeit und für seine Zeitgenossen, den קהל ישראל. Die Beziehung zwischen Kultus und Ästhetik gehört zu den am wenigsten beachteten Aspekten sowohl in theoretischer, wie in historischer Hinsicht[31]. Im Zusammenhang der

---

[29] Insofern ist Bousset-Greßmanns Darstellung einer Entwicklung vom äußeren Kultus (S. 100-113) zur neuen Frömmigkeit (113ff.) grundlegend zu korrigieren. Weder Tobit noch Sirach noch die späten Psalmen zeugen von einer rein "äußerlichen" Kultfrömmigkeit. - Etwas anders sieht es mit dem sog. Chronistischen Geschichtswerk aus, das ebenfalls in die Vorgeschichte Sirachs gehört (bes. im Bereich der Tempelmusik). Term. a quo bleibt 400 v. Chr., term. ad quem 190 v. Chr., "da Sirach 47, 2-11 das chronistische Davidsbild vorausgesetzt ist" (P. Welten, Geschichte und Geschichtsdarstellung in den Chronikbüchern, WMANT 42, 1979, 199). Vgl. jetzt J. Becker, 1 Chronik, NEBAT 18, 1986, ders. 2 Chronik, 1988 (Lit.). Zum Chronistischen Geschichtswerk vgl. vor allem Art. Chronistische Theologie/Chronistisches Geschichtswerk, TRE 8, 74-87 (M. Saebø; Lit.) und Art. Esra/Esraschriften, TRE 10, 374-386 (Saebø). S. betont mit E. Willi, Die Chronik als Auslegung, FRLANT 106, 1972, 194-204, bes. das Interesse der 2 Chr an den Leviten im Sinne der Verlagerung des Interesses "von einem prophetisch-historiographischen ... zu einem kultischen (bzw. priesterlichen), das sich vor allem auf das levitische Tempelpersonal konzentrierte" (TRE 8, 79). Zur chronistischen Theologie ebd. 84: bes. Gott als Herr der Geschichte und als "Gott der heiligen Präsenz im Kult, vor allem im Tempelkult auf dem Zion". Im sog. Chronistischen Geschichtswerk tritt aber der Aspekt der inneren Beziehung der Teilnehmer zum Kult gegenüber dem Vollzug des Kults als solchen zurück.

[30] Darauf weist P. Welten in dem Art. Buch/Buchwesen II, TRE VII, 272-275, auf S. 274 ausdrücklich hin.

[31] Die Nichtbeachtung dokumentieren die Lexica. Weder die TRE noch die Neuauflage des EKL führen das Stichwort Kult(us). Unter dem Stichwort Ästhetik gibt die TRE lediglich Hinweise zum Ästhetikbegriff seit dem Mittelalter. Die praktisch-theologische Darstellung beginnt überhaupt erst mit Schleiermacher (!). Der weite Bereich des israelitischen Gottesdienstes und der katholischen Messe sowie des orthodoxen Gottesdienstes kommt nicht einmal andeutungsweise in den Blick (Art. Ästhetik I W. P. Eckert, TRE 1, 544-553, II G. Rohrmoser, 554-566, III H. Schroer, 566-572). Das EKL 1³, 1986, gibt unter einem Kurzartikel (Ästhetik, 295-298, H. G. Hubbeling) einige Hinweise auf eine alte "Feindschaft" (297) zwischen Religion und Kunst und weist auf das Desiderat einer neuen Verhältnisbestimmung hin. Hier ist ein erschreckendes Defizit an Problembewußtsein wie an historischer Kenntnis festzustellen. Anders noch LThK², 6, 1961, 659-667 ein ausführlicher Art. Kult (G. Lanczkowski, H. Haag, H. Schürmann, B. Neunheuser) mit Darstellung auch des Kultus im Judentum des Zweiten Tempels sowie RGG³, 4,

vorliegenden Fragestellung hat sie dagegen besondere Bedeutung. Im
Kultus treten Religion und Kultur in eine besonders enge Beziehung zueinander. Das hohe Interesse Sirachs an der Beschreibung des Kultus ist
daher ein Zeichen für sein integratives Verständnis von Religion und
Kultur.

Im Rahmen der öffentlichen Religion ist der Kultus, neben den ja
schon langsam und von Sirach - soweit wir sahen - nicht beachtet, die
Synagoge tritt[32], für Sirach sicher hauptsächliches Instrument der Got-
teserfahrung. Und eben das meint Kultreligion. Die kulturelle Komponente der Kultreligion liegt in der Gestaltgebung und Zelebrierung des
religiösen Festes und weiter in ihrer nationalen und sozialen Integrati-
onsfunktion, die jeweils neu alle Kräfte Israels in einer großen ästhetisch
durchgestalteten Veranstaltung zusammenfaßt. Daneben bleibt aber nun
zu fragen, wieweit damit die Religion Sirachs bezüglich ihrer Gestaltungskraft schon ganz beschrieben ist, welche weiteren Züge sie trägt
und wie sie sich zu jenen Erscheinungsformen der allgemeinen Religion
Israels verhält, die wir als Buchreligion[33] und als Geschichtsreligion[34] zu
bezeichnen gewohnt sind.

2.

Zuvor aber seien kursorisch noch andere Züge der öffentlichen Religion
Israels erwähnt, die neben dem Großbereich von Tempel - Priester - Op-

---

1960, 120-126 Art. Kultus (S. Mowinckel, allerdings rein religionsgeschichtlich). Hier beginnt sich schon ein Defizit in der Fragestellung abzuzeichnen.

[32] Dazu jetzt Maier, ZdT 240ff., Lit.; zu Sirach Sauer 500 ff. Lit.

[33] S. Morenz hat in Weiterführung der Linie von Bousset-Greßmann in bes. Weise die
Entwicklung der Religion Israels zur Buchreligion seit Josia und dann seit Esra betont:
Entstehung und Wesen der Buchreligion, ThLZ 75, 1950, 709-716 (Weiterführung des
Themas in: ders., Gott und Mensch im alten Ägypten, 1964; außerdem: J. Leipoldt und S.
Morenz, Heilige Schriften, Leipzig 1953; Art. Scriptum, ER 13, 133-145 (W. A. Graham).
Völlig unkritisch wird der Begriff bei Maier ZdT 57 gesetzt: M. identifiziert Ver-
schriftlichung der Tradition mit Buchreligion. Für Sirach gilt dies nicht. Weiter muß für
Sirach gelten, daß er kein Zeuge für den Synagogengottesdienst (dazu jetzt Maier, ZdT
240ff., Lit.; zu Sirach Sauer 500ff., Lit.), sondern vielmehr vehementer Zeuge des Tem-
pelgottesdienstes ist, bei dem das Schauen durchaus neben dem Hören steht. Auch Lei-
poldt-Morenz, Heilige Texte 9, räumen ein, daß Sirach selbst noch keinen abgeschlossenen heiligen Kanon kennt (Sir 24, 33 in der Spannung mit 24, 23).

[34] In diese Richtung weist die Auseinandersetzung von S. Herrmann mit S. Morenz:
Kultreligion und Buchreligion, in: FS L. Rost, Das nahe und das ferne Wort, Hg. F.
Maas, BZNW 105, 1967, 95-105. H. akzentuiert in dem Gefüge von Kultus/Ritus - Ge-
schichte - Tradition - Text vor allem die geschichtliche Erfahrung.

fer stehen: das Almosengeben[35] (7, 32ff.; 29, 1ff. bes. V. 9. 11), das Fasten[36] (34, 31), Reinheitsvorschriften[37] (34, 30), die Totenbestattung[38] (7, 33f.; 38, 16ff.), Gelübde[39] (18, 22f.) und Abgaben[40] (Zehnter 35, 9ff.). Das Bekenntnis zum Einen Gott gehört ebenso in diesen Zusammenhang[41] (36, 1-17) wie die Warnung vor dem Eid und der Schutz des Namens Gottes[42] (23, 9).

Das Almosengeben führt Sirach zweimal auf die Gebote zurück und verheißt dem Gebenden Gottes Segen[43]. Dabei legt Sirach ebensoviel Wert auf die psychologische wie auf die materielle Unterstützung des Bedürftigen. Die Religion formt hier eine spezifische Kultur der Solidarität unter dem Vorzeichen der Gottesfurcht: 10, 22f. Dasselbe gilt für die Abgaben, besonders den Zehnten (35, 6ff.). Opfer und Abgaben und Zehnten begründet Sirach ebenfalls aus dem Gebot (35, 7)[44]. Dabei betont er wieder die Notwendigkeit "guter Gesinnung" (V. H 10) und warnt vor unrechter Gabe, d. h. einer bloß rituellen Abgabe, die keinen Einfluß auf die ethische Lebensführung hat: VV. H 12ff. Dasselbe gilt für das Fasten. Auch dies ist vom Gesetz geforderte, (Lev 16, 29f.; 23, 27f.) gute religiöse Übung, die aber nur Sinn hat, wenn ihr der entsprechende Lebenswandel folgt (34, 31). Ebenso ist das religiöse Gelübde ethisch eingebunden (18, 23f.). Schließlich zur Bestattung als religiöser Pflicht: auch hier gilt der Trauerritus als religiöse Pflicht, und die Reinheitswaschungen sind nötig (7, 34; 34, 30). Aber wieder denkt Sirach

---

[35] Die folgenden religiösen Formen werden hier nur auf ihre kulturelle Formkraft hin befragt. - Almosen: צדקה - ἐλημοσύνη, im NT δικαιοσύνη (vgl. dazu bes. Str-B 1, 386ff.; 2, 188f.; 4, 536-558). Vgl. Art. Barmherzigkeit I, TRE 5, 215-224 (H. D. Preuß, Lit.).

[36] LXX 31, 31 νηστεύειν, vgl. dazu bes. Art. Fasten, RAC 7, 447-493 (R. Arbesmann, Lit.). Art. Fasten/Fasttage II, TRE 11, 45-48 (H. Mantel).

[37] Vgl. Skehan - di Lella, 417. Weiter Sanders, Judaism, 213ff.

[38] Art. Bestattung, RAC 2, 194-219 (L. Koep, E. Stommel, J. Kollwitz); vgl. zum Umfeld den monographischen Art. Geleit, RAC 9, 908-1049 (dort 927-930 zum Totengeleit im AT und Judentum, O. Nußbaum); Art. Bestattung II, TRE 5, 734-738 (P. Welten).

[39] Art Gelübde, BHH 1, 541f. (L. Delekat); allg. Art. Gelübde, RAC 9, 1055-1099 (B. Kötting, B. Kaiser); Art. Gelübde II, TRE 13, 302-304 (H. D. Preuß).

[40] Hebr. מנחה; vgl. Art. מִנְחָה, ThWAT 4, 987-1001 (H.-J. Fabry, M. Weinfeld).

[41] Art. Glaubensbekenntnis II, TRE 13, 386-388 (E. S. Gerstenberger).

[42] Nur LXX-Text ὅρκος. Dazu Art. ὅρκος, ThWNT 5, 458-467 (J. Schneider); Art. Eid, BHH 1, 374-376 (B. Reicke). Art. Eid II, TRE 9, 376-377 (H. Seebaß).

[43] 7, 31 "wie es dir befohlen ist" betrifft das kleine Kompendium religiöser Regeln V. 29-36; 29, 9. 11 "um des Gebotes willen" und "entsprechend den Geboten des Höchsten" (Dtn 15, 7-11).

[44] Wieder liegt neben Ex 23, 15; 34, 20 Dtn zugrunde: 14, 22-29; 16, 16; 26, 1-4. Vgl. weiter bei Skehan - di Lella, 418.

über den Ritus hinaus. Die psychische Stabilität ist wichtiger als der Ritus, bzw. dieser findet seine Grenze in jener (38, 18ff.). Daß Sirachs Lehrertätigkeit sich nicht auf die religiösen Pflichten im Sinne einer Toraauslegung bezieht, sondern auf das ethische Umfeld der religiösen Pflichten, wird sehr deutlich.

Dieser kurze Blick auf die Bedeutung der religiösen Bräuche für Sirach macht weiterhin deutlich, daß für ihn weder ein Bruch zwischen der öffentlichen Tempelreligion und der halböffentlichen Erfüllung religiöser Pflichten noch eine Kluft zwischen einer offiziellen und einer privaten Religion besteht. Bildet die Teilnahme am Tempelkultus zur Zeit des Zweiten Tempels das Rückgrat der Kultur Israels, so formen die religiösen Pflichten des Einzelnen das Verhalten und die innere Struktur der Psyche in ebenso entscheidender Weise, wie sie das Gemeinwesen prägen. Die Übersetzung von Ritus in Ethos ist für Sirach selbstverständliche Pflicht des gebildeten Israeliten und Bestandteil des Staates Israel, der keine Grenze zwischen religiöser und politischer Tätigkeit kennt.

Zusammenfassend ergibt die Frage nach der religiösen Kultur im engeren Sinne[45] das Bild der kultisch-sakralen Ästhetik der Jerusalemer Tempelreligion zu Sirachs Zeit. Hinzu treten die religiösen Pflichten im ethischen Bereich, soweit sie rituellen oder Brauch-Charakter tragen.

3.

Nun reicht die Bedeutung der Religion ihrerseits für die psychische Kultur des Einzelnen und der Gesellschaft aber noch tiefer. Sie beeinflußt Fühlen und Denken sowie Handeln der Personen und wirkt in dieser Weise selbst kulturgestaltend. An fünf wichtigen Komponenten der Religion Sirachs läßt sich diese Bedeutung darstellen: dem Gebet (a), dem Gesetz (b), der Geschichte (c), der Gottesfurcht (d) und der Weisheit (e).

1.

Das Gebet[46] ist für Sirach ein wichtiger Faktor für die Bildung der Persönlichkeit des Weisheitslehrers[47]. Sirach sieht das Gebet als

---

[45] Vgl. oben S. 253.
[46] Vgl. dazu Bousset-Greßmann 176ff. 364ff.; Art. Gebet 2, BHH 1, 519-522 (H. J. Boecker); Art. Gebet II, TRE 12, 34-42 (R. Albertz), III 42-47 (L. A. Hoffmann, jeweils Lit.);

selbstverständliche religiöse Übung (34, 29. 31; 37, 15; 39, 14f.) neben
Opfer, Totenklage und Fasten. Man soll beständig beten, das Gebet weder zurückhalten noch formlos wiederholen (7, 10. 14). Beständiges Beten wird von Gott beantwortet: 32, 14. Das Gebet soll weder regel- noch
formlos sein. Es gehört zur Formung des Tages wie die Arbeit (7, 15). In
Gefahren ist es wirksam (38, 9), aber nicht als äußeres Werk ohne Kon-
sequenz für die Lebensführung (34, 29. 31). Das alles bedeutet, daß das
Gebet nicht jedermanns Sache sein kann. Nur der Weise, der Gottesfürchtige (37, 12-15) kann richtig beten. Ausdrücklich formuliert Sirach
diese Meinung in der großen Darstellung des Gegensatzes zwischen
Bauern und Handwerkern einerseits und dem Weisen andererseits. Für
Bauern und Handwerker gilt:

"Die Arbeiten dieser Welt stärken sie,
und ihr Gebet besteht in der Ausführung ihres Handwerks" (38, 34).[48]

Dagegen gilt für den Weisen:

"Vor dem Höchsten betet er.
Er öffnet seinen Mund zum Gebet,
und für seine Sünden bittet er.
Wenn der Herr, der Große es will,
wird er mit dem Geist der Einsicht erfüllt werden;
und er wird kundtun Worte seiner Weisheit,
und im Gebet preist er den Herrn" (39, 5-6).

Sirach gibt selbst ein Beispiel für ein solches Gebet des Weisen in
Kap. 36, 1-17.[49] Dies nationale Gebet um die Erlösung des Volkes hat
die Form eines Klageliedes. Das Gebet ist eine Manifestation des vom
Nationalen[50] her polemisch entwickelten und aktualisierten monotheisti-

---

Art. Gebet, NBL 1, 1991, 739-746 (E. S. Gerstenberger/P.-G. Müller). Weitere wichtige
Lit.: N. B. Johnson, Prayer in the Apocrypha and Pseudepigrapha, JBLMS II, Philadelphia 1948; J. Bonsirven, Genres littéraires dans la littérature juive postbiblique, Bibl 35,
1954, 328-345; D. Flusser, Psalms, Hymns and Prayers, CRINT II, 2, 551-578 (Lit.). Vgl.
zu Sirach: Haspecker, Gottesfurcht 339ff.

[47] Sirach steht damit in der Entwicklungslinie, die sich seit Hiob 35, 9-14; 5, 1ff. gegen 5,
8ff.; 22, 21-30 durch die Weisheitslit. zieht: der Differenzierung "zwischen einem legiti-
men und illegitimen Gebet" (Albertz, TRE 12, 40). Vgl. allg. dazu H. L. Jansen, Die
spätjüdische Psalmendichtung, Oslo 1937, 55ff., und S. Holm-Nielsen, Religiöse Poesie
des Spätjudentums, ANRW 19, 1, 152-186 (Lit.).

[48] δέησις heißt nach Liddle-Scott neben Gebet auch "want" und "need". So übersetzt
Skehan - di Lella. Aber bei Sirach heißt δέησις sonst stets eindeutig "Gebet". Daher ver-
stehe ich auch hier δ. als Gebet.

[49] Vgl. zum Text die materialreiche Analyse bei Skehan - di Lella, 420ff. Weiter dazu
Middendorp, Stellung, 125ff. M. hält das Gebet für einen späteren Einschub.

[50] Zum Begriff des Nationalen vgl. W. Th. In der Smitten, Gottesherrschaft und Gemeinde, Bern 1974.

schen Bekenntnisses (V. 5. 10)[51]. Gott wird im Stil dieser Theologie als
"Gott des Alls" angesprochen (V. 1)[52]. Hier liegt ein öffentliches Gebet
vor, wie die Weisen es formulieren (39, 5). Zwei weitere Gebete: 51, 1-
12 (תפלה V. 11) und 51, 12a ff., eine תודה[53], spiegeln den priesterlich-
levitischen Tempelgottesdienst nachexilischer Zeit.

Daneben bietet Sirach auch ein Beispiel eines privaten Gebets, das
Einblick in die persönliche Frömmigkeit des Weisheitslehrers bietet: 23,
1-6[54]. Jansen weist darauf hin, wie eng hier Gebet und Existenz des Weisen als Lehrer verbunden sind[55]. Die Anschlußpassage V. 7ff. lautet:
"Zucht des Mundes hört, ihr Kinder"[56].

---

[51] Vgl. dazu Bousset-Greßmann 302ff. Zum Text Jansen, Psalmendichtung 65f.

[52] Dazu Bousset-Greßmann 307ff.

[53] Die Authentizität beider Abschnitte ist nicht unumstritten. Vgl. dazu Sauer 488f. (Lit.)
und Middendorp, Stellung, 114ff. sowie Skehan - di Lella 563, der für die Authentizität
der Texte plädiert. 51, 1-12 ist das Danklied eines Einzelnen (תהלה), topisch gestaltet
und daher von Form wie Inhalt her Sirach ebenso schwer zu- wie abzuschreiben (dazu
Jansen, Psalmendichtung 65). Wichtig ist die Vater-Anrede (V. 1) MS B, die V. 10 wiederholt wird (vgl. dazu Art. πατήρ κτλ., ThWNT 5, 974-1016, Quell, Schrenk; S. 979 und
980 zu Sirach, mit Anm. 209). Skehan - di Lella erkennt nur das Vater-Prädikat in V. 10
an: S. 562 zum Text von V. 1. Weiter Bousset-Greßmann 361f. Monographisch A. Strotmann, Mein Vater bist du! (Sir 51, 10), 1991. Das S. 59ff. zur Stelle und zu den übrigen
Gott-Vater-Aussagen Sirachs. - 51, 12a-o ist ein "liturgischer Wechselgesang" (Sauer 635
A. 12a) als Danklied der Gemeinde, ebenfalls topisch gestaltet, aber durch die David-Sa-
doq-Zion-Tradition deutlich spezifiziert und der siracidischen Auffassung vom Priestertum zugeordnet (vg. auch Th. Vargha, De psalmo hebraico Ecclesiastici c. 51, Antonianum 10, 1939, 3-10, der für die Echtheit plädiert; dagegen Middendorp 116. Wie Vargha
auch Skehan - di Lella 563). Der Psalm ist ein typisches Beispiel für eine Dankfestliturgie
(vgl. Ps 118, 1-4 und Ps 136), die in nachexilischer Zeit vor allem Sache der levitischen
Tempelsänger war. - Daß Kap. 51 insgesamt formal gesehen gegen Kap. 44-50 abgesetzt
ist, spricht nicht gegen die Vf.schaft Sirachs. Eher scheinen in einem Anhang von Sirach
selbst persönliches und kollektives Danklied und Weisheitslied (V. 13-30) als Vorbild
und literarischer Abschluß angefügt zu sein, wie es der losen Struktur einer
Weisheitsschrift entspricht. Die weiterführende Hypothese von H. German, Jesus ben
Siras Dankgebet und die Hodajoth, ThZ 19, 1963, 81-87, Sirach habe diesen Abschnitt
erst in den Bedrängnissen der Makkabäerzeit angehängt (so auch Middendorp), bleibt
im Bereich der Spekulation. Auch sind die angeführten Parr. aus den Hodajoth wenig
spezifisch. Das Umfeld stellt G. Morawe dar: Vergleich des Aufbaus der Danklieder und
hymnischen Bekenntnislieder (1QH) von Qumran mit dem Aufbau der Psalmen im AT
und im Spätjudentum, RdQ 4, 1963/64, 323-356. S. 355 Einordnung des Sirachtextes in
die zeitgenössische jüd. Lit. (bes. Judith 16 nach Stellung auf Aufbau). Weiteres bei
Holm-Nielsen, ANRW 19, 1, S. 160ff.

[54] Zum Verhältnis von Kultfrömmigkeit und persönlicher Frömmigkeit im Gebet Israels
vgl. bes. R. Albertz, Persönliche Frömmigkeit und offizielle Religion 1978, und seinen
Art. Gebet s. o. Anm. 46.

[55] Vgl. Jansen, Psalmendichtung 74.

[56] A.a.O.

Das Gebet bildet also eine Berührungsstelle zwischen offizieller und privater Religion und ist Ausdruck der Homogenität der Religion Sirachs. Im Blick auf Sirachs Kultur kennzeichnet das Gebet ebenfalls eine Nahtstelle. Die Religion Israels setzt nicht nur äußere kultische Formen aus sich heraus, sondern ebensosehr formt sie den Menschen innerlich, einmal eher formal durch die individuelle Teilnahme an kollektiv vollzogenen Riten und Verhaltensformen, dann aber auch persönlich durch die Ausformung einer spezifischen Spiritualität des "Redens des Herzens mit Gott", das aber wieder in literarischen Formen und Traditionen stattfindet. Hier liegt der Beitrag der Religion zu einem der möglichen Typen des Frommen[57] - eines vielgesichtigen Phänomens der Religionsgeschichte, das zugleich ein wesentliches Phänomen der antiken und abendländischen Kulturgeschichte darstellte und darstellt.

2.

Das Wesen dieser Frömmigkeit in seinem Verhältnis zur Kultur läßt sich im Folgenden anhand des zweiten Gesichtspunktes der eher privaten Züge der Religion Sirachs näher bestimmen: des religiösen Gesetzes[58] und seiner Bedeutung für die Kultur des Einzelnen und des Staatswesens.

Dem Gesetz bei Jesus Sirach hat J. Marböck eine sehr sorgfältige Untersuchung gewidmet. Er betont die "Tradition des Deuteronomiums, das ja ... in Form und Inhalt stark weisheitlichen Einfluß verrät"[59], bei Sirach. Für Sirach spezifisch ist die bekannte Gleichsetzung von Gesetz und Weisheit (bes. 24, 23)[60]. Marböck arbeitet deutlich heraus, in welcher Weise das Gesetz durch die Identifikation mit der Weisheit qualifiziert wird[61]. Das Gesetz ist zwar zunächst auch für Sirach Summe der Gebote für die Lebensführung sowohl in kultischer als auch vor allem in sozialer Hinsicht. Diese Bedeutung von תורה konkretisiert sich in dem

---

[57] Vgl. Haspecker, Gottesfurcht, pass.

[58] Lit.: Art. νόμος κτλ., ThWNT 4, 1016-1050 (H. Kleinknecht, W. Gutbrot); Art. Φαρισαῖος, ThWNT 9, 11-51 (R. Meyer, K. Weiß); Art. Gesetze I, TRE 13, 40-52 (K. Koch); Art. Gesetz, NBL 1, 1991, 823-829 (R. Smend/J. Zmijewski). - Allg. zum Spätjudentum: A. Nissen, Tora und Geschichte im Spätjudentum, NT 9, 1967, 241-277. Speziell zu Sirach vor allem Marböck, Weisheit. - Eine Einführung in die theologische Problematik bei R. Smend, U. Luz, Gesetz, 1981 (dort S. 9-44 zum AT mit Lit.). Smend betont zwei Linien, die zu Sirach führen: die deuteronomisch-dtr. Linie und die Linie der Gesetzespsalmen (S. 37ff.).

[59] Marböck, Weisheit S. 95, zum Gesetz insgesamt 82-96 (weitere Lit. S. 83 A. 143ff.).

[60] Hengel, Judentum 252ff.

[61] Marböck 86ff.

Mose geoffenbarten Gesetz, niedergelegt in dem schon schriftlich fixierten Pentateuch, den zu studieren Sirach jedem Weisen zur Vorschrift macht (38, 34b - 39, 11) und der auch Grundlage der Rechtsprechung Israels ist[62]. Aber darüber hinaus "bekommt die Tora Israels durch die(se) Schau als universale Schöpfungsweisheit unweigerlich auch einen Zug in Richtung eines umfassenden Weltgesetzes, das Schöpfung und Geschichte durchwaltet"[63]. Diese Auffassung von der Tora ist für Sirach spezifisch und entscheidend. Sie erklärt die eigenartige Tatsache, daß die Tora weder Gegenstand einer eigenen Darlegung Sirachs ist[64] noch von ihm ausgelegt, ja nur recht selten erwähnt wird[65], wohl aber all seiner Schriftstellerei zugrunde liegt. Damit befindet sich Sirach im Kontext der Fragestellung und der Denkkategorien der hellenistischen Philosophie, auf die er eine spezifisch jüdische theologische Antwort gibt, wie vor allem Hengel herausgearbeitet hat[66]. Die Antwort hat die Form der Weisheitstheologie, die, wie R. Meyer äußerst zutreffend formuliert, "erst eigentl(ich) das Prädikat Theologie verdient"[67]. An eben diesem Punkt wird das Gesetz bei Sirach für die Frage nach dem Verhältnis von Religion und Kultur wichtig.

Das Gesetz Israels ist für Sirach weder nur das "Heilige Buch", das es auszulegen und zu schätzen gilt - eine Linie, die die frühen Rabbinen aufgreifen[68], noch die Staatsurkunde, die es zu verteidigen gilt - die Linie der Makkabäerzeit[69], sondern vor allem offenbarte Denkgrundlage, Fundament einer lebendigen, selbständigen Auseinandersetzung und Diskussion über Grundfragen. Die Tora ist für Sirachs geistige Kultur wohl Norm, nicht aber Norm als Aufgabe defensiver Reinterpretation und Spezifikation, sondern Norm als Grundlage individuellen und aktuellen Denkens und Lehrens und eigener literarischer Tätigkeit. Sein

---

[62] Das betont Middendorp, Stellung 162ff. Die Belege 42, 2; 45, 5. 17; 46, 14; 49, 4; 50 pass. unterstreichen in der Tat diesen Aspekt des Gesetzes, der für Sirachs Auffassung von Israel als einer Rechtsgemeinschaft grundlegend ist, ohne aber die Bedeutung der Tora auszuschöpfen.

[63] Marböck 91. Ebd. Anm. 169 zitiert er den wichtigen Satz G. v. Rads, Die Weisheit des Jesus Sirach, EvTh 29, 1969, 118: "Nicht die Weisheit gerät in den Schatten der Großmacht der Tora, sondern umgekehrt sehen wir Sirach damit beschäftigt, die Tora von dem Verstehenshorizont der Weisheit her zu legitimieren und zu interpretieren."

[64] Marböck 85.

[65] Ebd. 92.

[66] Ebd. 94 mit Lit. und bes. Hengel 288ff. mit Lit.

[67] ThWNT 9, S. 20. Vgl. Marböck 95 A. 182, der auch Moore, Judaism 1, 37 zitiert: Sirach als "landmark in the history of the Jewish religious literature".

[68] Dazu Hengel, Judentum 307ff.

[69] Vgl. B. Renaud, La loi et les lois dans les Livres des Maccabées, RB 68, 1961, 39-67. Diese ebf. bei Sirach vorhandene Bedeutung der Tora betont Middendorp s. o.

ganzes Werk ist eine dichterisch-pädagogische persönliche Auseinandersetzung mit der Bedeutung der Tora für seine Person, seine Zeit und Israels Jugend. In diesem Toraverständnis steht Sirach strukturell wie historisch den hellenistischen Philosophenschulen nahe, die auf der Basis der Lehre ihres jeweiligen Schulgründers selbständig weiterphilosophieren[70]. Ebenso reiht er sich in eine spezifisch israelitische Traditionslinie ein, in die der Prophetenschule, wie Hengel im modifizierenden Anschluß an O. Plöger sehr präzise darstellt[71]. Zurecht betont Hengel besonders die Selbstdarstellung Sirachs als des letzten Weisen und Propheten in Israel 33, 16-18[72].

Sirach ist der freie, selbständige Toralehrer, der sich seine Schüler sucht und sie auf der Basis der Lektüre "des Gesetzes, der Propheten und der übrigen Schriften"[73] bildet und erzieht[74]. Seine eigene Weisheit ist Forschung (ἐκζητεῖν 39, 1. 3 διανοηθεὶς ἐκδιηγήσομαι 39, 12). In diese Forschung am νόμος gibt er sich selbst ganz hinein: πλὴν τοῦ ἐπιδιδόντος τὴν ψυχὴν αὐτοῦ/ καὶ διανοουμένου ἐν νόμῳ ὑψίστου (38, 34). Dabei wird er vom Geist Gottes erfüllt (39, 6):

"Wenn der Herr, der Große, es will,
wird er mit dem Geist der Einsicht erfüllt werden"
(πνεύματι συνέσεως ἐμπλησθήσεται).

Diese "inspirierte Auslegung der Tora und der Propheten"[75], wie Sirach sie für sich in Anspruch nimmt, hat die Form eigener Literatur. Die Tora ist grundsätzlich offen, und der Geist Gottes ist bei ihrem Studium wirksam[76]. Das berühmte Diktum Schlatters über Sirach als סופר:

---

[70] Vgl. Hengel, Judentum 288f.; Marböck, Weisheit 94 unter Verweis auf K. Schubert, Die Religion des nachbiblischen Judentums, 1955, 16f.

[71] Hengel, Judentum 246-249. 324f. zeigt die prophetischen Züge Sirachs und seine Nähe zur prophetischen Überlieferung auf. Diese Linie führt Stadelmann, Schriftgelehrter, 177-270 weiter aus. O. Plöger, Theokratie und Eschatologie, WMANT 2, 1959, stellt die Vorgeschichte der Chassidim bis mindestens ins 3. Jh. v. Chr. dar und versteht sie als Träger der eschatologischen Überlieferung der Propheten im Gegensatz zur Kulttradition der priesterlichen Aristokratie (bes. S. 57-68). Sirach nimmt hier eine vermittelnde Stellung ein. Hengel S. 322 Anm. 446 gibt zurecht zu bedenken, ob die eigentliche Trennung der kultischen und der prophetischen Linie nicht erst mit der Makkabäerzeit eingesetzt habe.

[72] Hengel S. 247.

[73] So Vorrede 1f. 8-10. 24f. Vgl. 38, 34 und 39, 1 (Gesetz, Weisheit, Prophezeihungen). Dazu bes. J. L. Koole, Die Bibel des Ben Sira, OTSt 14, 1965, 374-396.

[74] 39, 8 αὐτὸς ἐκφανεῖ παιδείαν διδασκαλίας αὐτοῦ καὶ ἐν νόμῳ διαθήκης κυρίου καυχήσεται (hebr. Text fehlt).

[75] Hengel, Judentum 248.

[76] So auch Art. Kanonisch und apokryph im Judentum (Beilage zu Art. κρύπτω κτλ.), ThWNT 3, 979-987 (R. Meyer, S. 980). Art. Geist/Heiliger Geist/Geistesgaben I, TRE

"Gelehrte, die nichts als Gelehrte sind, erscheinen hier in Jerusalem zum ersten Mal"[77], greift doch wesentlich zu kurz, da es der Produktivität und Inspiriertheit der Weisheitslehre Sirachs nicht gerecht wird. Die Tora bietet sich Sirach als Schlüssel zu einer integralen privaten und öffentlichen, persönlich-innovativen und korporativ-traditionellen Weltsicht und Frömmigkeit und ihrem Niederschlag in eigener mündlicher und schriftlicher Lehre an: die Tora des Mose und Aaron (45, 5. 17) in ihrer kosmischen, ethischen und spirituellen Bedeutung für seine eigene Person zu finden und sie für seine Zeitgenossen aktuell darzustellen. Sie ist damit der Grundfaktor für Sirachs kulturelle Rolle als סופר.

An diesem Punkt unterscheidet Sirach sich grundlegend von der jüdischen Apokalyptik, die zwar ihrerseits ebenfalls literarisch äußerst produktiv ist, aber im Bewußtsein der Endzeit pseudepigraphisch und aus retrospektiver Sicht schreibt. Während Sirach noch prophetischen Geist für sich beansprucht, sind für den Verfasser der syrischen Baruchapokalypse die "Propheten entschlafen"[78]. Wenn der apokalyptische Schriftsteller selbst schreiben will, muß er in die Rolle eines dieser lange entschlafenen Propheten schlüpfen. Sirach hat diese Attitüde eines grundlegend beschädigten Selbst- und Zeitvertrauens noch nicht nötig. Sein literarisches und zeitgeschichtliches Selbstbewußtsein ist ungeschmälert: er ist ein סופר in der Nachfolge Moses und Aarons.

3.

Die kulturell integrative Kraft der Tora wird vielleicht am deutlichsten bei der dritten Größe, die Sirachs Religion in spezifischer Weise bestimmt: in seinem Verhältnis zu Israels Geschichte, das Enno Janssen im Rahmen des palästinensischen Geschichtsbildes dargestellt hat[79].

12, 1984, 170-196 (W. H. Schmidt - P. Schäfer - K. Berger); Art. Geist, NBL 1, 1991, 765-773 (H. Seebaß/M. Reiser); Art. רַוּחַ, ThWAT 7, 1993, 385-424 (S. Tengström, H.-J. Fabry).

[77] Schlatter, Geschichte 97.

[78] Syr Bar 85, 3. Vgl. dazu Bousset-Greßmann 394f. und K. Müller, "Die Propheten sind schlafen gegangen". (Syr Bar 85, 3), BZ 26, 1982, 179-207. Syr Bar spiegelt die Zeit um 100 n. Chr. Vgl. A. F. J. Klijn, Die syrische Baruchapokalypse, JSHRZ V, 2, 103ff. (S. 107: Datierung Anfang 2. Jh. n. Chr.). Vgl. auch tSot 13, 2: "Als Haggai, Sacharja und Maleachi, die letzten Propheten, gestorben waren, schwand der heilige Geist aus Israel."

[79] Janssen, Das Gottesvolk und seine Geschichte, 1971 (S. 16-33 zu Sirach). Frühere Studien: Th. Maertens, L'éloge des Pères, Ecclésiastique XLIV-L, Brüssel 1956; E. Jakob, L'histoire d'Israël vue par Ben Sira, in: Mélanges Bibliques rédigés en l'honneur de A. Robert, Paris 1957, 288-295; R. T. Siebeneck, May their bones return to Life, CBQ 21, 1959, 411-428; J. Priest, Ben Sira 45, 25 in the Light of Qumran Literature, RdQ 5, 1964, 111-118; B. L. Mack, Wisdom and the Hebrew Epic: Ben Sira's Hymn in Praise of the

Sirach kann auf eine reiche israelitische Geschichtsschreibung zurück-
blicken und steht im Zusammenhang einer immer neuen Interpretation
der Vätergeschichte und zugleich einer hellenistisch beeinflußten
Historiographie[80]. Wenn er in den Kapiteln 44-50 ein "Lob der Väter der
Vorzeit" verfaßt[81] (שבח אבות עולם πατέρων ὕμνος 44 tit.) und als
Ziel angibt:

"Ich will preisen begnadete Männer,
unsere Väter in ihren Geschlechtern" (בדורותם 44, 1)[82],

dann stellt er die Geschichte der Menschheit und die Geschichte Israels programmatisch unter das Stichwort כבוד - δόξα (V. 2), das den
hermeneutischen Schlüssel für sein Geschichtsverständnis und dessen
Zuordnung zur Religion bildet: "Reich ist die Herrlichkeit (כבוד), die
der Höchste zugeteilt hat" (V. 2, vgl. V. 7).

Die Aufgabe Israels ist es, die Erinnerung an diese Väter wachzuhal-
ten:

"Ihr Ansehen bleibt lebendig von Geschlecht zu Geschlecht (לדור
ודור),
ihre Weisheit gibt die Gemeinde weiter,
und ihr Lob verkündet die Versammlung" (V. 14f.).

Die "Patrologie" Sirachs, die von Henoch (44, 16) bis zu dem
Hohenpriester Simon II. (Kap. 50) reicht, ist ein Zeugnis für den freien

---

Fathers, Chicago 1985; J. D. Martin, Ben Sira - a child of his time, in: A Word in Season,
FS. W. McKane, Hg. J. D. Martin und Ph. D. Davies, JStOT Suppl. Ser. 42, Sheffield
1986, 141-162; D. Mathias, Die Geschichtstheologie der Geschichtssummarien in den
Psalmen, BEATAJ 35, 1993; Art. Geschichte II, TRE 12, 569-586 (K. Koch, der Sirach
leider nur nebenbei S. 583 erwähnt); Maier ZdT 106-125 erwähnt Sirach gar nicht. Allg.:
J. Collins - G. Nickelsburg (Hg.), Ideal Figures in Ancient Judaism, Chico 1980.

[80] Einführung in den ersten Aspekt: Lit. zum sog. Chronist. Geschichtswerk bei J. Becker, NEBAT 18, S. 12f. Einführung in den zweiten Aspekt bei H. W. Attridge, Hi-
storiography, CRINT II, 2, 157-184. A. weist zurecht darauf hin, daß die jüd. Lit. der Zeit
sich in großem Stil der Beschäftigung mit der Vergangenheit widmete und ein "large narrative corpus" verfaßte (S. 157). Dabei ist zwischen erzählenden Werken i. A. und Geschichtsschreibung im engeren Sinne zu unterscheiden. Sirach gehört in die erstere Kategorie. - Weiter dazu: Hengel, Judentum 183ff. (bes. 184f. zu Sir 44-50).

[81] Vgl. dazu 1 Makk 2, 51-64 und Sap Sal 10. Hengel, Judentum 248f. (mit A. 207) verweist zurecht auf die parallele hell. Heldenverehrung und auf das hell. "Nachfolgeprinzip"
(46, 1 u. ö.) hin.

[82] Vgl. Art. אָב, ThWAT 1, 1-19 (H. Ringgren); Art. πατήρ κτλ., ThWNT 5, 946-1016
(G. Schrenk, G. Quell), dort S. 976f. zu Sirach: Herleitung des Sprachgebrauches der
"Väter"; Art. דור Geschlecht, ThWAT 2, 181-194 (D. N. Freedman, J. Lundblom). In die
atl. Geschichte dieses Vaterbegriffs führt jetzt Th. Römer, Israels Väter, OBO 99, 1990
ein. R. trennt die Väter- von der Patriarchentradition und weist sie dem Dtn und seiner
Wirkung zu.

und dichterischen Umgang Sirachs mit der Geschichte Israels, die für ihn stets zugleich religiöse und nationale Größe ist.

Sirachs Geschichtsverständnis ist priesterlich-jerusalemisch[83]. Das Ziel der Geschichte ist die Theokratie in Jerusalem. Die Bedeutung Aarons und Pinechas gegenüber Mose wird gesteigert. Die Bedeutung der politischen Geschichte Israels tritt demgegenüber stark zurück[84]. Negative Aspekte der Geschichte Israels werden verschwiegen. Das Geschichtsbild ist integrativ. Das Gravitationszentrum ist der Kult. Dadurch, daß Sirach die Gesetzgebung Aaron zuordnet (45, 17), stellt er auch die alte Ordnung wieder her, nach der die Priester die תורה lehrten. An diesem Punkte ist Sirach durchaus reaktionär, denn die Entwicklung seiner Zeit schreitet in Richtung auf die Synagoge und die Schriftgelehrsamkeit voran[85]. Sirachs Geschichtsbild hat noch eine weitere integrative Funktion, auf die Janssen besonders hinweist: Sirach verbindet Geschichte, die ja in Israel immer bis in die Schöpfungszeit zurückreicht, mit der Eschatologie[86]. Die Eschatologie, die Lehre vom Ende, ist bei Sirach paradoxerweise eine Lehre vom Bleiben, von der Ewigkeit des Heils und der Herrlichkeit Gottes, verkörpert im jeweiligen Hohenpriester (50, 24 MS B)[87]. Geschichte ist für Sirach immer und in jeder Einzelheit Gottes Geschichte, diejenige Seite seines Handelns, die er den Menschen zuwendet.

Daher versteht Sirach die Geschichte als ewige Zeitdauer (18, 10), in der je und je Gottes Heil erscheint[88], in seiner eigenen Zeit verkörpert im Hohenpriester Simon (Kap. 50). Weiterhin verbindet Sirach die Geschichte mit dem Kosmos. Hier wird der weisheitliche Denkansatz von der Schöpfung her besonders deutlich: Sirach bedenkt und lobt zuerst Gottes Herrlichkeit in der Schöpfung, danach Gottes Herrlichkeit bei den Vätern (Kap. 1-43; Kap. 44-50). In der Schöpfung wie in der Geschichte manifestiert sich Gottes Herrlichkeit gleichermaßen. Die Aufgabe des Weisen ist demgemäß gegenüber beiden Bereich analog: das "Gedenken" (זכר)[89], das "Erschauen" (חזה)[90] und das "Erzählen"

---

[83] Janssen, Gottesvolk 19.

[84] Ebd. 20ff.

[85] Zur engen Verbindung von Weisheit und frühem Rabbinentum vgl. Hengel, Judentum 307ff.

[86] Janssen 31f.

[87] S. 31 weist J. darauf hin, daß LXX die ewige Treue Gottes statt auf Simon auf Israel bezieht (MS G̲).

[88] Janssen 32f.

[89] Vgl. Art. זָכַר, ThWAT 2, 571-593 (H. Eising). Allg. P. A. H. de Boer, Gedenken und Gedächtnis in der Welt des AT, 1962; B. S. Childs, Memory and Tradition in Israel, SBT 37, London 1962; W. Schottroff, "Gedenken" im Alten Orient und im AT, 1964. - Dem

(סֹפֵר)[91], ja das "Verkünden" (ספר 42, 15. 17) der Werke Gottes und das "Preisen" (הלל 44, 1), das "Tradieren" und das "Verkünden" (ספר 44, 15). "Das preisende Gedenken an die Großtaten Gottes"[92] hält alle diese Aspekte zusammen. Sirach steht damit in der Tradition des Deuteronomiums und der Psalmen[93]. Der Weise vergegenwärtigt die Herrlichkeits- und Bundesgeschichte Gottes mit den Menschen parallel zum Kultgeschehen[94]. Pointiert ließe sich formulieren: für Sirach ist der Weise der Priester des Kosmos und der Geschichte. Er versieht den gleichen Dienst wie der Priester: die Vergegenwärtigung und Veranschaulichung des Heils. Nur das Medium ist anders: dort die Kulthandlung, hier die Literatur.

Diese Sicht ist Sirach nur aufgrund der aktuellen politischen Lage und seiner Interpretation dieser Umstände möglich[95]. Da er Israels Geschichte als die Geschichte des sog. Tempelstaates versteht, muß für ihn als Zeitgenossen Simons II. die Lage Israels einen Höhepunkt in der langen Kette von Herrlichkeitserweisen Gottes an Israel darstellen[96]. Israel konnte nach dem Dekret Antiochus' III. (Jos Ant XII, 138ff.) κατὰ τοὺς πατρίους νόμους leben (Jos Ant XII, 142). Stadt und Tempel wurden wieder aufgebaut. Die Gerusie wurde geehrt und von Steuern

---

"Gedenken" der Werke Gottes ist das "Gedenken" der Männer Gottes nebengeordnet: 46, 11; 49, 13. Ausführlichere Behandlung dieses Sachverhalts in dem Sammelband von J. Assmann (Hg.), Das kulturelle Gedächtnis, 1992.

[90] Vgl. Art. חָזָה, ThWAT 2, 822-835 (A. Jepsen). Vgl. zum Sprachgebrauch Sirachs z. B. Ps 46, 9: "Gottes Taten schauen". Weiter Hiob 19, 26f.; 36, 25 (vgl. ThWAT 2, 833).

[91] Vgl. Art. סָפַר, ThWAT 5, 910-921 (J. Conrad). Zum Erzählen der Taten Jahwes (bes. in Pss) vgl. ebd. Sp. 915. - Die Nähe Sirachs zu Ps 19 A + B ist nicht zu übersehen. Nur hier findet sich die Vorstellung vom Erzählen (ספר) der Schöpfungstaten (Ps 19, 2). Und nur hier werden unter dem Vorzeichen des Lobpreises Schöpfungstaten, Tora und Weisheit so dicht verbunden wie bei Sirach. Hinzu kommt die kultisch-weisheitliche Metaphorik in Ps 19B. Vgl. Kraus, Psalmen 1, 152-161.

[92] ThWAT 2, 576 (Eising).

[93] Ebd. 575f.

[94] Ebd. 591ff.

[95] Janssen 28ff.

[96] Das gilt trotz gewisser Einschränkungen: die Vision eines größeren Israels zeigt sich im nationalen Gebet. - Zur politischen Lage: vgl. die stringente Schilderung der seleukidischen Herrschaft in Jerusalem nach 198 v. Chr. nach Simons II. Position bei Tscherikover, WHJP I, 6, 53-144, bes. 79-86, und ebf. bei P. Schäfer, The Hellenistic and Maccabaean Periods, in: J. H. Hayes u. J. Maxwell Miller (Hg.), Israelite and Judaen History, London 1977, 539-604 (Lit.). Th. Fischer, Seleukiden und Makkabäer, 1980, 1-9, diskutiert noch einmal den Antiochuserlaß, bringt ihn in Zusammenhang mit Sir 50, 1-4 und liefert eine umfassende Bibliographie.

befreit[97]. Ausführender Regent war der Hohepriester Simon II., der früh auf die Seite der Seleukiden übergegangen war. Dieser Zustand war genau derjenige, den Sirach erwünschte. Er empfand, in einer Sternstunde Israels zu leben, und warnte eindringlich vor στάσεις [98], die die Harmonie zwischen Antiochia und Jerusalem stören könnten[99].

Sirachs homogenes, konflikt- und zielfreies Verständnis von Geschichte weist aus, wie sehr für ihn Geschichte ein Aspekt der Religion ist. Aber aufgelöst hat sich ihm die Geschichte noch nicht. Weder ist sie zu einer bloßen Paradigmenreihe frommer Helden erstarrt wie wenig später im 1. Makkabäerbuch (2, 51-64), noch verwandelt sie sich in ein dekorativ-änigmatisches Kulturspiel voll tiefsinniger theologischer Anspielungen, d. h. in eine reine Bildungsgröße, wie die jüngere Schrift der "Weisheit" in Kapitel 10 die Geschichte Israels vorführt[100].

Vielmehr ist die Geschichte Gottes mit Israel, so wie sie Sirach überkommen ist, für ihn ein Feld der produktiv tradierenden kulturellen Leistung. Er sucht die Auseinandersetzung mit den schon vorhandenen Geschichtswerken, interpretiert die einzelnen Vätergestalten neu und stellt sie seinen Schülern lebendig vor Augen[101]. Die Geschichte ist Bildungsstoff. Der gebildete Weise lebt in ständiger Auseinandersetzung und Beziehung mit den Vätern. Die Geschichte als Väter- und Heldengeschichte ist gegenwärtig in intellektueller, didaktischer, religiöser und literarischer Form, Stoff für eigene Gestaltung ebenso wie für verläßliche Tradition des ganzen Volkes. Auch an diesem Punkt war Sirach konservativ. Wie man zu seiner Zeit fortschrittlich Geschichte Israels schreiben konnte, zeigt Sirachs Zeitgenosse, Ps.-Eupolemos, der sog.

---

[97] Es handelt sich um die Kreise, zu denen Sirach selbst gehörte: γερουσία, ἱερεῖς, γραμματεῖς τοῦ ἱεροῦ, ἱεροψάλται (XII 142).

[98] S. o. S. 73.

[99] Tscherikover (s. o. Anm. 96) weist zurecht darauf hin, daß für die Seleukiden alles vom Wohlverhalten der unterworfenen Völker abhing: S. 86.

[100] Insofern ist Schlatters bekanntem Urteil vom Ende der Geschichte bei Sirach nicht zuzustimmen: Schlatter, Geschichte 94f. Schlatter setzt den vermeintlichen Quietismus Sirachs in Beziehung zum ahistorischen und individualistisch-eudämonistischen Hellenismus. Diese Zuordnung ist nur soweit sinnvoll, wie die Völker des östlichen Mittelmeerraumes alle seit Alexander d. Gr. in je eigener Weise Abschied von ihrer Geschichte nehmen mußten. Trotzdem denkt Sirach weiter in politisch-historischen Dimensionen, wenn er das Lob der Väter mit dem Lob des Zeitgenossen Simon II. beschließt.

[101] Auf die lebendige Darstellung kann hier nicht weiter eingegangen, sie kann nur akzentuiert werden. Bes. zu beachten sind die häufige Anrede (z. B. 48, 4ff.), die reiche Metaphorik (z. B. 47, 2 und Kap. 50) und die eingeschobenen Gebete (z. B. 45, 25f.). Hier wird Vergangenheit auch didaktisch gegenwärtig gemacht.

samaritanische Anonymos[102]. Auch Pseudoeupolemos schreibt Vätergeschichte, Geschichte Abrahams, aber unter der zeitgemäßen apologetischen Fragestellung, wie die "Abraham-Erzählungen der Genesis mit der babylonisch-griechischen Mythologie zu verbinden" seien[103]. Pseudo-Hekataios und Eupolemos sowie Artapanos[104] setzen diese moderne Linie fort.

Diese Schriftsteller stellten das für Sirach geltende Verhältnis von Religion und Kultur für den Bereich der Geschichte auf den Kopf. Für sie wurde die religiöse Geschichte Israels zur Eintrittskarte in den Bereich der hellenistischen Kultur. Sie erhielt eine bloße Alibifunktion und verlor ihre Eigenart. Sirach dagegen beließ der Geschichte Israels ihren theonomen Charakter, ohne sich seine Freiheit der Darstellung und Interpretation der Geschichte nehmen zu lassen. Es ist nicht ersichtlich, daß sein Lob der Väter schon polemischen Charakter in einer sich anbahnenden Diskussion über das Wesen der Väter Israels trägt. Vielmehr scheint seine Einbeziehung der Geschichte Israels seinem weisheitlich-universalen Denken zu entsprechen. Wohl aber schafft er damit die Basis für eine konservative Geschichtsschreibung nach seiner Zeit, die sich auf das "Gesetz und die Propheten" stützt und, die Linie der Chronik aufnehmend, zu den großen Werken des Josephus und des Pseudo-Philo weiterführt. Sirach sieht die kulturelle Aufgabe, sich über das Wesen der Väter Israels neu klar zu werden, und löst sie in einer nichthellenistischen, traditionellen autochthonen Weise, die die Bedeutung dieser Geschichte für seine Gegenwart neu herausarbeitet.

4.

Die Gottesfurcht ist der Kern der persönlichen Religion Sirachs, wie J. Haspecker in seiner großen Studie über die "Gottesfurcht bei Jesus Si-

---

[102] Vgl. die Übersetzung und Einführung von N. Walter, Fragmente jüdisch-hellenistischer Historiker, JSHRZ I, 2, 1976, 137-143; weiter die Analyse Hengels, Judentum 162ff. (Lit.).

[103] Hengel, Judentum 162.

[104] Ps Hekataios II (1. Jh. v. Chr.) versteht dementsprechend Mose als monotheistischen Philosophen, der die Ägypter belehrt (Fr. 1 zieht die Linie von der Wanderung von Mathematik und Astronomie von Babylon über Ägypten und Griechenland); vgl. JSHRZ I, 2, 158ff. - Dasselbe Mosebild hat Eupolemos (158 v. Chr.): Fr. 1 Mose als erste Weise (ebd. 99). - Ebenso Artapanos (100 v. Chr.): Fr. 1 Abraham als Lehrer der Astrologie in Ägypten (ebd. 127), Fr. 2 Joseph als Geometer (ebd. 128), Fr. 3 Mose als πρῶτος εὑρέτης in Ägypten (ebd. 129f.). Zu dem ganzen Komplex vgl. JSHRZ I, 2, N. Walter, Fragmente jüdisch-hell. Historiker pass. und Hengel, Judentum 161ff.

rach"[105] dargestellt hat. Die Gottesfurcht gehört zugleich eng mit der Weisheit zusammen. Dabei ist die Gottesfurcht die Bedingung der Weisheit und ihr insofern sachlich vor-, nicht aber übergeordnet[106]. An dieser Stelle der Untersuchung muß daher die Stellung der Gottesfurcht als komplementärer Größe zur Weisheit herausgearbeitet werden, damit auf diese Weise auch ihre indirekte Bedeutung für Sirachs Kultur erkannt werden kann.

Die Verbindung von Gottesfurcht und Weisheit ist enger und sachlich bedeutender, als Haspecker und Marböck erkennen lassen[107]. Ihre gemeinsame Basis bildet die unermeßlich Größe und Majestät Gottes. Sirach steigert den Gottesbegriff ins Unermeßliche[108]. Gottesfurcht ist die notwendige Reaktion des Menschen. Der Revers der Weisheit, die Gottes Größe sieht und preist, ist die Demut der Gottesfurcht, die die richtige Relation zwischen der Größe Gottes und der Kleinheit des Menschen herstellt[109].

So gilt, was der Weise von Gott sagt:
"Er (Gott) legte die Furcht vor ihm in ihre Herzen,
um ihnen zu zeigen die Größe seiner Werke" (wörtlich: "indem er ihnen ... zeigte", 17, 8f.).
Und:
"Die Größe seines Ruhmes sahen ihre Augen,
und seine herrliche Stimme hörte ihr Ohr" (17, 13).
Die Größe Gottes versteht der Weise differenziert: Gott ist ebenso groß in seiner Herrlichkeit und Regierungskraft (1, 8; 3, 19. 20; 10, 4f.; 18, 5). Neben Gottes Schöpfertätigkeit (10, 12 bez. des Menschen; 24, 8), in dessen Hand der Mensch nur ein Tongefäß ist (33, 10ff.), steht Gottes Grimm, von dem Sirach 5, 6f.; 10, 13ff. sprechen kann. Die höchste Steigerung der Größe Gottes gelingt Sirach am Schluß seines Schöpfungslobes (42, 15 - 43, 33):

---

[105] Haspecker, Gottesfurcht, dort 48ff. Tabelle. Zu Vertrauen 232ff. und Demut 314ff. Vgl. auch Art. יָרֵא, ThWAT 3, 869-893 (H. F. Fuhs).

[106] Zum Verhältnis von Gottesfurcht und Weisheit vgl. bes. Haspecker 87ff. und korrigierend Marböck, Weisheit 132f. Marböck stellt klar, daß zwar Gottesfurcht eine "umfassende Grundorientierung des Lebens" bei Sirach sei (132), daß aber andererseits das eigentliche Thema der Schrift die Weisheit ist (133). Dies richtige Urteil M.s wird hier präzisiert. - Vermittelnd Skehan - di Lella, 75f.

[107] Marböck 133 versteht die Weisheit als ein "durchaus selbständiges und von der Gottesfurcht unabhängiges Anliegen" Sirachs. Dies Urteil ist korrekturbedürftig.

[108] Haspecker 153. Vgl. auch Rickenbacher, Weisheitsperikopen 19 zu den Gottesnamen und 20f. zu dem Epitheton "Der ewige Gott".

[109] Zur Demut als Pendant zur Gewalt des Herrn vgl. 3, 17-20.

"Und das Ende der Rede sei: Er ist alles" (43, 27 הכל הוא = τὸ πᾶν ἐστιν αὐτός).

Dieser singuläre Satz ist nicht Ausdruck eines latenten oder sogar manifesten Pantheismus[110] und auch nicht der Versuch einer philosophischen Definition, sondern ein Satz im Kontext des atl.-jüdischen Hymnenstils: sprachliche Pointe mit dem Stilmittel der Generalisierung[111].

Parallel dazu wird auch die Herrlichkeit der Gottesfurcht bis auf den höchsten Punkt gesteigert:

"Die Gottesfurcht ist wie ein gesegnetes Eden,
ja alle Herrlichkeit (כבוד) (birgt) ihr Zelt, wörtl. Baldachin חפה" (40, 27 MS B).[112]

Die Wurzel der Beziehung zwischen Weisheit und dieser Gottesfurcht zeigt Sirach grundlegend in Kapitel 1 auf. Die vollkommene Weisheit ist Gottes Schöpfungsweisheit. Daher ist die entsprechende Parallelstruktur des Menschen, der an dieser Weisheit Anteil hat und - was dasselbe ist - Einsicht in Gottes Schöpfung hat, die Gottesfurcht. Der Gottesfürchtige seinerseits kann Weisheit sammeln. Die Priorität der Gottesfurcht kommt darin zum Ausdruck, daß das Verhältnis beider Größen unumkehrbar ist. Denn es gibt zwar eine Weisheit ohne Gottesfurcht, diese aber ist böse. Dagegen gibt es Gottesfurcht ohne tieferes Weisheitsstreben, die Sirach toleriert (19, 24).

Die Gottesfurcht läßt sich ihrem Wesen nach als latente Grundhaltung des weisen Menschen in Beziehung auf Gott, den der Mensch als Schöpfer verehrt, fürchtet und liebt, beschreiben: 7, 29-31. Es handelt sich weniger um Formen aktueller Frömmigkeitsbezeugungen als eher um eine tiefsitzende Selbsteinschätzung eben jenes Menschen vor Gott, der weise ist. Die gesteigerte Stellung des weisen Menschen als des intellektuellen Partizipanten an Gottes Schöpfungshandeln erfordert die gesteigerte Demütigung desselben Menschen vor dem höchsten Gott. In diesem Sinn muß die Gottesfurcht als intellektuell-ethische Grundhaltung der Weisheit notwendig vorangehen, da der Weise sonst der Hybris zum Opfer fällt (10, 12ff.).

Hier liegt der Beitrag der Gottesfurcht zur allgemeinen Kultur. Sie stellt eine starke Domestizierung des Denkens des Intellektuellen dar, die sich weniger auf Einzelheiten als auf eine grundsätzliche Art der Erkenntnisweise bezieht. Sirach errichtet für das geistige Streben der Jüng-

---

[110] S. o. Anm. 11.

[111] Trotzdem birgt die Formulierung הכל, die der Enkel mit τὸ πᾶν übersetzen kann, die Nähe zu philosophischer Diktion. Vgl. Art. כל, ThWAT 4, 145-153 (H. Ringgren); Art. πᾶς κτλ., ThWNT 5, 885-895 (G. Bertram, B. Reicke). Vgl. auch Skehan - di Lella 495 zu diesem Satz.

[112] M liest: über alles, was herrlich ist (so Skehan - di Lella, 467).

linge Israels eine feste Schranke: eine Verselbständigung des Intellekts in Form kritischer Fragen ist unmöglich. Es gibt für ihn keine intellektuelle Kultur ohne ganz grundlegende religiöse Bindung und Begrenzung einerseits und ohne religiöse Zielrichtung der Erkenntnis andererseits. Diese Aussage muß aber zugleich umgekehrt werden: es gibt für Sirach ebensowenig eine wichtige Form der Frömmigkeit ohne Intellekt. Erst beide Kräfte zusammen stellen Sirachs Konzeption von Gottesfurcht und von Weisheit adäquat dar. Diese Konzeption ist, wie schon oft deutlich geworden ist, elitär. Denn die Verbindung der Gottesfurcht mit der Weisheit legt den Grundstein zu jener hoch angesetzen Synthese weisheitlicher Lebens- und Denkführung, allgemeiner Bildung und Theologie, die Sirach lehrt.

Zugleich ist diese Konzeption national konservativ im Sinne der geistigen Strukturformen Israels, das den Intellekt immer religiös eingebunden und schöpfungstheologisch determiniert hat. Auch Hiobs Theodizee und die Fragen des Predigers Salomo fanden in dem übergroßen Gottesbegriff ihre Grenze, in einem Gottesbegriff, den unter ganz anderem Vorzeichen Anselm von Canterbury darlegen sollte: Gott ist derjenige, über den hinaus nichts Größeres gedacht werden kann [und darf]. Eine bedingungslose Freisetzung des Intellekts wie im Hellenismus war im Rahmen siracidischen Denkens und siracidischer Frömmigkeit ausgeschlossen. Statt des freien Intellekts vertrat er die Weisheit.

5.

Die letzte und in gewisser Weise diffizilste Komponente der Religion Sirachs ist diejenige, die zugleich die größte kulturelle Bedeutung hat: die Weisheit. Der Stand des Weisen, der Beruf der Weisheitslehre in pädagogischer Hinsicht und die Inhalte der Weisheitslehre und ihre Hinordnung auf Gottesfurcht und Halten der Gebote sind im Rahmen der Erziehungslehre Sirachs bereits dargestellt worden, ebenso die Weisheit als weibliche Metapher[113].

Hier muß nach der religiösen Komponente der "Weisheit gefragt werden. Diese Weisheit stellt Sirach in den sog. Weisheitsliedern dar[114]: 1, 1-

---

[113] Erziehungsgeschichte: 6, 18ff.; Liebesgeschichte: 51, 13ff., Geliebte: Suchen - Finden - Metaphorik usw. 4, 12ff. u. ö.

[114] Hauptkennzeichen: חכמה als thematischer Beginn. Verwandte Themen enthalten die Abschnitte, die vom Weisen bzw. vom Weisheitslehrer handeln: 33, 16-18; 38, 24 - 39, 11, und Weisheitspsalmen selbst: 16, 24 - 17, 13; 39, 12-35; 42, 15 - 43, 33 (hier das Deutewort Weisheit erst 42, 21).

10;[115] 4, 11-19; 6, 18-37; 14, 20 - 15, 10; 24, 1-34; 51, 13-30. Während O. Rickenbacher diesen Texten einen materialreichen Kommentar gewidmet hat, hat J. Marböck eben diese Texte zur Grundlage seiner vorbildlichen "Untersuchungen zur Weisheitstheologie bei Ben Sira"[116] gemacht und das theologische Profil der Weisheit bei Sirach adäquat gezeichnet: "Wie die Analyse der Weisheitsgedichte Ben Siras gezeigt hat, ist Weisheit dort ausdrücklich theologisch verstanden. Da diese Gedichte ein Spezifikum Ben Sirachs darstellen ..., kommt ihnen für das persönliche Weisheitsverständnis des Siraciden große Bedeutung zu ... Die Weisheit wird dort explizit als von Gott kommend, ja als Gabe Gottes interpretiert ..., ja als die Offenbarung Gottes selber ..."[117]. Und zwar versteht Marböck die Weisheit "als Ausdruck für das Selbstverständnis Israels", als neue Form des "Erwählungsgedankens"[118], wobei er zurecht betont, daß dies Theologumenon "völliges Eigengut des Siraciden" ist[119]. Die Funktion des Theologumenons bestimmt er treffend als Integration, nämlich als "Aufgabe ..., die darin besteht, alle Erscheinungen des Weltganzen ... systematisch zu verbinden"[120], d. h. "die Verbindung zwischen Schöpfung, Geschichte Israels und dem einzelnen Menschen" darzulegen[121].

Dem sind zwei Größen hinzuzufügen, die Marböck im Laufe der Untersuchung ebenfalls nennt, ohne sie aber stärker zu akzentuieren: der Kult in Jerusalem[122] und die Person des Verfassers, Sirachs selbst[123]. In der Tat ist die Weisheit die Form dieser integrativen Theologie der Gottesbeziehungen Israels in Schöpfung, Geschichte und Kultus und als solche formal ein "hermeneutical construct", wie G. T. Sheppard die

---

[115] O. Rickenbacher, Weisheitsperikopen, 4ff. läßt die erste W.perikope den Text von 1, 1-27 umfassen. Dabei sieht er selbst ab V. 14 jeweils die Gottesfurcht, nicht die Weisheit als Subjekt an (S. 6). Kap. 1 umfaßt ein Weisheitslied 1, 1-10, ein Lied über die Gottesfurcht 1, 11-20. Von V. 21 an folgen zwei weisheitlich-lehrhafte Anwendungen der Thematik auf das menschliche Leben: V. 21-25 im deskriptiven, V. 26-30 im imperativischen Stil. Ähnlich Skehan - di Lella, 136 ff., der allerdings in dem oὐ/לא von V. 22 den Einschnitt sieht (S. 142). Auch J. Marböck, Weisheit im Wandel, 17ff., behandelt nur 1, 1-10.

[116] Marböck, Weisheit; Rickenbacher, Weisheitsperikopen: beide Bücher sind pass. zu den hier genannten Texten heranzuziehen. Weiter Skehan - di Lella 31ff. und pass.

[117] Marböck 129.

[118] Ebd. 130f.

[119] A.a.O.

[120] Ebd. 131f.

[121] Ebd. 133.

[122] S. 65f.

[123] S. 168f.

Weisheit gerade Sirachs nennt[124]. Darüber hinaus aber ist sie die persönliche Lebensform Sirachs und seiner Schüler und als solche eben nicht nur Theologie, sondern auch Ethos und Religion. Ihre integrative Funktion ist damit eine doppelte: einmal als neue Gesamttheologie, zum anderen als Erziehungs-, Lebens-, Denk-, Empfindungs- und Religionsform einzelner Männer in Israel. Diese Doppelpoligkeit der Weisheit entspricht ihrem Wesen, das Erkenntnis nicht vom intellektuellen Akt, sondern von der Erkenntnisarbeit her versteht. Weisheit bedeutet nicht nur die Einsicht in den Satz "Es gibt nur einen Gott, den Gotts Israels"[125], sondern das Lob der Schöpfung in all ihren Erscheinungsformen (Kap. 42f.), die Auslegungsarbeit der Geschichte Israels seit der Schöpfung (Kap. 44ff.) und die Interpretation der Tora Gottes für die Schüler (Kap. 1-41 pass.). Das bedeutet, daß der Weise sich mit der gesamten Überlieferung Israels gründlich auseinandersetzen muß, da er auch seine Natur- und Sittenbeschreibung nicht primär der Beobachtung, sondern der Überlieferung entnimmt. Dabei wird jede Form der Überlieferung nicht etwa kommentiert, sondern produktiv neu bearbeitet. Die Weisheit ist also auch mehr als eine theologische Interpretations- und Verstehensform, nämlich auch eine spezifische Darstellungsform. Weisheit ist universal im Sinne ihrer Thematik, ihrer Quellen und ihrer Gestaltung. Hinzu tritt nun aber auch die Erfahrung: Reisen und Beobachten (39, 4f.). Beides muß der literarisch arbeitenden Weisheit eingegliedert werden.

Dieser Prozeß dauert ein Leben lang und erfordert die Anspannung aller Kräfte des Weisen. Er schafft eine zuchtvolle Lebens- und Denkweise und eine beherrschte Psyche. Damit ist die Weisheit auch universal hinsichtlich ihres Anspruchs auf den Weisen und den Schüler. Die Weisheit ist vor allem andern eine Lebensform. Sie bringt den Typus des Weisen hervor, dessen geistiger Habitus sich in Sirachs Sinn folgendermaßen umschreiben läßt: Beobachtung und Thematik des Weisen sind weitgespannt. Sein Denken und Urteilen ist statisch und dezisionistisch. Er erzielt definitive und autoritative Ergebnisse. Seine Lehrmethode ist bei aller Beweglichkeit im einzelnen und trotz einer hohen Darstellungskunst doch dozierend-doktrinär. Sein Denken und Lehren ist exklusiv und elitär. Der Weise ist Statusträger[126] und vertritt den Typus des gebundenen Denkens. Er denkt und lehrt nicht dynamisch-prozessual.

---

[124] G. T. Sheppard, Wisdom as a Hermeneutical Construct, BZAW 151, 1980. S. stellt den Prozeß der "Sapientializing" des AT dar. Weisheit wird bei Sirach "a rubric under which the authoritative non-wisdom traditions can be evaluated as a guide to practical conduct" (119). Allerdings muß man weitergreifen: dies gilt auch für die Geschichte Israels.

[125] Dazu vgl. o. Anm. 11.

[126] Anders Sokrates.

Offene Fragen und nicht festgelegte Argumentation, arbiträre Meinungen und demokratische Diskussion[127] können sich in dieser Form der lehrenden Weisheit nicht entfalten. Freien Intellekt im Sinne der griechischen Philosophie kann es in der Weisheit Israels nicht geben. Der Intellekt bindet sich voller Überzeugung an die Religion. Er versteht sich selbst als Teil einer individuell-elitären Frömmigkeit. Die Verstehens- und Lehrkategorien des Weisen sind daher zunächst Fromm und Gottlos, Gut und Böse. Nach diesen Kategorien richtet sich dann die Frage nach Richtig oder Falsch, Wahr oder Unwahr. Daraus resultiert die Gegenüberstellung von Weisem und Toren. Der Intellekt ist nach Maßgabe der Religion ethisch eingebunden, durch persönliche Frömmigkeit geprägt und doxologisch ausgerichtet.

Damit ist die religiöse Komponente der Weisheit bereits angesprochen. Leben kann ein Israelit wie Ben Sira nur aus Gott und auf Gott hin. Die Weisheit ist für Sirach d i e umfassende religiöse Verbindung zu Gott. Die Weisheit wurzelt in der Transzendenz, ausgedrückt durch das Theologumenon des Seins vor der Schöpfung (1, 4; 24, 9) und der direkten Herkunft von Gott (24, 3). Schließlich bietet sie Sirach einen Zugang zu den anderen Komponenten der Religion: ihr Propädeutikum ist die Gottesfurcht (1, 14)[128], ihr Ausdruck der Hinwendung zu Gott das Gebet (39, 5), und das Bild ihrer Beteiligung am himmlischen Kult (24, 10) ist Ausdruck dafür, daß Sirach den "Kult Israels als ein(en) Höhepunkt der Weisheit" versteht[129].

Für Sirach faßt als einzige Größe die Weisheit alle Aspekte der Frömmigkeit und des Kultus sowie der Theologie, d. h. der Religion, zusammen, wie schon dargestellt. Zugleich erlebt Sirach sie intensiv als eigene, außerhalb seiner Kraft und seiner Erfahrungswelt stehende Größe, was weder für die Gottesfurcht oder das Gebet noch für das Gesetz oder den Kultus gilt. Um diese ganz außerordentliche und eben singuläre Qualität der Weisheit explizit zu machen, bedient Sirach sich für dies Thema eines traditionellen Mittels religiöser Dichtung: der Personifikation der Weisheit. An diesem eingangs erwähnten Punkt zeigt sich die religiöse und kulturelle Bedeutung der Weisheit in der Zusammengehörigkeit dieser beiden Komponenten am deutlichsten.

Die Weisheit wird von Sirach nun aber nicht ontologisch als Person verstanden und damit dem religiösen Bereich der Hypostasen und

---

[127] So Sokrates.

[128] Dazu Haspecker 95f. und korrigierend Marböck 27f. und zsfd. 132f. Wenn Marböck Haspecker gegenüber die Weisheit als Hauptthema des Sirachbuches bestimmt und die Gottesfurcht vornehmlich als "Voraussetzung und Bedingung zur Erlangung der Weisheit" versteht (133), ist ihm rechtzugeben.

[129] Marböck 65.

Zwischenwesen der jüdischen Religion[130] zugeordnet, sondern sie ist eine "dichterische Personifikation", wie Marböck richtig formuliert[131]. B. Lang nimmt dies Urteil auf und zieht die Linie der poetischen Personifikation durch das Alte Testament und die Literaturgeschichte[132]. Diese Einordnung macht die kulturelle Leistung der Weisheitslieder und der Gestalt der "Weisheit" bei Sirach deutlicher: Es geht bei ihr nicht um die individuelle Gestaltung eines jüdischen Weisheitsmythos, den es gar nicht gab[133], sondern um die anspruchsvolle theologische Formulierung einer Sirach und seinen Gefährten unverfügbaren und doch höchst evidenten Größe, die sie ebenso als Größe göttlichen Ursprungs und Wesens wie als Möglichkeit menschlichen Strebens erlebten. D. h. es geht um eine sprachliche Leistung, die hohen kulturellen Wert besitzt: eine theologische Vorstellung soll adäquat ausgedrückt werden. Diese theologische Formulierung eines wie transzendent erscheinenden Phänomens versucht Sirach in wiederholtem Anlauf in dichterischer Form und Sprache darzustellen, da ihm seiner jüdisch-weisheitlichen Bildung nach keine abstrakte theologische Sprache zur Verfügung steht und er deren theoretischen Zugang zu theologischen Größen sicher auch nicht hätte vollziehen können. Sein Zugang zur Welt Gottes und seiner Verbindung zum Menschen bleibt das Lob, das sich in weisheitlicher Dichtung ausspricht. Sirach steht dabei in einer ihm bewußten und klar definierten Tradition: der Weisheitsdichtung der Älteren Spruchweisheit[134]. Die Form und Diktion des weisheitlichen Gotteslobes ist nicht neu. Sirach erfindet nicht, sondern wiederholt, variiert und vertieft die dichterisch-theologische Figur.

Dieser Aspekt hat eine zweite eminente kulturelle Bedeutung, auf die B. Lang in Zusammenfassung der Forschung hinweist[135]. Sirach als Lehrer Israels steht in einer internationalen, in Israel längst eingebürgerten intellektuell-religiös-literarischen Tradition, deren Beherrschung und Weiterführung ihn als Mitglied und Träger einer Elitekultur ausweist. Weisheitsliteratur zu schreiben, bedeutet eine bewußte Option für die konservative geistige Elite in Jerusalem/Judäa zu Sirachs Zeit. Die progressive Elite, deren uns greifbare Vertreter zu Sirachs Zeit die jüdisch-hellenistischen Historiker und kurze Zeit später die hellenismusfreundli-

---

[130] Dazu jetzt zsfd. Maier ZdT 202-212 (Lit.).

[131] Marböck 130.

[132] Lang, Frau Weisheit 164ff. (Lit. 167). Vgl. auch Müller, Art. חָכַם, ThWAT 2, 942: M. fragt zurecht, ob der Personifikation "nicht zugleich auch ein spielerisch-ästhetisches Motiv zugrunde liegt". Genauer und historisch sowie sozialgeschichtlich entwickelt: C. V. Camp, Wisdom and the Feminine in the Book of Proverbs, Sheffield 1985.

[133] Dazu zsfd. Lang, Frau Weisheit 158ff. (Lit.).

[134] Zsfd. Lang, Frau Weisheit pass. Sirach selbst: Beginn des Väterlobs.

[135] Lang 103f. (Lit.).

chen Juden in Jerusalem waren, die die makkabäische Reaktion auslösten, stellte sich bewußt in die griechisch-hellenistische literarische Tradition. Solche Optionen dürfen nicht auf rein religionsgeschichtliche Zuordnungsfragen reduziert werden, wie G. v. Rad zurecht angemahnt hat[136]. Aber auch die theologische Deutung, die v. Rad selbst so entscheidend gefördert hat[137], erschöpft noch nicht die Bedeutung der Option Sirachs, die eben auch eine kulturelle ist und als solche verstanden sein will. Sirach führt einen Zweig der Kultur Jerusalems weiter, der Theologie mit Hilfe der religiösen Dichtung treibt und der Dichtung und ihren Mitteln angemessene Aussagen über Gottes Plan, seine Schöpfung und ihre Ordnung, Israel in Geschichte und Gegenwart und Bildung und Erziehung des rechten Juden zutraut, weil diese Dichtung sowohl von der Weisheit als Ordnungs- und Verstehensstruktur der Schöpfung zeugt als auch Weisheit als Lebensform lehrt. Die Dichtung hat für Sirach die Fähigkeit, die grundlegenden Inhalte seiner Religion auszudrücken. Die Dichtung als wesentlicher Teil der Kultur ist zugleich notwendiger Träger der Religion.

---

[136] G. v. Rad, Weisheit 189.
[137] Ebd. 221ff., 228.

Kapitel 14: Religion und Kultur bei Sirach

Wieweit und in welcher Hinsicht greift die Religion nun in die Gesellschaft und ihre Kultur ein, wie Sirach sie beschreibt und versteht?

A.

Die Rahmenbedingungen der F a m i l i e versteht Sirach von der Religion her. Denn die Verpflichtung des Weisen zur Erziehung einerseits und das Elterngebot andererseits sind religiös fundierte Koordinaten für die Familie. Das Verbot des Ehebruchs bildet die religiös begründete Grenze der Ehe. Die Ehe selbst wird mit traditionellem ethischen Material aus dem topischen Bereich der "guten bzw. bösen Frau" beschrieben. Das Primärverhältnis zwischen Vater und Sohn wird nicht nur in gemein-patriarchalischem Sinn als ein Verhältnis von Gehorchen und Herrschen verstanden, sondern religiös zum Lehrer-Schüler-Verhältnis vertieft. Die Erziehung erhält als Weisheitserziehung eine direkt religiöse Komponente.

Das Elterngebot steht als Teil der Tora über dem weisheitlichen Erziehungs- und Bildungstheologumenon, denn auch der schwache alte Vater und sogar die - eo ipso nicht gebildete - Mutter müssen geehrt werden. Erweist hier das Gesetz eine spezifisch ethisch integrative Kraft, so wirkt andererseits das Theologumenon von der sündigen Frau[1] stark desintegrativ und diskriminierend. Dies Theologumenon verstärkt lediglich geschlechtsspezifische Vorbehalte der patriarchalischen Gesellschaft, ohne schöpfungstheologisch selbständig zu denken.

Insgesamt bleibt daher der religiöse Aspekt der Familie bei Sirach seltsam zweideutig und blaß. Den Hintergrund dafür bildet der Umstand, daß Sirach keine eigene Theologie der Familie entwirft, sondern nur für einzelne Bereiche der gesellschaftlich bestehenden sozialen Form der patriarchalisch geführten Familie seiner Zeit in Israel religiöse Weisungen oder theologische Begründungen gibt.

Eigentlich müßte das religiös-weisheitliche Erziehungsideal das patriarchalisch-autoritäre Herrschaftsdenken, dessen raison d'être lediglich der Machtvorsprung ist, verwandeln. Ebenso könnte das Gebot,

---

[1] Vgl. Kap. I.

auch die Mutter zu ehren, zu einem neuen theologischen Verständnis der Frau führen. Solche systematische Kraft fehlt aber Sirachs Weisheitstheologie für diesen Bereich. Er verknüpft die Weisheitstheologie einerseits und das Gebot andererseits nur additiv.

Diese Begrenztheit gibt zugleich Aufschluß über jenen sozialen Bereich, dem Sirachs wirkliches Interesse gilt: den einzelnen Weisen und seinen Schüler, (der sein Sohn sein kann, aber nicht muß). Diese soziale Beziehung ist diejenige, die für Sirach von vitaler Bedeutung ist und zu der seine Weisheitstheologie einen originären Beitrag leisten kann: Kap. 51. In diesen Zusammenhang gehört auch die entscheidende Innovation Sirachs, seinen Namen als Lehrer zu nennen, ja noch mehr: schriftlich niederzulegen. Seine religiöse Weisheitssuche läßt ihn sich selbst als Individuum erfahren.

Dabei dürfte hier weniger hellenistischer Einfluß im Spiel sein, sondern eher eine immanente Entwicklung zu eigenständigem Denken im Rahmen weisheitlicher Existenz zu einem Durchbruch der Persönlichkeit gekommen sein. Diese Linie hat sich einerseits bei Philo und Josephus, andererseits bei Paulus fortgesetzt, dessen Prägung auch durch die jüdische Weisheit Hermann v. Lips neu zusammengefaßt hat[2].

Der Bereich von A r b e i t u n d B e r u f ist für Sirach in erstaunlichem Maß frei von Beziehungen zur Religion. Die Arbeit der Bauern und Handwerker wie auch der Kaufleute, d. h. des überwiegenden Teils der Bevölkerung, definiert sich gerade durch diese Beziehungslosigkeit zur Religion. Nur bei dem graduell wesentlich höherstehenden Beruf des Arztes läßt Sirach eine Beziehung zur Religion gelten: Gott kann durch den Arzt heilen. Der Arzt ist der einzige außer dem Weisheitslehrer, der von Gott Weisheit empfängt (38, 2).

Eben der Weisheitslehrer ist dann derjenige Beruf, der seine eigene Beziehung zur Religion hat und durch diese geprägt wird, von ihr Sinn und Wert erhält (38, 34ff.). Daneben steht die große Berufsgruppe der Priester, deren Tätigkeit ihren Sinn durch die Religion erhält und in der Ausübung des Kultes darstellt. Sirach schildert ausführlich nur die priesterliche Funktion des Hohenpriesters (Kap. 50).

Der einzige wirklich detailliert geschilderte Beruf bleibt aber derjenige des Weisheitslehrers. Seine Basis ist das otium, die σχολή. Sein primärer gesellschaftlicher Rahmen ist notwendig die Oberschicht. Sein Wesen ist individuell und arbiträr. Die religiösen Rahmenbedingungen sind zu einem Teil eher sekundärer Art: sich selbst dahinzugeben, um über das Gesetz nachzudenken (38, 34), reisen (39, 4), Dienst am Hof (39, 4), Literaturforschung (39, 1-3), Lehre (39, 8) sind allgemein weis-

---

[2] H. v. Lips, Weisheitliche Traditionen im NT, 318ff.

heitliche Motive. Daneben treten nun spezifisch religiöse Elemente: Gebet (39, 5f.) und prophetische Einsicht (39, 6) ebenso wie allgemeine Frömmigkeit. Sirach hat den traditionellen Beruf des Weisheitslehrers und auch des Weisheitsschülers in eine engere Beziehung zur Religion gesetzt.

Die Arbeitswelt wird, abgesehen von den Berufen des Arztes, des Priesters und des Weisheitslehrers, nur in unspezifischer Weise von der Religion geprägt, so z. B. in den ethischen Vorsichtsregeln im Geschäftsbereich (42, 1-8) oder in der allgemeinen Sündenwarnung beim Kaufmann (26, 29ff.). Die für diese Bereiche aus der Religion stammenden Regeln gestalten nicht, sondern begrenzen und liefern zusätzliche exkludierende Argumente gegen Phänomene, die primär aus traditionellen Gründen für Sirachs Weltverständnis eine untergeordnete Rolle spielen.

Gleichzeitig ist die Religion der Index für die Wertigkeit der Berufe. Nähe zur Religion bedeutet höhere Wertigkeit. In Sirachs Fall liegt hierin einerseits eine konservative Wertvorstellung vor, soweit die Religion die Sinngebungspriorität behält. Andererseits aber rückt er den Weisheitslehrer so nahe an das wertverleihende Zentrum der Religion heran, wie es vor ihm noch niemand getan hat.

Der Aufbau der G e s e l l s c h a f t ist an der Spitze und an den Rändern durch religiöse Vorgaben bestimmt. Der Hohepriester als faktisches Haupt Judas zur Zeit des Zweiten Tempels garantiert in Sirachs Zeit die Identität Israels in den fluktuierenden Machtverhältnissen der hellenistischen Staatenwelt. Israel definiert seine Identität religiös, wobei eine solche Definition im Rahmen der vorderasiatischen Tempelstaaten nichts Außergewöhnliches ist. Dasselbe gilt für die oberen Priesterordnungen.

Für die übrigen Gesellschaftsschichten gilt dagegen Ähnliches wie für die Frauen: sie werden traditionell definiert. Wenn religiöse Gesichtspunkte auftreten wie die ethische Kritik an den Reichen und Gewalttätigen oder negative theologische Aspekte bei der Beurteilung der Frauen, so bleiben diese Gesichtspunkte noch ephemer und treten nicht gestaltend hervor. Erst an den Rändern der Gesellschaft entwickelt die Religion wieder solche gestaltende Kraft: bei der Kultur des Opfers für die Armen, Fremden und Witwen. Das Gros der gesellschaftlichen Kräfte sieht Sirach also nicht direkt durch Tora und Religion beeinflußt. Hier streiten vielmehr die Kräfte des traditionellen Gesellschaftsaufbaus und der neu aufsteigenden Schichten miteinander, und die Gruppe der Weisheitslehrer sucht ihren Platz in den Oberschichten. Daher machen die Weisheitslehrer von der Waffe der intellektuell-religiösen Selbstpropaganda reichlich Gebrauch, so daß auch an diesem Punkt die Religion in Form einer Gruppentheologie gestaltend auf die Gesellschaft einzuwirken versucht.

Die Bedeutung der Religion für das S t a a t s w e s e n wird daher durch die Weisen vermittelt. Nach Sirach ist der Weise der Lehrer der Herrscher. Sirach arbeitet die Stellung der älteren Weisheitslehrer weiter aus. Er entwirft und repräsentiert eine ganze Kultur des Rates, durch die der Weise das Staatswesen prägend beeinflußt. Zugleich stellt er Herrscher aus der Vergangenheit, David, Salomo und Hiskia, und aus der Gegenwart, Simon II., dar, die selbst Lehrer der Weisheit waren oder aber sich durch Weisheitslehrer leiten ließen. Wieweit diese Darstellung für Sirachs Zeit Postulat blieb, läßt sich nur schwer beurteilen. In der Beziehung zu Simon hatten die Weisheitslehrer eine feste Stütze. Dagegen konnten sie sich in der hellenistischen Krise und in der Makkabäerzeit nicht als leitende Ratgeber behaupten.

Die Inhalte des Rates der Weisen für die Leitung des Staatswesens sind innenpolitischer und kulturell-pädagogischer Natur: Bau, Ausbau und Ausgestaltung der Städte, konkret der heiligen Stadt Jerusalem. An diesem Angelpunkt wirkt die Religion direkt kulturgestaltend, wenn die Aufgabe des Hohenpriesters als des faktischen Stadt- und Staatsoberhauptes diejenige Gottes selbst zum Vorbild hat (51, 12g). Die strukturelle Nähe zum griechischen Verständnis göttlichen Stadtpatronats ist deutlich.

Auf das R e c h t in Israel zur Zeit Sirachs nimmt die Religion entscheidenden Einfluß, da die Tora zugleich Gesetzbuch und Religionsurkunde ist. Sirach bezeugt dies z. B. für den Ehebruch. Umso bemerkenswerter ist der Umstand, daß Sirach selbst die Rechtskultur ethisch umformt. Dabei geht er nirgendwo systematisch vor. Vielmehr kennt er auch traditionell gefüllte Rechtsbereiche, auf die er seine religiös begründete Rechtsethik nicht anwendet. Die Spannung zwischen religiös geformtem Recht und religiös begründeter Weisheitsethik reflektiert Sirach nicht und löst sie nicht auf.

Das Thema der S i t t e n u n d G e b r ä u c h e, in vielen Kulturen eine Domäne der Religion, findet sich bei Sirach vor allem in zwei Bereichen dokumentiert: erstens exkludierend im Gastmahl, das er rein weltlich verstehen will, zweitens im Almosen-, Gastfreundschafts- und Bettlerwesen, das aber seinerseits durch traditionelle Überlegungen aus dem Bereich der Lebensklugheit begrenzt wird. Auch hier liegt ein nicht aufgelöstes Spannungsverhältnis vor.

B.

S p r a c h e , L i t e r a t u r , K u n s t und M u s i k stehen sowohl in ihrem wechselseitigen Gefüge als auch als Größen sui generis in grundlegender Verbindung mit der Religion Israels. Die Religion bestimmt ihren jeweiligen Stellenwert, der der - fast durchgehend religiösen - Literatur den ersten Platz anweist. Ein erhebliches Teilgebiet der Künste nehmen religiös gewidmete Tempelmusik und Tempelkunst ein. Das Ethos der Rede wird religiös als Wahrheit definiert. Der vornehmste Zweck der Literatur ist das Gotteslob. Das gilt ebenso für die Musik. Das religiös begründete Bilderverbot wird bei Sirach zwar nicht explizit greifbar, ist jedoch in der fehlenden Erwähnung von Bildermalerei etc. spürbar. Kunst ist überwiegend Baukunst, vornehmlich dem Tempel gewidmet. Daneben behaupten Schmuck und kostbare Dekoration ihren Platz.

Auf dieser religiösen Grundlage und im Rahmen einer primär religiösen Zweckbestimmung läßt Sirach sich dann aber die Literatur frei ästhetisch-pädagogisch entfalten. An diesem wichtigen Punkt gelingt ihm eine durchdachte Synthese von Religion und Kultur als eigener Größe, die die vorgegebene Form der religiösen Rede umformt und damit der Religion einen ausgedehnten pädagogisch-kulturellen Wirkungsbereich erschließt.

Dieser wichtige Vorgang wird im E r z i e h u n g s - und B i l - d u n g s w e s e n ganz deutlich.

Grundlage, Ziel und Horizonte der Pädagogik Sirachs sind religiös. Der Lehrer erforscht die Tora. Die Weisheitslehre ist identisch mit dem Halten der Tora. Die Bildung, die der Weisheitslehrer vermittelt, aktualisiert die Tora. Das Ziel ist die Erziehung frommer, gottesfürchtiger Schüler. Gebet und Inspiration befähigen den Weisheitslehrer zu Einsicht und rechter Lehre. Sein Denken und Streben gilt der Majestät Gottes. Und das Denken und Streben selbst versteht er als göttliche Gabe: als Weisheit.

In diesem geschlossenen religiösen Rahmen aber entfaltet sich unter dem konservativen Selbstverständnis der "Treue zur Überlieferung ומשלים במשמרותם" (44, 4[3]) das Bild einer höchst individuellen Lehrerpersönlichkeit, deren Lehre die Tora in der Weise aktualisiert, daß sie die Bereiche der Tora, die die Jünglinge Israels zu ihrer geistigen, seelischen und gesellschaftlichen Entwicklung brauchen, in der Dik-

---

3 So mit Sauer nach MS B: משמרת. Zum Text von H[M] vgl. Sauer 615 Anm. 2. St. - Inhaltliche Parallele 39, 1-3 und Vorrede 1ff.

tion der Weisheitsdichtung neu gestaltend vermittelt: καὶ αὐτὸς συγγράψαι τι τῶν εἰς παιδείαν καὶ σοφίαν ἀνηκόντων (Vorrede 12).

Die Inhalte dieser in Form der Weisheitslehre aktualisierten Tora umfassen Theologie, Ethik und menschliche Verhaltenslehre. Für die Frage nach dem Verhältnis von Religion und Kultur bei Sirach ist nun gerade das Nebeneinander der verschiedenen Teile der siracidischen Weisheitslehre charakteristisch. Theologie, Ethik und Verhaltenslehre sind gleichermaßen Aspekte der Kultur. Sie gehören zusammen, ohne daß die Theologie entweder dominiert oder aber zurückgedrängt wird. Kultur definiert sich als humanistischer Raum, der Lehre von Gott und Lehre vom Menschen umfaßt. Der Impetus dieser Kultur aber ist nicht theoretisch-intellektuell, sondern praktisch-pädagogisch und theologisch-doxologisch.

Hier liegt nun der genuine Beitrag Sirachs selbst zur Kultur seiner Zeit in Israel. Die Erziehung in Form des Weisheitsvortrages und der Weisheitssuche als langwieriger Prozeß sowohl nach außen für Jünglinge Israels als auch nach innen für den Weisheitslehrer Sirach selbst (51, 13-20) wird zur Aufgabe der Kultur, wie Sirach sie versteht und fördert. Der weisheitlich erzogene Mensch ist das wichtigste und eigentliche Produkt der Kultur, gleichsam ihre höchste künstlerische Hervorbringung. In diesem Sinne vergleicht sich der Weisheitslehrer Sirach selbst mit dem Vollmond (39, 12)[4]. Er selbst ist ein Beispiel für solche höchsten Hervorbringungen der Kultur Israels. Die Kräfte der Kultur Israels werden von Sirach also literarisch-pädagogisch konzentriert. Dabei ist aber jedes strukturell byzantinisierende Kulturverständnis fernzuhalten. Denn im Zentrum der Kultur Sirachs steht der Mensch.

Seiner Formung gelten profane (Gastmähler) wie religiös fundierte (Weisheitsgespräche) kulturelle Bemühungen. Diese Bestimmung läßt Sirachs Kultur dynamisch-prozeßhaft, personen- statt gegenstands- und sachbezogen erscheinen. Indem der Schwerpunkt der siracidischen Kultur der Erziehung des Menschen gilt, erweist sich diese Kultur der Menschenbildung nun als Spielart eines Humanismus, der sich im Rahmen der Religion entfaltet und sich im Dienste der Religion stehen weiß, zugleich aber seine eigene Aufgabe in einer nicht lediglich religiösen, sondern gesamtpädagogischen Weise löst. Sirach erzieht weder Priester noch Schriftgelehrte, sondern Jünglinge in Israel. Er erzieht sie nicht durch den Vortrag der Tora, sondern durch den Vortrag seiner Weisheitslehre zur Liebe zur Weisheit, auch wenn diese ihrerseits von der

---

[4] Der Vergleich zielt primär auf das tert. comp. "erfüllt" ab. Daneben ist der Vollmond aber als Himmelskörper hervorragender Teil von Gottes Schöpfungsherrlichkeit (43, 1-10). Er hat daher den Metaphernwert der δόξα, den der Weisheitslehrer 39, 12 mit Bedacht sich selbst zuschreibt.

Substanz her intentional mit der Tora identisch ist. Sirachs Erziehung ist nicht einseitig religiöse Erziehung, sondern Erziehung des Menschen im Rahmen der Religion.

Daneben hat Sirachs Kultur ein zweites Zentrum in der Beziehung zu Gott. Ihm sind die eher statischen und zyklischen Aspekte der Kultur zugeordnet: der Tempel, das Priesterornat, die Gottesdienste, daneben aber auch das dynamische Element der Weisheitssuche. Die Kräfte der Kultur, wie Sirach sie beschreibt, richten sich elliptisch auf zwei Brennpunkte: in gestaltender Verehrung auf Gott und in gestaltender Formung auf die Seele des Menschen, die es zu erziehen und auf Gott auszurichten gilt.

Schließlich ist auch die S e e l e   d e s   M e n s c h e n   als Hauptschauplatz der inneren Arbeit der Kultur Sirachs in mehrfacher Hinsicht von der Religion geformt. Denn die Weisheit als eigentliche Formkraft der Seele ist extern, eine Kraft Gottes. Sie zieht die Seele zu Gott hin. Die Religon bestimmt also auch das Ziel der Seele. Die religiösen Haltungen der Seele, Versuchung, Scham, Reue, Demut, Mitleid, Liebe, bilden den Kern des Indiviuums.

Wieder aber bleibt das weite Feld der psychischen Affekte und Haltungen das Arbeitsgebiet der Kultur selbst, die durch Wort, Erfahrung und Anschauung, vor allem aber durch eine psychische Konzentration auf die Erziehung, sei diese nun Fremd- oder Selbsterziehung, wirkt. Die Einwirkung der religiösen Kraft der Weisheit entbindet den Menschen nicht von der kulturellen Arbeit der Erziehung der Psyche.

Erzogen und gebildet wird jener nicht häufige Typus des kultivierten frommen Weisen, dessen Vervollkommnung Sirachs Leben gewidmet ist.

Schluß

Sirachs fromme Kultur

Abschließend läßt sich nun ein Bild von Sirachs kultureller Welt und seinen eigenen kulturellen Bemühungen und Vorstellungen entwerfen. Zunächst wird zusammenfassend Sirachs eigene Konzeption von Kultur und ihrem Verhältnis zur Religion dargelegt (1.). Nach einer kurzen Beschreibung der Kultur Jerusalem-Judäas zu Sirachs Zeit (2.) kann die Problematik von Sirachs eigener Kulturkonzeption bestimmt werden (3.). Schließlich wird ein Ausblick auf die Nachgeschichte dieser Konzeption bis in die Zeit des Urchristentums gegeben (4.).

1.

Der Überblick über das Verhältnis der Religion zu den einzelnen Aspekten der Kultur Sirachs (TEIL III) hat sich zu einem Einblick in die Entstehung einer frommen Kultur im Rahmen einer weisheitlich verstandenen Theologie und einer ihr vorgeordneten Religion Israels selbst entwickelt. Sirachs Schrift "Über die Erziehung und Weisheit" (Prolog 12) zeigt den Prozeß der Etablierung einer Kultur als Größe sui generis im Rahmen der Religion Israels. Diese Kultur empfängt aber ihre Strukturen, ihre Gegenstände, ihre Bedeutung und ihre Reichweite von der Religion, ohne mit dieser zusammenzufallen. Tradition, d. h. Anknüpfung an die vorgegebenen Koordinaten der überkommenen Religion Israels, und Innovation in Form einer neuen Rollenbestimmung der "Weisheit" stehen nebeneinander.

Der Zusammenhang zwischen Religion und Kultur erweist sich zuerst auf dem Gebiet der Literatur (Kap. IX). Soweit und inwiefern Israels Religion auf dem Wege zur "Buchreligion" ist, ist auch die Kultur der Sirachzeit literarische Kultur. Das kulturelle Produkt des Weisheitslehrers als des vornehmsten Vertreters der Kultur in Israel um 200 v. Chr. ist zunächst ein eigenes Buch, eine weisheitliche Lehrschrift. Diese literarische Kultur lebt aber - ebenso wie die griechisch-hellenistische Kultur - noch ganz aus der Verbindung mit der pädagogischen Kultur des münd-

lichen Lehrvortrages. So ist das Wort der eigentliche Grundträger von
Sirachs Kultur. Das gebildete Gespräch, der sentenziöse Lehrvortrag,
der Liedvortrag im festlichen Rahmen, der kultische Gesang, das ge-
sprochene Gebet: diesen mündlichen Redeformen gilt die kulturelle Ar-
beits Sirachs. Von daher muß auch nochmals die Vorstellung von der
Buchreligion Israels für die Sirachzeit korrigiert werden. Für Sirach ist
die Tora nicht nur das zu studierende Buch, das kanonisch zu werden
beginnt, wie es Kap. 44ff. schon durchscheinen lassen. Die Tora ist immer noch der lebendige Wille Gottes, den der Weisheitslehrer meditie-
rend erforscht und den er selbst in individueller und aktualisierter Form
weitergibt.

Diese oral-literarische Arbeit an der Tora, die über das bloße Studium
zu eigener Gestaltung in Form steter Neufassung der Gesamtheit der
Theologie, Ethik, Anthropologie und der Geschichte des Gottesvolkes
gelangt, ermöglicht einen kulturellen Freiraum, der aus der Religion erwächst, neben der Religion existiert und von Sirach positiv qualifiziert
und erweitert wird.

Der Vorgang der Ausgestaltung und Qualifikation des Raumes der
Kultur läßt sich an den Themen der pädagogischen und psychischen Kultur genauer darstellen (Kap. X und XI). Denn die oral-literarische Kultur ist zugleich eine pädagogisch-psychische Elitekultur. Ihr Freiraum
gilt einer bestimmten Menschengruppe, nicht dem קהל ישראל, sondern
den gebildeten Jünglingen in Israel und den weisen älteren Männern.
Der pädagogische Eros, den Sirach als exemplarischer Weisheitslehrer
in seiner Beziehung zur Weisheit den Schülern vorlebt, geht weit über
alles hinaus, was pragmatisch zum Lernen der Tora notwendig ist.
Dieser Eros ist eine Form der Steigerung der Bedeutsamkeit der eigenen
Tätigkeit ins Religiöse hinein, das im Israel der Sirachzeit höchste
Wertpriorität genießt. Der Weise erlebt und versteht sich in seiner
Tätigkeit als genauso wertvoll und führend wie die Priesterschaft, deren
Wert durch ihre primäre Verbindung zur Religion definiert ist. Also
definiert auch der Weise seine Bedeutung in der ihm zur Verfügung
stehenden Erlebnis- und Wertesprache: der religiösen. Denn der
selbständige Raum der Kultur hat noch keine eigene Wertesprache, die
gesellschaftlich anerkannt wäre.

Neben der kulturellen Aufgabe der Menschen- und Seelenbildung, die
die Person des Erziehers und des Zöglings gleichermaßen zum Gegenstand der Kultur, zum Kunstwerk macht, steht die kulturelle Bedeutung
der siracidischen Weisheitslehre. Sirach bearbeitet das Feld der Ethik
und der Anthropologie als durchaus eigene theoretische Bereiche, deren
Inhalte für die Bildung der Jünglinge in Israel zentrale Bedeutung haben. Zugleich aber versteht er die Ethik als Aktualisierung der Tora.
Faktisch steht seine Weisheitslehre neben der Tora. Trotzdem bleibt

diese inhaltlich ihre Grundlage, so daß die Kultur neben, nicht gegen die Religion Israels gestellt erscheint, ohne aber in dieser aufzugehen (Teil III).

Der Intellekt erwirbt damit einerseits die Freiheit eigenen Fragens und Antwortens, eigener Auswahl und Formulierung, bleibt aber gleichzeitig der Religion und ihren Vorgaben verbunden. Er entfaltet seinen Spielraum im Umgang mit der Tradition der Tora und der Geschichte Israels.

Das Gefüge des kulturellen Raumes, wie Sirach ihn darstellt und selbst mitgestaltet, ist also in den Bereichen, die Sirach selbst vertritt und denen er die größte Bedeutung im Rahmen der Gesamtkultur beimißt, das Ergebnis von Kräften, die aus der Religion herauswachsen und einen produktiven Überschuß über die Erfordernisse der Religion hinaus darstellen. Dies Verhältnis läßt sich folgendermaßen darstellen:

Die Religion Israels fordert das Studium der Tora, nicht aber eigene schriftstellerische Tätigkeit. Das Studium der Tora fordert seinerseits Unterricht für die junge Generation, nicht aber eigene Menschenbildung. Die Interpretation der Tora fordert Aktualisierung und Anwendung des in ihr enthaltenen Rechtes, nicht aber eine eigene Lehre von Theologie, Ethik und Anthropologie. Das Halten der Gebote fordert verantwortlich lebende Personen, nicht aber Männer, die die Erziehung ihrer eigenen Seele und der Seele ihrer Schüler zu einer kulturellen Eigenaufgabe machen. Zugleich ist das Halten der Gebote an den קהל ישראל adressiert, nicht aber an eine Gruppe von Weisheitstheologen, deren eigentliche Beziehung zu Gott nicht mehr nur über das Halten der Gebote, sondern über eine mit religiösen Interpretamenten überhöhte, theoretisch-meditative und literarische elitäre Lehrer-Schülerexistenz erfolgt.

Sirach faßt alle diese die Religion überschreitenden Kräfte zusammen zu der kulturellen Figur des individuellen, frommen, exklusiven, literarisch und pädagogisch-psychagogisch tätigen Weisen, der einer ebenfalls exklusiven Gruppe von Jünglingen über die Weisheit einen elitären Weg zu Gott erschließt. Damit definiert er sich und seine Gruppe als wichtigste Gruppe in Israel neben der Priesterschaft. Denn die wichtigste Erscheinungsform der Religion Israels ist für Jesus Sirach der Tempelkult. Die Religion Sirachs ist Religion im Ausstrahlungsbereich des Jerusalemer Tempels in der Form seiner individuellen Gebets- und Weisheitsfrömmigkeit.

Seine Kultur aber ist eigenständig und sein Status dem des Priesters ebenbürtig und selbständig. Die "fromme Kultur" Sirachs ist keine priesterliche, sondern eine weisheitliche Kultur. Sirachs Platz und der Platz seiner Schüler ist nicht der Tempel, sondern das private Lehrhaus. Sein und seiner Schüler Verkehr mit Gott wird nicht durch das Opfer, sondern durch die Weisheit als eine Gott und die Weisen und die Schüler verbindende Größe hergestellt. So bedeutet auch Sirachs Verehrung des Hohenpriesters nicht seine Zugehörigkeit zum Priesterstand.

2.

An diesem Punkt der zusammenfassenden Interpretation der Kultur Sirachs und seines singulären Anspruchs muß nun die andere Wirklichkeit in Israel ins Spiel kommen, nämlich das kulturelle Leben, wie es in Israel außerhalb der Lehrkreise Sirachs und außerhalb seines Dominanzanspruchs stattfand. Dabei ist Sirach durchaus auch Zeuge und Chronist und an manchen Stellen Gegner dieses kulturellen Lebens, das ja sein kulturelles Umfeld und das Umfeld seiner Schüler darstellt (Kap. I - V).

Dabei hat sich herausgestellt, daß Sirach sowohl den Rahmenbedingungen der Kultur (Kap. I - V) als auch zum großen Teil den hervorbringenden kulturellen Kräfte (Kap. VI - VIII) wenig Aufmerksamkeit widmete und sie nur im Vorübergehen würdigte. Sie sind kaum Bestandteil seiner מוסר, obgleich sie doch alle wichtige Bestandteile der Lebenswelt der Jünglinge in Jerusalem waren, ganz zu schweigen von den Landbewohnern.

Judäa-Jerusalem war ein Agrarland im Sog hellenistischer Differenzierung mit einer Tempelstadt als Mittelpunkt. Das Gros der Bevölkerung war bäuerlich. Handwerker und Kaufleute bildeten eigene wichtige Berufsgruppen, ebenso die Ärzte. Eher an den Rändern der Gesellschaft standen die Lohnarbeiter und Soldaten, ganz am Rande die Menschen ohne Heimat und Boden bzw. ohne Erwerb. Die Oberschicht bestand aus den "Adligen und Vorstehern חרים und סגנים", die schon Nehemia kritisierte (Neh 5, 7. 10) und die in der Zeit zwischen Nehemia und Sirach an Bedeutung gewonnen hatten und mit der griechischen Besatzungsmacht zusammenarbeiteten. Neben der reichen Laienaristokratie stand die höhere Priesterschaft, die mit der Laienaristokratie vielfach verbunden war und ebenfalls Beziehungen zu den Griechen unterhielt. Die Oberschicht lebte zwischen der πόλις-artigen Hauptstadt Jerusalem und den ländlichen Latifundien.

Die ganze Welt der Bauern und Handwerker war nach Sirachs eigener Aussage scharf von der Welt der Oberschichten und von der Kultur der Weisen getrennt. Sie hatte ihre primär religiöse Kultur in Form der Kultbeteiligung an den Jahresfesten und an Tempelopfern. Sie hatte auch ihre eigenen Führer: die Laienrichter und die Priester. In dieser Welt 'lehrte' wirklich der Vater den Sohn. Desgleichen hütete er die Tochter bis zu ihrer Verheiratung. Mehr war nicht nötig und nicht mög-

lich. Sirach vertrat eine streng städtische, genauer genommen Jerusalemer Kultur, hier wiederum eine bestimmte Oberschichtenkultur. Den
Formen bäuerlicher Kultur widmete Sirach kein Interesse. Unterricht
für die große Mehrheit der Juden gab es von seiner Seite nicht. Er inten-
dierte weder Volksbildung noch Volksfrömmigkeit aus der Tora noch
autochthon juristische Belehrung aus der Tora. Ein Wertgefühl vermittelte er den jüdischen Handwerkern und Bauern nicht.

Denn Sirach unterrichtete Söhne aus der Oberschicht. Nur diese hatten Zeit, sich der langwierigen und anspruchsvollen Erziehung Sirachs
auszusetzen und konnten sich diese Bildung leisten. Nur für Söhne aus
der Oberschicht war die Perspektive, Berater von Herrschern zu werden,
ins Ausland zu reisen, in Muße zu forschen, eine realistische Möglichkeit. Wenn Sirach vor dem Reichtum warnte und den Eindruck er-
weckte, auch arme Männer könnten Weise werden, dann distanzierte er
sich und seine Schüler damit von dem Reichtum der neureichen Kaufleute, die natürlich auch Grundbesitzer werden wollten und wurden, er
dachte aber nicht an die wirklich Armen in Israel, an Kleinbauern,
Lohnarbeiter und Handwerker. Diesen Schichten war seine Erziehung
nicht gewidmet.

3.

Hier zeigt sich nun auch die Problematik seiner Konzeption, die ja in
seinem Sinne durchaus eine Aufsteigerbildung sein sollte. Diese Konzeption war in doppelter Weise nur sehr beschränkt realistisch.

Einerseits stand, wie dargestellt, dem Gros der jungen Männer des
קהל ישראל Sirachs Bildung nicht offen, d. h. sie war faktisch geschlos-
sen. Und andererseits war die Kultur, wie Sirach sie den Jünglingen der
alten Oberschicht bot, humanistisch im Sinne der Rezeption und Hand-
lungsarmut, ethisch statt politisch, begleitend statt leitend, ratend statt
führend, national-konservativ statt international-hellenistisch progressiv,
hebräischsprachig statt griechischsprachig, fromm statt philosophisch-
intellektuell und zugleich elitär statt populär. Das heißt: Sirachs Kultur
bot auch der Oberschicht kaum eine praktikable Bildung an.

Weder die breite Masse noch die Oberschicht der jungen Männer in
Jerusalem-Judäa konnten bei Sirach eine Bidung erwerben, die eine er-
folgreiche, gestaltende Antwort auf die Lage seiner Zeit im hellenistisch
geführten und verwalteten Jerusalem-Judäa hätte geben können. Eine
solche Bildung, die der führenden Jugend Israels sprachlich und sachlich
den Anschluß an die politischen Kräfte ihrer Zeit und ihres Landes ermöglicht hätte, konnte nur eine hellenistische Bildung sein. Zugleich
mußte sie eine Befähigung zur direkten Teilnahme an der politischen

Führung des Landes vermitteln[1]. Sirachs quietistisches Bildungsideal dagegen, das nur eine programmatische Forderung nach einer nicht näher definierten Mitsprache der von ihm erzogenen Jugend an den Regierungsgeschäften enthielt, konnte Israels Jünglingen, sofern sie wirklich der leitenden Oberschicht entstammten, nicht genügen. Es war das Bildungsideal der privaten Kultivierung der Seele, das trotz aller pädagogischen Bemühung Sirachs immer das Ideal älterer Männer bleiben mußte, die nicht mehr direkt in das politische Geschehen eingreifen konnten oder wollten und aufgrund ihrer einseitigen Prägung durch die nationale Kultur Israels auch nur sehr begrenzt dazu fähig gewesen wären. Und Sirachs Selbstverständnis als einer Art von Meta-Ratgeber, der allein durch überzeugende Argumentation zum entscheidenen Ratgeber von Politikern würde, war keine realistische Berufsperspektive für junge aufstrebende Männer in Jerusalem-Judäa. Sirachs Rat-Spezialisten waren wohl Ausdruck und Produkt der verfeinerten nationalen Kultur Israels, konnten aber nicht erfolgversprechende Mitglieder der kleinen Führungselite im hellenistisch beherrschten Jerusalem-Judäa werden. Hier rächte sich vor allem ein grundlegender Mangel an Sirachs pädagogischer und gesamtgesellschaftlicher Kulturtheorie: das Fehlen einer Einsicht in die realen politischen Kräfte seiner Zeit und seines Landes und der daraus entstehende Mangel einer politischen Bildung und eines Konzeptes einer politischen Kultur. An diesem Punkt ist Sirach reaktionär: seine Reprise der Geschichte Israels zeigt keine politische Perspektive für seine Gegenwart, die die jungen Männer in Israel dringend gebraucht hätten. Das traditionale Konzept einer Weisheitskultur mit nationalem König und weisen Ratgebern war im Jerusalem Sirachs nur noch ein Traum.

Es ist daher kein Zufall, daß wir Sirachs Enkel nicht mehr in Jerusalem, sondern in Alexandria finden. Die zahlreiche und reiche Judenschaft der hellenistischen Weltstadt, deren politischer Einfluß auf eine gewisse Selbstverwaltung beschränkt war, bot den Bestrebungen Sirachs eher Raum als das hasmonäische Israel. In Alexandria war materiell und gesellschaftlich Platz für eine im wesentlichen individuelle und intellektuell-fromme konservative Kultur, die ihre nationale Identität pflegte und zugleich den Übergang zur griechischen Sprache der sie umgebenden Kultur gefunden hatte, ohne aber über eine urbane Selbstverwaltung hinaus politisch gestaltend zu handeln. Diese Kultur konnte dann einen Philo hervorbringen, der an die Kultur Sirachs im veränderten Kleid der Diaspora anknüpfen sollte.

---

[1] Strukturell ähnlich unzureichend, abgesehen von dem Aspekt der kulturellen Differenz, war die Beziehung zwischen Sokrates und Alkibiades. Auch hier hatte der Philosoph den jungen Politiker nicht überzeugen können.

In Jerusalem-Judäa selbst blieben zwar die autochthonen Kräfte einer primär religiös und kollektiv strukturierten Gesellschaft dominant, wie die makkabäische Revolte bald nach Sirachs Tod zeigen sollte. Sie war die natürliche Antwort auf den Versuch der Oberschicht in Jerusalem, entgegen den Entwürfen Sirachs den bewußten Anschluß an die hellenistische Bildung der Zeit zu forcieren und damit den Jünglingen der Oberschicht Leitungsfunktionen zu sichern. Dieser Versuch schlug fehl. Aber trotzdem knüpfte die national-konservative Makkabäerrevolution nicht an Sirach an, sondern entwickelte eine politisch-aktivistische Kultur, deren Erfolg die Mängel der Bildungskonzeption Sirachs besonders deutlich zeigen.

Die national-konservative und eher quietistische Form der Kultur Sirachs war zu kompliziert, um ein wirkliches Publikum zu finden. Sirach wollte die Weiterarbeit an einer friedlichen Kultur Israels auf dem Boden der Religion Israels in Hebräisch, der einzig erfolgreichen Literatursprache des Alten Orients, im weiten politischen Rahmen hellenistischer Staaten. Stattdessen setzte gerade die Oberschicht, der Simon II. und im weiteren Sinne auch Sirach selbst angehört hatte und die Sirach hatte weiterbilden wollen, in der Generation nach Sirach auf die nur scheinbar progressive und erfolgversprechende Adaption griechisch-hellenistischer Kultur. Das Ergebnis war keine neue politische Kultur für Israel, sondern der Makkabäeraufstand, der aus der niedrigen Priesterschaft hervorging und diejenigen Kräfte, die Sirach hatte bilden wollen, ohne diese Bildung wieder zur aktionistisch verstandenen Vorherrschaft brachte[2].

So stellt die Kultur Sirachs nur einen Aspekt der Kultur der Zeit Sirachs in Jerusalem-Judäa dar. Sie war im Kern der Ausdruck jener überschüssigen Möglichkeiten der Religion Jerusalem-Judäas, wie sie sich dem spezifischen Verständnis eines hervorragenden konservativ denkenden Weisheitslehrers darboten: der Jude als ein durch und durch erzogener, literarisch in der Tradition seiner Nationalliteratur tätiger, als politischer Berater auch der hellenistischen Herrscher fungierender Mann, der, nach Maßgabe seiner Nationalreligion theologisch-ethisch forschend und lehrend, darüber hinaus sein Leben in pietas, religio und cultura animi formte.

Dieser eigene kulturelle Entwurf Sirachs ist zugleich Ausdruck einer glücklichen Stunde frühjüdischer Kultur. Die Tempelreligion z. Z. Simons II. war so stabil und vital, daß neben ihr - wie schon einmal zur Zeit der Älteren Weisheit - eine eigene Kultur Platz hatte, die sich als religionsnahe Elitekultur verstand, indem sie die intellektuell-psychisch-ethisch-pädagogischen Bereiche der Gesellschaft verwaltete, während die Priesterschaft den Kult bediente. Diese Kultur wies - der religiösen

---

[2] Hengel, Judentum 102f.

Grundbestimmung des Volkes Israel folgend - einen eigenen Weg zu Gott, nicht gegen den Tempel, sondern neben und mit ihm.

Andererseits lag hier die tiefste Gefahr bzw. Beschränkung dieser Kultur. Die siracidische Kultur meinte, neben der Religion bestehen zu können, die sie als kultische Religion erlebte. Dabei übersah Sirach offenkundig jene 'modernen' Strömungen der entstehenden synagogalen und chasidischen Frömmigkeit, die ihrerseits einen neuen integralen Typus der Religion Israels schufen, in die psychische, pädagogische und intellektuelle Fähigkeiten wieder eingebunden wurden, so daß kein Platz mehr für eine eigene Kultur blieb. Pharisäer und Rabbinen schlossen alle geistigen Kräfte um die Tora zusammen, Synagogen und Schulen vermittelten streng religiöse Bildung an alle. Der siracidische Typus von Kultur hatte keine Zukunft, denn die neuen Bildungsträger und Sinnvermittler waren nicht mehr die Weisen.

4.

Die unmittelbare Zukunft Jerusalem-Judäas sollte nach der Makkabäerrevolte vielmehr einer Zersplitterung der Kräfte in nationale, hellenistische und konventikelhafte kulturelle und religiöse Gruppen gehören. Die schöpferische Synthese einer nationalen Kultur auf dem Boden der nationalen Religion, wie Sirachs Werk sie verkörpert, sollte nie wieder erreicht werden. Damit ging Jerusalem-Judäa der Möglichkeit verlustig, eine eigene Kultur im Rahmen griechisch-hellenistischer, römisch-hellenistischer und orientalisch-hellenistischer Kulturen zu werden, wozu Sirach seine Schüler durchaus hätte befähigen können. Sirachs Werk hatte in dieser Hinsicht keine Zukunft, sondern stellte einen Endpunkt der Kultur des Alten Israels dar. Andererseits haben Philo und Josephus Sirachs produktiven Umgang mit der nationalen Religion und der nationalen Sprache unter den veränderten Umständen der Diaspora in neuer Form aufgegriffen und den gesamtkulturell verantworteten Umgang mit der Religion Israels an die Alte Kirche weitergegeben, ohne freilich den Raum einer genuinen jüdischen Kultur, wie Sirach ihn selbst verkörperte, noch einmal herstellen zu können, da sie nicht mehr Hebräisch schrieben, nicht mehr auf dem Boden Judäa-Jerusalems lebten und nicht mehr Glieder des alten ישראל קהל waren.

Dabei versuchte Philo, das zweite große Defizit der Weisheit Sirachs neben der fehlenden politischen Vision aufzuarbeiten: seine mangelnde Auseinandersetzung mit der griechischen Philosophie. Sirachs Anthropologie, Ethik, Psychologie und Pädagogik boten thematisch durchaus Anknüpfungspunkte für Fragestellungen hellenistischer Philosophie, wie schon zwei Generationen später die griechische Terminologie der Übersetzung seines Enkels deutlich machen sollte[3]. Während Sirach selbst durch seine theologische Konzeption des lobenden Intellekts sich die Möglichkeiten selbständigen Fragens explizit verbot (3, 21-24; 39, 21. 34) und sich damit der Dynamik der griechisch-hellenistischen intellektuellen Kultur verschloß, nahmen die Weisheit Salomos, Philo, Josephus und Autoren wie der Verfasser des 4. Makkabäerbuches die Entwicklungschance einer durch die Schule griechisch-hellenistischer Philosophie gegangenen selbständigen jüdischen Theologie - Philosophie wahr und brachen damit die Schranken auf, die auch Sirachs Enkel bei seiner griechischen Übersetzung hatte stehen lassen. Damit war die Möglichkeit einer jüdischen Theologie, die sich auf der intellektuellen Höhe der das Judentum umgebenden Gesamtkultur bewegte, bewiesen.

In einer anderen Richtung sollte zugleich Paulus die Grenzen siracidischer Kultur aufbrechen, indem er die Tradition der nationalen Kultur Israels nicht nur der gebildeten griechischsprachigen jüdischen Diaspora und deren Sympathisanten, sondern expressis verbis der gesamten griechisch-römischen Welt seiner Zeit erschloß. Paulus war es auch, der die Fesseln der Elitebildung abwarf und im 1. Korintherbrief die Möglichkeit einer Weisheit für die Ungebildeten aufzeigte, ohne die Tradition Israels preiszugeben.

Die aus dieser Öffnung entstehende christliche Kultur war international, intellektuell und dynamisch, ohne zunächst wieder elitär zu werden, wie das rasche Aufblühen der altchristlichen Apologetik zeigt. In diesem Rahmen konnte ein neuer Kulturtypus entstehen, der strukturell demjenigen Sirachs verwandt war[4]: eine literarisch-pädagogisch und psychagogisch, zugleich humanistisch gefärbte Kultur unter dem Prägstempel der Religion des Christentums, die die Tradition Israels übernahm und weitergab, ohne aber auf den Beitrag des forschenden Intellekts zu verzichten, während der Verzicht auf eine eigene politische Kultur das Christentum als Erbe des Judentums noch lange begleiten sollte.

---

[3] Vgl. auch die Terminologie von G̲ II.

[4] I. und P. Hadot verfolgen die strukturell parallele Weitergabe der psychologischen griechischen Kultur an die Kirchenväter, vgl. I. Hadot, Seneca, 38.

Abkürzungsverzeichnis

ANRW: Aufstieg und Niedergang der Römischen Welt, Hg. H.Temporini, Bd.1 ff., 1972ff. Darin: II, Bd.19-21, Religion. Judentum, Hg. W.Haase.

Barthélemy, Konkordanz: D. Barthélemy, O. Rickenbacher, Konkordanz zum hebräischen Sirach, Freiburg, Göttingen 1973.

Bauer-Aland WB: W.Bauer, Griechisch-deutsches Wörterbuch, Berlin-New York, 1988⁶, Hg. K.Aland und B.Aland.

Ben-David TÖ: A.Ben-David, Talmudische Ökonomie I, 1974.

Bousset-Greßmann: W.Bousset, H.Greßmann (Hg.), Die Religion des Judentums im späthellenistischen Zeitalter, 1966³, HNT 21.

CHJ: The Cambridge History of Judaism, Hg. W.D.Davies, L.Finkelstein, 2 Bde, Cambridge 1984. 1987.

CRINT: Compendium Rerum Iudicarum ad NT: I,1.2 The Jewish People in the First Century, Hg. S.Safrai, M.Stern, Assen, 1974. 1976; II,1 Jewish Writings of the Second Temple Period, Hg. M.E.Stone, Assen - Philadelphia, 1984.

Dalman AuS: G.Dalman, Arbeit und Sitte in Palästina, 7 Bde, 1942, repr. 1964.

De Vaux, Lebensordnungen: R. de Vaux, Das AT und seine Lebensordnungen, 2Bde, Freiburg-Basel-Wien, 1960.

Daremberg-Saglio: Ch.Daremberg, E.Saglio, Dictionnaire des Antiquités Grecques et Romaines, 5 Bde, repr. 1962, Graz.

EAEHL: Encyclopedia of Archeological Excavations in the Holy Land, Hg. M.Avi-Yonah, 4 Bde, London-Jerusalem, 1975ff.

Eißfeldt, Einleitung: O.Eißfeldt, Einleitung in das AT, 1976⁴.

EPWT: Enzyklopädie Philosophie und Wissenschaftstheorie, Hg. J.Mittelstraß, 1980ff.

Gesenius WB: W.Gesenius, Hebräisches und Aramäisches Handwörterbuch über das AT, 17.Aufl. 1915, repr. 1962.

HAV: Handbuch der Archäologie; Vorderasien Bd. 2,1: H.Weippert, Palästina in vorhellenistischer Zeit, 1988; 2,2: H.-P.Kuhnen, Palästina in griechisch-römischer Zeit, 1991.

HAW: Handbuch der Altertumswissenschaften VII, 2, 1, W. v. Christ, Geschichte der griechischen Literatur 2, 1, 1959 [Nachdruck von 1920⁶].

HRWG: Handbuch religionswissenschaftlicher Grundbegriffe, Hg. H.Cancik, B.Gladigow, M.Laubscher, Bd.1ff, 1988ff.

Jones CERP: A.H.M.Jones, The Cities of the Easten Roman Provinces, rev. ed. by M.Avi-Yonah, Oxford 1971 ².

JSHRZ: Jüdische Schriften aus hellenistisch-römischer Zeit, Hg. W.G.Kümmel, 5 Bde, 1973ff.

Krauss TA: S.Krauss, Talmudische Archäologie, 3 Bde., 1910, repr. 1966.

LAW: Lexikon der Alten Welt, Hg. C.Andresen, Zürich-Stuttgart, 1965.

LSJ: H.G.Liddell, R.Scott, A Greek-English Lexicon, Hg. H.St.Jones, Oxford 1966.

Maier ZdT: J.Maier, Zwischen den Testamenten, 1990, NEBAT Ergbd.3.

Maier-Schreiner LuR: Hg. J.Maier, J.Schreiner, Literatur und Religion des Frühjudentums, 1973.

Mikra: M. J. Mulder, H. Sysling (Hg.), Mikra, Assen-Philadelphia 1988.

Moore, Judaism: G.F.Moore, Judaism in the first centuries of the Christian era, 3 Bde, Cambridge 1950-1954.

NEBAT: Die neue Echter Bibel, Kommentar zum AT, Hg. J.G.Plöger, J.Schreiner, 1980ff.

New Docs: New Documents Illustrating Early Christianity, Hg. G.H.R.Horsley, North Ryde N.S.W., Bd. 1ff. 1976ff.

Noth WAT: M.Noth, Die Welt des AT, 1962[4].

NTOA: Novum Testamentum et Orbis Antiquus, Hg. M.Küchler zs. mit G.Theißen.

OBO: Orbis Biblicus et Orientalis, Hg. O.Keel, B.Trémel.

Pedersen, Israel: J.Pedersen, Israel. Its life and culture, 2 Bde, London 1926-1947.

Plöger: O. Plöger, Sprüche Salomos, BKAT XVII, 1984.

Rehkopf, Septuagintavokabular: F.Rehkopf, Septuaginta-Vokabular, 1989.

Roscher: W.H.Roscher, Lexikon der griechischen und römischen Mythologie, 7 Bde, repr. 1965.

Sauer: G.Sauer, Jesus Sirach, JSHRZ III, 5,1981.

Schmitt: A. Schmitt, Weisheit, NEBAT 23, 1989.

Schürer: E.Schürer, The History of the Jewish People in the Age of Jesus Christ, rev. ed. by G.Vermes, F.Millar, 3 Bde., Edinburgh, 1973-1987.

Skehan-di Lella: P.W.Skehan, A.A.Di Lella, The Wisdom of Ben Sira, The Anchor Bible 39, New York 1987.

Smend, Weisheit: R.Smend, Die Weisheit des Jesus Sirach, 1906.

Smend, Index: R.Smend, Griechisch-syrisch-hebräischer Index zur Weisheit des Jesus Sirach, 1907.

Str-B: H.L.Strack, P.Billerbeck, Kommentar zum NT aus Talmud und Midrasch, 6 Bde, 1956[2]-1961.

The Sage: J. G. Gammie und L. G. Perdue (Hg.), The Sage in Israel and the Ancient Near East, Winona Lake 1990.

WC: Wörterbuch des Christentums, Hg. V.Drehsen u. a., 1988.

WHJP: The World History of the Jewish People, I, 6, Hg. A.Schalit, The Hellenistic Age, Jerusalem 1972; I, 8, Hg. M.Avi-Yonah, Z.Barash, Society and Religion in the Second Temple Period, Jerusalem 1977.

WS: Wörterbuch der Soziologie, Hg. G. Hartfiel, K.-H.Hillmann, 1982[3].

Ziegler: J.Ziegler, Septuaginta XII, 2, Sapientia Iesu Filii Sirach, 1965.

Für die übrigen Abkürzungen s. das Abkürzungsverzeichnis der TRE, 1994[2].

Unterstrichene Buchstaben (H̲, S̲, G̲) bedeuten gotische Lettern.

Literaturverzeichnis[1]

G. Agrell, Work, Toil and Sustenance, Lund 1976.

K. Ahrens, Columella. Über die Landwirtschaft, 1976².

R. Albertz, Persönliche Frömmigkeit und offizielle Religion, 1978.

G. Alföldy, Römische Sozialgeschichte, 1979².

L. Alonso-Schökel, Das AT als literarisches Kunstwerk, 1971.

S. Applebaum, Judaea in Hellenistic and Roman Times, Leiden 1988.

L. J. Archer, Her price is beyond rubies: the Jewish woman in Graeco - Roman Palestine, JSOT Suppl. 60, Sheffield 1990.

Aristoteles Werke, Hg. E. Grumach, Bd. 6 Nikomachische Ethik, Darmstadt 1983⁸.

--, Bd. 13 Über die Seele, Darmstadt 1966².

J. Assmann (Hg.), Kultur und Gedächtnis, 1988.

--, Das kulturelle Gedächtnis, 1992.

--, (Hg.), Die Erfindung des inneren Menschen, 1993.

R. S. Bagnall, The Administration of the Ptolemaic Possessions Outside Egypt, Leiden 1976.

J. W. Bailey, The Usage in the Post Restoration Period of Terms Descriptive of the Priest and High Priest, JBL 70, 1951, 217-225.

M. Baillet, J. T. Milik, R. de Vaux, Les "Petites Grottes" de Qumrân, DJD 3, Oxford 1962.

R. Baird, Category Formation and the History of Religions, Den Haag 1971.

E. G. Banckmann, Die Proverbien und die Sprüche des Jesus Sirach, ZAW 72, 1960, 33-63.

M. Bar-Ilan, Scribes and Books in the Late Second Commonwealth and Rabbinic Period, Mikra 21-38.

W. Barclay, Educational Ideas in the Ancient World, 1959.

H. Bardtke, Zusätze zu Esther, JSHRZ I, 1, 1973.

W. Baumgartner, Die literarischen Gattungen in der Weisheit des Jesus Sirach, ZAW 34, 1914, 161-198.

--, Israelitische und altorientalische Weisheit, 1933.

K. Baus, Der Kranz in Antike und Christentum, 1940.

J. Becker, 1 Chronik, NEBAT 18, 1986.

--, 2 Chronik, NEBAT 20, 1988.

--, Esra - Nehemia, NEBAT 25, 1990.

P. C. Beentjes, Sirach 22: 27 - 23: 6 in zijn context, BTFT 39, 1978, 144-151.

Z. Ben-Hayyim, The Book of Ben Sira, Jerusalem 1973.

H. H. Ben-Sasson (Hg.), Geschichte des jüdischen Volkes I, 1978.

A. Bentzen, Zur Geschichte der Sadokiden, ZAW 51, 1933, 173-176.

K. Berger, Die Gesetzesauslegung Jesu I, 1972.

--, Volksversammlung und Gemeinde Gottes, ZThK 73, 1976, 167-207.

--, Das Buch der Jubiläen, JSHRZ II 3, 1981.

---

[1] Vgl. die Vorbemerkung auf S. 1.

--, Formgeschichte des NT, 1984.

--, Hellenistische Gattungen im NT, in: ANRW II, 25, 2, 1984, 1031-1432. 1831-1885.

--, Hermeneutik des NT, 1988.

--, Die Weisheitsschrift aus der Kairoer Geniza, Tübingen 1989.

--, Historische Psychologie des Neuen Testaments, SBS 146/147, 1991.

--, Neutestamentliche Texte im Lichte der Weisheitsschrift aus der Geniza von Alt-Kairo, ANRW II, 26/1, 1992, 412-428.

S. Bertman, Tasseled Garments in the Ancient East Mediterranean, BA 24, 1964, 119-128.

H. Besseler und M. Schneider (Hg.), Musikgeschichte in Bildern II, Musik des Altertums, Lfg. 1, Aegypten, Leipzig 1961.

H. D. Betz (Hg.), Plutarch's Ethical Writings and Early Christian Literature, Leiden 1978.

W. Beyerlin, Wider die Hybris des Geistes, SBS 108, 1982.

E. J. Bickerman, The Jews in the Greek Age, Cambridge Mass., 1988.

M. Bieber, The Sculpture of the Hellenistic Age, 1961.

W. Bienert, Die Arbeit nach der Lehre der Bibel, 1954.

H. Blanck, Einführung in das Privatleben der Griechen und Römer, 1976.

J. Blenkinsopp, Wisdom and Law in the Old Testament, Oxford 1983.

J. Blinzler, Die Strafe für Ehebruch in Bibel und Halacha, NTS 4, 1957/58, 32-47.

H. Blümner, Lehrbuch der griechischen Privatalterthümer, 1882[3] (Hg. K. F. Hermann).

--, Technologie und Terminologie der Gewerbe und Künste bei Griechen und Römern, repr. 1969.

F. S. Bodenheimer, Animal and Man in Bible Lands, 2 Bde., Leiden 1960. 1972.

P. A. H. de Boer, Gedenken und Gedächtnis in der Welt des AT, 1962.

--, Fatherhood and motherhood in Israelite and Judean piety, Leiden 1974.

G. Böhme, Der Typ Sokrates, 1988.

R. Bohlen, Die Ehrung der Eltern bei Ben Sira, TTS 51, 1991.

H. Bolkestein, Wohltätigkeit und Armenpflege im vorchristlichen Altertum, Utrecht 1939.

J. Bonsirven, Genres littéraires dans la littérature juive postbiblique, Bibl 35, 1954, 328-345.

W. Boocks, Siegel und Siegeln im Alten Ägypten, Kölner Forschungen zu Kunst und Altertum 4, 1982, 14-21.

P. Borowsky, B. Vogel, H. Wunder, Einführung in die Geschichtswissenschaft, 1975.

A. Borst, Lebensformen im Mittelalter, 1979.

G. Boström, Proverbiastudien, Lund 1935.

G. W. Botsford u. E. G. Sihler (Hg.), Hellenic Civilization, New York, 1920.

A. C. Bouquet, Everyday life in NT times, 1954.

P. Bourdieu, Entwurf einer Theorie der Praxis auf der ethnologischen Grundlage der kabylischen Gesellschaft, 1976.

A. v. Brandt, Werkzeug des Historikers, 1958. 1983[10].

B. F. Braudel, Sozialgeschichte des 15.-18. Jahrhunderts I, Der Alltag, Paris 1985.

U. Breitenstein, Beobachtungen zu Sprache, Stil und Gedankengut des Vierten Makkabäerbuchs, Diss. phil. Basel 1977[2].

B. Brentjes (Hg.), Der arbeitende Mensch in den Gesellschaften und Kulturen des Orients, 1978.

Ch. J. Brim, Medicine in the Bible, 1936.

H. A. Brongers, Rijktum en armoede in Israel, Ned ThT 29, 1975, 20-35.

H. Brunner, Das Herz als Sitz des Lebensgeheimnisses, in: ders., Das hörende Herz, OBO 80, 1988, 6-7.

D. de Bruyne, Le prologue, le titre et la finale de l 'Ecclésiastique, ZAW 47, 1929, 257-263.

A. Büchler, Die Tobiaden und die Oniaden, repr. 1975.

A. B. Büchsenschütz, Besitz und Erwerb im griechischen Altertum, repr. 1962.

Ch. Bultmann, Der Fremde im antiken Juda, 1992.

J. Bumke, Höfische Kultur, 2 Bde, 1986.

J. Burckhardt, Die Kultur der Renaissance in Italien, 1925[16].

T. A. Busink, Der Tempel von Jerusalem, 2 Bde., Leiden 1970. 1980.

G. B. Caird, The language and imagery of the Bible, London, Philadelphia, 1980.

T. Callan, Psychological Perspectives on the Life of Paul, Studies in the Bible and Early Christianity 22, New York, 1990.

C. V. Camp, Wisdom and the Feminine in the Book of Proverbs, Bible and Literature Series 11, JSOT, Sheffield 1985.

--, Understanding a Patriarchy. Women in Second Century Jerusalem through the Eyes of Ben Sira, in: A.-J. Levine (Hg.), "Women like this", SBL Early Judaism and its Literature 1, Atlanta, 1991, 1-40.

--, The Female Sage in Ancient Israel and in the Biblical Wisdom Literature, in: The Sage, 185-204.

O. Camponovo, Königtum, Königsherrschaft und Reich Gottes in den frühjüdischen Schriften, OBO 58, Freiburg - Göttingen 1984.

H. Cancik, Untersuchungen zu Senecas epistulae morales, Spudasmata 18, 1967.

J. Carcopino, Rom, 1977.

J. Cardellini, Die biblischen "Sklaven"-Gesetze im Lichte des keilschriftlichen Sklavenrechts, BBB 55, 1981.

H. Cassirer, Aristoteles' Schrift von der Seele, 1952.

A. Causse, Du groupe ethnique à la communauté religieuse, 1937.

L. Cerfaux - J. Tondrian, Le culte des souverains, 1957.

A. M. Ceriani, Translatio Syra Pescitto Veteris Testamenti, Mailand 1878.

B. S. Childs, Memory and Tradition in Israel, SBT 37, London 1962.

A. Cody, A History of Old Testament Priesthood, Rom 1969.

J. Collins, G. Nickelsberg (Hg.), Ideal Figures in Ancient Judaism, Chico 1980.

C. Colpe (Hg.), Die Diskussion um das »Heilige«, 1977.

Th. M. Conley, Philo's Rhetoric: Argumentation and Style, ANRW 21, 1, 1984, 343-371.

J. L. Crenshaw, Wisdom, in: H. J. Hayes (Hg.), Old Testament Form Criticism, San Antonio 1974, 225-264.

--, Education in Ancient Israel, JBL 104, 1985, 601-615.

F. Crüsemann, Die Tora, 1992.

H. Daniel-Rops, Die Umwelt Jesu, 1980.

Das Heilige Land. Antike Münzen und Siegel aus einem Jahrtausend jüdischer Geschichte. Katalog der Sonderausstellung der Staatlichen Münzsammlung München, 1993.

M. Delcor, Le Texte hébreu du cantique di Siracide LI, 13 et ss. et les anciennes versions, Textus 6, 1968, 27-47.

H. Delkurt, Grundprobleme alttestamentlicher Weisheit, V u F 36, 1991, 38-71.

J. D. M. Derrett, Law in the NT, London 1970.

A. Desečar, La sabiduria y la necedad en Sirac 21-22, Presenza 3, Rom 1970.

P. Deselaers, Das Buch Tobit, OBO 43, 1982.

C. Deutsch, The Sirach 51 Acrostic: Confession and Exhortation, ZAW 94, 1982, 400-409.

A. A. Di Lella, Conservative and progressive Theology: Sirach and Wisdom, CBQ 28, 1966, 139-154.

M. Dibelius, Der Brief des Jakobus, KEKNT 15, 1964[11].

E. R. Dodds, Die Griechen und das Irrationale, 1970.

T. Donald, The Semantic Field of Rich and Poor in the Wisdom Literature of Hebrew and Accadian, Or Ant 3, 1964, 27-41.

G. Downey, Byzantine Architects, Byzantion 18, 1948, 99-118.

H. Duesberg - P. Auvray, Le Livre de l'Ecclésiastique. La sainte bible de Jérusalem, Paris 1958[2].

H. Duesberg und J. Fransen, Les scribes inspirés, Maredsous, 1966.

R. v. Dülmen, Kultur und Alltag in der Frühen Neuzeit I, 1990.

L. Dürr, Das Erziehungswesen im AT und im antiken Orient, 1932.

F. Dvornik, Early Christian and Byzantine Political Philosophy I, Washington 1966.

W. Ebstein, Die Medizin im AT, 1901.

--, Die Medizin im NT und im Talmud, 1903.

L. Edelstein, Antike Diätetik, Antike 7, 1931, 255-270.

V. Ehrenberg, Der Staat der Griechen II, 1965[2].

E. L. Ehrlich, Der Traum im Talmud, ZNW 47, 1956, 33-145.

O. Eißfeldt, Gott und das Meer in der Bibel, Kl. Schriften III, 1966, 256ff.

N. Elias, Über den Prozeß der Zivilisation, 2 Bde, 1978[6].

A. Enermalm-Ogawa, Un langage de prière juif en grec, Stockholm 1987.

R. Engelken, Frauen im Alten Testament, BWANT 130, 1990.

A. Erman - H. Ranke, La civilisation égyptienne, Paris 1976.

K. H. Fahlgren, ṣedaqā, Diss. Uppsala 1932.

Z. W. Falk, Introduction to Jewish Law of the Second Commonwealth I, Leiden 1972; II, Leiden 1978.

R. Feldmeier, Die Christen als Fremde, WUNT 64, 1992.

J. Finegan, Handbook of Biblical Chronology, 1964.

M. Finley, Studies in Land and Credit in Ancient Athens, 500 - 200 BC, New Brunswik 1951.

--, Die antike Wirtschaft, 1980[2].

--, Die Sklaverei in der Antike, 1985.

B. Fiore, The Sage in Select Hellenistic and Roman Literary Genres, in: The Sage, 329-342.

Th. Fischer, Seleukiden und Makkabäer, 1980.

J. A. Fitzmyer, The Languages of Palestine in the First Century A. D., CBQ 32, 1970, 501-531.

R. Flacelière, Griechenland 1979[2].

C. R. Fontaine, The Sage in Family and Tribe, in: The Sage, 155-164.

M. Foucault, Sexualität und Wahrheit 3, Die Sorge um sich selbst, 1986.

A. Fournier-Bidoz, L' Arbre et la demeure: Siracide XXIV 10-17, VT 34, 1984, 1-10.

A. Fridrichsen, "Hagios - Qadoš", in: C. Colpe (Hg.), Die Diskussion um das "Heilige", 1977, 124-147.

L. Friedländer, Darstellungen aus der Sittengeschichte Roms, 4 Bde. 1922,, repr. 1979[10].

V. Fritz, Einführung in die biblische Archäologie, 1985.

--, Die Stadt im alten Israel, 1990.

M. Fuß, Tradition und Komposition im Buche Jesus Sirach, Diss. Tübingen 1963.

J. G. Gammie, The Sage in Hellenistic Royal Courts, in: The Sage, 147-154.
--, The Sage in Sirach, in: The Sage, 355-372.
W. Ganss, Das Bild des Weisen bei Seneca, Diss. Freiburg/Schw., 1950.
J. K. Gasser, Das althebräische Spruchbuch und die Sprüche Jesu Ben Sira, 1903.
P. v. Gemuenden, Vegetationsmetaphorik im Neuen Testament und seiner Umwelt, NTOA 18, 1991.
D. Georgi, Weisheit Salomos, JSHRZ III, 4, 1980.
G. Gerleman, Ruth, Das Hohelied, 1965 BKAT XVIII.
H. German, Jesus ben Siras Dankgebet und die Hodajoth, ThZ 19, 1963, 81-87.
M. Gilbert, L'Éloge de la Sagesse, RTL 5, 1974, 326-348.
--, Introduction au Livre de Ben Sira, Rom 1988.
--, (Hg.), La Sagesse de l'Ancien Testament, BEThL 51, 1979.
B. Gladigow, H. G. Kippenberg (Hg.), Neue Ansätze der Religionswissenschaft, 1983.
G. Glotz, Ancient Greece at Work, 1965².
H.-W. Goetz, Leben im Mittelalter, 1986².
A. J. Goldstein, The Tales of the Tobiads, in: J. Neusner (Hg.), Christianity, Judaism and other Greco-Roman Cults III, Leiden 1975, 85-123.
F. W. Golka, Die israelitische Weisheitschule, VT 33, 1983, 257-270.
D. Goodblatt, The Beruriah Traditions, in: W. S. Green (Hg.), Persons and Institutions in Early Rabbinic Judaism, Miss./Mon. 1977, 207-229.
E. R. Goodenough, The political philosophy of Hellenistic kingship, YCS 1, 1928, 55-102.
R. Gordis, The Social Background of Wisdom Literature, HUCA 18, 1943/44, 77-118.
C. F. Graumann, Handbuch der Psychologie 7, 2 Bde., 1969, 1972.
H. Groß, Ijob, NEBAT 13, 1986.
--, Tobit. Judith, NEBAT 19, 1987.
F. Gschnitzer (Hg.), Zur griechischen Staatskunde, 1969.
A. H. J. Gunneweg, Das Buch Baruch. Der Brief Jeremias, JSHRZ III, 2, 1975.
--, Vom Verstehen des AT, ATD Ergbd. 5, 1977.
--, Esra, 1985 KAT 19/1.
--, Nehemia, 1987 KAT 19/2.

J. Habermas, Legitimationsprobleme im Spätkapitalismus, 1973.
Chr. Habicht, Gottmenschentum und griechische Städte, Zetemata 14, 1970².
R. Hachlili, A. Killebrew, Jewish Funary Customs During the Second Temple Period, PEQ 115, 1983, 109-139.
M. Hadas, Hellenistische Kultur, 1981 (engl.: Hellenistic Culture. Fusion and Diffusion, New York 1959).
J. Hadot, Seneca und die griechisch-römische Tradition der Seelenleitung, QSGP 13, 1969.
F. Hahn, Einige notwendige Bemerkungen zu zwei Texteditionen, V u F 36, 1991, 64-69.
J. Haspecker, Gottesfurcht bei Jesus Sirach, Rom 1967.
J. H. Hayes, J. Maxwell Miller (Hg.), Israelite and Judean History, London 1977.
E. W. Heaton, Everday life in OT times, 1956.
Th. K. Heckel, Der Innere Mensch, WUNT 2. R. 53, 1993.
F. M. Heichelheim, Wirtschaftsgeschichte des Altertums I, Leiden 1938.
--, Geschichte Syriens und Palästinas, Hdb Orient I, 2, 4, Leiden - Köln 1966.
I. Heinemann, Poseidonios' metaphysische Schriften I, 1921.
W. E. Heitland, Agricola, Cambridge 1921.

M. Hengel, Juden, Griechen und Barbaren, SBS 76, 1976.

--, Qumrân und der Hellenismus, in: M. Delcor (Hg.), Qumrân, Paris - Löwen 1978, 333-372.

--, Judentum und Hellenismus, WUNT 10, 1988 [3].

--, The interpretation of Judaism and Hellenism in the pre-Maccabean period, CHJ 2, 167-228.

A. Hermann, Das steinharte Herz, JbAC 4, 1961, 77-107.

K. F. Hermann, Lehrbuch der griechischen Privatalterthümer, 3. Aufl. v. H. Blümner, Freiburg 1881.

H. J. Hermisson, Studien zur israelitischen Spruchweisheit, WMANT 28, 1968.

S. Herner, Die Natur im Alten Testament, 1941.

S. Herrmann, Kultreligion und Buchreligion, in: FS L. Rost, Das nahe und das ferne Wort, Hg. F. Maas, BZNW 105, 1967, 95-105.

H. Herter, Die Soziologie der antiken Prostitution im Lichte des heidnischen und christlichen Schrifttums, JbAC 3, 1960, 70-111.

A. Heuß, Stadt und Herrscher des Hellenismus, 1937.

H. Hickmann, W. Stauder, Orientalische Musik, HO I, Ergbd. IV, 1970, 171-243.

S. B. Hoenig, The Great Sanhedrin, Philadelphia 1953.

L. P. Hogan, Healing in the Second Temple Period, NTOA 21, Freiburg - Göttingen 1992.

S. Holm-Nielsen, Die Psalmen Salomos, JSHRZ IV, 2, 1977.

--, Religiöse Poesie des Spätjudentums, ANRW II 19, 1, 1979, 152-186.

F. Horst, Gottes Recht. Ges. Studien zum 65. Lebensjahre, Hg. H. W. Wolff, ThB 21, 1961.

P. W. van der Horst, The Sentences of Pseudo-Phocylides, StVTPs 4, Leiden 1978.

--, Essays on the Jewish World of Early Christianity, NTOA 14, 1990, darin: The Role of the Women in the Testament of Job, 94-110; Portraits of Biblical Women in Pseudo-Philo's Liber Antiquitatum Biblicarum, 111-122.

Ch. v. Houten, The Alien in Israelite Law, JSOT Suppl. Ser. 107, Sheffield 1991.

C. Houtman, Der Himmel im Alten Testament, Leiden 1993.

B. S. Jackson, The Concept of Religious Law in Judaism, ANRW II, 19, 1, 33-52.

W. Jaeger, Paideia, 3 Bde., 1934-1947.

H. Jagersma, A History of Israel from Alexander the Great to Bar Kochba, London 1985.

E. Jakob, L'histoire d'Israël vue par Ben Sira, in: Mélanges Bibliques rédigés en l'honneur de A. Robert, Paris 1957, 288-295.

H. L. Jansen, Die spätjüdische Psalmendichtung, Oslo 1937.

E. Janssen, Das Gottesvolk und seine Geschichte, 1971.

W. Jentsch, Urchristliches Erziehungsdenken, 1951 (BFChTh 45, 3).

J. Jeremias, Jerusalem zur Zeit Jesu, 1962[3].

N. B. Johnson, Prayer in the Apocrypha and Pseudepigrapha, JBLMS II, Philadelphia 1948.

A. H. M. Jones, The Greek City from Alexander to Justinian, Oxford 1940.

P. E. Kahle, The Cairo Geniza, Oxford 1959[2], 8-13.

A. Kasher, Jews and Hellenistic Cities in Eretz-Israel, 1990, TeSTAntJud 21.

Ch. Kayatz, Studien zu Proverbien 1-9, 1966.

B. Kedar, Biblische Semantik, 1981.

O. Keel, Die Welt der altorientalischen Bildersymbolik und das AT, Zürich 1984 [4].

--, Deine Blicke sind Tauben, SBS 114/115, 1984.

--, Bildträger aus Palästina/Israel und die besondere Bedeutung der Miniaturkunst, in: O. Keel, S. Schroer, Studien zu den Stempelsiegeln aus Palästina/Israel, Bd. 1, 1985, 7-47.

- mit S. Schroer, Studien zu den Stempelsiegeln aus Palästina/Israel, Bd. 1, 1985.

O. Keel - M. Küchler - Ch. Uehlinger, Orte und Landschaften der Bibel (Bd. 2 Der Süden, 1982; Bd. 1 Geographisch-geschichtliche Landeskunde, 1984).

U. Kellermann, Erwägungen zum Esragesetz, ZAW 80, 1968, 373-385.

A. Kempinski - M. Avi-Yonah, Archaeologia Mundi, Syrien - Palästina 2, Genf 1978.

R. H. Kennett, Ancient Hebrew Social Life and Custom as indicated in Law, Narrative and Metapher, London 1931, repr. 1980.

H. Kindermann, Über die guten Sitten beim Essen und Trinken, Leiden 1964.

H. G. Kippenberg, Religion und Klassenbildung im antiken Judäa, 1982^2, STUNT 14.

--, Die vorderasiatischen Erlösungsreligionen, stw 917, 1991.

H.-J. Klauck, 4. Makkabäerbuch, JSHRZ III, 6, 1989.

H. Klein, Barmherzigkeit gegenüber den Elenden und Geächteten, 1987.

A. F. J. Klijn, Die syrische Baruch-Apokalypse, JSHRZ V, 2, 1976, 103-191.

M. A. Klopfenstein, Die Lüge nach dem Alten Testament, Zürich 1964.

--, Scham und Schande nach dem AT, AThANT 62, Zürich 1972.

J. Kocka, Bürger und Bürgerlichkeit im 19. Jahrhundert, 1987.

K. Kode, Daniel, BKAT 22, 1, 1986.

H. N. Koelbing, Arzt und Patient in der antiken Welt, Zürich, 1977.

L. Köhler, Die hebräische Rechtsgemeinde, Zürich 1931.

--, Theologie des AT, 1966^4.

F. Kolb, Die Stadt im Altertum, 1984.

E. König, Stilistik, Rhetorik, Poetik in Bezug auf die biblische Literatur, 1900.

J. L. Koole, Die Bibel des Ben Sira, OTSt 14, 1965, 374-396.

J. H. Korn, ΠΕΙΡΑΣΜΟΣ. Die Versuchung des Gläubigen in der griechischen Bibel. BWANT 4, 20, 1937.

S. S. Kottek, Medicine and Hygiene in the Works of Flavius Josephus, Leiden 1994. Stud. Ant. Medicine 9.

H.-J. Kraus, Gottesdienst in Israel, 1962^2.

--, Psalmen, BKAT 15, 1978^5.

--, Theologie der Psalmen, BKAT 15, 3, 1979.

S. Krauss (Hg.), Die Mischna. Sanhedrin. Makkot, 1933.

--, Griechische und lateinische Lehnwörter in Talmud, Midrasch und Targum II, 1964 repr.

H. Kreißig, Die sozialökonomische Situation in Juda zur Achämenidenzeit, Berlin 1973.

--, Wirtschaft und Gesellschaft im Seleukidenreich: die Eigentums- und die Abhängigkeitsverhältnisse, Schriften zur Geschichte und Kultur der Antike, 16, Berlin 1978.

G. Krinetzki, Die Freundschaftsperikope Sir 6, 5-17 in traditionsgeschichtlicher Sicht, BZ 23, 1979, 212-233.

L. Krinetzki, Das Hohelied, 1964.

--, Kommentar zum Hohenlied, 1981.

W. Kroll, Die Kultur der ciceronianischen Zeit, repr. 1963^2 (1933).

T. Kronholm, Polygami och monogami i Gamla Testamentet, Svensk exegetisk Årsbok 47, 1982, 48-92.

G. Krüger, Einsicht und Leidenschaft, 1964^3.

M. Küchler, Frühjüdische Weisheitstraditionen, OBO 26, Freiburg - Göttingen 1979.

--, Schweigen, Schmuck und Schleier, NTOA 1, 1986.

L. Kugel, The Idea of Biblical Poetry, Parallelism and its History, Yale 1981.

G. Kuhn, Beiträge zur Erklärung des Buches Jesus Sira, ZAW 47, 1929, 289-296; ZAW 48, 1930, 100-121.

A. Kuhrt und S. Sherwin-White (Hg.), Hellenism in the East, London 1987.

A. Kuschke, Arm und reich im AT mit besonderer Berücksichtigung der nachexilischen Zeit, ZAW 57, 1939, 31-57.

E. Kutsch, "Trauerbräuche" und "Selbstminderungsriten" im AT, ThSt 78, 1965.

P. A. de Lagarde, Libri Veteris Testamenti Apocryphi Syriace, 1861.

B. Landsberger, Die Eigenbegrifflichkeit der babylonischen Welt, in: B. Landsberger - W. v. Soden, Die Eigenbegrifflichkeit der babylonischen Welt, 1965, 1-18.

B. Lang, Die weisheitliche Lehrrede, SBS 54, 1972.

--, Frau Weisheit, 1975.

S. Laperroussaz, Le régime théocratique juif a-t-il commencé à l'époque perse, on seulement à l'époque hellénistique? Semitica 32, 1982, 93-96.

K. Latte, Römische Religionsgeschichte, 1967[2].

M. Lattke, Hymnus, NTOA 19, 1991.

A. Lauha, Kohelet, BKAT 1978.

J. Le Goff u. a. (Hg.), La nouvelle histoire, Paris 1978.

M. R. Lehmann, 11 QPs[a] and Ben Sira, RdQ 11, 1983, 239-251.

J. Leipoldt, Die Frau in der antiken Welt und im Urchristentum, 1955.

J. Leipoldt u. S. Morenz, Heilige Schriften, Leipzig 1953.

A. Lemaire, Schule und Unterricht im Alten Israel, in: M. Gilbert (Hg.), La Sagesse de l'Ancien Testament, BEThL 51, 1979, 186-201.

--, Les écoles et la formation de la Bible dans l'ancien Israël, OBO 39, 1981.

--, Sagesse et écoles, VT 34, 1984, 270-281.

--, The Sage in School and Temple, in: The Sage, 165-181.

N. P. Lemche, Ancient Israel, Sheffield 1988.

A.-J. Levine (Hg.), "Women like this." New Perspectives on Jewish Women in the Greco-Roman World, SBL Early Judaism and its Literature 1, Atlanta 1991.

H. Levy, Sobria ebrietas, BZNW 9, 1929.

M. Lichtheim, Late Egyptian Wisdom Literature in the International Context, OBO 52, 1983.

S. Lieberman, Greek in Jewish Palestine, New York 1965[2].

B. Lifshitz, L'hellénisation des Juifs de Palestine, RB 72, 1965, 520-538.

H. v. Lips, Weisheitliche Traditionen im NT, WMANT 64, 1990.

N. Lohfink, Kohelet, NEBAT 1, 1980.

--, Lobgesänge der Armen, SBS 143, 1990.

M. Löhr, Bildung aus dem Glauben, Diss. Bonn 1975.

J. Löw, Die Flora der Juden, 4 Bde., repr. 1967.

--, Fauna und Mineralien der Juden, repr. 1969.

D. Lührmann, Aber auch dem Arzt gib Raum (Sir 38, 1-15), WuD 15, 1979, 55-78.

--, Neutestamentliche Haustafeln und antike Ökonomik, NTS 27, 1981, 83-97.

R. Lux, Die Weisen Israels, 1992.

U. Luz, Das Evangelium nach Matthäus 1, 1985, EKK I, 1.

Th. Maertens, L'éloge des Pères, Ecclésiastique XLIV-L, Brügge 1956.

E. Mahler, Handbuch der jüdischen Chronologie, repr. 1967.

B. J. Malina, Die Welt des Neuen Testaments, 1993.

H. Mantel, Studies in the History of the Sanhedrin, 1961.

J. Marböck, Weisheit im Wandel, Bonn 1971.

--, Sir. 38, 24 - 39, 11: Der schriftgelehrte Weise, in: M. Gilbert (Hg.), La Sagesse de l' Ancien Testament, BETL 51, Gembloux - Löwen 1979, 293-316.

R. Marcus, Law in the Apocrypha, 1927.

J. Marquardt, Das Privatleben der Römer, 2 Bde., repr. 1964 (1886[2]).

H.-I. Marrou, Geschichte der Erziehung im Klassischen Altertum, 1957.

--, MOYCIKOC ANHP, Rom 1964.

J. D. Martin, Ben Sira - a child of his time, in: A Word in Season, FS. W. McKane, Hg. J. D. Martin und Ph. R. Davis, JSOT Suppl. Ser. 42, 1986, 141-161.

D. Mathias, Die Geschichtstheologie der Geschichtssummarien der Psalmen, BEAT 35, 1993.

G. Maurach (Hg.), Seneca als Philosoph, Darmstadt 1975, W d F 414.

R. Maurer, Platons »Staat« und die Demokratie, 1970.

E. Mayer, Einführung in die antike Staatskunde, 1968.

G. Mayer, Die jüdische Frau in der hellenistisch-römischen Antike, 1987.

Th. H. McAlpine, Sleep, Divine and Human, in the Old Testament, JSOT 38, Sheffield 1987.

W. McKane, Proverbs, A new Approach, OTL, Philadelphia 1970.

Chr. Meier, Entstehung des Begriffs »Demokratie«, 1970.

N. Meisner, Aristeasbrief, JSHRZ II, 1, 1973.

Y. Meshorer, Ancient Jewish Coinage I, NY 1982.

O. Michel, Der Brief an die Hebräer, KEK 13, 1966[12].

Th. Middendorp, Die Stellung Jesu Ben Siras zwischen Judentum und Hellenismus, Leiden 1973.

P. Milani, La schiavitù nell pensiero politico: dai Greci al Basso Medio Evo, Mailand 1972.

A. Momigliano, Hochkulturen im Hellenismus, 1979.

--, Die Juden in der Alten Welt, 1988.

G. Morawe, Vergleich des Aufbaus der Danklieder und hymnischen Bekenntnislieder (1QH) von Qumran mit dem Aufbau der Psalmen im AT und im Spätjudentum, RdQ 4, 1963/64, 323-356.

S. Morenz, Entstehung und Wesen der Buchreligion, ThLZ 75, 1950, 709-716.

--, Gott und Mensch im Alten Ägypten, 1964.

S. Mowinckel, Psalmen und Weisheit, VT S. III, 1955, 205-224.

J. Le Moyne, Les Sadducéens, Paris 1972 (Ét Bibl).

H. P. Müller, Vergleich und Metapher im Hohenlied, OBO 56, 1984.

K. Müller, "Die Propheten sind schlafen gegangen." (Syr Bar 85, 3), BZ 26, 1982, 179-207.

P. Münch, Ordnung, Fleiß und Sparsamkeit, 1974.

W. Muri (Hg.), Der Arzt im Altertum, 1962[3].

R. E. Murphy, Wisdom Literature, FOTL 13, Grand Rapids 1981.

--, The Tree of Life, NY 1990.

--, The Song of Songs, Philadelphia 1990 (Hermeneia).

B. H. Geller Nathanson, Reflections on the Silent Woman of Ancient Judaism and her Pagan Roman Counterpart, in: The Listening Heart, FS R. E. Murphy, Hg. K. G. Hoglund u. a., JStOT.S 58, Sheffield 1987, 259-280.

G.-W. Nebe, Sirach 42, 5c, ZAW 82, 1970, 283-285.

G. Neumann, Gesten und Gebärden in der griechischen Kunst, 1965.

H. Niehr, Rechtsprechung in Israel, SBS 130, 1987.

M. P. Nilsson, Die hellenistische Schule, 1955.

A. Nissen, Tora und Geschichte im Spätjudentum, NT 9, 1967, 241-277.

M. Noth, Könige, BKAT IX, 1, 1968.

M. P. O'Connor, Hebrew Verse Structure, Winona Lake Ill., 1980.
F. O'Fearghail, Sir 50, 5-21: Yom Kippur or the Daily Whole-Offering?, Biblica 59, 1978, 301-316.
S. M. Olyan, Ben Sira's relationship to the priesthood, HThR 80, 1987, 261-286.
D. E. Oppenheim, Selbsterziehung und Fremderziehung nach Seneca, in: G. Maurach (Hg.), Seneca als Philosoph, WdF 414, 1975, 185-199 [Ersterscheinung 1930].
H. van Oyen, Der Christ und der Luxus, 1960.

M. Paeslack, Zur Bedeutungsgeschichte der Wörter φιλεῖν 'lieben', φιλία 'Liebe', 'Freundschaft', φίλος 'Freund' in der LXX und im NT, Th Viat 5, 1953/5, 51-142.
R. Patai, Studies in Biblical and Jewish Folklore, 1960.
D. Patrick, Old Testament Law, Atlanta 1985.
Th. Pekáry, Die Wirtschaft der griechisch-römischen Antike, 1979.
J.-M. Pesez, Histoire de la culture matérielle, in: La nouvelle histoire, Hg. J. Le Goff u. a. Paris 1978, 98ff.
R. Pfeiffer, Geschichte der klassischen Philologie, 1970.
G. Pfohl (Hg.), Inschriften griechischer epigraphischer Quellen zur Geschichte der antiken Medizin, 1977.
R. Pinney, The Animals in the Bible, Philadelphia 1964.
W. Plautz, Monogamie und Polygamie im Alten Testament, ZAW 75, 1963, 3-27.
J. v. d. Ploeg, Les chefs du peuple d'Israel et leurs tîtres, RB 57, 1950, 40-61.
--, Les 'nobles' israelites, OTSt 9, 1951, 49-64.
O. Plöger, Theokratie und Eschatologie, WMANT 2, 1959.
--, Zusätze zu Daniel, JSHRZ I, 1, 1973.
--, Sprüche Salomons, BKAT 17, 1984.
K.-F. Pohlmann, Studien zum dritten Esra, FRLANT 1970.
--, 3. Esra-Buch, JSHRZ I, 5, 1980.
S. B. Pomeroy, Goddesses, Whores, Wives and Slaves, Women in Classical Antiquity, New York, 1975.
C. Préaux, L'économie royale des Lagides, Brüssel 1939.
--, Les étrangers à l'époque hellénistique, Rec Soc Bodin 9, 1958, 141-193.
--, Le monde hellénistique I, Paris 1978.
H. D. Preuß, Einführung in die alttestamentliche Weisheitsliteratur, 1987.
J. Preuss, Biblisch-talmudische Medizin, 1923.
J. Priest, Ben Sira 45, 25 in the Light of Qumran Literature, RdQ 5, 1964, 111-118.
Th. Pringsheim, The Greek Law of Sale, Weimar 1950.

P. Rabbow, Antike Schriften über Seelenheilung I, Die Therapie des Zorns, 1914.
--, Seelenführung, 1954.
I. Rabinowitz, The Qumran Hebrew Original of Ben Sira's Concluding Acrostic on Wisdom, HUCA 42, 1971, 173-184.
G. v. Rad, Die Weisheit des Jesus Sirach, Ev Theol 29, 1969, 113-133.
--, Weisheit in Israel, 1970.
K. Rappaport, The Material Culture of the Jews in the Hellenistic-Roman Period, in: S. Talmon (Hg.), Jewish Civilisation in the Hellenistic-Roman Period, JSTPs Suppl. Ser. 10, Sheffield 1991.
B. Rawson, The Family of Ancient Rome, London - Sidney, 1986.
W. Rebell, Gehorsam und Unabhängigkeit, 1986.

R. Reich, The Hot Bath-House (balneum), the Miqweh and the Jewish Community in the Second Temple Period, JJS 39, 1988, 102-107.

B. Renaud, La loi et les lois dans les Livres des Maccabées, RB 68, 1961, 39-67.

R. Rendtorff, Studien zur Geschichte des Opfers im Alten Israel, WMANT 24, 1967.

--, Esra und das "Gesetz", ZAW 96, 1984, 165-184.

R. Renehan, The Greek Philosophical Background of Fourth Maccabees, RMP 115, 1977, 223-238.

Ph. Reymond, L'eau, sa vie, et sa signification dans l' Ancien Testament, VT S 6, 1958.

W. Richter, Traum und Traumdeutung im AT, BZ 7, 1963, 202-220.

O. Rickenbacher, Weisheitsperikopen bei Ben Sira, OBO 1, Freiburg - Göttingen 1973.

P. Ricoeur, E. Jüngel, Metapher. Zur Hermeneutik religiöser Rede, EvTh Sonderheft 1974, 45-70.

R. Riesner, Jesus als Lehrer, 1988³.

H. W. Robinson, Hebrew Psychology, in: The People and the Book, hg. A. S. Peake, Oxford 1925, 353-382.

T. M. Robinson, Plato's Psychology, Phoenix Suppl. 8, 1971.

Th. Römer, Israels Väter, OBO 99, 1990.

H.-B. Rosen, Die Sprachsituation im römischen Palästina, in: G. Neumann (Hg.), Die Sprachen im Römischen Reich der Kaiserzeit, Köln 1980, 215-239.

L. Rost, Die Vorstufen von Kirche und Synagoge im AT, 1938.

M. Rostovtzeff, Gesellschafts- und Wirtschaftsgeschichte der hellenistischen Welt, 3 Bde., 1955f.

W. Roth, On the gnomic-discursive wisdom of Jesus ben Sirach, Semeia 17, 1980, 59-77.

A. Rousselle, Der Ursprung der Keuschheit, 1989.

H.P. Rüger, Text und Textform im hebräischen Sirach, BZAW 112, 1970.

--, Die Weisheitsschrift aus der Kairoer Geniza, WUNT 53, 1991.

S. Safrai, Das jüdische Volk im Zeitalter des Zweiten Tempels, 1978.

E. P. Sanders, Judaism: Practice and Belief, London-Philadelphia 1992.

J. A. Sanders, The Psalms Scroll of Qumrân Cave 11 (11Q Psᵃ), DJD IV, Oxford 1965, 79-85.

--, The Dead Sea Psalms Scroll, Ithaca N. Y. 1967.

J. T. Sanders, Ben Sira's Ethics of Caution, HUCA 50, 1979, 73-106.

G. Sauer, Jesus Sirach, JSHRZ III, 5, 1981.

A. Schalit, König Herodes, 1969.

J. Scharbert, Der Schmerz im AT, BBB 8, 1955.

A. Schlatter, Geschichte Israels von Alexander dem Großen bis Hadrian, repr. 1977³.

D. Schlumberger, Der hellenisierte Orient (Kunst der Welt), 1969.

A. Schmitt, Interpretation der Genesis aus hellenistischem Geist, ZAW 86, 1974, 137-163.

E. Schmitt, Leben in den Weisheitsbüchern Job, Sprüche und Jesus Sirach, ThSt 66, 1954.

E. J. Schnabel, Law and Wisdom from Ben Sira to Paul, WUNT 2, 16, 1985.

W. Schneemelcher, Neutestamentliche Apokryphen, 2 Bde. 1987⁵ - 1989⁵.

C. Schneider, Kulturgeschichte des Hellenismus, 2 Bde, München 1969.

W. Schottroff, "Gedenken" im Alten Orient und im AT, 1964.

W. Schrage, 'Ekklesia' und 'Synagoge', ZThK 60, 1963, 178-202.

S. Schroer, In Israel gab es Bilder, OBO 74, 1987.

K. Schubert, Die Religion des nachbiblischen Judentums, 1955.

--, Die Kultur der Juden im Altertum, Wiesbaden 1980.

K.-H. Schunk, 1. Makkabäerbuch, JSHRZ I, 4, 1980.

H. Seebaß, Biblische Hermeneutik, 1974.

M. H. Segal, Sēper ben - Sîrâ haššālēm, Jerusalem 1958².

H. Seidel, Musik in Altisrael, 1989 (= Überarbeitung von ders., Der Beitrag des AT zu einer Musikgeschichte Altisraels, Leipzig 1970).

A. Sendrey, Musik in Alt-Israel, Leipzig o. J. (1970).

J. N. Sevenster, Do You know Greek, Leiden 1968.

G. T. Sheppard, Wisdom as a Hermeneutical Construct, BZAW 151, 1980

R. T. Siebeneck, May their bones return to life! - Sirach's praise of the fathers, CBQ 21, 1959, 411-428.

F. Siegert, Gottesfürchtige und Sympathisanten, JStJ 4, 1973, 109-164.

M. Silva, Bilinguism and the character of Palestine Greek, Bib 61, 1980, 198-219.

T. A. Sinclar, A History of Greek Political Thought, 1968.

K. H. Singer, Die Metalle Gold, Silber, Bronze, Kupfer und Eisen im Alten Testament und ihre Symbolik, Würzburg 1980.

C. Sittl, Die Gebärden der Griechen und Römer, Neudruck 1970.

Th. C. Skeat, The Reigns of the Ptolemies, 1969².

P. W. Skehan, The Acrostic Poem in Sirach 51: 13-30, HTR 64, 1971, 387-400.

R. Smend, Die Weisheit des Jesus Sirach, hebräisch und deutsch, 1906.

R. Smend, Die Entstehung des AT, 1978.

R. Smend, U. Luz, Gesetz, 1981.

W. Th. In der Smitten, Gottesherrschaft und Gemeinde, Bern 1974.

H. Stadelmann, Ben Sira als Schriftgelehrter, 1980.

O. H. Steck, Die Aufnahme von Genesis 1 in Jubiläen 2 und 4. Esra 6, JStJ 8, 1977, 154-182.

--, Welt und Umwelt, 1978.

--, Zion als Gelände und Gestalt, ZThK 86, 1989, 261-281.

F.-J. Steinert, Die Weisheit in Israel - ein Fremdkörper im AT? FThSt 143, 1990.

G. Stemberger, Das klassische Judentum, 1979.

--, Pharisäer, Sadduzäer, Essener, SBS 144, 1991.

J. Stenzel, Platon der Erzieher, repr. 1961.

E. Stern, The Province of YEHUD, The Jerusalem Cathedra 1, 1981, 9-21.

--, Material Culture of the Land of the Bible in the Persian Period 538-332 B. C., Warminster 1982.

M. E. Stone, The Book of Enoch and Judaism in the Third Century B. C. E., CBQ 40, 1978, 479-492.

--, Forth Ezra, Hermeneia, Minneapolis, 1990.

H. L. Strack, Die Sprüche Jesus', des Sohnes Sirachs, 1903.

--, Einleitung in Talmud und Midrasch, 1976 [6].

G. Strecker, Die Bergpredigt, 1984.

A. Strotmann, Mein Vater bist du! (Sir 51, 10), FThSt 39, 1991.

P. Stuhlmacher, Vom Verstehen des NT, NTD Ergbd. 6, 1979, 1986 ².

J. Taatz, Frühjüdische Briefe, NTOA 16, 1991.

F. Taeger, Charisma I, 1957.

S. Talmon (Hg.), Jewish Civilisation in the Hellenistic-Roman Period, JSTPs Suppl. Ser. 10 Sheffield 1991.

W. W. Tarn - G. T. Griffith, Hellenistic Civilisation, London 1959³, dt. Die Kultur der hellenistischen Welt, 1966 ³.

V. Tcherikover, Die hellenistischen Städtegründungen von Alexander dem Gr. bis auf die Römerzeit, Ph S 19, 1, 1927, 1-216.

--, Was Jerusalem a Polis? IEJ 14, 1964, 61-78.

--, Hellenistic Civilization and the Jews, New York 1970².

G. Theißen, Psychologische Aspekte paulinischer Theologie, 1983.

W. C. Trenchard, Ben Sira's View of Women, Chico, Ca. 1982 (Brown Judaic Studies 38).

L. Trepp, Der jüdische Gottesdienst, 1992.

Ph. Trible, Gott und Sexualität im Alten Testament, GTB 539, 1993.

J. Trinquet, Les Liens "Sadocites" de l'Écrit de Damas, des Manuscrits de la Mer Morte et de l'Ecclésiastique, VT 1, 1951, 287-292.

S. Uhlig, Das Äthiopische Henochbuch, JSHRZ V, 6, 1984.

E. E. Urbach, The Laws Regarding Slavery as a Source for Social History of the Period of the Second Temple, the Mischna and Talmud, in: Papers of the Institute of Jewish Studies London 1, 1964, 1-94.

--, The Sages, 2 Bde., Jerusalem 1975.

Th. Vargha, De psalmo hebraico Ecclesiastici c. 51, Antonianum 10, 1939, 3-10.

C. Vatin, Recherches sur le mariage et la condition de la femme mariée à l'époque hellénistique, Paris, 1970.

F. Vattioni, Ecclesiastico. Testo ebraico con apparato critico e versioni greca, latina e siriaca, Neapel 1968.

E. Vogt, Die Bankettschüssel und der Rat von Sir 31, 14, Bib 48, 1967, 72-74.

--, Tragiker Ezechiel, JSHRZ IV, 3, 1983.

F. Wagner, Was ist Religion?, 1986.

F. W. Walbank u. a. (Hg.), Cambridge Ancient History VII/1, The Hellenistic World, 1984².

N. Walter, Fragmente jüdisch-hellenistischer Exegeten, JSHRZ III, 2, 1975.

--, Fragmente jüdisch-hellenistischer Historiker, JSHRZ I, 2, 1976.

--, Fragmente jüdisch-hellenistischer Epik. Pseudepigraphische jüdisch-hellenistische Dichtung, JSHRZ IV, 3, 1983.

--, Jüdisch-hellenistische Literatur vor Philon von Alexandrien, ANRW II, 20, 1, 1987, 67-120.

H. Weder, Neutestamentliche Hermeneutik, Zürich 1986.

K. W. Weevel, Könige und Königtum im Urteil des Polybius, Diss. Köln 1963.

M. Wegner, Die Musikinstrumente des Alten Orients, Orbis Antiquus 2, 1950.

H.-F. Weiss, Untersuchungen zur Kosmologie des hellenistischen und palästinensischen Judentums, TU 97, 1966.

P. Welten, Geschichte und Geschichtsdarstellung in den Chronikbüchern, WMANT 42, 1979.

K. Wengst, Demut, 1987.

A. Werfer, Die Poesie der Bibel, 1875.

C. Westermann, Wurzeln der Weisheit, 1990.

--, Forschungsgeschichte zur Weisheitsliteratur 1950-1990, Arbeiten zur Theologie 71, 1991.

R. N. Whybray, The Intellectual Tradition in the Old Testament, BZAW 135, 1974.

J. Wicks, The Doctrine of God in the Jewish Apocryphal and Apocalyptic Literature, NY 1971.

J. Wiesner, Fahren und Reiten, Archaeologia Homerica I/F, 1968.

U. Wilckens, Der Brief an die Römer 3, 1982, EKK VI, 3.

U. Wilckens, Weisheit und Torheit, 1959.

E. Willi, Die Chronik als Auslegung, FRLANT 106, 1972.

H. G. M. Williamson, Ezra and Nehemia, Sheffield 1987.

U. Winter, Frau und Göttin, OBO 53, 1983.

O. Wischmeyer, Der höchste Weg, StNT 13, 1981.

H. W. Wolff, Anthropologie des AT, 1977 [3].

A. S. van der Woude, Die fünf syrischen Psalmen, JSHRZ IV, 1, 1974.

--, Fünfzehn Jahre Qumranforschung (1974-1988), ThR 54, 1989, 221-261; 55, 1990, 245-307; 57, 1992, 1-57. 225-253.

A. Wünsche, Die Bildersprache des AT, 1906.

Y. Yadin, The Ben Sira Scroll from Masada, Jerusalem 1965.

S. Zeitlin, Slavery during the Second Commonwealth and the Tannaitic Period, JQR 53, 1962/3, 185-218.

D. Zeller, Die weisheitlichen Mahnsprüche bei den Synoptikern, 1972.

E. Zenger, Das Buch Judit, JSHRZ I, 6, 1981.

A. F. Zimmermann, Die urchristlichen Lehrer, 1984.

M. Zohary, Plants of the Bible, Jerusalem 1982, dt. Pflanzen der Bibel 1983.

H. Zucker, Studien zur jüdischen Selbstverwaltung in der Antike, 1936.